중 관 철 학

楊惠南 지음 / 김철수 옮김

경서원
1995

머 리 말

용수(Nāgārjuna ; A.D. 150~250)는 중국의 불교계에서 「8宗의 共祖」로 숭앙되었다. 중국불교에 의해 전개되었던 여덟 대승종파인 삼론(三論), 유식(唯識), 천태(天台), 화엄(華嚴), 선(禪), 정토(淨土), 밀(密), 율(律) 등 8宗 모두가 용수를 각 종의 일대 조사로 높이 받들었던 것이다. 용수의 저작 중에서 특별히 《中論》(中觀論頌, Madhyamaka−kārikā), 《十二門論》(Dvādāśanikāya−śāstra, 혹은 Dvādaśamukha−śāstra)과 《大智度論》(Mahāprajñāpāramitāpadeśa)은 삼론, 천태, 화엄, 그리고 유식, 정토 등 각 宗의 역대 조사들이 중시하여 이들 종파의 사상적 원천이 되었다. 그 중에서 삼론종은 용수의 《중론》, 《십이문론》, 그리고 그의 제자 제바(提婆 즉 聖天, Āryadeva)의 《百論》(Śata−śāstra) 등 세 가지 논전을 직접적 연구대상으로 삼아 「삼론종」이라는 명칭을 얻게 되었다.

중국에서는 용수가 「8종의 공조」로 여겨졌지만 인도에서는 대승의 양대 종파 가운데 하나인 중관학파(中觀學派, Mādhyamika)의 창립자였다. 〔다른 하나의 대승종파는 무착(無著, Asaṅga ; A.D. 310~390)에 의해 개창되었던 유가행파(瑜伽行派, Yogācāra) 또는 유식학파(唯識學派, Vijñāna−vāda)이다.〕

용수가 중국과 인도의 불교계에서 숭앙받는 데에는 까닭이 있다. 그가 활동한 연대(A.D. 150~250)는 바로 인도의 대승불교

(Mahāyāna)가 발흥되었던 시기이다. 따라서 그는 한편으로는 신흥 대승불교를 대표하면서 전통의 소승불교와 맞서야 했으며, 다른 한편으로는 부득이하게 당시의 정치권력과 결합했는 데 이는 한결같이 「정통적」(āstika)이라 자처했던 바라문교(Brahmanism)와 서로 쟁론한 사이였기 때문이다. 구마라집이 번역한 《용수보살전》에는 그가 일개 소승론사의 손에 의해 죽음을 당했다고 말하고 있으며, 부똔(Bu－ston)의 《불교사》(Chos－hbung)에는 궁정 안의 정치투쟁 중에 죽었다고 기록되어 있다. 이 두 가지 설은 표면상으로는 서로 모순되어 보이지만 실제로는 그 당시의 시대상황이 용수가 부득이하게 소승불교와 바라문교에 대항해서 대승불교를 널리 떨쳐야 했던 두 가지의 시대적 사명을 짊어져야 했음을 잘 반영하고 있다.

분명히 용수는 비명(非命)에 죽었다. 불법을 제대로 이해하지 못한 꽤 많은 불교도들은 이를 「도행」이 높지 못한 까닭으로 여길런지 모른다. 그러나 용수는 대승불법을 위해서 일신을 버렸으니, 이것은 명백히 역사적인 의의와 가치가 있었다. 대승불법은 이를 쫓아 홍성하여 번영의 大道(큰 길)로 나아갈 수 있었기 때문이다. 《능가경》, 《마야경》 등과 같은 많은 대승경전들은 모두 석가모니불의 말씀과 예언을 통하여 용수의 행적을 찬탄하고 있다. 더욱이 《용수전》에서는 용수가 죽은 후에 남인도 사람들이 서로 앞다투어 그를 위하여 사당을 세웠으며 또한 그를 마치 석가모니불처럼 예배하였다고 전하고 있다. 이러한 점들이 그가 중국에서 「8종의 공조」가 될 수 있었던 근거가 아니겠는가?

필자가 용수의 저작에 대하여 연구하기 시작한 것은 1970年 무렵이다. 이보다 앞서 필자는 일찍이 염불과 참선 수행에 깊이 빠져 TV도 시청하지 않고, 음악도 듣지 않았으며, 친구와 더불어

술도 마시지 않고 종일 염불과 좌선을 했는데 친구들과 도반들은 세상물정 모르는 괴물로 여겼다. 그런데, 우연한 기회에 필자는 印順法師님이 젊은 시절에 지은 《妙雲集》을 읽게 되었고 비로소 필자 스스로 걸어왔던 수행노선이 바로 그분이 힘 기울여 비판하고 있는 소승행임을 알게 되었다. 그분은 많은 사람들이 모두 취해 있더라도 각기 혼자라도 깨어 있어 반드시 인간과 사회, 그리고 광대한 중생 속으로 뛰어 들어가 우리 본래의 마음을 깊이 감화시켜야 한다고 주장하셨다. 이때부터 필자는 불교의 신행은 「化他」(다른 사람을 교화하는 일)하는 일로부터 출발해야 하며, 친구나 도반 및 사회로부터 격리되어서는 완전할 수가 없다는 생각을 하게 되었다. 그렇다면 일개 서생이 「化他」할 수 있는 일이란 무엇이겠는가? 그것은 자연히 대승경론의 연구에 힘을 다하는 것이며 특히 용수의 작품을 탐구하는 일이었다.

마음속에 다짐을 한 지 10여 년이 지났건만 스스로 닦은 학문은 보잘 것이 없으며, 「화타」의 심원(心願)은 여전히 실현되고 있지 않다. 용수의 작품에 대한 연구도 몇 편의 논문을 발표한 것에 그치고 그 내용 또한 다른 일부의 중국학자들이 주의를 기울이고 있는 용수의 작품인 《중론》과 《회쟁론》(Vigrahavyāvartanī)에 한정되어 있다. 이는 필자를 부끄럽게 하는 대목이다.

이 책에 실린 논문들은 따로 따로 발표되었던 관계로 편과 편 사이에 중복되는 곳도 있다. 그리고 제II편 〈용수의 공〉은 특별히 《체관》이라는 불교잡지를 위해 치중법사의 요청으로 글을 썼는데 용수의 철학을 간단히 소개하고자 했기 때문에 내용을 깊이 있게 다루지는 않았다. 또한 제 I 편은 용수의 생애와 사상 그리고 그가 끼친 영향을 어떤 특별한 견해없이 비교적 넓게 다루었다. 이것은 본서의 출판을 위해 마지막으로 보충해 쓴 것이다.

필자의 용수에 대한 연구는 인순법사님의 《묘운집》으로부터 많은 도움을 받았다. 그분은 작금의 중국 불교학계에서 용수에 관한 연구에 권위를 갖고 있으며 (특히 그분의 대저작인《묘운집》 중의《中觀論頌講記》,《中觀今論》 등을 통해 살펴볼 수 있다), 더욱이 그분은 내가 20년 전에 이미 귀의한 은사이시다. 따라서 필자는 경건한 마음으로 10여 년간의 소소한 연구성과를 인순법사님께 봉헌하는 바이다.

또한 이와 같은 순수 학술적 성격의 논문집을 상업적 가치를 고려하지 않고 東大圖書公司에서 오히려 흔쾌히 출판에 응해주었다. 특히 業師博 교수님과 偉勳 선생님의 추천소개에 감사드리며 동대도서공사의 劉董事, 長振強 선생의 도움에 감사드린다.

陽 惠 南

1988년 1월 10일

역자의 말

용수는 남인도의 학자로서 북인도의 설산에 가서 참학(參學)하였다. 그는 일체법의 자성(自性)이 필경 공(空)임을 깊이 깨닫고 일체 세간의 법상(法相)에 대해서도 정통하여 남・북방불교를 종합적으로 꿰뚫어 空・有에 무애하였으며 대・소승불교를 관통한 사람이었다고 한다. 그는 또한 불교 이외의 사상과 학문도 두루 섭렵하였다. 용수가 인도는 물론 중국의 여러 종파에서 높이 받들어지는 까닭은 그가 그만큼 부처님 법을 바르고 명확하게 현양했기 때문일 것이다.

중관철학은 용수에 의해 정립된 대승불교 사상이다. 그는 석가모니 부처님께서 설하신 아함경의 사상을 의거하고 새롭게 형성된 초기 대승경전을 근간으로 삼아 부파시대에 잘못 해석된 교의를 바로잡고, 일체법은 인연생이어서 공하며 이것이 곧 中道라는 연기실상의 도리를 정관(正觀)하여 제시하였다. 따라서 그의 중관철학은 일체법을 정확하게 인식하는 틀이자 그것을 뒷받침하는 논리이며 나아가 보살행 실천의 토대를 마련해 주는 사상체계라 말할 수 있다.

역자가 이 책을 처음 접한 것은 대학원에 들어간지 얼마되지 않은 때였다. 그 학기에 「중관학」이라는 과목이 개설되었고 마침 대만의 佛光山에서 유학오신 의은(依恩)스님으로부터 이 책을 소개받았다. 내용을 살펴본 결과 중관학에서 논점으로 삼을 만한 주제들이 대부분 언급되어 있었다. 대학원 과정에서 비로소 불교학을 공부하기 시작한 역자에게 이 책은 불교철학의 전체적인 맥락을 파악하는데 도움을 주었을 뿐만 아니라 불교학 연구에 필요한 많은 자료들에 관한 정보를 제공해 주었다. 석사학위 논문을 제출한 후 번역에 착수했다. 그러나 번역작업은 그렇게 쉽지만은 않았다. 필자의 자세한 설명 덕분에 철학적 논점은 파악하기가 용이했으나 경론의 인용문이 대부분 원전 그대로여서 앞뒤의 문맥까지 이해해야만 해석이 가능한 부분도 있었다. 다행히 전체적인 흐름을 짚어가면서 여러번 확인하여 정리할 수 있었다.

이 책의 내용을 간략하게 소개하자면 우선 이 책은 용수의 생애와 그의 저작 및 중관학파 제자들에 관해 언급하면서 그 사상의 영향을 개괄적으로 설명함으로써 역사적인 상황은 물론 용수의 사상이 끼친 영향까지 폭넓게 다루고 있다. 또한《중론》을 헤겔식의 변증법으로 파악한 현대의 불교학자들이 과연 용수의 철학의 본질을 올바르게 평가하고 있는지 또 그들이 그 근거로 서양철학의 형식논리를 채용하여 용수의 사상과 논리를 해석할 때 그 방법론에 문제가 없는지를 보여준다. 이를 통해 우리는 용수 철학의 본질과 논리가 진정 무엇인가를 알 수 있다. 더욱이 이 책은《회쟁론》에 관한 연구를 담고 있어 용수가 말하려 했던 공의 의미를 명확히 알게 해주는 특징이 있다.

역자는 이 책의 필자인 양혜남 선생의 깊이 있는 학문적 연구와 고명한 견해에 존경의 마음을 표한다. 또한 항상 신실한 불심과 원력으로 佛法의 홍포에 힘써 오신 경서원의 이규택 사장님의 배려에 감사드리며 아울러 편집을 위해 수고하신 분들께도 고마움을 전한다.

역자 김철수

차 례

中觀 哲學

Ⅰ. 용수의 생애와 그 영향

1. 청년시기의 용수

중국에서 용수의 생애에 관한 기록으로는 요진(姚秦)시대에 구마라집에 의해 번역된 《龍樹菩薩傳》, 원위(元魏)시대 길가야(吉迦夜)와 담요(曇曜)에 의해 번역된 《付法藏因緣傳》, 그리고 인도로부터 건너온 경론과 혹은 유기(遊記, 예를 들면 당·현장의 《서역기》) 등에 의해 전해온다.

구마라집 역의 《용수보살전》[1]에는 용수를 「남천축의 범지종(范志種)[2]이라고 말하고 있다. 범지(范志)란 바라문(Brāhmaṇa) 계급[3]이라는 의미이다. 이는 티벳인 부똔(Bu-ston, A.D. 1290~

1) 구마라집이 번역한 현존의 《용수보살전》에는 여러 판본이 있다. (《대정장》 권 50, p. 184, ③ ; p 185, ①.) 그러나 내용은 대동소이하여 용수의 생애를 이해하는데 있어 별로 중대한 영향을 주지 못한다.

2) 이하의 《용수전》 인용문은 모두 《대정장》 권 50, pp. 184上~185中 이나 또는 pp. 185中~186下에서 볼 수 있다.

3) 인도의 사회제도는 사성계급으로 나누어져 있었다. 그 지위의 고저에 따르면 (1) 바라문은 바라문교(Brahmanism)의 종교성직자 및 그 가족이고 (2) 찰제리(Kṣatriya)는 군사와 정치상의 통치계급인 무사이며 (3) 바이샤(Vaiśya)는 서민계급이고 (4) 수드라(Śūdra)는 노예계급이다. 이 사성계급은 부처님 출세 이전에 이미 형성되어 있었다. 가장 일찍 기재된 곳은 기원전 1500~1000년 간에 성립된 Ṛg-veda 제10장의 《원인가》(Puruṣasūkta)이다.

1364)이 지은 《불교사》(법사, Chos-hbyung)를 살펴보면 알 수 있다. 《불교사》에 따르면 용수는 남방의 Vidarbha라고 불린 국가에서 태어났으며 부친은 부유한 바라문이었다고 한다.[4)]

유복한 바라문 가정에서 태어난 용수는 어릴 때부터 완전히 바라문교(Brahmanism) 교육을 받았다. 그래서 《용수전》에는 그가 「천문, 지리, 도위(圖緯), 비참(祕讖) 및 여러 도술에 통달하지 않은 바가 없다」고 말하고 있으며, 심지어 「강보에 싸인 젖먹이일 때 여러 범지가 네 가지 위타전(圍陀典, 각기 4만 게로 구성되어 있고 매 게는 32자로 이루어져 있음)을 염송하는 것을 들었는데 용수는 그 문장을 다 외우고 그 뜻을 이해하였다」고 전한다. 이른바 「네 가지 위타전」이란 바라문교의 근본경전인 4종의 Veda[5)]를 말한다.

그러나 부뙨의 《불교사》에는 미약하나마 이와는 다른 내용이 있다.[6)] 즉 용수는 7세 이전에는 아마도 몸이 약하고 병이 많아서

---

4) Bu-ston, *History of Buddhism* (*chos-hbyung*), tr. by Dr. E. Obermiller, Heidelberg 1931, II part, p. 122.

5) Veda는 음역으로는 「圍陀」, 「韋陀」이며 의역으로는 「明論」 즉 「지혜의 서」라는 의미이다. 상고의 大仙(ṛṣi)이 천신의 「天啓」(즉 청문, śruti)를 받아 외워서 전한 것이라 한다. Veda에는 모두 4종이 있으며 4종의 祭師(ṛtvij)에 의해 구별 되는데 제의식 중에 염송된다.
   (1) Ṛg-veda (讚誦明論)는 권청자(hotṛ)에 의해 염송된다.
   (2) Sāma-veda (歌詠明論)는 영가자(udgātṛ)에 의해 염송된다.
   (3) Yajur-veda (祭祀明論)는 행제자(adhvarju)에 의해 염송된다.
   (4) Atharva-veda (禳災明論)는 기도자(brahman)에 의해 염송된다.
   이 四祭師는 후에 모두 「바라문」(Brāhmaṇa)이라 칭했다. 네 Veda는 원래 다 시가의 형식으로 성립되었기 때문에 「本集」(saṃhitā)이라 하며 이것이 《용수전》에서 말하고 있는 「게」이다. 그 후에 「본집」을 주석한 산문체 부분이 더해져 넓은 의미의 《Veda》가 되었다. 덧붙여진 부분은 《범서》(Brāhmaṇa), 《삼림서》(Āraṇyaka), 《오의서》(Upaniṣad) 및 《경서》(Sūtra)이다.

6) Bu-ston, *History of Buddhism* (*Chos-hbyung*), II part, pp. 122-130 참고.

여러번 거의 죽음에 이를 뻔한 소년이었으며, 그의 아버지가 점치는 사람의 권고를 받아들여 그를 나아란다(Nālanda)[7]사원에 보냈다. 사원의 입구에 도착했을 때 용수가 큰 소리로 네 베다 중의 하나인 Sāmaveda[8] 안에 있는 경문을 소리쳐 외우자 사원 안의 Sāraha 바라문이 이를 듣고 난 후 그에게 출가하여 수명을 늘이도록 권하였다. 이 때에 용수는 출가하여 사부로부터 아미타(阿彌陀, Amitāyus)의 밀주(密咒)[9]를 배워 장수하게 되었다.[10] 후에 그는 Sāraha 바라문과 함께 《길상비밀집딴뜨라》(Śri Guhya-samāja) 등의 경전을 학습하였으며 Rāhulabhadra[11]로부터 계를 받아 법명을 「유덕」(Śrimān)[12]이라고 하였다.

《용수전》과 부똔의 《불교사》 사이에 가장 큰 차이는 전자가 약관(弱冠) 이전에 용수가 받았던 모든 교육이 바라문교라고 여기고 있는 반면에 후자는 용수가 7세 이후에는 불교를 접하여 학습하였다고 전하고 있다.

---

7) 原註에서는 목각본에 Nālanda가 Nālendra로 되어 있다고 한다. 당·현장의 《대당서역기》 권9의 「마가다국 하」 조에 의하면 이 사원은 인도의 왕사성 북방에 있었다. 5세기 초에 Śakrāditya(帝日王)에 의해 먼저 창건되었고 그 후에 역대 제왕들의 중창으로 일대 총림을 이루었으며 인도의 가장 유명한 불교 사원 가운데 하나였다. (《대정장》 권51, pp. 923中~924上. 참고)

8) 註 5) 참고.

9) Tāranātha의 《칠고승전》 (Bkaḥ-babs-bdun-ldan)에서는 용수가 나아란다사에서 라후라(Rāhula)를 의지해 출가하여 연수밀주(延壽密咒) 즉 「무량수다라니」(aparimitāyur-dhāraṇī)를 공부했다고 설하고 있다 (망월신형 《망월불교대사전》 권5, p. 4995 中 참고). 한역경전 중에 일명 《대승무량수경》(1권)이 있는데 당·법성(法成)역이다 (《대정장》 권19, p. 82 이하). 이는 송·법천역 《불설대승성무량수결정광명왕여래다라니경》 (1권)과 동본이다 (《대정장》 권 19, p. 85이하). 따라서 두 경의 범명은 다 aparimitāyur-dhāraṇī이다. 그러므로 용수가 염송한 밀주는 이 경 중의 咒語가 아닐까.

《용수전》을 살펴보면 청소년 시기의 용수는 「外道」였을 뿐만 아니라 쾌락에 빠진 청년이었다. 용수와 「의기투합한 친구 세 사람」은 「함께 도술을 부리는 사람에게 가서 은신법을 배웠으며」 은신법을 배운 후에는 「마음대로 자유자재하게 항상 왕궁에 들어갈 수 있어서」 「궁중의 미녀가 모두 다 침탈 능멸되니 백여 일 후에는 궁중의 여인 가운데 임신한 사람이 있게 되었다」 이때 국왕이 이들을 잡아서 죽이라고 영(令)을 내려 「의기투합했던 친구 세 사람」은 모두 잡혀 죽었으나 오직 용수 혼자 위험을 모면하였다. 바로 이 위난 중에 용수는 「비로소 욕망이 괴로움의 바탕이며 모든 화의 뿌리이며 도덕을 그르쳐 몸을 위태롭게 한다는 것을 깨달았다」 이로 인해 「내가 만약 이 위기로부터 벗어난다면 사문을 찾아가 뵙고 출가법을 받으리라」고 맹세했으며 그는 위기를 벗어나자 곧바로 「입산하여 불탑에 참배하고 출가

10) 용수의 수명과 관련하여 전하는 말은 각기 다르다. 《용수전》 뒷 부분에는 그가 「선약을 먹어 장수하게 되어 200여년간 佛法을 주지(住持)」했다고 설한다 (《대정장》 권 50, p. 185 中). 당・법장의 《십이문론종치의기》 권上에서는 「서쪽 나라에서 전하는 바에 따르면 용수는 佛滅 후 300년 무렵 남천축에서 태어났다. 그 나라의 한 국왕은 약을 써서 자신을 지탱하여 미륵이 올 때까지 살기를 바랬다」 (《미륵하생경》에 따르면 미륵은 56억여년 이 후에 인간계에 하생한다고 전한다). 「(왕이) 800세에 이르렀을 때 그 왕의 여러 자식들이 모두 다 늙어 죽어 왕위를 계승할 자가 없을 지경이었다. 후에 한 태자가 왕위를 얻을 수 없음을 한탄하자 그 어머니가 일러주기를 너의 아버지가 죽지 않는 것은 용수가 그를 지켜주기 때문이다. ……(용수는) 이미 500년간 세상에 있었으니 따라서……」라고 전한다 (《대정장》 권 42, p. 218下). 이밖에도 당・도세의 《법원주림》 권 53에서도 용수의 「수명이 칠백세」였다고 설하고 있다 (《대정장》 권 53, p. 681下). 결국 용수는 대략 장수한 사람으로 그 진정한 수명은 수수께끼지만 백세 이상으로 추측된다.

11) 原註에 의하면 티벳어 이름은 Sgra－gcan－ḥdziṅ－po이다. 이 사람은 용수가 장수의 밀주를 염송하도록 교도한 법사다.(註 9) 참조.)

12) 原註에 따르면 티벳어로는 Dpal－ldan이다.

하여 계를 받았다」

이러한 사실은 《부법장인연전》에서 말하고 있는 내용과 같으나[13] 부똔의 《불교사》에 기재되어 있는 내용과는 거리가 멀다. 다만 용수가 젊은 시절에 외도(즉 바라문교)를 신앙하였다는 근거[14]로 여길 수 있다.

2. 佛法을 공부하는 용수

용수가 출가하여 불교를 배운 것이 부똔의 《불교사》에서 말하고 있는 바와 같이 장수를 도모하기 위해서였건 혹은 《용수전》과 《부법장인연전》에서 언급하고 있는 것처럼 욕락(慾樂)이 苦이며 空하여 실체가 아님을 깨닫기(體悟) 위함이었거나, 또는 용수가 출가하여 불교를 배운 때가 부똔의 설처럼 7세의 소년시기였건 혹은 《용수전》이나 《부법장인연전》의 설과 같이 욕애(慾愛)를 경험하고 난 후의 청년시기였건, 결국 출가하여 불교를 배운 후의 용수는 경건하고 성실하게 정진했던 수행자였다. 《용수전》과 《부법장인연전》에는 그가 출가하여 90일 후에는 소유하고 있었던 경론을 연구하여 완전히 끝마쳤다고 말하고 있다. 이른바 소유하고 있었던 경론이란 응당 소승의 경론[15]이라 봐야 할 것이다. 왜냐하면 《용수전》에는 그가 소유하고 있었던 경론을 완전히 다

13) 《대정장》 권 50, p. 317 中～下.

14) 《부법장인연전》 권 6 「당시에 어떤 바라문이 있어 총명하고 지혜로워 기묘한 깨달음이 있었으니 언변과 논의가 훌륭하였다. 그는 《鬼名書》를 지었는데 매우 이해하기 어려웠으며 장구도 광박하여 10만게나 되었다.……용수는 한번 듣고 깨달아 그것을 잘 기억해 지님이 마치 옛날부터 외워 익힌 것과 같았다」라고 설하고 있어 용수가 어린 시절에 확실히 「외도」를 신봉하였음을 알 수 있다.

읽었다는 내용 다음에 「설산 중의 깊고 먼 곳에 불탑이 있었는데 탑에는 연로한 비구가 머물고 있었다. 그가 용수에게 마하연경(摩訶衍經)을 건네 주었으며 용수는 그것을 받아 즐거이 암송하였다. 비록 실제 의미는 이해가 갔으나 명쾌하게 뚫리지는 않았다. 다시 나머지 경들을 구하려고 여러 나라를 돌아다녔다. 염부제 중에서 널리 구했으나 얻을 수 없었다」라는 내용이 있는 데 여기에서 마하연경은 대승경전[16]을 의미하기 때문이다.

용수가 이미 출가하여 지낸 90일 동안에 경론을 두루 읽고 「다시 다른 경전들을 구하려고 했으나 어느 곳에서도 얻을 수 없음」을 탄식할 시점에 설산의 비구로부터 「마하연경」을 받았던 것이니, 이로 미루어 보아 그가 먼저 읽었던 것은 소승경전이며 또한 그가 소승부파[17]에서 출가하였음을 알 수 있다.

처음 「마하연경」의 맛을 본 용수는 아마도 심히 오만한 사람이었던 것 같다. 《부법장인연전》은 그가 이 이후에 「자기 스스로 一切智人이라고 일컬었다」[18]고 전하고 있으며, 《용수전》은 다음

---

15) 필자는 《용수전》의 「마하연경」(상세한 내용은 뒤에 나옴)에 대한 언급이외에도 《부법장인연전》으로부터 부파적 색채를 파악할 수 있다고 생각한다. 《부법전》의 사승(師承)은 가섭, 아난을 제외한 22조 가운데 제3조 상나화수(Śāṇavāsin), 제4조 우파국다(Upagupta), 제5조 제다가(Dhītika), 제9조 협비구(pārśva), 제10조 부나기(望滿, pūrṇayassa), 제11조 마명(Aśvaghoṣa)은 모두 설일체유부(Sarvāstivādin)의 저명한 학자들이다(인순, 《설일체유부 위주의 논서와 논사의 연구》, 대북 : 혜일강당, 1968, 제3장 제2절, 제7장 제2절). 따라서 《부법전》이 설일체유부의 작품임을 알 수 있다. 또한 용수는 그 가운데 제13조로서 자연히 이 부파에 속하는 인물이다. 그러므로 용수가 최초로 출가해서 불교를 공부한 곳은 소승부파 가운데 설일체유부라고 미루어 짐작 할 수 있다.

16) 마하연은 범어 mahāyāna의 음역이다. 의역으로는 대승이다.

17) 註 15) 참고.

18) 본문과 관계있는 《부법장인연전》의 인용문은 《대정장》 권 50, pp. 317中~318下에서 볼 수 있다.

과 같은 중요한 내용을 기재하고 있다.

> 사만심(邪慢心)을 일으켜 스스로 생각해 말했다. '세계의 法 가운데 나루터나 길이 될만한 것은 매우 많다. 불경이 비록 오묘하나 이치로써 미루어 보면 극진하지 못한 점이 있다. 극진하지 못한 속에서 그것을 미루어 부연하여 후학을 깨우친다면 도리에 어긋나지 않고 일에 잘못이 없으니 여기에 어떤 허물이 있겠는가'. 이 일을 생각하고 나서 즉시 행하고자 하여 스승의 가르침과 계율을 세우고 다시 의복을 (새롭게) 지어 佛法에 부합하게 하되 약간의 차이가 있었다. 그리하여 일반 대중들의 집착(情)을 제거하고 자신은 (더이상) 배움을 받지 않는다는 것을 보였다. 날을 잡고 시를 가려 제자에게는 새로운 계율을 받게 하고 새로운 의복을 입으라고 말하였다.

이 단에서 기재하고 있는 내용과 원위의 《부법전》에서 설하고 있는 내용은 대동소이한 것으로 보아 아마도 《부법전》으로부터 전해진 것 같다. 따라서 이 또한 용수가 원래 먼저 소승의 설일체유부에서 출가했다고 전하고 있는 것이다.

소승의 관점에서 말하자면 용수가 처음 마하연경을 접촉한 후에 뜻밖에도 곧바로 「스승의 가르침과 계율을 세우고 다시 새로운 의복을 짓게」 하거나 내지는 새로운 계를 받게 하고 새로운 의복을 입게 하려 했으니 자연히 대역무도한 일이었을 것이다. 그러나 대승의 관점에서 보면 용수가 혁신을 도모한 것은 다만 그의 대승에 대한 동경과 소승에 대한 실망을 의미할 따름이다.[19]

용수의 혁신 도모는 실패하지 않았다 하더라도 결코 계속 시

---

19) 부똔의 《불교사》에 따르면 용수가 나아란다사(Nālanda)의 당시자(當侍者, Žal-ta-pa)일 때 흉작으로 기근이 들자 양식을 구매하면서 이문을 남겨 스님들에 의해 사원으로부터 축출되어 一千萬所의 사원을 세우도록 하는 벌을 받았다(Bu-ston, *History of Buddhism* (*Chos-hbyung*), II part, pp. 124~124). 이에 따르면 용수는 확실히 계율을 어겨 그가 출가했던 부파에서 배척되었음을 알 수 있다.

행되지는 않았을 것이다. 《용수전》에서는 그가 바로 혁신하고자 할 때 어느 날 「홀로 고요한 처소인 수정방(水精房) 중에 있었는데 대룡보살이 용수가 이러하고 있음을 보고 애석하게 생각하고 불쌍히 여겨 즉시 그를 영접하여 바다 속으로 들어가 궁전에서 칠보장을 열어 젖히고 칠보화함을 열어 온갖 방등(方等)의 심오한 경전과 한량없는 묘한 법을 그에게 주었다」 여기서 언급하고 있는 내용과 《부법전》은 일치한다. 하지만 부똔의 《불교사》에는 약간의 다른 점이 있다. 부똔은 용수가 출가한 나아란다(Nālanda)에서 계율을 범하고 사원 밖으로 축출된 후에 도처를 유랑하였다[20]고 말하고 있다. 유랑 중에는 더구나 《莊嚴正理論》(Nyāyalaṁkara)[21]을 지니고 있었는데 이는 명백히 正理學派(Nyāya) 학자인 Śaṁkara[22]가 일장(一場)의 변론을 진행시킨 논서이다. 이렇게 유랑하는 동안에 용족(龍族, nāgas)인 두 아이들을 만날 기회가 있었다. 이 두 아이들의 인도와 용왕의 영접을 받아 용수는 용궁에 들어가 설법을 하고 아울러 인간들이 아직 읽지 못한 많은 대승경전을 읽었으니 그 경들에는 (1) 《십만송(반야

---

20) 원문에서는 그가 신통력으로 세간(mundane)과 출세간(supermundane)중에서 노닐었다고 설하고 있다(Bu-ston, *History of Buddhism,* II part, p. 124)

21) 原註에서 말하고 있는 Nyāyalaṁkāra의 티벳어는 Rigs-paḥi-rgyan이며 범어로 Yuktyalaṁkāra(장엄논리론)라고도 한다.

22) Śaṁkara가 지은 Nyāyalaṃkāra라는 책 이름은 그가 正理學派(Nyāya)학자였음을 추정케 한다. 정리학파의 문헌상에는 동명(또는 Nyāyalaṁkāra라고 이름되는 문헌도 있음)의 작품이 있지만 그것은 14세기의 Śrikaṇṭha의 작품이거나 혹은 Abhayatilak(A.D. 1275~1325)의 작품일 가능성이 있다(M.S.C. Vidyabhusana, *A History of Indian Logic,* Delhi : Motial Banarsidass, 1978, p. 151. 참조. 또는 K.H. Potter, *Indian Tradition of Nyāya-Vaiśseṣika up to Gangeśa,* in *Encyclopedia of Indian Philosophies,* Princeton Univ. Press, 1977, p. 668 참고.)

경)》(Śatasāhasrikā)[23] (2) 《소자(小子) 반야경》(Svlpākṣara)[24]이 포함되어 있다. 비록 중국과 티벳에서 전하는 내용에 다른 점이 있지만 공통되는 점은 모두 龍(nāga)을 언급하고 있다는 것이다. 《용수전》에 의하면 용수는 대룡보살(大龍菩薩)의 인도를 받아 용궁으로 들어가 경을 「받아 읽은 90일 동안에, 통하여 이해함이 매우 많았으며 그 마음은 깊이 들어가 보배로운 이익을 체득하였다」 용수는 또한 자기가 용궁에서 읽은 경전이 「염부제의 경전에 비해 10배나 된다」[25]고 하였다. 용수가 대룡보살의 안내에 의해 용궁에 들어가 경전을 읽은 까닭에 그 이름 중에 「龍」자가 있는 것이다.[26] 부뙨의 《불교사》에서는 용수라는 말을 언급할 때 4개항의 의의를 열거하고 있다.[27] 그 가운데 첫째는 절대본질인 대해(大海)[28]가 용을 生했다는 것으로 마치 진룡(眞龍)이 대해로부터 생겨난 것과 같다는 것이다. 둘째는 상(常), 단(斷)의 두 견해에 주착(住着)하지 않는다는 것으로 마치 진룡이 머무는 곳〔住處〕이 한정됨이 없다는 것을 스스로 아는 것과 같다는 것이다. 셋째는 법보(法寶)를 지니고 있다는 뜻이니 마치 진룡이 한량없

---

23) 한역 《대반야경》에 상당함.

24) 原註에 의하면 Yi-ge-ñuṅ-ṅu는 小《般若波羅蜜多經》의 하나이다. 북경판 《서장대장경》, 감주이부(Bkaḥḥgyur, 불설부), 십만딴뜨라부(RGYUD) 제7에 수록되어 있음. (필자는 한역 《불설불모소자반야바라밀다경》에 상당한다고 생각한다.)

25) 염부제는 범어로 jambudvīpa이며 우리가 거주하는 인간세계를 말한다.

26) 《용수전》에서는 「그의 어머니가 나무 아래서 그를 낳았기 때문에 아주타나(阿周陀那, arjuna)라는 문자를 얻었다. 아주타나는 나무의 이름이다. 용(龍)은 그 도를 성취하기 때문에 龍자를 안배하여 용수라 부른 것이다」라고 설하고 있다.

27) 이하 네 항목의 의미는 Bu-ston, *History of Buddhism,* II part, p. 128에서 볼 수 있다.

28) 原註에 따르면 티벳어로는 chos-dbyiṅs이며 범어로는 dharma-dhātu(법계)이다.

는 황금과 보배구슬을 지니고 있는 것과 같다는 것이다. 넷째는 불과 같은 통찰력을 갖추고 있어 태우고 밝게 비추는 작용이 있다는 것으로 마치 진룡의 화안(火眼)과 같다는 것이다. 따라서 《용수전》과 부똔의 설명은 매우 가깝다는 것을 알 수 있으며[29] 그것들은 모두 「龍」과 관련되어 있다.

3. 불법을 펴는 용수

《용수전》과 《부법전》에서는 모두 학문을 성취한 후에 용수가 두 번에 걸친 도술시합을 거행했다는 것을 언급하고 있다. 제 1차 도술시합은 주술을 잘 아는 한 바라문이 천축국왕을 설득하여 국왕의 궁전 앞에서 거행되었다. 바라문과 용수는 각각 신통력을 시현하였다. 바라문이 천 잎의 연꽃〔千葉蓮花〕을 변화 출현시켜 스스로 그 위에 앉았다(自坐其上). 그러자 용수는 「여섯 이빨의 흰 코끼리를 만들어 냈고 그 코끼리가 연못의 물위를 가로질러 꽃좌석으로 나아가 코로 비틀어 뽑아 높이 들어 땅에 던져버렸다」 결과적으로 바라문은 허리를 상하고는 풀이 죽어 용수에게 귀명(歸命)하였다. 그러나 《부법전》에서는 「바라문이 등을 다치는 곤경에 처하였고 마침내 용수가 자비로운 마음으로 긍휼히 여겨 출가하도록 하였다」고 설하고 있다.

---

29) 양자의 차이점은 arjuna(「樹」자)의 해석상에 있다. 《용수전》에서는 arjuna를 용수가 태어난 곳에 있는 나무이름이라고 여긴다(상세한 주석은 註 26) 참조.) 그러나 부똔의 《불교사》에서는 「arjuna의 뜻은 『역량을 갖춘 사람』이다」고 말하고 있다. 이른바 「역량이 있다」는 말은 (1) 법계(The Kingdom of the Doctrine)의 수호자이자 영도자, 또는 (2) 온갖 논적 즉 세간의 사악함을 항복받는 역량자를 의미한다(Bu-ston, *History of Buddhism,* II part, p. 128 참고.) 중국의 현장은 「용수」를 「용맹」으로 번역하고 있어 티벳에서 전하고 있는 내용과 부합한다.

용수와 바라문교의 제 2차 도술시합은 비교적 온화한 편이었다. 《용수전》에 기재된 바에 의하면 어느「남인도의 왕이 모든 나라를 다 거느리고 사도(바라문교를 말함)를 신용하고」있었다. 용수는 이 국왕을 제도하기 위해「모집에 응하여 장수가 되었다. 창을 메고 앞을 달리며 항오(行伍)를 정돈하고 산하의 부대를 통솔하였다」[30] 국왕은 용수를 주목하기 시작했고 그가 누구인지 물어보고「이 사람은 모집에 응했으나 녹을 먹지 않고 또한 돈도 취하지 않았음」을 알게 되었다. 국왕은 용수를 불러 들여 그와 일장의 변론과 도술을 전개하였다. 마침내「왕이 곧 머리를 숙이고 그 법의 교화에 감복되었다」국왕은 신앙을 바꾸어 용수의 신도가 되었을 뿐 아니라「궁전에는 일만명의 바라문이 있었는데 모두 묶은 머리단을 버리고(머리를 깎고) 성취계를 받았다」

용수의 정치참여에 대해서는 당·현장의 《대당서역기》 권10 〈憍薩羅國條〉 중에 다음과 같이 제시되어 있다.

> 코살라국(Kośalā, Kausala)…… 성(城) 남쪽의 멀지 않은 곳에 가람이 있고 그 곁에는 수투파가 있는데 그것은 무우왕(無優王, 즉 아쇼카왕)이 건립한 것이다. 후에 용맹보살이 이 가람에 머물렀다. 그때 이 나라 국왕 사다바하(당나라 언어로는 引正)는 용맹보살을 극진히 존경하여 그 주위의 문과 처소를 지키게 하였다…… 용맹보살은 약술(藥術)을 잘하고 식이요법을 통해 양생하여 수명이 수백년이었으며 그 기개(의기)와 모습도 쇠하지 않았다. 인정왕도 묘약을 먹은지라 그의 수명 역시 수백년이나 되었다.[31]

이는 현장이 용수와 코살라국왕인 사다바하(인정) 사이의 우정에 관해 기재한 일단이다. 유사한 이야기가 부똔의 《불교사》

30) 《부법전》에서는 용수가 징집에 응하여 군대에 간 기간은 모두 합해 7년이라고 말하고 있다.

31) 《대정장》 권 51, p. 929上~中. 그 가운데 용맹은 용수의 다른 역명이다.

중에도 출현한다. 다만 국왕의 이름이 Antivāhana 또는 Udyana-bhadra라고 변해 있다.[32]

인정왕과 용수사이의 교류에 관해서 《대당서약기》에는 다른 일단의 내용이 다음과 같이 기재되어 있다.

> 코살라 나라의 서남방으로 300여리쯤 가면 발라말라기리산(당나라 말로는 흑봉)에 이른다.…… 인정왕은 용맹보살을 위해 이 산중을 깎아 가람을 건립했다.…… 그 가운데는 긴 회랑과 복도, 높은 대(臺)와 겹겹의 누각이 있었다. 누각은 5층이었다.…… 용맹보살은 석가모니가 펴신 교법과 제보살들이 부연하여 서술한 논을 부별(部別)로 모아 그 안에 간직해 두었다. 따라서 맨 윗층에는 오로지 불상과 제 경론을 안치하였고 맨 아랫층에는 정인(淨人)이 거주하고 자산(資産)과 잡물(雜物)을 놓아두었으며 중간의 3개층은 승도(僧徒)들의 방사(房舍)였다.[33]

이는 인정왕이 용수를 위해 사원(가람)을 지은 상황을 묘사하고 있다. 용수의 정치관계를 통해 보면 왕과의 이런 관계 때문에 건립된 사원이 적지 않았을 것이며 또한 인정왕이 통치한 코살라국에만 한정되지는 않았을 것이다. 당・도세(道世)의 《法苑珠林》 권38에서는 「《西域志》에는 용수보살이 파라나국의 칠백 곳에 탑을 조성했다고 한다」[34]고 언급하고 있다. 부똔은 《불교사》에서 용수가 그즈음에 일만개의 사원을 건립했으며 용궁에 들어간 목적 가운데 하나가 사원을 짓는데 사용되는 진흙을 운반하기 위한 것이었다고 말하고 있다.[35]

---

32) Bu-ston, *History of Buddhism,* II part, p. 127 참조.

33) 《대정장》 권51, pp. 929 下～930 上.

34) 앞의 책, 권 53, p. 589 上.

35) Bu-ston, *History of Buddhism,* II part, p.124 참고. 文 중에서는 용수가 용궁을 나온 후에 동방의 paṭaveśa 지방에 많은 사원을 건립했다고 언급하고 있다(앞의 책 p. 125)

용수와 정치와의 관계는 또한 부뙨의 《불교사》에도 일단의 내용이 기재되어 있는 데 그에 따르면 용수가 용궁으로부터 나와 북방의 Kuru를 교화하러 Salama라는 성읍을 지나는 도중에 우연히 Jetaka라는 어린이를 만났다. 용수는 어린이의 손금을 보고서 어린아이가 장성하게 되면 국왕이 될 것이라 예언하였다. 용수가 Kuru 지방에서 홍법에 실패하여[36] 다시 Salama를 교화할 때 Jetaka는 이미 장성하여 국왕이 되어 있었다. Jetaka왕은 용수에게 보배구슬을 보내 주었다. 용수 또한 그에 대한 보답으로 특별히 《보행왕정론》(Ratnāvalī)[37]을 써 보냈다.[38]

용수가 정치에 참여한 정도는 상당히 깊숙했던 것 같다. 왜냐하면 그가 궁정의 정쟁(政爭)에 관련되었던 이야기가 전해오고 있기 때문이다. 현장의 《대당서역기》 권10의 코살라국에 관한 기록에 의거하면 사다바하(인정)왕은 용수의 도움으로 장수하여 죽지 않게 되었으며 따라서 그 아들이 왕위를 계승할 수 없게

36) 용수의 구라지방에서의 홍법은 대략 실패하였다. 부뙨의 《불교사》에서는 용수가 구라에 막 도착하여 승복을 세탁할 때 구라인이 그의 승복을 가지고 달아났다고 한다. 용수가 그것은 내것이라고 항의하자 구라인은 오히려 옷이란 본질적으로 말해서 『내것』이 곧 『우리들의 것』이다라고 말하고 있다. (Bu-ston, *History of Buddhism,* II part, p. 125 참고). 구라(kuru)는 고대에 「중국」(Madhyadeśa) 또는 「바라문국」(Brahmāvarta)이라 이름하였는데 이는 바라문 문화의 중심지로 자연 불교세력이 쉽게 전파될 수 없었던 지방이다(高楠順次郎・木村泰賢著, 高觀廬譯, 《인도철학종교사》, 대북 : 臺灣商務印書館, 民國 60년, p. 5 참고). 따라서 용수가 구라에서 포교에 실패했으리란 것이 예견될 수 있다.

37) 한역불전 중에는 일명 《보행왕정론》이라는 작품 1권이 있는데 이는 陳・진제역으로 전부 게송체지만 작자는 미상이다 (《대정장》 권 32, p. 493이하에 수록되어 있음). 그런데 K. Venkata Ramanan은 용수가 친한 친구인 Śātavāhana 왕에게 써보낸 편지라고 한다 (K. V. Ramanan, *Nāgārjuna's philosophy,* Dehli : Motilal Banarsidass, 1987, p. 35 참고)

38) Bu-ston, *History of Buddhism,* II part, p. 125.

되었다. 그러자 왕후는 왕자에게 용수를 제거할 이론을 가르쳤다. 왕자와 용수는 일장의 대화를 전개하였고 용수는 스스로 죽었다고 전한다.[39] 현장이《대당서역기》에서 기재하고 있는 이러한 내용은 부뙨의《불교사》에서도 거의 그대로 중복되어 기록되어 있다. 다만 같지 않은 것은 그 나라 국왕의 이름이 Anitivāhana이며 왕자의 이름이 Śaktimān이라는 것이며 또한 용수가 스스로 죽지 않고 Śaktimān 왕자가 길상초(吉祥草, 즉 모초(茅草), Kuśa)[40]를 사용하여 용수를 죽였다고 전하고 있으며 이밖에도 용수가 당시에 묘광산(妙光山, Śriparvata)에 주재하고 있었다고 말한다.[41]

그러나《용수전》과《부법전》에는 이상에서 언급된 바와는 완전히 다르게 설하고 있는데 예를 들어《용수전》에서는 다음과 같이 말하고 있다.

> 이 때에 한 소승법사(小乘法師)가 항상 분하고 증오하는 마음을 품고 있었다. 용수가 세상을 떠나려 하면서 그에게 물었다. '당신은 내가 이 세상에 오래 머무는 것이 좋은가?' 그가 대답하여 말했다. '진실로 원하지 않습니다!' 물러나 한가한 방에 들어가 여러 날이 지나도록 나오지 않았다. 제자가 문을 부수고 들어가 보니 결국 (육신의) 껍질을 벗고 가버렸다.

이와 같이 보면 용수는 스스로 죽었거나 또는 천명에 따라 죽었으며 정쟁과는 무관하고 오히려 소승과의 쟁집(爭執)에 관련이 있다. 이 두 가지는 완전히 모순된 이야기이므로 필자의 생각으로는 다음과 같이 회통시킬 수 있지 않을까 한다. 즉 Śaktimān 왕자는 왕위를 찬탈하기 위하여 소승의 법사와 짜고 공동으로

39)《대정장》권 51, p. 929 中~下.

40) 荻原雲來 等編,《범화대사전》상권, p. 362 b에서 kuśa초는 모초, 길상초 등으로 번역 되었다. 학명은 poa cynosuroides이다.

41) 이상은 Bu-ston, *History of Buddhism*, II part, p. 127에서 볼 수 있다.

용수를 해치려 했던 것이 아닐까? 라고 말이다.

4. 용수의 저작

용수는 바라문교와의 도술시합 및 소승법사·국왕·왕자와 상대하여 논쟁을 전개했으며 도처에 사원을 세웠을 뿐만 아니라 또한 적지않은 작품도 썼다. 《용수전》에 의하면 그의 저작에는 (1) 우파제사십만게(優波提舍十萬偈) (2) 장엄불도론오천게(莊嚴佛道論五千偈) (3) 대자방편론오천게(大慈方便論五千偈) (4) 중론오백게(中論五百偈) (5) 무외론십만게(無畏論十萬偈)(《중론》은 이 중에서 나옴)가 있다. 이 가운데 첫번째의 우파제사(Upadeśa)는 논의(論義)라는 뜻으로 의역되며 그 논전(śāstra) 안에 《대지도론》(Mahā-prajñāpāramitā-śāstra)이 포함되어 있다.

그 다음 두번째의 《장엄불도론》(Buddhamārgālaṅkāra-śāstra)을 K. Venkata Ramanan은 《십지경론》(Daśabhūmika-śāstra)과 유관한 작품으로 여기고 있다.[42] 이와 같이 본다면 그것은 한역의 《십주비바사론》에 상당한다. 세번째의 《대자방편론》은 무엇을 설하였을까? 한역의 《보리자량론》, 《광대발원문》 등과 같은 종류로 보살 정신을 천명하는 작품은 아니었을까? 다섯번째의 《무외론》(Akutobhaya-śāstra)은 티벳에 전래돼 《中論無畏疏》에 삽입되었을 것이다.[43] 왜냐하면 《용수전》에서는 다섯번째에 속한 《중론》(Madhyamaka-kārika)이 《무외론》으로부터의 발췌된 것임을 언급하고 있기 때문이다.

---

42) K. Venkata Ramanan, *Nāgārjuna's philosophy*, Delhi : Motial Banarsidass, 1987, p. 34 참고.

43) 앞의 책 참조.

사실상《용수전》에서 제시하고 있는 5종의 용수 저작은 이러한 귀납을 거친 결과이다.《소화법보총목록》4에 의거하면 용수 이름 하에 24종의 한역작품을 열거하고 있다.

1.《大智度論》(100권), 後秦・鳩摩羅什譯;
2.《十住毘婆沙論》(17권), 後秦・鳩摩羅什譯;
3.《中論》(4권), (龍樹造偈, 青目釋), 姚秦・鳩摩羅什譯;
《順中論》(2권), (龍樹造偈, 無著釋), 後秦・鳩摩羅什譯;
《般若燈論釋》(15권), (龍樹造偈, 分別明釋), 唐・波羅頗蜜多羅譯;
《大乘中觀釋論》(9권), (龍樹造偈, 安慧釋), 宋・惟淨等譯;
4.《十二門論》(1권), 姚秦・鳩摩羅什譯;
5.《百字論》(1권), 後魏・菩提流支譯;
6.《壹輸盧迦論》(1권), 後魏・瞿曇般若留支譯;
7.《大乘破有論》(1권), 宋・施護譯;
8.《六十頌如理論》(1권), 宋・施護譯;
9.《大乘二十頌論》(1권), 宋・施護譯;
10.《十八空論》(1권), 陳・眞諦譯;
11.《廻諍論》(1권), 後魏・毘目智仙共瞿曇流支譯;
12.《方便心論》(1권), 後魏・吉迦夜譯;
13.《大乘寶要義論》(10권), 宋・法護, 惟淨等譯;
14.《因緣心論頌因緣心論釋》(1권), 失譯;
15.《寶行王正論》(1권), 陳・眞諦譯;
16.《菩提資糧論》(6권), (龍樹本, 自在釋), 滴・達摩笈多譯;
17.《菩提心離相論》(6권), 宋・施護譯;
18.《菩提行經》(4권), 宋・天息災譯;

19. 《釋摩訶衍論》(10권), 姚秦・筏提摩多譯;
20. 《福蓋正行所集經》(12권), 宋・日稱譯;
21. 《龍樹菩薩爲禪陀迦王說法要偈》(1권), 宋・求那跋摩譯;
《勸發諸王要偈》(1권), 宋・僧伽跋摩譯;
《龍樹菩薩勸誡王頌》(1권), 宋・施護譯;
22. 《讚法界頌》(1권), 宋・施護譯;
23. 《廣大發願頌》(1권), 宋・施護譯;
24. 《龍樹五明論》(2권), 失譯.[44)]

이 24종의 저작 중에서 어떤 것은 용수의 작품이 아니라고 확정된 것도 있다. 망월신형(望月信亨)의 《불교대사전》[45)]에 의하면 이미 《십팔공론》, 《방편심론》은 용수의 작품이 아님을 알 수 있다.

티벳에서 전하는 바에 의하면 《보리행경》은 적천(寂天, Śānti-deva : A.D. 650～750)이 편집한 것이며 《석마하연론》과 《용수오명론》은 중국에서 찬술한 것이다.[46)]

이밖에도 K. Venkata Ramanan에 의하면 《백자론》(Aksara-śas-tra)은 제바(Āryadeva ; A.D. 175～275)의 작품이며 《대승이십론》(Mahāyānaviṁśika)도 또한 용수의 작품이 아니며 《십팔공론》(Astādaśa-śūnyta-śastra)은 후대의 학파인 성유식(成唯識, Vijñā ptimātrata Siddhi)의 논전으로 분명히 중관학파(Mādhyamika)인 용수의 작품이 아니다. 《석마하연론》 또한 유가행유식파(Yogācā ra-vijñānavāda)의 논전으로 용수의 작품일 수 없다. 용수 저작의

44) 이상은 《소화법보총목록 (4)・대정신수대장경저역목록・부인도제론사 저작목록》 p. 697 上～中에 언급됨.
45) 망월신형, 《불교대사전》 5, p. 4996中
46) 《소화법보총목록》, p. 697, 原註 5)에서는 《釋摩訶衍論》이 신라・월충(月忠)의 위찬이라고 말하고 있다.

주제는 空(śūnyatā)과 中道(madhyamā-pratipat)이므로 《방편심론》(Upāyahṛdaya), 《보리심리상론》(Lakṣaṇa-vimukta-bodhi-hṛdaya(citta)-śāstra) 및 《광대발원송》(Mahāpraṇidhānotpāda-gāthā) 등은 그러한 주제와는 무관한 작품으로 모두 의심할만 하다. 이밖에 《복개정행소집경》은 덕행에 관한 경문을 발췌하여 다시 편집한 것일뿐으로 「空」, 「中道」와는 무관하다. 따라서 이는 용수의 작품이 아닐 것이다. 《용수오명론》(Nāgarjuma-pañcavidyā-śāstra)은 후대 밀교의 전적(典籍)으로 중관학파의 저작일 수 없다.[47)]

이밖에도 망월신형은 범본 《法集名數經》(dharmasaṃgraha), 가재(迦才)의 《정토론》 권中에 싣고 있는 〈十二禮文〉 그리고 당·불공(不空)이 번역한 《금강정유가중발아뇩다라삼막삼보리심론》 등도 또한 용수의 저작이라 전하지만 실제로는 모두 후인이 찬술한 것이라고 말하고 있다.[48)]

티벳에서 전하는 것으로는 부똔의 《불교사》를 살펴보면 용수의 저작을 아래와 같이 몇 가지로 크게 나누고 있다.

(1) 형이상학(metaphysics) 방면의 저작[50)] :

1. 《中觀論頌》(Mādhyamika-stotras)
2. 中觀(Mādhyamika)과 관련있는 六部 논전[51)]

(2) 교리의 실천방면의 저작 :

1. 《經典集要》(Sūtra-samuccaya) 경전과 서로 계합하는 교리를 모은 책이다.
2. 《夢如意寶珠譚》(Svapna-cintāmaṇi-parikathā) 이론적 방식

47) 이상 K.V. Ramanan, *Nāgārjuna's Philosophy,* pp. 125~127.
48) 망월신형, 《불교대사전》5, p. 4996中~下.
49) Bu-ston, *History of Bhuddhism,* II part, pp. 125~127.
50) 형이상학적 저작에 대해 부똔은 중관철학을 주제로 하는 작품이라고 해설하고 있다(Ibid, II part, p. 125).

을 사용하여 大乘心을 설명하고 아울러 聲聞乘의 청정한 본성을 환기시키고 있다.

(3) 在家居士와 出家僧衆의 주요 행위준칙을 천명하는 저작 :

1. 《親友書函》(Suhrllekha)
2. 《菩提海會》(Bodhigaṇa)

(4) 딴뜨라(Tantras) 밀교방면과 관계된 저작 :

1. 《딴뜨라集要》(Tantra-samuccaya) ; Tantra밀교의 이론과 실천에 관계된 綱要書
2. 《菩提心釋》(Bodhicitta-vivarana) ; 밀교이론의 자세한 해석
3. 《成就法略集》(Piṇḍīkṛta-sādhana) ; 밀교의 初學次第를 간추려 설명하고 있다.
4. 《經集》(Sūtra-melāpaka)[52]
5. 《曼陀羅儀軌》(Maṇḍalavidhi)

---

51) 부똔의 《불교사》 上책에서는 여섯 部를 열거하고 있다.

(1) 《칠십공성론》(Śūnyatā-saptati)은 모든 사물이 연기이며, 인과와 Pluralism도 공하다는 것을 설명한 작품이다.

(2) 《근본반야》(Prajñā－mūla)는 我(self) 혹은 非我(non-self)에 의해 진실성(즉 실재성, reality)이 생한다는 것을 것을 파척함.

(3) 《육십송여리론》(Yukti-ṣaṣṭikā)은 이론(용수의 철학을 말함)과 관련된 논리적 증명을 하고 있다.

(4) 《회쟁론》(Vigraha-vyāvartanī)은 論敵의 도전에 대한 답변이다.

(5) 《광파론》(Vaidalya-sūtra)은 논적과 일반 인명학자와의 논변방법을 설명하고 있다.

(6) 《원만시설론》(Vyavahāra-siddhi)은 제일의제 중에는 실체가 없으며 세속제 중에는 세간의 제행이 존재하지만 이 양자가 함께 해도 어긋나지 않다는 것을 설명하고 있다. (以上 : Bu-ston, *History of Buddhism,* Ⅰ part, pp. 50～51).

52) 原註에서는 이 문집의 범어 명칭이 Śri-Guhyasamāja-mahā-yoga-tantraut-patti-krama-sādhanam Sūtra-melāpakam nāma라고 설명하고 있다 (Bu-ston, *History of Buddhism,* Ⅱ part, p. 126, 주석 909 참고.)

6. 《五次第》(Pañca-krama)

이상의 4. 5. 6. 三部는 모두 최후의 차제를 설명하고 있다.

(5) 정치, 의약, 연금술 등과 관련된 저작 :

1. 《治療法一百》(Yogaśataka)
2. 《養護臣民點滴》(Jana-poṣaṇa-bindu)
3. 《百智慧論》(Prajñā-śataka)
4. 《寶行王正論》(Ratnāvalī)[53]
5. 《緣起輪論》(Pratītyasamuptpāda-cakra)
6. 《香瑜伽寶鬘》(Dhūpa-yoga-ratṇa-mālā), 이상 5. 6. 二部 모두 연금술과 관계 있다.

(6) 주석방면의 저작 :

1. 《祕密集坦特羅細疏》(Guhyasamāja-tantra-ṭikā)
2. 《稻竿頌》(Śālistambaka-kārikā)
3. 《學集》(Śikṣā-samuccaya) ; 智慧手大師(Prajñākaramati)의 《入菩提行細疏》(Bodhicaryā-vatara)에서는 本書를 용수의 작품이라고 여기고 있다.
4. 《四印契決定》(Caturmudrā-niścaya) ; 《廣釋要門苞》(Āmnāya-mañjarī)에서 설한 바에 따르면 본서는 결코 용수가 지은 것이 아니다.

이상 부똔이 분류 귀납시킨 여섯 종류 27部의 작품 중에서 어떤 작품들은 용수가 손수 지은 것이라 할 수 없다. 특히 (4)의 6部와 (6)의 제1부는 모두 Tantra밀교와 관련 있는 작품으로 용수의 작품이 아니다. 왜냐하면 용수시대에는 근본적으로 Tantra 밀교가 존재하지 않았기 때문이다.

53) 原註에 따르면 혹은 《중관보행왕정론》(Mādhyamika-ratnāvalī)이라고도 이름한다(Bu-ston, *History of Buddhism,* II part, p. 126)

이밖에도 《망월대사전》에서는 티벳 《대장경》「丹珠爾」 중에 열거된 용수의 작품을 언급하고 있다.

경소부(經所部) 작품 :

1. 《稻竿頌》(sā-lu-ljaṅ-paḥi tshig-leḥur-byas-pa)
2. 《稻竿經廣疏》(ḥphags-pa sā-lu-ljaṅ-pa shes-bya-batheg-pa chen-poḥi mdoḥi rgya-cher bśad-pa)
3. 《菩提過犯懺悔註》(byaṅ-chub-kyi ltuṅ-ba bśags-pahiḥgrel-pa)
4. 《賢行願大王會疏》(bzaṅ-po spyod-paḥi smon-lam-gyirgyal-po chen-poḥi bśad-sbyar)

아비달마부 작품 :

1. 《法界心髓註解》(chos-kyi dbyiṅs-kyi sñiṅ-poḥi rnampar ḥgrel-pa)

율부 작품 :

1. 《根本說一切有部沙彌頌》(gshi thams-cad yod-par smra-baḥi dge tshul-gyi tshing-leḥur-byas-pa)
2. 《十學儀軌》(bslab-pa bcuḥi cho-ga)

중관부 작품 :

1. 《中論本頌》(dbu-ma rta-baḥi tshig-leḥur-byas-pa śesrab ces-bya-ba)
2. 《六十頌如理論》(rigs-pa drug-cu-paḥi tshig-leḥur-byas-pa ces-bya-ba)
3. 《摧破經》(shib-mo rnam-par ḥthag-pa shes-bya-baḥimdo)
4. 《空性七十頌》(stoṅ-pa-ñid bdun-cu-paḥi tshing-leḥur byas-pa shes-bya-ba)

5. 《空性七十註》(stoṅ-pa-ñid bdun-cu-paḥi ḥgrel-pa)
6. 《廻諍論本頌》(rtsod-pa bzlog-paḥi tshing-leḥur-byas-pa shes-bya-ba)
7. 《根本中觀註無畏論》(dbu-ma rtsa-bahi ḥgrel-pa-ga-las ḥjigs-med)
8. 《摧破論》(shib-mo rnam-par ḥthag-pa shes-bya-pa shes-bya-b aḥi rab-tu-byed-pa)
9. 《廻諍論》(rtsod-pa bzlog-paḥi ḥgrel-pa)
10. 《大乘二十頌論》(theg-pa chen-pa ñi-śu-pa)
11. 《百字論偈》(yi-ge brgya-pa)
12. 《百字論》(yi-ge brgya-pa shes-bya-baḥ ḥgrel-pa)
13. 《因緣心論頌》(rten-ciṅ-ḥbrel-bar-ḥbyuṅ-baḥi sñiṅ-poḥi-tshig-leḥur-byas-pa)
14. 《因緣心論釋》(rten-ciṅ-ḥbrel-bar-ḥbyuṅ-baḥi sñiṅ-poḥi-rnam-par-bśad-pa)
15. 《不覺令覺論》(ma-rtogs-pa rtogs-par-byed-pa shes-bya-baḥi rab-tu-byed-pa)
16. 《大乘破有論》(srid-pa ḥpho-pa)
17. 《入三自性成就》(raṇ-bshin gsum-la ḥjug-paḥi sgrub-pa)
18. 《修習次第》(bsgom-paḥi rim-pa)
19. 《發菩提心儀軌》(byaṅ-chub-tu sems bskyed-paḥi cho-ga)

예찬부 작품[54)]:

1. 《讚法界頌》(cho-kyi dbyiṅs-su bstod-pa);
2. 《佛三身讚》(sku-gsum-la bstod-pa shes-bya-ba);

---

54) 원문에서는 19종을 설하고 있으나 여기서는 3종만 열거함(망월신형, 《불교대사전》 5, p. 4997 上. 참고).

3. 《八大靈塔名號經》(gnas-chen-po brgyad-kyi mchod-rten-la bstod-pa)

Tnatra部 작품[55] :

1. 《密意語註釋》(dgoṅs-pahi skad-kyi hgrel-pa)

書翰部 작품[56] :

1. 《寶行王正論》(rgyal-po-la gtam-bya-ba rin-po-cheḥi phreṅ-ba) ;
2. 《大乘破有論》(srid-pa-las ḥdas-paḥi gtam) ;
3. 《龍樹菩薩勸誡王頌》(bśes-paḥi spriṅ-yig)

醫方明部 작품[57] :

1. 《治療法一百》(sbyor-ba brgya-pa)

工巧明部 작품 :

1. 《香混合偈》(spos-kyi sbyor-ba reḥu char-byas-ba)

修身部 작품[58] :

1. 《一百智慧論》(śes-rab brgya-pa shes-bya-baḥi rab-tu-byed-pa)

雜部 작품[59] :

1. 《金剛誓願》(rdo-rheḥi smon-lam)

Atiśa 小部集 작품[60] :

1. 《發菩提心儀軌》(byaṅ-chub-tu sems-bskyed-paḥi cho-ga)

---

55) 원문에서는 모두 47종을 설하고 있으나 여기서는 1종만 언급함 (앞의 책, p. 4997 上)
56) 원문에서는 5부를 설하고 있다(앞의 책).
57) 원문에서는 2부를 설하고 있다(앞의 책).
58) 원문에서는 3부를 설하고 있다(앞의 책).
59) 원문에서는 9부를 설하고 있다(앞의 책).
60) 원문에서는 13부를 설하고 있다(앞의 책).

이상의 티벳《대장경》중에는 125부가 있으며 모두 용수의 작품이라 말하고 있으나 그 중에 절대 다수가 후인의 위찬(僞撰)이라 여겨진다.[61]

5. 용수의 제자와 후계자

용수의 제자에 관해서는 앞에서 언급된 바와 같이 불교로 개종한 바라문 이외에《용수전》에서는 기타의 사람이 언급되고 있지 않다. 그러나《부법전》권6에서는 용수가 세상을 떠날 때 제자인 가나제바에게 고하는 상황을 기재하고 있다.[62]

그 문장 중의「가나제바」(Kāṇadeva)는 독안제바(獨眼提婆)라는 뜻인데 제바(Deva)가 왼쪽 눈이 없는 수행인이었던 관계로 인한 것이다.[63] 제바는 성천(聖天, Āryadeva)이라고도 하며 이 사람과 관계 있는 행적을 기술하고 있는 것으로는《부법전》이외에 구마라집역《제바보살전》이 곧 정식 전기이다. 이《제바보살전》에 의하면 제바는 불법을 홍포한 이외에도 그의 스승 용수처럼 정치에 열중한 인물이었다. 그는「남천축왕」과의 친밀관계를 통하여 석달 동안 백여만인을 제도하고 사도(이교도)에게 죄를 물었다. 이에 따라 사도인「바라문제자」가 제바를 죽였으니 그는 이

61) 이상, 망월신형《불교대사전》5, pp. 4996 下~4997 上.

62)《대정장》권 50, p. 318 下.

63)《부법전》권6에는 왜 제바에게 눈이 하나만 있었는지를 다음과 같이 설명하고 있다.

「그는 처음 남천축국의 바라문 종족에서 태어나 존귀하고 뛰어난 태생이었다. 神眼을 훼손함에 따라 눈 하나가 없었다. 이로 인하여 가나제바라 불려졌다」(《大正藏 卷 50, p. 381 下). 이밖에도 구마라집역《제바보살전》에서도 제바가 왼쪽 눈을 잃은 원인을 설하고 있다 (《大正藏》卷 50, pp. 186 下~187 上)

처럼 이교도에 의해 죽음을 당한 것이다.[64]

《제바전》에 따르면 그의 저작에 《百論》(20品)과 《四百論》이 있다.[65] 부뙨의 《불교사》에 의하면 제바의 저작은 두 종류로 나눌 수 있다.

(1) **顯敎部分** :

1. 《中觀四百論》(Mādhyamika-catuḥśatikā)
2. 《中觀掌中論》(Mādhyamika-hastavāla-prakaraṇa)
3. 《破邪成正理因論》(Skhalita-pramathana-yukti-hetu-siddhi)
4. 《智慧要集》(Jñāna-sāra-samuccaya)

(2) **딴뜨라密敎部分** :

1. 《行業合分論》(Caryāmelāyana-pratīpa)[66]
2. 《心識染淨論》(Citta-āvarana-viśodhana)
3. 《四座坦特羅王曼茶羅方便儀軌要集》(Catuḥ-pīṭha-tantra-rā ja-maṇḍala-upāyikā-sāra-samuccaya)
4. 《四座成就論》(Catuḥpīṭha-sādhana)
5. 《智茶加女成就論》(Jñāna-ḍākinī-sādhana)[67]

---

64) 以上 《大正藏》 卷 50 p. 187 上~下. 《제바전》에서는 또한 그가 「남천축왕」을 교화한 방식이 용수처럼 군대에 응집된 방식이었다고 말하고 있다. 그 가운데 서술하고 있는 내용은 《용수전》에서 묘사 서술하고 있는 것과 거의 일치한다. 「남천축왕」은 그를 위해 바라문과의 대토론회를 마련하였으며 제바는 다음과 같은 세 개의 토론 주제를 내세웠다. (1) 「일체 모든 성인 중에 부처님이 가장 제일이다.」 (2) 「일체의 제법 중에서 불법이 올바르기로는 제일이다.」 (3) 「세상의 중생을 구제하는 사람으로는 불교 승려들이 제일이다.」 결과는 제바의 대승, 바라문의 대패로 끝났다.

65) 《大正藏》 卷 50, p. 187 下.

66) 原文에서는 melāyana를 melayana로 표기하고 있는데 이는 착오이다. melāyana는 결합의 뜻이고 pratīpa는 대립(분리)의 의미이다.

67) 原註에서는 또한 《지비성취론》(Jñāneśvari-sādhana)이라고도 한다.

6. 《一林細疏》(Eka-druma-pañhikā)[68]

이상은 부똔의 《불교사》에서 제바와 관계된 저작을 열거한 것인데 그 가운데 많은 것들이 후인이 위찬(僞撰)한 것이다. 특히 (2)의 Tantra밀교와 관계 있는 6종은 대개 위찬이라 할 수 있는데 제바시대에는 밀교가 존재하지 않았기 때문이다.

이밖에 《소화법보총목록》 중에서도 제바의 작품과 관련 있는 양본(兩本)을 열거하고 있으니 (1) 후위・보리류지역 《제바보살파능가경중외도소승사종론》(1권) (2) 동역(同譯) 《제바보살석능가중외도소승열반론》(1권)이다.[69] 이들도 또한 후인의 위찬이라 여겨지고 있는데 왜냐하면 《능가경》은 제바 이후에 성립된 경전이기 때문이다.

《제바전》에는 제바의 제자가 언급되고 있지 않으나 《부법전》 권6에서는 한 명의 제자를 언급하고 있는 데 그 이름이 라후라(라후라발타라, Rāhula-bhadra)이다. 용수와 제바, 라후라 세사람은「명망과 덕행이 모두 두드러지고 사람들로부터 찬미하는 말을 함께 들었다」

당시에 한 바라문이「《鬼名書》라는 책을 지었는데 그 내용이 이해하기가 매우 어려웠으며 장구(章句)가 광박(廣博)하여 십만게나 되었다」라후라 등 세 대사는 오히려「그것을 잘 독송하였다」. 그 중에「용수는 한번만 듣고도 곰곰히 생각하여 곧 깨달아 그것을 잘 기억하였으니 마치 오래전부터 암송해 익힌 것 같았

68) 以上 : Bu-ston, *History of Buddhism,* II part, p. 131. 이밖에도 부똔은 《분명현밀주소》(Pradīpa-uddyotana-abhisaṁdhi-prakāśikāvyākhyā-ṭika)라는 작품이 제바의 작품이라고 여기는 사람이 있다고 말하고 있다. 그러나 부뙨은 그 연대상의 신뢰성을 회의하고 있다(Ibid, II part, p. 132)

69) 《소화법보총록(4)・대정신수대장경저역목록・부인도제론사저작목록》, p. 165 中.

다」「제바보살이 라후라를 위하여 더욱 넓게 분별하여 그 장구(章句)를 부연 설명해 주자 라후라는 확연히 그 의미를 이해하게 되었다」 마침내 라후라는 만년에 「法을 존자 僧伽難提(Saṃghanandi)에게 부촉하였다」

이상은《부법전》에서 제바의 제자인 라후라에 대해 간략히 기재하고 있는 내용이다.[71] 그러나 그가 중관학파의 인물이었는 지는 실로 의심스럽다. 왜냐하면 티벳에는 결코 이러한 전승이 없기 때문이다.

가장 주의해야 할 것은 부똔의《불교사》에서는 중기중관파 학자인 월칭(月稱, Candrakīrti : A.D. 600~650)의 작품《名句論》(Prasanapāda) 중의 말을 인용하여 라후라발타라는 결코 제바의 제자가 아니며 용수의 스승이라고 말하고 있다.[72] 분명히 이것과 상술한 한역문헌의 설은 완전히 모순된다. 부똔의 설이 맞지 않을까? 왜냐하면 이 설은 지지받을 만한 두 가지 이유가 있다. (1) 수·길장의《중관론소》권3에서는「라후라 법사는 용수와 동시대 사람으로 八不를 해석하는데 있어서 常·樂·我·淨이라는 四德으로 그것을 밝혔다」[73]고 설하고 있다. 라후라가 용수와 동시대인이라면 어떻게 제바의 제자일 수 있겠는가? (2) 또한《중관론소》권10의 말미에서 길장은「용수의《대지도론》제18권에 나오는〈歎般若偈〉[74]는 라호(羅䐪, 즉 라후라의 별역) 법사가 지은 것이다. 용수, 라호, 제바는 동시대인이다. 따라서《대지도

70) 이상은《大正藏》卷 50, pp. 319下~320上에서 상세히 볼 수 있다.
71) 앞의 책, p. 320 上 참고.
72) Bu-ston, *History of Buddhism,* II part, p. 135.
73)《大正藏》卷 42, p. 40 下.
74) 원래 명칭은〈찬반야바라밀게〉:《大正藏》卷 25, pp. 190中~191 上 참고.

론》에서는 라호의 설법을 인용한 것이다[75)]」라고 말하고 있다. 용수의 작품 《대지도론》 중에 라후라의 시게(詩偈)를 인용하였다면 오히려 용수가 라후라의 제자일 가능성이 있는 것이다.[76)]

용수의 제자에는 제바 이외에 또한 용지(龍智, Nāgabodhi)가 있다. 부톤의 《불교사》에는 그에 관한 간략한 전기가 있는데 이 전기를 보면 용지는 정통과 이단학파의 철학적 이치를 숙지하고 山上(Śriparvata)[77)]에 머무르면서 장수하였으며 《비밀합집만다라의궤》(Guhyasamāja-maṇḍla-vidhi)와 《오차제주》(Pañca-krama-ṭīkā) 등을 저술하였다.[78)]

중국에서는 용지가 밀교와 관계있는 인물이라는 설이 전해져 오고 있다. 예를 들면 당·불공 역 《金剛頂瑜伽三十七尊出生義》에서는 다음과 같이 설하고 있다.

「따라서 부처님께서 내려오신 이래로 (밀교는) 차례로 부촉되었다. 석사자(釋師子)가 비로자나여래로부터 받아, 서약을 하고 금강살타(金剛薩唾)에 전하였다. 금강살타는 그것을 얻어 수백년이 지난 다음 용맹보살에게 전하였다. 용맹보살은 그것을 받아 수백년이 지난 다음 용지아자리에게 전하였다. (용지아자리도 또한) 수백년을 주지한 다음 금강지(金剛智)아자리에 전했다. 금강지 아자리는 장차 중국에 (밀교가) 퍼질 수 있게 하려는 비원력으로 물병을 들고 지팡이를 짚고서 개원 7년에 스스로 중국에 이르렀다. 14년에 몇명의 제자를 얻

75) 《大正藏》 卷 42, p. 168 下.

76) 라후라의 작품은 아마도 매우 널리 유포되었던 것 같다. 왜냐하면 용수의 《대지도론》에서도 그의 작품을 인용하고 있을 뿐만 아니라 유식계의 《섭대승론석》 卷 6(진제역)과 견의의 《입대승론》 권下에서도 그의 다른 작품의 게송을 인용하고 있다 (《大正藏》 卷 31, p. 195 上 과 卷 32, p. 48下에서 자세히 볼 수 있다.)

77) 문의를 살펴보면 Śrīparvata는 山 하나의 이름이다. 그런데 그것의 자전적(字典的)의미는 많은 산이라는 뜻이다.

78) 이상은 Bu-ston, *History of Buddhism,* II part, p. 132 참조.

었다. 다시 서약하고 불공금강(不空金剛)아자리에게 전하였다. 그 후에는 그 가지가 꽤 여럿에게 부촉되었다」[79]

이는 불공이 밀종(密宗)의 전승(傳承)을 서술한 것으로 용지가 용수의 제자일 뿐만 아니라 비로자나여래가 전수한 밀교를 계승한 一代祖師 아자리(ācārya)임을 언급하고 있다. 그런데 용수의 전후 연대에는 인도에 밀교가 존재하지 않았으므로 이 설은 의심스럽다.

6. 중·후기의 중관학파

용수는 감화력이 극중한 보살로《용수전》에서는「용수가 세상을 떠난지 백세(백년)가 지났는데 남천축의 모든 나라가 그를 위해 사당을 세우고 마치 부처님처럼 공경하고 받들었다」고 한다. 그러나 남천축의 여러 나라에서 그를 부처님처럼 신봉할 그 당시에도 어떤 중요한 중관학자도 출현하지 않았다. 5, 6세기에 이르러서야 불호(佛護, Buddhapālita ; A.D. 470~540)라는 논사가 출현하여「응성법(應成法)」(귀류논증법, Prāsaṅgika)으로 용수의《중론》을 주석하였다. 소위「응성법」은 논쟁하는 상대의 주장에 내재하는 모순을 지적하여 그 주장을 부정하는 추리방법으로 서양 논리학의 귀류논증법(reductio ad absurdum)과 비슷하다. 예를 들어《중론》권1「觀因緣品」제1 중의「不自生」(자기가 결코 자기를 生하지 않음)은 이 방법을 채용한 것이다. 즉「自生」이 옳다는 주장은 내재적 모순을 낳아「자생」이 착오이고「不自生」이 맞음을 알 수 있다.[80]

---

79)《大正藏》卷 18, p. 299 上.

불호를 계승한 사람이 월칭(月稱, Candrakīrti ; A.D. 600~650)이다. 부뙨의 《불교사》에서는 불호와 월칭을 「중관응성학파」(Mādhyamika-prāsaṅgika)의 대표적 인물이라 언급하고 있다. 부뙨은 또한 「중관응성학파」를 「世間極成部行中觀學派」(Loka-prasiddhi-varga-cāri-mādhyamika)[81]라고 말하고 있는데 이렇게 보면 이 학파가 「중관응성파」라고 불리는 까닭은 그들의 주장이 「응성법」을 채용하여 용수의 철학을 해석하고 있기 때문이다. 실제로 티벳의 대논사인 쫑카빠(Tsoṅ-k'a-pa : 14~15세기)의 《菩提道次第廣論》(Lam-rim-chen-po) 권20에서는 응성파 제자의 주장을 언급하고 있으니 「중관학자는 오로지 다른 사람이 인정하고 있는

---

80) 응성법(prāsaṅgika)의 中譯은 법존역 《보리도차제광론》 권 17 (대북 : 신문풍출판공사, 1975)에 출현하고 있다. 《보리도차제광론》(Lam-rim-chen-po)은 티벳의 대학자인 쫑카빠(Tsoṅ-k'a-pa, 14-15세기)의 거작이다. 범어 prāsaṅgika의 자의는 prā(앞의, 전면의)와 saṅgika(부착, 관련, 인과, 내재성 등)가 조합 합성된 것이다. 그 의미는 접촉 또는 긴밀한 관계에 의해 얻어지는 결과라는 뜻이다(Monier Monier-Williams, *A Sanskrit-English Dictionary*, p. 702c). 따라서 이른바 「응성법」은 앞의 (prā) 가설(이는 통상 논적의 주장임) 가운데 내재하는(saṅga) 모순에 의해 이 가설이 성립되지 않음을 도출하는 방법을 말한다. 예를 들면 「자생」(자기가 자기를 생함)을 가설한 후에 「자생」으로부터 한 사물에 二體가 있게 되는 (이것은 상식적으로 모순이다) 모순을 도출하여 마침내 「자생」의 가설이 성립되지 않는다고 결론짓는다. 〔「자생」 불성립과 관계있는 논증은 《중론》 권 1 「觀因緣品 제 1 : 《大正藏》 卷 30, p. 2 中에서 상세히 볼 수 있다.〕 이렇다면 「응성법」과 서양 논리학 중의 「귀류논증법」(redutio ad absurdum)은 대단히 접근되어 있다.

81) 이른바 「세간극성부행중관학파」의 의미는 분명하지 않다. 字義에 의하면 「세간극성」(loka-prasiddhi)은 완전히 성립하여 의문시되지 않고 접수된다는 의미이다. 대개 이 학파는 자신이 자신에게 미칭을 붙이고 있다. 소위 「부행」(varga-cāri)은 수행 실천을 집체(集體)한다는 뜻이다. 이 학파의 수행방식은 그것과 대립되는 자속파(svātantrika)의 명칭과 관련 있을 수 있다. 「자속파」는 독립자주, 자유자재의 의미이기 때문에 이와는 반대로 「부행」인 것이다.

것을 논파하며 스스로 어떤 주장도 하지 않는다…… 正理之果 또한 다른 사람의 주장을 버리게 하는 것이다. 그것을 제외한 다른 어떤 것을 스스로 인정하지도 않는다. 따라서 …… 오로지 응성법을 사용한다」[82]고 설하고 있다. 이렇게 보면 불호와 월칭의 응성파는 최소한 두 가지 중요한 특색이 있다. (1) 귀류논증법(응성법)을 사용하여 논적(論敵)의 주장에 내재적 모순이 함유되어 있음을 밝혀 그 주장이 성립할 수 없음을 증명하고 있다. (2) 자기가 어떤 주장을 하지 않는다. 전자는 인용문 중의 「다른 사람이 인정하고 있는 것을 파함」과 「다른 사람의 주장을 버리게 함」이며 후자는 인용문 중의 「스스로 주장하지 않음」과 「스스로 인정하지도 않음」이다.

응성학파와 대립되는 것은 청변(清辯, 分別明, Bhāvaviveka 또는 Bhavya ; A.D. 600~650)이 창립한 자속파(自續派, Svātantrika)[83]이다. 이른바 「자속」(svātantra)의 뜻은 독립자주이다. 이는 이 학파가 자기의 논증을 사용하여 자기의 철학인 空이 정확하다고 주장하는 견해를 말한다. 말하자면 청변은 용수의 철학인 空을 유

82) 쫑카빠저 법존역, 《보리도차제광론》, 대북 : 신문풍출판공사, 1975, 권20, p. 9 上.

83) 「자속파」라는 말과 관계있는 中譯은 법존역의 《보리도차제광론》(쫑카빠저) 제17장

84) 인명(Hetu-vidyā)이란 유식종의 학자들 특히 진나(Dignāga ; A.D. 400~480)등이 발전시킨 불교 논리이다. 그 중요한 특생은 「三支作法」 즉 「因」(hetu)과 「喩」(udāharaṇa) 두 전제에 의해 결론인 「宗」(pratijña)을 추론해낸다. 예를 들면 「먼 산에 연기가 있다」는 「因」과 「연기가 있는 곳에 반드시 불이 있다. 예를 들면 마치 아궁이와 같다」는 「喩」에 의해 「먼 산에 불이 있다」는 결론인 「宗」을 추론해낸다. 따라서 기본적으로 인명의 삼지작법은 서양의 전통논리 중의 「삼단논법」(syllogism)과 유사하다.(심검영, 《인명학연구》, 상해 : 중국대백과전서출판사, 1985, 제1장 참고)

식종의 因明(Hetu-vidȳ)[84]을 사용하여 그 성립을 증명하고 있다. 예를 들어 청변의 《掌珍論》(Karatalaratna) 卷上에서는 다음과 같이 말하고 있다.

眞性有爲空, 如幻緣生故；

無爲無有實, 不起似空華[85]

이 간단한 사구게 중에 인명 중의 논증방식인 두 개의 「三支作法」[86]이 은밀히 함유되어 있다. 앞 두 구에 1개 그리고 뒤 두 구에 다른 1개가 들어 있다. 앞 두 句의 「삼지작법」은 다음과 같다.

宗(주장, pratijñā)：眞性有爲空(眞性 중에서는 무릇 有爲法은 모두 空하다.)；

因(원인, hetu)：緣生故(왜냐하면 有爲法은 모두 因緣所生이기 때문이다.)；

喩(실제적인 예, udāharaṇa)：如幻(예를 들면 幻事처럼 무릇 因緣所生인 것은 모두 空하다).

이 「삼지작법」 중에 「空」支는 주장 또는 결론이다. 그 가운데 眞性(tattvataḥ)은 구경(究竟)의 진리, 즉 중관학파가 말하는 제일의제(승의제, Paramārtha-satya)를 가리킨다. 말하자면 청변의 주장(또는 결론)은 구경의 진리 중에 일체의 유위법(Saṃskṛta)은 모두 空(śūnya)하다는 것이다. 그 근거에는 두 가지가 있는데 하나는 「因」支이고, 다른 하나는 「喩」支이다. 因支에서는 무릇 유위법은 모두 「因緣(所生)」(Pratyayodbhavāt)이라는 것을 말하며 喩支에서는 인연소생이라면 모두 幻事(마술, māyā)와 같이 空하다는 것을 말한다.

85) 청변조, 현장역, 《대승장진론》권上：《大正藏》 卷30, p. 268 中.

86) 이른바 「삼지작법」은 註 84) 참조.

《장진론》의 두번째 「삼지작법」은 다음과 같다.

宗 : 無爲無有實(眞性 중에서는 무릇 無爲法도 모두 실체성이 없다).

因 : 不起(왜냐하면 무위법이 생기하지 않기 때문이다).

喩 : 似空華(마치 空華와 같이 무릇 생기하지 않는 것은 모두 실체성이 존재하지 않는다).

이 가운데 宗支의 「무위법」(asaṃskṛta)은 변화가 있는 「유위법」에 상대하여 말한 것으로 예를 들면 허공, 열반 등과 같다. 因支의 不起(anutpādāḥ)는 不產生, 변화없음의 의미이다. 그리고 喩支의 「空華」(khapuṣpavat)는 눈의 환각에 의해 산생된 환상이다.

이상 《장진론》 중의 두 「삼지작법」의 실례로부터 청변의 자속파가 因明의 「삼지작법」을 채용하여 自己의 철학 즉 「진성 중에는 무릇 유위법과 무위법이 모두 空함」을 증명하고 있다. 그러므로 이른바 자속파에는 최저한도로 두 가지 조건이 있다.

(1) 논적의 주장이 착오임을 비판함. (2) 삼지작법으로 자기의 주장인 空의 정확성을 증명함. 후자 (2)는 분명히 자속파와 응성파가 가장 차이나는 곳이다. 그렇지만 두 파간의 정의는 주로 방법론상의 차이에 한정돼 있다. 즉 응성파는 귀류논증법을 사용하여 논적의 착오를 증명하지만 자기 스스로 고정된 철학을 제시하지 않는 반면에 자속파는 「삼지입량」을 채용하여 자기의 철학인 空을 입증하고 있다.

청변이 창립한 자속파를 또한 「經部行中觀學派」(Mādhyamika-sautrāntika)[87]라고 하는데 왜냐하면 이 파의 어떤 주장은 경량부

87) 범명으로 또한 Sautrāntika-Mādhyamika라고도 함.

(Sautrāntika)의 철학을 채용하고 있기 때문이다. 知識論(Epistemology)의 관점으로 보면 경량부는 관념론(Idealism)을 주장하는 학파이다. 말하자면 그들은 外界의 사물을 승인하지만 직접 이러한 외계의 사물을 인식할 수 있다고 여기고 있는 실재론(Realism)의 입장에 선 설일체유부(Sarvāstivādin)와는 같지 않다. 오히려 경량부에서는 우리가 직접 외계의 사물을 인식할 수 없으며 우리가 인식하는 사물은 실제로는 마음 속(內心)의 영상(影像, image) 또는 관념(idea)일 뿐이라고 주장한다.[88]

청변의 자속파는 세속제(sāṃvyavahara-satya) 중에서 경량부의 이러한 관념론적 주장을 채용하고 있다. 바꾸어 말하면 승의제로 보면 일체 사물은 확실히 空하지만 세속제의 입장에서 말하자면 비록 우리가 진정으로 외부의 사물을 인식할 수 없다 하더라도[89] 오히려 사물의 실재성을 승인하는데 무방하다는 것이다. 이러한

---

88) 경부의 이러한 관념론적 주장은 설일체유부의 작품 중에서 상당히 분명하게 반영되고 있다. 예를 들면 《대비바사사론》 권44에서는 「謂或有執有緣無智, 如譬喩者」라고 설하고 있다. 소위 「유연무지」란 인식(緣慮) 활동이 있음을 가리킨다. 그러나 직접적이고 실제적인 인식내용(智)은 없다. 또한 중현(衆賢)의 《순정리론》 권51에서는 설일체유부의 주장을 소개한 후에 경부의 관념론을 다음과 같이 비판하고 있다. 「또한 일체의 식은 반드시 경이 있기 때문에, 경이 존재하고 있음을 보면 식이 바야흐로 생한다.……그 경부는 有識無境을 설하는 것이 아니다」(《大正藏》 권29 p. 628中~下.) 이 가운데 「인식은 있지만 (인식의 내용인)경이 없다」는 경부의 주장이다. 경부의 이러한 인식내용은 우리 내심의 영상(image) 또는 관념(idea)이라는 관념론적 주장을 하고 있는데 후에 대승유식종에서 채용되어 심식에 「상분」을 함유하고 있다는 견해가 이루어졌다.(「상분」과 대응되는 것은 인식주체인 「見分」이다)

89) 청변은 중관학파의 입장에서 우리가 진정으로 외재사물을 인식할 수 없다고 한다. 왜냐하면 외재사물은 모두 空하며 그것들에 대한 어떤 인식작용도 모두 단지 그 허망한 일면을 인식하는 것이지 그 진실된 본질을 인식할 수는 없기 때문이라는 것이다. 이것이 또한 그가 경부의 관념론을 채용했다고 여겨지는 까닭이다.

경부(즉 경량부)의 관념론적 색채는 《장진론》 권상 가운데 명백하게 표현되고 있다.

> 이 境界上에서 모든 세간 사람들은 분별을 많이 일으키므로 이렇게 말한다. 「眞性有爲空, 如幻緣生故」. 이 가운데 세간 사람들이 모두 한결같이 존재한다고 인정하는 것을 나 역시 인정하는데 이는 세속이 實有하기 때문이다. 세속인들의 현량(現量)은 인연을 生起하는데 역시 실유를 인정하기 때문이다. 눈(眼) 등은 세속제에 속한다. 소 치는 사람 등도 다 똑같이 了知하는데 눈(眼) 등 유위법이 실유하기 때문이다. 이와 같이 自宗에서 인정하는 現量共知를 위배하면 안되기 때문에 진성으로 간별(間別)하여 宗을 세운다. 眞義自體를 진성, 즉 승의제라 한다. 승의제의 입장에서 有爲空을 세운 것이지 세속제의 입장에서 세운 것은 아니다.[90]

이상은 청변 스스로 상술한 첫번째 「삼지작법」에 대한 주석이다. 그 가운데 명백하게 세속제 중에서는 일체의 유위법이 모두 실유하는 존재라는 것을 긍정하고 있다. 그 이유는 (1) 세상 사람들이 모두 일체의 유위법을 존재한다고 인정하며 소치는 사람까지도 모두 그것을 진실한 존재로 여긴다. (2) 「現量共知」, 즉 감관지각(現量, Pratyakṣa)이 우리에게 진실한 존재임을 알려 준다. 이 두 가지 이유 때문에 세속제 가운데 일체의 사물은 모두 실재(實有)한다는 것이다.

청변의 경부행중관파와 대립되는 것이 「瑜伽行中觀學派」(Yogācāra-mādhyamika)이다. 부똔의 《불교사》에 의하면 이 학파의 대표적 인물에는 지장(智藏, Jñanagarbha), 길상호(吉祥護, Śrigupta), 적호(寂護, Śāntirakṣita ; A.D. 725～788), 연화계(蓮花戒, Kamalasila ; A.D. 700～797), 사자현(師子賢, Haribhadra) 등이 있다.[91] 지

90) 《大正藏》 卷30, p. 268下.

장 등의 유가행중관학파와 청변의 경부행중관학파는 어떤 점이 다른가? 이 문제에 대해 쫑카빠의《보리도차제광론》권17에서는 간단하게 답하고 있다.

> 불호(不護), 청변(清辨, 즉 清辯), 월칭(月稱), 정명(靜命, 즉 寂護) 등 大中觀師들은 모두 聖天(즉 제바)을 準量으로 삼아 거의 勇猛(즉 용수)과 동일시하고 있다. 그들 父子(용맹과 성천을 지칭함)는 나머지 中觀師가 의지하는 근원이기 때문에 여러 선각자들은 그 두 분을 根本中觀師라고 하고 나머지 그들의 사상을 따랐던 학자들은 隨時中觀師라 칭하였다. 또한 한 부류의 선각지식인들은 다음과 같이 말하고 있다. '名言(세속제)의 입장에서 말하면 대략 두 종류의 大中觀師가 있다. 名言에서 外境을 허용(인정)하는 부류를 經部行中觀師라 하고 名言에서 외경을 허용하지 않는 부류를 瑜伽行中觀師라 한다. 승의제의 입장에서도 역시 두 가지 이름을 세울 수가 있다. 즉 승의제에서 現과 空을 쌍취(雙聚)하면 理成如幻派이고 승의제에서 오로지 現境에 대해서만 희론을 단절하는 것을 인정하면 極無所住派라 한다. 정명논사와 연화계 등은 이 두 파 중에서 처음에 속할 것이다. 그 如幻과 極無所住라는 명칭은 인도 논사들 역시 인정하고 있다.[92]

인용문에서는 다음의 네 가지 사항을 언급하고 있다. (1) 용수, 제바는「근본중관사」이며 기타 불호, 청변, 월칭, 적호 등은 모두「수시중관사」이다. (2) 名言(abhidhāyaka 또는 nāman) 즉 세속언어(세속제)의 관점에서 보면「중관사」는 양파로 나누어지는데 〈a〉 외경의 실유를 주장하면「경부행중관사」〈b〉 외경이 실제로 존재하지 않는다고 주장하면「유가행중관사」라 칭한다. (3) 승

---

91) Bu-ston, *History of Buddhism,* I Part, P. 135.

92) 쫑카빠저, 법존역,《보리도차제광론》卷17, pp. 26下～27上. 인용문은 난해한 곳이 많다. 정치대학 변정계의 진옥교 선생의 도움으로《보리도차제광론》의 티벳원전을 이해함으로써 그 대의를 알 수 있었다. 특히 이 점은 깊이 감사드린다.

의제(구경의 진리)의 관점으로 보면 「수시중관사」는 또한 양파로 나누어지는데 〈a〉「現空雙聚」를 주장하면 「리성여환파」(sgyu-ma rigs grub) 〈b〉「승의제의 관점에서는 오로지 現境(外境)에 대해서만 희론을 단절한다」고 주장하면 「극무소주파」라 칭한다. (4) 적호와 연화계 두 사람은 「리성여환파」에 속한다.

이상의 쫑카빠의 언급 중에서 (1)은 이해하기 용이하며 (2)에서 언급하고 있는 「유가행중관사」는 의심할 여지없이 부똔의 《불교사》에서 말하고 있는 내용과 딱 들어 맞는다. 이는 후대의 유가행파(Yogācāra), 즉 유식종(Vijñā-vāda)이 합류된 중관학파이다. 유가행파는 형이상학(Metaphysics) 상에서 보면 전형적인 유심론(唯心論, Idealism)이다.[93] 말하자면 만물(외경)의 본질은 결코 物 또는 기타 다른 어떤 것이 아니라 心, 즉 아뢰야식(ālaya-vijñāna)이라고 주장한다. 이와 합류한 「유가행중관학파」도 자연히 (「명언」 上에서) 「외경」(만물)이 실재하지 않는다고 주장한다.

쫑카빠가 말하는 (3), (4)항은 비교적 이해하기 어렵다. 그러나 제 (4)항에서 말하는 대로 「리성여환파」의 대표적인 인물이 적

93) Idealism이란 말은 지식론(Epistemology)상에서 「관념론」으로 번역된다. 이것은 우리가 직접적으로 외재사물을 인식할 수 없다고 주장하고 우리가 인식하는 것은 단지 내심의 「관념」(idea)일 뿐이라는 것이다. 형이상학(Metaphysics)상에서 idealism이란 말은 「유심론」으로 번역된다. 만물의 본질은 심(mind)이며 물(matter)이나 기타의 것이 아니라고 주장한다. 이 二者는 서양 철학에서는 완전히 다른 의미이다. 전자는 인식의 과정에 따라 말한 것이고 후자는 만물존재의 근원문제를 탐구하는 것을 말한다. 유가행파는 만법이 유식에 의해 현현된 것이며 결코 진정한 외경존재는 없다고 주장한다. 이는 자연히 형이상학적인 의미하에서는 Idealism(유심론)이다. 예를 들면 유가행파의 학자 중에 호법(Dharmapāla ; A.D. 530～560)은 「相分」이 「의타기성에 속하며, 외경은 (어떤 의미로 볼 때) 진실한 존재이지만 범부는 진정 직접적으로 그 진실한 본질이 「唯識所現」이라는 것을 인식할 수 없다고 주장한다. 이것은 지식론상에서 전형적인 관념론적 주장이다.

호와 연화계 등 유가행중관학파 학자라면 이 두 사람과 이 학파의 주장을 탐구해 보면 쫑카빠가 말하는 의미를 이해할 수 있지 않을까. 쫑카빠는 리성여환파와 극무소주파를 설명한 후에 지군(智軍)논사의 말을 인용하고 있다.

> 성스러운 父子(용수와 제바를 지칭함)가 지은 《중관론》 중에서는 아직 외경의 유무에 관한 이치를 밝히고 있지 않다. 그 후 청변논사가 유식종을 논파하면서 名言 중에서 외경의 실유를 인정하는 종지를 세웠다. 다음, 정명(적호)논사는 유가행파에 의거하여 名言 중에서 外境이 실재하지 않음을, 勝名(승의제) 중에서는 心의 無性을 설하고 중관의 이치를 別立하였다. 이에 따라 2種의 中觀師가 나타나게 되었으니 전자를 경부행중관사라 하고 후자를 유가행중관사라 한다.[94]

위의 글 중에서는 분명히 정명(적호)의 유가행중관학파가 주장하는 바를 언급하고 있는데 (1)「명언」(세속제) 중에서「외경」은 空하며 (2)「승명」(승의제) 중에서「心의 자성」도 또한 空하다는 것이다. 이렇게 되면 승의제 중에서는 외경의 현상과「心」의 자성이 둘 다 空하여 하나로 합성된다. 이것이 곧「理成如幻派」가 주장하는「현공쌍취」(외경의 현상과 마음의 자성이 공하다는 이치, 즉 二者의 合一)가 아니겠는가? 한편 청변의 경부행중관학파는 단지 승의제 중에서만 외경이 공할뿐 세속제 중에서는 외경이 空하지 않다고 주장한다. 그러므로 승의제 중에서는「외경」(現境)에 관한 일체의 희론이 단절되어 외경은 공하여 존재하는 바가 없다. 이것이 곧 쫑카빠가「극무소주파」의 주장이라고 일컬었던「승의제에서는 오로지 현경에 대해서만 희론을 단절한다」는 의미가 아닐까?

청변의「경부행중관학파」, 적호 등의「유가행중관학파」는 모

94) 쫑카빠저, 법존역, 《보리도차제광론》 卷17, p. 27上.

두 청변이 개창한 「자속파」에 속한다. 그래서 쫑카빠의 제자인 개도(凱度, Khai-ḍub 또는 Mkhas-grub)는 《Stoṅ-thun-bskal-bzaṅ-mig-ḥbyed》라는 그의 책에서 유가행중관학파를 「유가행중관자속파」(Yogācāra-mādhyamika-svātantrika)라고 간주하였다. 이 뿐만 아니라 개도는 부똔과 쫑카빠가 열거하고 있지 않은 논사들을 열거하고 있는데 예를 들면 해탈군(解脫軍, Vimuktasena), 각길상지(覺吉祥智, 즉 佛智足, Buddhajñānapāda) 그리고 무외급다(無畏笈多, Abhayākaragupta) 등이다. 그들은 모두 적호, 연화계와 같이 「유가행중관학파」에 속한다.[95]

우리에게 하나의 의문이 생길 수 있다. 응성학파에 속한 월칭은 외경의 존재 여부에 대해 어떤 태도를 지니고 있었을까? 하는 것이다. 그 문제에 대한 답은 이렇다. 경량부학자(經部師) 내지 청변 등의 경부행중관학파처럼 월칭도 세속제 중에서 외경은 존재한다고 주장하였다. 예를 들자면 월칭의 《入中論》(mādhyamikakāvatara) 권3에서는 보살 10地 중의 제6 現前地를 주석할 때 「따라서 內識만 실유한다고 집착하고 외경을 비방하여 결정코 존재하지 않는다고 한다면 위험한 견해에 떨어진다」[96]고 설하고 있다.

말하자면 월칭은 중관학파의 관점에서 瑜伽行派의 유식무경(唯識無境)의 견해를 반대하고 있다. 한편으로는 승의제의 입장에서 內識의 실유를 부정하고 다른 한편으로는 세속제의 입장에서 외경의 존재를 긍정하고 있는 것이다. 그의 「내식」과 「외경」에 대한 처리방식은 중관학파의 「인연소생」(Pratītyasamutpanna)

95) Bu-ston, *History of Buddhism,* Ⅰ part, p. 135～136. note 996.

96) 월칭저, 법존역, 《입중론》, 대북 : 신문풍출판공사 民國64년, 권3, p. 16 上.

이라는 사상 형태를 떠나지 않는다. 즉 「내식」과 「외경」은 상호 의지하는 존재로 「외경」이 있어야만 「내식」이 있게 되고 반대로 「내식」이 있어야 「외경」이 있을 수 있으며 절대로 홀로 실재하는 「내식」이나 「외경」은 존재할 수 없다는 것이다. 또한 중관학파의 일체개공(一切皆空)이라는 승의제의 입장에 입각해 보면 만약에 「외경」이 空하다면 그에 의존하는 내식도 자연히 空하다는 것이며 절대로 「內識」만 實有하고 「외경」은 허무(虛無)하다는 유식의 견해는 불가능하다는 것이다. 따라서 월칭은 「결국 所知(인식대상)인 外境이 존재하지 않기 때문에 응당 能知(인식주체)인 內識 또한 존재하지 않는다」[97]고 설하고 있다.

결국 응성파의 월칭은 외경에 대해 다음과 같이 보고 있다. (1) 승의제의 입장에서 말하면 외경은 空하며 (2) 세속제의 입장에서 말하면 외경은 내식에 상대하여 존재한다. 이렇게 보면 월칭의 주장은 아마도 경량부학파(經部師) 내지 청변 등의 경부행중관학파의 주장과 비슷한 것 같지만 실제로는 그렇지 않다. 왜냐하면 첫째 월칭은 「응성법」을 채용하여 승의제 중에서 외경(과 내식 등 만법)이 공함을 입증하기 때문이며, 둘째는 월칭이 인연화합생이라는 상대적 조건에 의거하여 세속제 중에서는 외경이 실유함을 증명하고 있기 때문이다. 이는 청변이 삼지작법인 「자속법」(Svātantra-anumāna)으로 승의제 중에서 외경(과 내식 등 만법)이 공하다고 여기고, 「세간 사람들이 존재한다고 똑같이 인정하는 것」과 「감각기관으로 사람들이 똑같이 인지할 수 있는 것」 등의 근거에 의해 세속제 중에서 외경의 실유를 인정하는 것과는 분명한 차이가 있다. 따라서 월칭과 청변의 두 학파는

97) 앞의 책, p. 15下.

동일한 견해를 가졌다고 볼 수 없다. 이러한 점에 관해서 쫑카빠는 매우 분명하게 말하고 있다.

> 그러나 월칭논사가 비록 名言(즉 세속제)에서 외경의 실유를 인정하지만 다른 宗派를 수순하지 않기 때문에 經部行者라 하지 않는다. 이와 마찬가지로 毘婆沙師와 같다는 것도 역시 지극히 이치에 맞지 않는다. 雪山의 회합이 있은 후에 가르침이 널리 홍포될 때 여러 지혜있는 사람들이 있었다. 이러한 中觀師에 대해 두 가지 명칭을 안립하였으니 應成師와 自續師이다. 이는 《明顯句論》에 근거하고 있어 출처가 불확실한 것은 아니다. 따라서 名言의 입장에서 외경을 인정할 것인가 아닌가에 따라 두 가지로 나누어진다(경부행중관사와 유가행중관사를 지칭함). 만약에 자기의 內心이 승의공성이 正見임을 결정적으로 이해할 수 있도록 하는가의 입장에서 立名하면 응성과 자속 두 가지로 정해진다.[98]

위 글 중에서 쫑카빠는 월칭이 비록 세속제 중에서 외경의 실유를 주장하고 있지만 그렇다 해서 경부행중관사에 속하지 않으며 더욱이 「비바사사」(Vaibhāṣika, 즉 후기설일체유부)[99]와도 비슷하지 않다고 분명히 말하고 있다. 쫑카빠는 또한 세속제(名言) 중에서 외경의 有無에 관한 차이에 따라 경부행과 유가행 2파로 나누어지며 「자기의 內心이 勝義空性을 결정적으로 이해할 수 있도록 하는가」에 대한 견해의 차이에 따라 응성, 자속 2파로 나누어진다고 말하고 있다.

---

98) 쫑카빠저, 법존역, 《보리도차제광론》권17, p. 27上~下. 본 인용문의 뒷부분은 이해하기가 심히 어렵다. 진옥교선생이 티벳문과의 대교를 해주셔서 그 정확한 의미를 파악할 수 있었다. 선생께 감사드린다.

99) 월칭의 외경실유설은 후기 설일체유부의 실재론(Realism)과는 다르다는 것이 분명한 사실이다. 유부가 주장하는 외경실유는 「법체」의 「항존」을 말하고 있지만 월칭의 외경실유는 내식에 의존한 것이다. 전자는 「인연생」적 실유가 아니지만 후자는 「인연생」적 실유이므로 분명히 二者는 같지 않다.

응성파와 자속파의 차이는 아마 이해하기가 어려울 것이다. 그러나 그 대강에 관해서는 대략적으로 알 수 있다. 이미 앞서 언급한 바와 같이 월칭은 승의제 중에서 일체개공(一切皆空)을 주장하고, 세속제 중에서는 외경(과 내식)의 실유를 주장하고 있다. 그러나 이는 단지 간략한 설명일 뿐이다. 사실상 세속제 중에서 월칭은 외경(과 내식)이 공하여 존재하지 않음을 주장하고 있다고 할 수 있다. 이는 「외경」의 실유가 「내식」에 의존하기 때문인데, 즉 「외경」이 인연소생법(因緣所生法)이기 때문이다. 용수의 《중론》 권4 「관사제품」 제24에서는 「衆因緣生法, 我說即是無(空, śūnyatā), 亦爲是假名, 亦是中道義」[100]라고 말하고 있어 세속제의 입장에서 말해도 (「외경」 또한 인연소생법이므로) 「외경」 또한 空이라 한다.

이처럼 「외경」이 공하여 존재하지 않는다는 것은 반드시 승의제의 관찰하라는 조건이 필요하지 않으며 세속제 중에서도 空하다는 것이다.[101] 따라서 우리들이 「외경은 공하다」고 말할 때 우

---

100) 《大正藏》 卷30, p. 33中.

101) 승의, 세속 二諦 중에 외경(등 제법)은 모두 공하다는 월칭의 주장과 관련된 것으로는 《입중론》 권2의 다음과 같은 한 게송에서 파악할 수 있다.「眞性일 때에는 어떠한 이치로 自・他生을 관한다 해도 모두 도리에 합당하지 않다. 그가 名言의 입장에서 觀하는 것도 역시 이치에 맞지 않는데 네가 계탁하여 生한 것이 어떻게 성립될 수 있겠는가?」. 월칭은 스스로 다음과 같이 주석하고 있다.「승의를 관할 때에 설하는 바른 이치로 自生, 他生을 관해도 모두 도리에 합당하지 않듯이 名言 중에서도 自性의 生 역시 이치에 맞지 않는데 네가 계탁한 諸法의 生이 어떻게 성립되겠는가? 따라서 二諦 중에서 自相이 生한다는 것은 모두 다 實有하지 않는다」(월칭저, 법존역 《입중론》 권2, pp. 25～26上). 이 게송은 쫑가빠의 《보리도차제광론》 권17, p. 30下에서 「승의에서 生을 파하는 바른 도리에 의해 명언 중에서도 역시 파할 수 있기 때문에」로부터 「따라서 生을 파할 때 다시 승의라는 간별을 덧붙일 필요가 없다」까지의 몇구로 설명되고 있다. 또한 쫑카빠는 월칭의 《명구론》 중에서 「승의라

리들은 반드시 「승의제 중에서는 외경이 空하다」라고 말할 필요는 없는 것이다. 이런 점에 관해서 쫑카빠는 상당히 분명하게 말하고 있다.

> 만약에 內外의 諸法에서 自性을 파(破)할 때 응성파는 새로이 「승의」나 「진실」 혹은 「諦實」을 부가하여 간별할 필요가 없다…… 만약에 자속파가 그 경우에 「승의」 등을 부가하지 않으면 자성을 파할 수 없다. 따라서 「승의」나 「眞」 혹은 「諦」를 부가한다.[102]

결국 월칭이 설한 「모든 법의 자성은 공하다」[諸法自性空]는 것은 확실히 승의제에 편중하여 말한 것이지만 세속제 중의 모든 법[諸法]도 다 인연에 의해 생기므로 세속제 중에서도 제법의 자성은 공하다고 말할 수 있다. 이렇게 자성의 공함과 가명(假名)이 서로 충돌되지 않는다. 이것이 곧 앞서 인용한 《중론》 게송의 의미가 아니겠는가?

그러나 청변이 설하는 제법자성공은 단지 승의제의 입장에서 말한 것으로 세속제의 관점으로 설한 것이라 할 수 없다. 이는 앞서 인용한 《대승장진론》의 문장 중에서 아주 분명하게 말하고 있다. 그와 월칭의 차이점은 空性이 반드시 승의제 중에서만 성립하는 가에 있다. 이것이 곧 쫑카빠가 말하고 있는 「자기의 내심이 승의공성(勝義空性)이 바른 견해임을 확정적으로 이해함」이 아닐까? (쫑카빠는 월칭과 청변 두 사람이 「승의공성」 上에서 견해차

는 간별어를 덧붙이는 것을 파할 수 있다」라고 말하고 있다. 마침내 쫑가빠는 「따라서 논파되는 대상에 승의라는 간별어를 덧붙이는 것은 오로지 중관자속사(師)의 상궤(常軌)이다」라고 결론짓고 있다(앞의 책 pp. 30下~31下.) 따라서 월칭이 말하는 空은 비록 승의제의 입장에 편중해서 말하고 있다 하더라도 세속제 下에서 空을 말한다 해도 무방함을 알 수 있다.

102) 쫑카빠저, 법존역, 《보리도차제광론》 권20, p. 7上.

이를 보이고 있음을 지적하고 있다)

이렇게 보면 월칭의 응성파와 청변의 자속파의 차이는 앞서 언급했던 2가지 사항이 다음의 세 가지 사항으로 증가된다.

(1) 응성파는 응성법을 채용하여 諸法皆空을 증명하며 자속파는 삼지작법(자속법)을 채용하여 제법개공을 증명한다.

(2) 응성파에는 자기 고정적인 주장(「空」을 포함하여)이 없으나 자속파는 오히려 적극적으로 자기의 주장인 「空」을 제시하고 있다.

(3) 응성파는 승의제와 세속제 두 측면에서 空을 논하고 자속파는 다만 승의제의 입장에서만 空을 논한다.

(3)의 입장에서 보면 응성파는 적호 등의 유가행중관파와 비슷한 점이 있다. 왜냐하면 그들은 모두 승의제와 세속제 중에서 일체법이 다 공하다고 주장하고 있기 때문이다. 월칭도 승의제 중에서 「외경」과 「내식」 등 모든 법이 다 공하며 세속제에서도 역시 그러하다는 것이다. 그러나 유가행중관파의 경우는 승의제 중에서 「내식」(과 「외경」 등 모든 법)이 空하고 세속제 중에서는 「외경」이 空하다(그렇지만 「내식」은 空하지 않다)는 것이다. 따라서 양자를 혼동하지 않아야 한다.

여기에 이르러 우리들은 다음과 같은 몇 개의 결론을 내릴 수 있다.

(一) 중관학파는 크게 근본중관사와 수시중관사로 나누어진다.

(二) 수시중관사 중에서 또한 방법론상의 차이로 인하여 응성파와 자속파로 나뉜다.

(三) 자속파 중에서는 또한 철학 내용상의 차이에 의하여 경부행중관학파와 유가행중관학파로 나뉜다. 그 가운데 이른바 방

법론상의 차이는 응성법과 자속법의 논쟁을 가리키는데 이는 형식(form)상의 논쟁이다.[103] 그러나 철학 내용상의 차이는 세속제 중에서의 외경의 有無에 관한 논쟁이다. 이는 일종의 실재론[104]과 유심론간의 논쟁으로 내용상의 實質(matter)에 관한 논쟁이다. 다음은 그것들을 도표로 정리한 것이다.

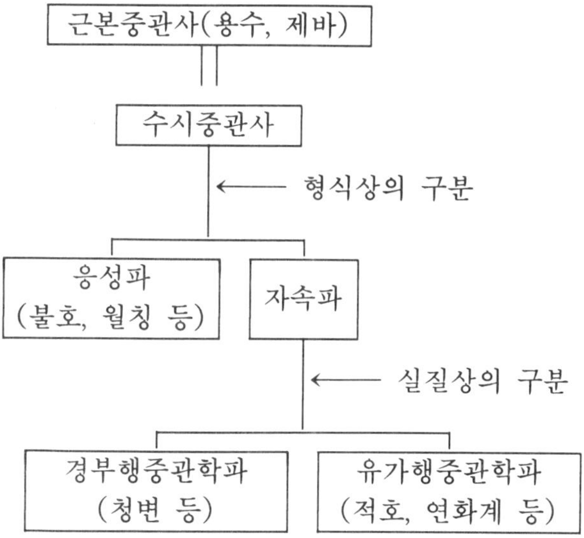

103) 응성파는 「空」앞에 「승의제 중에서」라는 말을 덧붙일 필요가 없다고 주장하고 있으나 자속파는 오히려 「空」앞에 반드시 그 말을 덧붙여야 한다고 주장하고 있어 응성과 자속 2파의 쟁집은 아마도 방법론상에 국한된 것은 아닌것 같다. 그러나 첫째, 2파의 주요 논쟁점이 방법론상에 집중되어 있고 둘째, 2파의 명자(명칭)의 기원이 방법론상의 차이에 의거하고 있기 때문에 2파의 분열은 방법론상의 차이에 따라 분류된 것이라 말할 수 있다.

104) 청변은 「제법은 모두 공하다」고 주장하는 중관학자이다. 따라서 자연히 제법의 실유를 주장하는 실재론자일 수 없다. 그러나 세속제의 입장에서 말하면 청변은 확실히 「세간 사람들이 모두 존재를 인정한다」는 것과 「현량을 사용하여 모두 지각할 수 있다」는 등의 이유로 제법의 실유를 긍정하고 있다. 따라서 최소한 세속제 중에서 청변은 결국 실재론자이다.

7. 중국에서의 용수의 영향(1)

구마라집이 장안(長安)에 오기(A.D. 401) 이전에 번역된 반야경에는 다음의 5종이 있다.

(1) 《道行般若經》(10권), 東漢・支(婁迦)讖譯;

(2) 《大明度經》(6권), 吳・支謙譯;

(3) 《放光般若經》(20권), 西晉・無羅叉譯;

(4) 《光讚般若經》(10권), 西晉・竺法護譯;

(5) 《摩訶般若鈔經》(5권), 前秦・曇摩蜱共竺佛念譯.

이 5종의 《반야경》을 연구대상으로 삼은 학자로는 六家, 七宗 내지 十二家라는 많은 학자들이 전해져 내려오고 있다. 예를 들면 陳・慧達의 〈肇論序〉에서는「옛부터 지금에 이르기까지 훌륭하고 뛰어난 文筆이 지나칠 정도로 많았다. 이름있는 賢聖들이 온갖 論을 지었으니 아마도 六, 七宗이 파급되어 十二가 되었다」라고 언급하고 있다. 당・원강의 《肇論疏》(卷上)・序에서는 혜달이 말한「아마도 六, 七宗이 파급되어 十二가 되었다」[105]라는 구절을 다음과 같이 주석하고 있다.

「아마 六家, 七宗이 파급되어 十二者(家)가 되었으며 강남본(江南本)은 모두 六宗, 七宗이라 언급하고 있다. 지금 기전(記傳)을 찾아보면 六家, 七宗이다. 梁朝의 석보창(釋寶唱)이 지은 《續法論》 160권에서 이르기를 '宋의 莊嚴寺 석담제(釋曇濟)가 지은 《六家七宗論》에서는 六家를 논함에 있어 七宗으로 나누어 성립시키고 있다. 제1은 本無宗, 제2는 本無異宗, 제3은 卽色宗, 제4는 識含宗, 제5는 幻化宗, 제6은 心無宗, 제7은 緣會宗이다. 본래 六家가 존재하여 제1家가 二宗으로 나뉘어졌기 때문에 七宗이 되었다고 한다. 十二者란 《속법론》의 文에서 이르기를 '下定林寺의 석승경(釋僧鏡)이 지은 《實相六家

105) 《大正藏》 卷45, p. 150中.

論》에서는 먼저 객(客)이 묻는 二諦一體를 시설한 후에 六家의 義를 인용하여 그에 답하고 있다. 제1가는 理實有無를 空이라 하고 범부가 일컫는 有를 有라 한다. 空이 眞諦이고 有가 俗諦이다. 제2가는 色性이 空함을 空이라 하고 色體가 實有함을 有라 한다. 제3가는 緣을 떠난 無心을 空이라 하고 緣과 合하는 有心을 有라 한다. 제4가는 心이 緣生을 따름을 空이라 하고 緣을 떠나 따로 心體가 존재함을 有라 한다. 제5가는 사견에 의한 계탁심이 空함을 空이라 하고 空하지 않는 因緣所生의 마음을 有라 한다. 제6가는 色色이 의지하는 사물이 실로 空함을 空이라 하고 세상에 유포된 것 가운데 假名을 有라 한다. 앞에 六家가 있고 뒤에 六家가 있으니 합하여 十二家이다. 따라서 十二家로 파급되었다고 한 것이다」[106)]

탕용동(湯用彤)의 《漢魏兩晋南北朝佛教史》의 고증[107)]에 의거하면 담제의 《육가칠종론》 중에서 말하고 있는 六家·七宗을 대표하는 인물을 다음과 같이 분별하고 있다.

(1) 본무종(本無宗), 道安 (2) 본무이종(本無異宗), 琛法師(竺法深) (3)즉색종(卽色宗), 觀内의 支道林 (4) 식함종(識含宗), 于法開 (5) 환화종(幻化宗), 壹法師(釋道壹) (6) 심무종(心無宗), 溫法師(釋僧溫, 竺法溫) (7) 연회종(緣會宗), 于道邃

그러나 승경의 《실상육가론》 중에서 설하고 있는 六家는 누구를 가리키는 지 불분명하다.[108)]

---

106) 앞의 책, p. 163上～中.

107) 탕용동, 《한위양진남북조불교사》, 대북 : 정문서국, 民國 65년(재판), 제2分, 제9장 pp. 232～233.

108) 앞의 책, p. 231에서는 「僧鏡(原註 : 즉 焦鏡)의 六家는 그 내용을 살펴보면 曇濟의 六家와는 다르다. 이 6가는 누구를 말한 것인지 알 수 없다. 그러나 제1가, 제2가는 담제의 제1가, 제2가와 아마 같았을 것이다. 제3가는 식함종과 유사했을 것이다(原註 : 담제의 제3가). 제4가, 제5가는 무엇을 말하였는지 알 수 없으며 제6가는 연회종과 유사했을 것이다(原註 : 담제의 제6가)」라고 언급하고 있다.

구라마집이 중국에 오기 전의 般若哲學은 六家, 七宗 또는 十二家에 관계없이 그들의 공통적인 특색은「格義」즉 중국의 儒·道 兩家의 고유한 철학(특히 道家)을 채용하여《반야경》의 사상을 해석하고 있다.[109] 이것은 유·도 양가의 사상 유형으로부터 제한받기 때문에 자연히 반야경의 본의를 제대로 드러낼 수 없었다.[110] 심지어「격의」를 반대한 것으로 여겨지는 釋道安(A.D. 312~385)[111]조차도 시대적 풍조에 제한받았기 때문에 자기가 비판한「격의」의 소굴에 떨어지는 것을 면하지 못하였다. 수·길장은《중관론소》권2 末에서 간략하게 도안의 반야사상을 다음과 같이 소개하고 있다.「구마라집 대사가 장안에 오기 전에는 반야를 議論한 三家가 있었다. 첫째는 도안이 本無義를 밝힌 것으로 無는 萬類로 변화되기 이전이며 空은 衆形의 시초이다고 일컬었다. 무릇 인간에게는 막힘이 있는데 그 막힘은 지말적인 有에 있다. 만약에 마음이 本無를 잘 드러내면 여러 헛된 생각이 쉬게 된다」[112]

---

109) 탕용동《漢魏兩晋南北朝佛教史》, 제2分, 제9章에 說.

110) 양·혜교《고승전》권5,「釋僧先(光?)」전에서는 도안의 말을 인용하여「도안이 이르기를 앞서 옛날의 격의는 그 이치에 있어서 위배됨이 많았다」라고 설하고 있다(《大正藏》卷50, p.355上). 수·길장《십이문론소》권上, 本에서도 승예의《정명경서》를 인용하여「혜풍이 동쪽으로 불어 불교를 講함이 홍성한 이래 격의하여 엉뚱한 말을 하니 본의가 어그러져 6가가 편벽되어 본의에 합당하지 못했다」라고 설하고 있다.(《大正藏》卷42, p.174上). 따라서「격의」기풍하의 반야학은《반야경》의 본의에 곧장 깊이 들어갈 수 없었다.

111) 도안이「격의」를 반대한 것은 도안과 승선(광?)간의 대화로부터 파악할 수 있다.「도안이 이르기를 '앞서 옛부터의 격의는 도리를 어김이 많았소.' 승선이 가로대 '또한《逍遙》를 분석해내니 어찌 이것이 이미 통달것이 아니란 말씀입니까…' 도안이 이르기를 '理敎를 크게 찬양함은 마땅히 적절하게 해야 하오. 法鼓가 다투어 울리니 어떤 것이 先이고 어떤 것이 後이오?」「석승선(광)」전;《大正藏》卷50, p.355上.)

길장의 소개문 중에서는 분명하게 도안의「격의」색채를 보여주고 있다. 왜냐하면 도안은《반야경》중의「無」(空, śūnya)를 道家式의 우주본체, 즉「萬化」,「衆形」을 生起하는「無」로 간주하고 있기 때문이다.[113] 따라서 길장은 그의《十二門論疏》권上本 중에서 용수의《십이문론》의 게송인「衆緣所生法, 是卽無自性……」[114]을 주해(註解)할 때 도안의「本無義」를 다음과 같이 비평하고 있다.

> 本無義란 모든 法에는 空보다 앞서 有가 존재하지 않는다는 것이다. 즉 空이 근본이고 有가 지말이라는 것이다. 이 게에서는 이를 破하여 이르되 인연생법은 그 性이 본래 스스로 空하다. 空이 먼저이거나 후에 있는 것이 아니다. 따라서 이 1게는 佛法의 득실을 결정해 준다.[115]

길장의 견해는 앞서 인용한 용수의《십이문론》중의 게송이 도안의 학설인「본무의」의 과오를 파척할 수 있다는 것이다. 이것은「격의」에 반대한 제 1 대 반야학 대사인 도안이「격의」의 소굴 중에 떨어지고 말았다는 것을 입증하는 것으로 하물며 六家, 七宗 또는 十二家 등 기타 각종의 견해는 말할 필요도 없다.

반야학의「격의」에 따른 결점은 구마라집이 중국에 와서(A.D. 401년) 대량으로 인도 중관학파의 작품을 번역한 후에야 비로소

112)《大正藏》권42, p. 29上.

113)「無」가 만물을 생기한다는 것은 도가의 근본 사상이다. 예를 들면《도덕경》제 40장에서는「천지의 만물은 有로부터 생하고 有는 無로부터 생한다」라고 설하고 있고 제 1장에서도「無는 천지의 시초라 할 수 있다」고 언급하고 있다.

114) 이 게송의 뒤 반 게는「자성이 없는데 어떻게 법이 존재할 수 있겠는가?」이다(《大正藏》卷30, p. 159下).

115)《大正藏》卷42, p. 183上.

개선되었다. 그 가운데 첫째로 큰 성과는 구마라집의 제자인 승조(僧肇, A.D. 384~414)의 《조론》이다. 우선 승조는 《조론》의 「不眞空論」 제2 중에서 心無, 卽色, 本無 등 三宗을 비판하고 있는데 「격의」 불교에 대한 총 검토라 간주된다.[116] 그 다음 그는 《조론》「物不遷論」 제1 중의 「必求靜於諸動」으로부터 「不釋動以求靜」까지에서 「인연생」(Pratītyasamutpanna)이라는 관점으로 動과 靜이 단지 상대적 존재이며 절대적인 실체성은 존재하지 않는다는 道理를 명백하게 천명하고 있다.[117]

이는 용수의 《중론》「觀去來品」 제2의 영향을 받은 것이다.[118] 이로부터 「격의」의 색채는 없어지게 되었다.

승조 이후 중국의 중관학 연구는 일단의 침체기간을 경과했는데 이는 주로 5세기 중엽에서 6세기 중엽사이(南朝 陳·梁 二代에 해당)에 출현한 고승들이 모두 《성실론》의 연구에 열중했던 때문이다.[119] 이 시기의 중관학자인 「三論師」[120]들은 대부분 모두 「成實(論)師」들의 위세와 명망을 두려워 하여 비밀리에 중관철학을 연구·전파하였다.[121]

그러나 고구려의 승랑(僧朗, 즉 흥황사(興皇寺)의 道朗, 섭산대사(攝山大師)), 止觀寺의 승전(僧詮, 山中大師), 흥황사의 법랑(法

116) 《大正藏》 卷45, p. 152上.

117) 앞의 책, p. 152上~下.

118) 《중론》「관거래품」의 주된 취지는 「去」와 「來」를 부정하여 변천(운동)이 존재하지 않는다는 것인데 이는 《조론》「물불천론」의 내용과 같다(《大正藏》 卷30, pp. 3下~5下참고)

119) 진·양 두 시대 사이에 세 사람의 불교 대학자가 출현했으니 開善智藏(A.D. 458~522), 莊嚴僧旻(A.D. 467~527), 光宅法雲(A.D. 467~529)이다. 그들은 모두 《성실론》을 연구대상으로 삼아 당시에 가장 이름을 떨친 성실논사가 되었다(탕용동, 《한위양진남북조불교사》 제 18장.)

120) 삼론논사들은 용수의 《중론》, 《십이문론》과 제바의 《백론》 등 3部의 논전을 연구 대상으로 삼은 고승들이다.

朗, A.D. 507~581)과 심지어 은사(隱師) 주옹(周顒, 周彥倫) 등의 노력으로 삼론의 연구기풍이 서서히 전개되었다. 따라서 앞의 3인은 제 1 代 祖師 구마라집과 제 2 代 조사 승조의 뒤를 계승하여 삼론종의 제 3, 4, 5大祖로 숭앙된다. 제 6 대 조사인 가상길장(嘉祥吉藏, A.D. 549~623)에 이르러서 이러한 조사들의 삼론사상이 집대성되었다. 현존하는 저작으로 말하자면 그의 주요작품은 개론(槪論), 중관전적(中觀典籍)의 개론과 주석, 《법화경》의 개론과 주석, 여래장(불성) 전적의 개론과 주석 및 기타 등 다섯 부류로 분류할 수 있다.

(1) 槪論 :

1. 《二諦義》, 3권 ;
2. 《大乘玄論》, 5권 ;
3. 《大乘三論略章》, 1권.

(2) 中觀典籍의 槪論과 註釋 :

1. 《大品經遊意》, 1권 ;
2. 《三論玄意》, 1권 ;
3. 《大品經義疏》, 10권(缺卷 2) ;
4. 《金剛般若疏》, 4권 ;
5. 《仁王經疏》, 6권 ;
6. 《中觀論疏》, 10권 ;

121) 길장은 《백론소》 권下의 下에서 「옛날에 山中大師가 이르기를 강당에서는 사람들이 말하는게 허용되지 않는다.…그것을 듣고 의심을 일으켜 비방하기 때문이다」라고 설하고 있다(《대정장》卷42, p. 302下). 그 가운데 「山中大師」는 길장의 스승인 지관사의 승전을 가리킨다. 따라서 당시에 중관학이 은밀하게 전해졌던 시기였음을 알 수 있다. 이밖에도 탕용동 《한위양진남북조불교사》 제 18장 「삼론의 홍성및 성실과의 논쟁」이라는 1절(pp. 753~760)에서도 삼론논사가 성실논사의 박해를 받은 상황이 언급되어 있다.

7. 《十二門論疏》, 3권 ;

8. 《百論疏》, 3권.

(3) 《法華經》의 **槪論**과 **註釋** :

1. 《法華經遊意》, 1권 ;

2. 《法華經玄論》, 10권 ;

3. 《法華經義疏》, 12권 ;

4. 《法華經統略》, 6권 ;

5. 《法華論疏》, 3권.

(4) 如來藏 (佛性) 典籍의 **槪論**과 **註釋** :

1. 《涅槃經遊意》, 1권 ;

2. 《勝鬘經寶窟》, 6권.

(5) 其他 :

1. 《華嚴經遊意》, 1권 ;

2. 《彌勒經遊意》, 1권 ;

3. 《金光明經疏》, 1권 ;

4. 《無量壽經義疏》, 1권 ;

5. 《觀無量壽經義疏》, 1권 ;

6. 《淨名玄論》, 8권 ;

7. 《維摩經義疏》, 6권 ;

8. 《維摩經略疏》, 5권.

이상의 열거된 길장의 저작을 보면 길장은 결코 중관학파만의 사상가에 국한되지 않는다. 사실상 그는 또한 《묘법연화경》과 여래장(불성) 경전을 받아들이고 있으니 예를 들어 《열반경》과 《승만경》의 영향은 심각했다.

길장은 삼론종의 집대성자로서 필연적으로 용수와 그 저작인 《중론》, 《십이문론》 내지 용수의 제자인 제바의 《백론》에 대해서 매우 높은 평가를 하고 있다. 길장의 《삼론현의》에서는 《능가경》과 《마야경》을 인용하여 용수가 세상에 출현한다는 예언[122]을 한 다음 「大小乘經을 찾아 친히 용수에게 파사현정(破邪顯正)할 것을 수기하였다. 지금 내외가 모두 놀라고 大小가 함께 파척(破斥)되니 어디에 의문이 있으리오?」[123]라고 말하고 있다.

길장은 또한 삼론이 「偏空」이라는 견해를 부인하고 오히려 삼론을 「究竟無餘之說」[124]이라 여기고 있다. 따라서 길장이 삼론종의 집대성자로서 용수와 그 작품에 최상의 평가를 하고 있음을 알 수 있다.

길장은 중관철학을 인식함에 있어 「파사」와 「현정」 두 부분으로 나누어질 수 있다고 여겼다. 따라서 그는 「다만 論에는 비록 셋이 있으나 義에는 오로지 두 바퀴가 있었다. 하나는 현정이요

---

122) 원위·보리류지역 《입능가경》 권9에서는 석가불이 대혜보살에게 다음과 같이 예언하고 있다. 「여래께서 멸도하신 후에는 누가 나에게 법을 설해 줍니까? 여래가 멸도한 후 미래에는 마땅히 어떤 사람이 있을 것이니 대혜여 너는 잘 들어라. 나의 법을 지닐 사람은 남천국 중에 있는 큰 덕을 지닌 비구로 용수보살이라 한다. 능히 有見과 無見을 파하고 사람들을 위해 나의 법인 대승무상법을 설할 것이다. 그는 歡喜地를 증득하여 안락국에 왕생한다」(《대정장》 卷16, p. 569 上). 예언 중의 「용수」는 당·실차난타 역 《대승입능가경》 권6 중에서는 비록 「용수」라고 번역되어 있지만(《大正藏》 卷16, p. 627下) 범문 원본에서는 Nāgāhvaya라고 표기 되어있으며 즉 「龍叫」라고 번역될 수 있다. 중국에서는 이러한 차이가 존재할 수 없었기 때문에 용수는 석가불이 예언한 인물로 여겨져 숭배되었다. 이밖에도 齊·釋曇景이 번역한 《마하마야경》 권下에서는 석가불이 세상을 떠난 후 「칠백년이 지나면」 「한 비구가 있어 이름은 용수라 하는데 法의 요체를 잘 설하고 사견을 멸하는 깃발을 세우고 正法의 횃불을 밝혀든다」라고 예언하고 있다(《大正藏》 卷12, p. 1013下). 이와 마찬가지로 중국에서도 이러한 예언이 진실로 여겨져 의심하지 않았다.

123) 《大正藏》 卷45, p. 6中.

124) 앞의 책 p. 6下.

다른 하나는 파사다」[125]라고 설하였다. 「파사」란 일체의 사견(邪見)을 파척하는 것을 가리키는 것으로 인도 「外道」 중의 각종 주장, 비담(毘曇)과 성실(成實) 二宗의 소승적 주장 내지 대승 열반종의 「判教」論[126] 등이 그 파척 대상이다.

그리고 소위 「현정」이란 사견이 제거된 이후에 正道가 자연히 유통되는 것을 말한다. 이렇게 자연히 유통되는 正道는 오로지 하여 언설로 理體를 온전하게 드러낼 수 없다. 심지어 유일하지만 말로는 설명할 수가 없다는 말 조차도 正道가 正道되는 까닭을 표현할 수 없다. 따라서 《중관론소》 권1 末에서는 다음과 같이 설하고 있다.

> 教意를 설하는 중에는 무릇 二意가 있으니 하나는 파사요 다른 하나는 현정이다. 부처님께서는 모든 사견을 끊으려 하셨으니 즉 파사다. 佛法을 알게 하기 때문에 현정이라 일컫는다. 이는 邪에 대치하기 위해 正을 설하는 것으로 邪가 물러나면 正 역시 머무르지 않는다. 이 《論》이 教門을 말할 때까지 일찍이 파사 현정을 언급한 적이 없었다.[127]

길장은 「正」이 「邪」를 상대하여 방편으로 설립되었다고 여길 뿐아니라 심지어 正의 불가건립성(不可建立性)을 주장하고 있다. 그는 「다른 論에서는 破한 다음에 다시 세우지만 지금 이 論에서는 파한 다음에 다시 세우지 않는다. 다른 論에서는 破한 다음에 거듭 설명하지만 지금 이 論에서는 파한 다음에는 응당 거듭 설명하지 않는다」[128]이라고 말하고 있어 吉藏의 눈에는 「邪」에

125) 《삼론현의》; 《大正藏》 卷45, p. 1上.

126) 예를 들면 《삼론현의》에서는 열반종 사람인 혜관의 「五時教」설을 파척하고 있다(《大正藏》 卷45, pp. 5中~6上). 《대승현론》 卷5에서는 지론사의 「삼종」과 「사종」의 교판설을 파척하고 있다(앞의 책, p. 63下.)

127) 《大正藏》 卷42, p. 16上.

상대하여 말로 언표할 수 있는 「正」道라는 존재가 없음을 알 수 있다.

正道가 유일하되 언표할 수 없다면 부처님께서 설하신 많은 도리는 어떻게 해석할 수 있을까? 《삼론현의》에서는 다음과 같이 설하고 있다.

> 敎에는 여러 방법론(多門)이 있으나 理에는 一正이 있다.…… 다만 出處의 중생을 위하여 名相이 없는 法에서 억지로 名相을 설하여 배움을 받는 이들을 깨닫게 하려고 二正을 개연(開演)하였으니 하나는 體正이고 다른 하나는 用正이다. 非眞非俗을 體正이라 하고 眞이 俗目과 함께 하는 것을 用正이라 한다.[129]

말하자면 진정한 정도는 유일하되(「非眞非俗」) 「體正」을 온전하게 언표할 수 없으며, 「眞」(空)을 설하고 「俗」(有)을 설한 교법은 모두 부득이하게 방편으로 설한 「用正」에 속한다는 것이다. 이를 통해 우리는 길장이 왜 진·속 이제를 중생을 교화하기 위해 방편으로 설립된 「敎二諦」로 여기는가를 알 수 있다.[130]

---

128) 《대승현론》권5 ; 《대정장》 권45, p. 69下.

129) 《대정장》 권45, p. 7中.

130) 길장은 진제와 속제를 불보살이 중생을 교화하기 위하여 방편으로 설립한 양종의 敎門이라고 여긴다 말하자면 正道는 유일하지만 언어로는 온전하게 표현할 수 없기 때문에 이 유일하여 말로는 표현할 수 없는 정도를 중생들에게 알려 주기 위해 부득불 진·속 二諦의 방편을 끌어들이게 됐다는 것이다. 따라서 불보살이 空을 설할 때는 진제가 되며 有을 설할 때는 속제가 된다. 그런데 空과 有는 모두 구경이 아닌 방편에 불과하다. 따라서 《대승현론》 권1에서는 「二諦는 오로지 敎門이며 境(세속제), 理(제일의제)의 진리성을 밝히는 것과는 무관하다」(《대정장》 권45, p. 15上)라고 말하고 있으며 또한 「理에 對하여 二諦를 밝히는 것은 敎이다. 理는 無二이기때문에 非有非無이다. 지금 여기서는 有도 설하고 無도 설하므로 有와 無는 敎이다」(앞의 책, p. 22下)라고 말하고 있다.

「교이제」의 관점으로부터 출발하여, 길장은 나아가 그 유명한 「二藏」설을 제기하였다. 그는 모든 경전을 소승장(성문장)과 대승장(보살장)으로 분류할 수 있다고 믿었다.[131] 그는 또한 대승장을 「요의(了義)」와 「불요의」 또는 그 깊고 얕음에 의하여 분류하는 견해를 강렬하게 비판하였다.[132] 그는 《반야경》을 요의경으로 여겼으며 열반종의 혜관(慧觀) 등이 《반야경》을 불요의경으로 본 것과는 같지 않았다.[133]

---

131) 예를 들면 《법화유의》에서는 「부처님께서 비록 거듭 세간의 중생들을 가르치시되 지금은 二義로 나아가 수섭(受攝)하시니 그 일은 다함이 없는 것도 아니다(二義로 요약할 수 있다는 의미). 첫째, 小근기에 따라 설명하는 것을 소승교라 하고 둘째, 大근기에 따라 설하는 것을 대승교라 한다. 부처님이 멸도하신 후에 법장(法藏)을 모은 사람이 一切時에 설한 소승교를 수섭하여 성문장이라 하고 일체시에 설한 대승교를 보살장이라 하였다」라고 설하고 있다(《대정장》 권34, p. 644中)

132) 예를 들면 《삼론현의》에서는 열반종 사람인 혜관을 비판하고 있는데 혜관은 대승경을 돈(《화엄경》), 점 二教로 판별한 다음 점교방면에서는 了義와 불요의 심과 천에 따라 五時로 나누고 있다.
(a) 삼승별교(《아함경》) (b) 삼승통교(《반야경》 (c) 억양교(《정명경》, 《사익경》등) (d) 동귀교(《법화경》) (e) 상주교(《열반경》)(《대정장》 권45, pp. 5中~6上)

133) 혜관 등의 「판교」중에서는 《반야경》이 불요의한 근거로 (a) 반야경은 삼승이 모두 성불할 수 있다는 「불성」설을 설명하고 있지 않다는 점과 (b) 석가 「상주」(영원히 죽지 않는)의 도리를 설명하고 있지 않다는 것이다. 길장은 「二藏」설을 관철하려고 그의 저작 중에는 처처에서 그가 극력으로 이 두가지 점을 파척하고 있음을 알 수 있다. 예를 들면 《법화현론》 권3에서는 「《파야》(즉 반야경)의 문장에서는 일체보살의 퇴전하지 않음을 설하고 있어 모두다 佛性을 갖추고 있음을 알아야 한다」고 설한다(《대정장》 권34, p. 386上). 이것은 《반야경》이 이미 「불성」을 밝히고 있다는 주장이다. 또한 길장은 권3에서 「《금강반야》에서는 이미 常의 뜻을 밝히고 있고…《대품반야경》 상제품에서 이르기를 諸佛의 色身은 오고 감이 있으나 法身은 오고 감이 없다고 하여 法身이 항상함을 밝히고 있다.……《소품반야경》에서도 法身이 천멸(遷滅)할 수 없음을 분명히 밝히고 있어 《대품반야경》의 뜻과 같다」라고 설하고 있다(《대정장》 권34, p. 374上). 이는 《반야경》에서 이미 「상주」의 도리를 밝히고 있다는 길장의 증명이다.

그렇지만 「교이제」의 관점이었기 때문에 길장은 《반야경》 이외의 기타 대승경 또한 부득불 요의경이라 인정하지 않을 수 없었다. 따라서 상대적으로 《반야경》은 결점이 있는 경전이 되었다.

예를 들자면 《대품경의소》 권1에서는 길장이 《반야경》과 《법화경》의 우열을 비교하여 「《법화》와 《파야》에는 상호 우열이 있다. 만약에 성문인을 위하여 二乘이 부처가 되는 것을 밝히는 데 있어서는 《법화》가 勝하고 《파야》가 劣하다. 만약에 보살을 위하여 실혜방편(實慧方便)을 밝힐 경우에는 《파야》가 승하고 《법화》가 열하다」[134]고 설하고 있어 길장이 결코 중관학파의 입장만을 엄수한 것은 아님을 알 수 있다.

길장이 비록 삼론종의 집대성자로 여겨지지만 오히려 《법화경》과 《열반경》 등의 경전으로부터 일승, 불성, 상주라는 사상의 영향을 심각하게 받았다. 그의 「二藏」설 중에서는 《반야경》을 요의경으로 높이고 있으나 은밀하게 《반야경》이 불요의함을 승인하고 있다.

길장이 《반야경》을 요의경이라 판별하는 데는 두 가지 선결전제가 있으니 (1) 《반야경》 중에는 이미 「불성」 사상이 있다는 것과 (2) 《반야경》 중에는 이미 「상주」 사상이 존재한다는 것이다. 이러한 점에서 보면 길장은 결코 「불성」·「상주」 사상을 반대하지 않았으며 그는 다만 제대로 알지 못한 당시의 학자들이 《반야경》이 「불성」·「상주」를 잘 밝히고 있지 않는 경전으로 파악하고 있다고 여겼다. 이렇게 《반야경》을 이해하고 있어 분명히 용수의 이해와는 사뭇 다르다. 과연 길장을 용수의 충실한 추종자라 할 수 있을까!

134) 《卍속장경》 책38, p. 0044下.

8. 중국에서의 용수의 영향(2)

구마라집, 승조로부터 고구려 승랑, 지관사 승전, 흥황사 법랑을 경과하여 곧바로 가상길장에 이르기까지를 칭하여「古三論(宗)」이라 칭한다. 당나라가 들어선 이후 화엄종에 속한 현수법장(賢首法藏, A.D. 643~712)이 있었으니 화엄종의 입장으로부터 중관학파의 작품을 주석하여[135]「新三論(宗)」을 개창하였다.

법장의 견해에 의해 조명해보면 그의 중관철학은 인도의 지광(智光)과 일조(日照, 당 고종때 중국에 옴)로 부터이다. 그런데 지광, 일조는 인도의 중기 중관학파의 논사 청변(淸辯, Bhāvaviveka)의 사상을 간접적으로 계승하였다.[136]

법장의「新三論」은 주로 그의 三時교판 상에서 표현되고 있다. 다시 말해서 법장은 지광, 일조의 견해에 의거 석가의 교설을 다음과 같이 나누고 있다.

(1)《아함경》의 心境俱有
(2) 유식경전의 心有境空
(3)《반야경》의 心境俱空

---

135) 법장의 주석은 (a)《반야바라밀다심경략소》1권과 (b)《십이문론종치의기》 2권이 있다.

136) 법장의《십이문론종치의기》권上에서는「중천축의 삼장법사 지바하라(日照)가 설하기를「근래에 중천축의 나란타사에 동시에 두 大德論師가 계셨으니 戒賢과 智光이다……계현은 멀리 미륵, 무착으로부터 가까이는 호법, 난타를 계승하고《해심밀경》등과《유가사지론》등을 의지하여 법상대승을 밝히고 名數를 널리 分別하였다……智光논사는 멀리 문수, 용수를 계승하고 가까이는 청목, 청변의 법을 이어받아《반야경》등과《중관론》등을 의지하여 無相大乘을 현양하고 眞空을 널리 변별(辨別)하였다」(《대정장》권42, p. 213上)라고 설하고 있어 법장의「신삼론」의 근원이 인도의 청목, 청변으로부터 지광, 일조(지바하라)에 이르까지임을 알 수 있다.

아울러 그는《반야경》에 대해 요의라는 평가를 내리고 있다.[137)]《반야경》을 선양한 용수에 대해서 화엄종에서도 또한 지극한 존경을 표했다. 왜냐하면 그들은 용수가 용궁에 들어가《화엄경》을 가지고 나온 대보살이라고 믿었기 때문이다. 법장의《화엄경전기》 권1에서는「또한 진제삼장이 이르되 서역의 傳記에서는 용수보살이 용궁에 가서 이《화엄대부사의해탈경》에 三本이 있는 것을 보았으며…… 下本이 천축에서 유통되었다고 한다」라고 말하고 또한「용수보살이 용궁에 들어가 날마다 이를 깊은 곳의 창고에서 보고 그것을 마음 속에 외워 밖으로 나와 전수(傳授)하니 이에 따라 유포되었다」[138)]라고 설하고 있다. 이러한 이야기는 모두 화엄종의 법장에게 용수를 존경할 수밖에 없도록 한 것이다.

중국에는 또한 용수와 관련있는 밀교적 색채의 이야기가 전해오고 있으니 용수가 용궁에 들어가《화엄경》을 가져온 전설과 참고적으로 대비해 보도록 인용하면 다음과 같다.

> 이《금강정경》은 10만송 廣本이 있었으나 이 땅에서는 들을 수 없다. 이 땅의《범망경》兩卷은 이 경으로부터 나와 천략(淺略)의 行相을 하고 있다…… 그 大經本에 대해 아자리가 이르기를 경협(經夾)의 廣長이 마치 상(床)과 같아 두께가 4~5척이나 되었으며 한량없는 頌으로 이루어져 남천축의 영토내 철탑속에 들어 있었다. 부처

---

137)《십이문론종치의기》 권上에서는「이 三敎의 차제는 지광법사가《반야등론석》중에서《대승묘지경》을 인용하여 설하고 있다. 따라서 이 교리에 의거하면《반야경》등은 진실로 了義이며 나머지 法相 名數(五位百法)는 방편설이다」(《대정장》 권42, p. 213中)라고 말하고 있다. 이 가운데 지광의《반야등론석》은 청변이 지은《반야등론》(용수《중론》의 주석서)의 주해이다. 인용문에 따르면 법장은《반야경》이 요의경이지만 다만 어느 정도의 의미가 있는 요의일 뿐이라고 여기고 있다.

138) 이상 두 인용문은《대정장》 권 51, p. 153上~中.

> 님이 멸도하신 후 수백년간 어떤 사람도 이 탑을 열 수 없었으니 철로된 문짝과 철로 만들어진 자물쇠로 그것을 봉하고 잠갔기 때문이다. 그러한 가운데 천축국에서는 불법이 점차 쇠퇴하였다. 그때 한 대덕이 있어 먼저 비로자나대진언을 지송하자 비로자나불이 그 몸을 나타내고 많은 몸을 출현시키는 것을 볼 수 있었다. 비로자나불이 허공 중에서 이 법문과 문자장구를 설하여 차례로 받아 쓰게 하여 마친 뒤 사라졌다. 이것이 곧 지금의 《毘盧遮那念誦法要》 1권이다. 이때 이 대덕이 지송을 성취하고 이 탑이 열리기를 원하여 7일간 탑을 돌면서 염송하였다. 백색의 개자 일곱 알갱이로 이 탑의 문을 열었다.…… 여러 날을 경과하면서 이 경의 王廣本을 한 번에 결쳐 찬탄하는 기간이 마치 한 식경이 지나는 것과 같았다. 제불보살의 전수한 가르침을 기록해 지녀 잊지 않았다. 탑으로부터 나오자 탑문이 다시 이전처럼 닫혔다. 이때 서사(書寫)하여 기록해 지닌 法은 10만 송이었다. 이 경의 경명 《金剛頂經》은 菩薩大藏이다. 탑내에 있었던 광본은 단절되어 세상에서는 존재하지 않는다.[139]

이는 당·불공의 《金剛義訣》 중의 일단이다. 이 가운데 남인도의 철탑에 들어가 《金剛頂經》을 가져온 「大德」이 누구인지를 밝히고 있지는 않다. 그러나 日本의 공해(空海)는 그의 〈敎王經開題〉 중에서 「이 경과 《대일경》은 모두 용맹보살이 남천축의 철탑 중에서 외워가지고 나온 것이다. 여래 비밀장의 근본은 應化佛이 설하는 것과는 같지 않다」[140]라고 말하고 있다.

이처럼 용수는 용궁에 들어가 《반야경》을 가져오고(부퇸의 《불교사》에서 언급) 《화엄경》을 가져왔으며(법장이 언급) 또한 남천축의 철탑에 들어가 《금강정경》 내지 《대일경》을 가져온 기인이다.

---

139) 당·불공, 《금강정경대유가비밀심지법문의결》 권上 ; 《대정장》 권39, p. 808上～中.

140) 《대정장》 권61, p. 7上.

중국에서 용수는 삼론종, 화엄종, 밀종과 관계있을 뿐아니라 또한 정토종, 선종과도 관련 있다. 선종의 「西天二十八代祖」[141] 전설은 주로 《부법장인연전》 중의 사승설(師乘說)[142]로부터 채용한 것이다. 그러므로 《부법장인연전》 중의 제 12대조 용수[143]는 자연히 「서천 28대조」의 한 사람이 되어버렸다(용수는 「서천 28대조」 가운데 제14대이다[144]).

그러나 《부법장인연전》 중의 제 11대祖인 비라(比羅)는 제 12대조인 용수의 스승으로 《傳》 중에서 간략하게 그의 생애를 기술하고 있는데 그가 제 10대조 마명(馬鳴, Aśvaghoṣa)의 제자이며 남인도에서 正法을 펼쳐 중생들을 크게 요익하게 하였고 《無我論》을 지었으니 족히 100偈나 되었다. 이 《論》이 이르는 곳에는 外道와 邪論을 무너뜨려 쓰러지게 하지 않는 바가 없었으니 비유하자면 金剛이 파괴하는 바에 견줄만 했다[145]고 말하고 있다.

그러나 선종에서 제 14 대조 용수의 스승은 오히려 가비마라(迦毘摩羅, Kapimala)라 이름하고 있다. 그 전기 또한 《부법장인연전》에서 말하고 있는 것과는 같지 않다. 예를 들어 宋・계숭(契嵩)의 《傳法正宗記》 卷3에서는 제 13 대 조사 가비마라가 「花氏國人」으로 「서천축」 어떤 나라의 태자 운자재(雲自在)를 교화했다고 설

---

141) 선종의 서천 28대조는 《육조대사법보단경》 「부촉」 제10(《대정장》 권48, p. 361下)을 참고할 수 있다.

142) 《부법장인연전》중의 사승(師承)은 모두 23조이다(《대정장》 권50, pp. 297上~322中). 그 가운데 대부분이 선종의 서천조사이다. 따라서 선종의 서천 28대조 전설은 《부법장인연전》으로부터 비롯된 것이다(호적, 《신회화상유집・하택대사신회전》, 대북 : 중앙연구원호적기념관, 民國57年, pp. 28~29)

143) 《부법장인연전》 권5, 《대정장》 권50, pp. 317中~318下.

144) 《육조대사법보단경》, 「부촉」 제10 ; 《대정장》 권48, p. 361下.

145) 《부법장인연전》 권5, 《대정장》 권50, p. 317中.

하고 있다. 그런 후에 그 나라의 수도인 「성읍의 북쪽」 산중에서 용수를 교화했다고 한다. 당시에 용수는 「큰 나무」 아래서 주재하면서 「항상 龍衆을 위해서 說法」한 「나무의 왕[樹文王]」[146]이었다. 이러한 전설은 자연히 그 신뢰성에 상당한 회의가 든다.

용수와 정토종의 관계는 정토종의 두 대사 담란(曇鸞, A.D 476～542)과 도작(道綽, A.D 562～645)이 북방에서 용수의 저작인 《대지도론》 등의 작품을 홍성시켰던 인연 때문이다. 당·도선(道宣)의 《續高僧傳》 권6 「釋曇巒傳」에서는 「釋曇鸞은 曇巒이라고도 칭한다.…… 內外經(佛經과 佛經 이외의 경전) 모두를 의지하여 文理를 도야하고 四論과 佛性을 깊이 연구하였다」[147]고 말하고 있는데 그 가운데 「4론」은 용수의 《중론》, 《십이문론》 그리고 《대지도론》 및 제바의 《백론》이다.

이밖에 《속고승전》 권20, 「석도작전」에서는 「후에 瓚禪師를 높이 받들어 空理를 수섭(修涉, 닦아 섭렵함)하였다」[148]고 설하고 또한 「《정토론》 2권을 지어 용수·天親(세친) 및 가까이는 담란, 혜원(慧遠)의 사상을 논하였다」[149]고 설하고 있어 도작이 담란의 사상을 계승하여 용수의 철학을 선양하고 있음을 알 수 있다.[150] 도작의 《안락집》 중에서는 처처에서 《大智度論》[151] 등 용수의 작

146) 《대정장》 권51, p. 726中～下.

147) 《대정장》 권50, p. 470上.

148) 앞의 책, p. 593下.

149) 앞의 책, p. 594上.

150) 도작이 담란의 사상을 계승하였다는 것은 《속고승전》 권20 「석도작전」의 「석도작은……담란의 정토제업을 이어받았다.…항상 汶水의 석벽(石壁) 계곡 현중사(玄中寺)에 주재하였다. 그 절은 제(齊)나라 때 담란법사가 세운 곳이다」(《대정장》 권50, p. 593下)라는 문구를 통해 알 수 있다.

151) 《대정장》 권47, pp. 4上～22中

품을 인용하고 있다.

담란과 도작의 중관학은 주로 용수의 《십주비바사론》 중의 정토사상으로부터 발휘된 것이다. 《십주비바사론》 권5·「이행품」 제9에서는 보살도에는 열심히 수행 정진하는 「난행도」(難行道)가 있으며 또한 「방편을 따라 쉬운 수행으로 속히 아유월치(불퇴전지)에 이르는」 「이행도」(易行道)가 있다는 것으로 세간의 도로가 난행·이행으로 나누어지는 것처럼 「육로를 따라 걷는 것은 고통스럽지만 수로를 따라 배를 타고 가면 즐겁다」 비유를 들어 설하고 있다.[152]

담란과 도작은 용수의 이러한 비유를 채용하고 또한 정토의 수행방법을 二道 중의 이행도에 비교하여 힘껏 선양하고 있다. 예를 들어 도작의 《안락집》 권上에서는 다음과 같이 설하고 있다.

> 이러한 까닭에 용수보살이 이르기를 阿毘跋致(阿惟越致)를 구하는 것에는 2種의 길(방법)이 있다. 첫째는 難行道요 둘째는 易行道이다. 난행도란 오탁의 세상에 부처님이 계시지 않을 때 아비발치를 구함이 어려움을 말한다.…… 비유하자면 걸어서 가는 것은 고통이 따르므로 난행도라 한다. 이행도란 부처님을 신봉한 인연으로 정토에 생하기를 원하여 마음을 일으켜 덕을 세우고 諸行業을 닦으면 부처님의 원력 때문에 왕생하게 됨을 말한다. 즉 佛力이 주지하기 때문에 대승의 正定聚에 들어간다. 正定聚란 곧 阿毘跋致不退位를 말한다. 비유하자면 水路를 따라 배를 타고 가면 안락하기 때문에 이행도라 한다.[153]

이에 의거하면 도작이 이해하고 있는 이행도는 「부처님을 신봉한 인연으로 정토에 태어나기를 원하여」로부터 「부처님의 원

152) 앞의 책 권26, pp. 40下～41中.
153) 《대정장》 권47, p. 12中.

력 때문에 왕생하게 됨」까지의 서방 정토행이다. 이는 용수가 말하고 있는 이행도와 대체적으로 부합되지만 두 가지 주의해야 할 점이 있다.

(1) 용수가 二道를 서술할 때 난행도를 찬탄하고 이행도를 폄하한 것은 이행도가 부득이하게 낮은 근기를 지닌 사람에게 설하는 방편법문이기 때문이다.[154)]

(2) 이것이 설사 방편적인 이행도라 하더라도 오직 아미타불만을 신앙하여 서방정토에 왕생하는 것이 아니라 「마땅히 시방의 제불을 염(念)하고 그 명호를 칭명」[155)]해야 하는 것이다. 따라서 이러한 용수의 이행도 사상과 담란·도작의 서방정토행은 본질적으로 차이가 있음을 알 수 있다.

담란·도작의 중관학은 용수의 사상에 충실하지 않았음에도 불구하고 후인들에 의해 「四論宗」[156)]의 대표로 칭해져 길장 등의 「삼론종」과 함께 南(三論) 北(四論) 二派의 중관학을 이루었다. 위에서 설명한 바와 같이 두 사람은 모두 용수의 작품을 완벽하

154) 《십주비파사론》「이행품」에서는 처음부터 어떤 사람이 용수에게 다음과 같이 요청하고 있다.:「諸佛이 설하신 것에는 이행도가 있어 아주 신속히 아유월치지에 이를 수 있는 방편이라 합니다. 원컨대 그것을 설해주십시오.」 용수는 다음곽 같이 답변하고 있다.:「네가 하는 말은 약하고 비겁하기 짝이 없어 大心이 없는 것이며 장부가 그것에 뜻을 두어 할 수 있는 말이 아니다. 왜 그러한가? 만약에 어떤 사람이 발원하여 아뇩라라삼막삼보리를 구하려 할 경우에 아직 아유월치에 이르지 못했으면 그 중간에 응당 身命을 아끼지 않고 주야로 정진하여 머리가 타는 것을 구제하는 것과 같이 한다.……만약에 이행도가 있어 아유월치지에 신속하게 이르더라도 이는 겁약하고 하열한 말이지 대장부가 그것에 뜻을 두어 할 말이 아니다. 네가 만약 반드시 이 방편을 들으려 한다면 지금 그것을 설해 주겠다」(이상 《대정장》 권26, p. 41中.) 따라서 용수는 엄격하게 이행도를 비판하고 있으며 다만 부득이한 상황하에서 방편으로 선설한다고 말하고 있다.

155) 《대정장》 권26, p. 41中.

게 파악하고 있지는 못하다.

이밖에 용수와 관계있는 중국불교의 종파에는 隨・지의(智顗, A.D. 538～597)에 의해 건립된 천태종 철학이 있다. 이는 주로 「三諦三觀」의 실천철학과 「五時八教」의 교판(教判)을 표현하고 있다. 우선 「五時八教」에 대해서 말하자면 지의는 부처님의 말씀인 불법을 전설상의 선후 차제에 의하여 「五時」로 나누었다.

(1) **華嚴時**; 부처님이 성도하신 후 삼칠일(21일) 안에 《화엄경》을 설하였다.

(2) **鹿苑時**; 21일 후부터 12年 동안에 녹야원에서 《아함경》을 설하였다.

(3) **方等時**; 《아함경》을 설한 후 8년 동안에 《유마경》・《승만경》 등의 《方等(大乘)經》을 설하였다.

(4) **般若時**; 《방등경》을 설한 후 22년 동안 《반야경》을 설하였다.

(5) **法華・涅槃時**; 《반야경》을 설한 후 8년 동안 《법화경》을 설하고 임종하시기 전 하루 낮・밤 동안에 《열반경》을 설하였다.[157]

이 「五時」 중에 부처님은 「八教」를 설하였는데 즉 「化儀四教」[158]와 「化法四教」이다. 그 가운데 화의사교는 부처님의 교화 방식(儀)에 의해 분류한 것이고 화법사교는 그 내용에 의해 구분한

---

156) 「사론종」의 대요에 대해서는 前田慧雲저 朱元善역《삼론종강요》, pp. 37～38을 참고할 수 있다. 중국에서는 삼론종과 사론종이 엄격하게 구분되거나 대립되지 않았던 것 같다. 일본・證禪 《삼론현의검유집》 권7 중에서는 「栖霞寺大朗法師, 止觀詮法師, 興皇朗法師, 三代四論師中…」(《대정장》 권70, p. 493上)이라고 설하고 있어 그러한 사실을 알 수 있다. 인용문 가운데 「삼대사론사」는 사실상 모두 삼론사이다. 따라서 중국에서는 삼론종과 사론종의 엄격한 구별이 없었음을 알 수 있다.

157) 체관, 《천태사교의》; 《대정장》 권46, p. 774下.

것이다.

화법사교는 다음과 같다.

(1) **장교**(藏教) ; 《아함경》으로 내용이 4제, 12인연이며 구경(究竟)이 아닌 소승의 道理를 벗어나지 못한다.

(2) **통교**(通教) ; 《반야경》의 「眞에 편중된」 空理이다. 이것은 장교라는 소승의 방편을 접인(接引)하고 있고 또한 별교와 원교에도 통하는 바가 있기 때문에 통교라 칭한다.

(3) **별교**(別教) ; 《화엄경》의 보살에게만 적용되는 法門이다. 그 교리 · 지단(智斷) · 행위(行位) · 인과가 앞의 2教와도 다르고 뒤의 원교와도 다르므로 별교라 칭한다.

(4) **원교**(圓教) ; 《법화경》 중의 「원명(圓名) · 원묘(圓妙) · 원만(圓滿) · 원족(圓足) · 원돈(圓頓)」의 도리이다.[159]

천태종의 「오시팔교」 교판에서는 분명하게 《반야경》이 단지 「점교(漸教)」 가운데 아직 구경이 아닌 「통교」일 뿐이라는 것을 알 수 있으며 천태종에서 가장 으뜸으로 중요하게 여기는 《법화경》의 「非頓非漸」·「원명……원돈」인 「원교」와는 그야말로 비

---

158) 화의사교
(a) 돈교 ; 화엄시의 《화엄경》
(b) 점교 ; 녹원시의 《아함경》, 방등시의 《정명경》 내지 《승만경》, 반야시의 《반야경》
(c) 비밀교 ; 五時 가운데 앞의 四時에는 돈교의 도리를 설할 때도 있고 3종의 점교 도리를 설할 때도 있다. 청강하는 제자가 얻은 이익이 각기 다르고 이해함도 일정하지 않으므로 비밀교라 칭한다.
(d) 부정교 ; 五時 가운데 앞의 四時는 돈교를 설할 때 청강한 제자가 점교의 이익을 얻을 수 있고 점교를 설할 때 청강한 제자가 또한 돈교의 이익을 얻을 수 있으므로 부정교라 칭한다.
이 화의사교 중에는 천태종이 중시했던 《법화경》이 들어 있지 않는데 아마도 《법화경》이 비돈비점, 비비밀비부정의 「원교」 경전이기 때문일 것이다(이상 체관, 《천태사교의》 ; 《대정장》 권46, pp.774下～775中)

159) 체관 《천태사교의》 ; 《대정장》 권46, pp. 776上～778下.

교가 안된다고 한다. 천태원교의 도리는 원만한 것이지만 《반야경》의 통교는 空에 취우쳤다는 것이다.

이른바 《반야경》을 공에 치우친 도리로 파악하는 것은 지의의 「三諦三觀」에서 볼 수 있다. 三諦는 공제(空諦 ; 無諦, 第一義諦)·가제(假諦 ; 有諦, 世俗諦)와 중제(中諦 ; 中道第一義諦)이다. 그러나 3종의 진리인 三諦는 二諦와 본질적으로 같은 설법일 따름이다.

지의는 《묘법연화경현의》 권2下에서 먼저 「七種二諦」[160]를 설명한 다음에 「오히려 앞의 兩種 二諦가 중도를 밝히지 못하기 때문에 五種 二諦로써 중도를 논할 수 있으며 五種三諦가 존재하게 된다……」[161]라고 설하고 있다. 5종이제와 그에 대응하는 5종삼제에 대해서는 일부러 논하지는 않겠지만[162] 우리들은 다만

160) 7종이제는 다음과 같다.

(a) 실유가 속제, 공이 진제 ; 장교의 이제.

(b) 환유(幻有)가 속제, 환유의 공과 환유의 불공이 진제 ;「별통교」이제(「별통교」란 별교가 통교를 접인(接引)하여 통교보살로 하여금 별교로 나아가도록 한다는 의미이다).

(d) 환유가 속제, 환유는 공하다·불공이다, 일체법이 공하다·불공이다로 나아가는 것이 진제 ;「원접통」(원교가 통교를 접인함)의 이제.

(e) 환유·환유는 공하다를 속제라 하고 실유하지 않음·불공을 진제라 함 ; 별교의 이제

(f) 환유·환유가 곧 공하다를 속제라 하고 不有不空, 일체법이 不有不空으로 나아가는 것이 진제 ;「원접별」(원교가 별교를 접인함)의 이제.

(g) 환유·환유는 공하다는 모두 속제에 속하고 일체법이 有로 空으로 不有不空으로 나아가는 것이 진제 ;「원교」의 이제. (이상 지의, 《묘법연화현의》 권2下 ;《대정장》 권33, pp. 702下～703下.)

161) 《대정장》 권33, p. 704下.

162) 5종이제와 대응되는 5종삼제는 다음과 같다.

(a) 유루는 속제, 무루는 진제, 비유루비무루는 중제 ;「별입통」(즉 별접통)의 삼제

(b) 진·속 이제는 (a)와 같고 비유루미무루가 일체법을 구족하는 것이 중제 ;「원입통」의 삼제.

(c) 환유가 속제, 환유는 공하다가 진제, 不有不空, 일체법이 不有不空

주의력있게 앞의 양종의 이제가 中道를 밝히는데 적합한 지에 대해 집중해 볼 필요가 있다. 이 양종의 이제는 다음과 같다.

(1) 실유(実有)는 속제가 되고 실유의 滅은 진제가 된다. 이는 장교(藏教)의 이제이다.

(2) 환유(執有)는 속제가 되고 환유공은 진제가 된다. 이는 통교(通教)의 이제이다. 이렇게 보면 통교는 근본적으로 바르게 中道를 밝힐 수 없기 때문에 다만 아직 구경이라 할 수 없는 이제만이 존재하고 삼제는 존재하지 않는다. 말하자면 《반야경》〔통교의 대표적 경전〕에는 단지 이제만 있고 삼제는 존재하지 않는다고 한다. 왜냐하면 반야경전은 모두 중도를 바르게 밝히고 있지 못하기 때문이라는 것이다. 이렇게 지의는 「중도」의 관점으로부터 《반야경》[164]을 비판하여 반야경전들이 「진제에 편중하

으로 나아가는 것이 중제. 이 가운데 중제는 단지 도리일 뿐 실용은 없다(지의의 원문에는 「그 속제를 열면 양제(중제, 진제)가 되고 진제에 대응하여 중제가 되니 중제는 도리일 따름이다」로 되어있다.) ; 별교의 삼제.

(d) 진・속 이제는 (c)와 동일하고 不有不空, 일체법이 不有不空으로 나아하는 것이 중제이다. 이 중제는 도리일 뿐만 아니라 불법의 실용을 구족하고 있다(지의의 원문에는 「진정한 중도에 닿고 불법을 구족한다」로 되어 있다.) ; 「원입별」의 삼제.

(e) 삼제가 (d)와 동일하지만 삼제는 도리에만 그치지 않고 모두 실용이 있다(지의의 원문에는 「(중제는)비단 중도일 뿐만 아니라 불법을 구족하니 진제・속제도 역시 그러하다. 삼제는 원융하여 一이 三이고 三이 一이다. 이는 《마하지관》 중에서 설한 바와 같다」로 되어 있다.) ; 원교의 삼제.

(이상, 지의, 《묘법연화경현의》 권2下 ; 《대정장》 권33, pp. 704下～705上)

163) 註 163) 참고.

164) 만약에 통교인 《반야경》에 삼제가 있어 중도를 밝히고 있다면 그것은 《반야경》 중에 「隨情智」또는 「隨智」의 부분, 즉 「別入通」 또는 「圓入通」의 부분이다. 그러나 이것은 《반야경》이 진정으로 접인해야 하는 대상이 아니다(《대정장》 권33, p. 702, 中).

여 증득하고 있다」[165]는 것, 즉 「공에 치우쳐」 설하고 있다고 보고 있다.

《반야경》을 불요의경으로 본 지의는 《반야경》을 가장 중하게 여긴 용수에 대해서 이야기할 때 자연히 용수의 사상을 충실하게 설명할 수 없었다. 이는 지의가 용수의 《중론》 권4 「관사제품」 제24 중의 앞의 두 게송을 해석하는 데서도 볼 수 있다.[166]

> 원돈지관이란 止가 諦를 緣(반연)하면 一諦이면서 三諦이다. 諦가 止에 연계되면 一止이면서 三止이다.…… 所止의 法은 비록 一이지만 三이다. 能止의 心은 비록 三이지만 一이다. 觀이 境에 대해 관찰하면 一境이면서 三境이다. 境이 觀으로부터 발현되면 一觀이면서 三觀이다. 예를 들면 마헤수라의 얼굴에는 비록 눈이 셋이지만 얼굴은 하나인 것과 같다. 境을 관찰함도 또한 이와 마찬가지여서 三을 觀하면 一이요 一을 발현하면 三이니 불가사의하다. 권교(權敎)도 아니고 실교(實敎)도 아니며 우수한 것도 아니고 열악한 것도 아니며 前도 아니고 後도 아니며 함께 하는 것(並)도 아니고 따로 있는 것(別)도 아니며 大도 아니고 小도 아니다. 따라서 《중론》에서는 이르기를 인연소생법은 卽空, 卽假, 卽中이라 하였다.[167]

지의는 우리들이 선정의 「止」(삼매) 중에서 지혜로 공·가·중 삼제의 「境」理를 「觀察」할 때 이 삼제가 실제로는 하나의 중도제이다라고 여긴다.[168] 마치 마헤수라(大自在, Maheśvara) 천신

165) 《묘법연화경현의》 권2下에서는 「진제(즉 공)에 편중하여 증득하고 있어 통교의 이제이다」(《대정장》 권33, p. 703中)라고 설하고 있어 통교인 《반야경》이 「진제(즉 공)에 편중하여 증득함」임을 알 수 있다.

166) 이 양 게송의 원문은 다음과 같다.
「衆因緣生法, 我說卽是無(空), 亦爲是假名, 亦是中道義. 未曾有一法, 不從因緣生, 是故一切法, 無不是空者」(《대정장》 권30, p. 33中)

167) 지의, 《마하지관》 권3, 上 ; 《대정장》 권46, p. 25中.

168) 지의의 삼제삼관은 비록 거듭하여 「즉공, 즉가, 즉중」을 강조하여 삼제가 일제가 될 때 이 일제는 공제일 수도 가제일 수도 혹은 중제일 수도 있지만 그러나 실제적으로 그는 특히 중제를 편애하고 있다.

의 얼굴에 있는 세 눈처럼[169] 비록 눈이 셋이지만 모두 동일한 얼굴에 있는 것과 같다는 것이다. 그렇다면 一(中道)諦란 무엇인가? 지의는 다음과 같이 설하고 있다.

> 한 생각(一念)이 일어나면 즉공(卽空), 즉가(卽假), 즉중(卽中)이라는 것은 根(인식기관)과 塵(인식대상)이 곧 법계이고, 필경공이고, 여래장이고, 중도인 것과 같다…… 三이 아니면서 三이고 三이면서 三이 아니다. 합해짐(合)도 아니고 흩어짐(散)도 아니며 합해짐이면서 흩어짐이며 합해짐이 아님도 아니면서 흩어짐이 아님도 아니다. 一이라거나 異라고 할 수 없으면서 一이라거나 異라 할 수 있다. 비유하자면 맑은 거울과 같아 거울의 맑음이 즉공에 비유되고 그것에 비치는 모습이 즉가에 비유되며 거울은 즉중에 비유된다.[170]

인용문 중에서는 분명하게 지의의 三諦三觀說이 「여래장」 사상의 영향을 깊히 받았음을 보여주고 있다.[171] 이러한 사상은 시

---

169) 마혜수라천은 의역하여 대자재천인데 눈을 셋 가지고 있다 전한다. 예를 들면 《대반열반경》 권2에서는 「무엇을 비밀의 장(藏)이라 하는가? 비유하자면 이(伊)자의 세 점처럼 만약에 세 점을 나란히 하면 伊자가 성립되지 않으며 또한 수직으로 배열해도 이자가 성립되지 않는다. 가령 마혜수라의 얼굴에 눈이 세 개 있는 것처럼 이자의 세점이 성립된다. 만약에 별도로 존재하면 역시 성립되지 않는다」(《대정장》 권12, p. 376下)라고 설하고 있다. 그 가운데 이자는 悉檀(siddham)字(모두 49자) 중에서 ∴로 표현된다. 따라서 인용문의 原註에서는 元本, 明本 및 궁내성도서료본(구송본)에서 모두 伊字를 ∴로 표현하고 있다고 말한다(《대정장》 권12, p. 374 ⑭)

170) 지의, 《마하지관》 권1下; 《대정장》 권46, pp. 8下~9上.

171) 지의, 《법화현의》 권2下에서는 「…三諦는 여러 경전에서 그 義를 갖추고 있으니 그 명칭이 《영락경》, 《인왕경》 등에서 출현하고 있다」(《대정장》 권33, p. 704下)라고 설하고 있어 지의의 삼제삼관설이 《纓珞》(즉 《瓔珞》), 《仁王》 두 경에 근원하고 있음을 알 수 있다. 《보살영락본업경》 권上. 「현성학관품」 제2에서는 확실히 삼제삼관을 설하고 있다. 「三觀이란 무엇인가. 假名으로부터 空에 들어가는 것이 二諦觀이고 空으로부터 假名에 들어가는 것은 平等觀이며 이 二觀은 方便道이다. 이 二觀으로 인하여 中道第一義諦觀에 들어가 二諦를 쌍으로 비추면 心心이 적멸하

대적으로 「여래장」 사상의 영향을 받지 않은 용수와는 관계없는 것이다.[172)]

다」(《대정장》 권24, p. 1014中)라고 설하고 있어 지의의 삼제삼관이 완전히 《영락경》의 사상을 계승하고 있음을 알 수 있다. 그 특색은 공·가 이제이관은 구경이 아닌 「방편도」이고 다만 중도제일제관이 구경이라는 것이다. 또한 이 중도제일의제관은 「공·가 이제를 쌍으로 조명」할 수 있어 삼제삼관이 一(中道)諦一(中道)觀이 된다. 이밖에 《인왕반야바라밀경》 권上 「이제품」 제4에서도 「보살마하살은 제일의 중에서 항상 二諦를 비추어 衆生을 교화한다」 「三諦로 一切法을 포섭하는데 空諦, 色諦, 心諦이기 때문이다. 내가 설하는 일체법은 이 三諦에서 벗어나지 않는다」(《대정장》 권8, p. 829 上, 中)라고 설하고 있다. 이 또한 지의가 말하고 있는 「중도제일의제는 불법을 구족한다」는 사상의 래원이 아닐까? 여기서 주의해야 할 점은 《영락》, 《인왕》 두경이 모두 「상주」, 「청정」, 「여래장」등 후기대승의 영향을 받은 경전이라는 것이다. 예를 들면 《영락경》 권下 「석의품」 제4에서는 「佛家에서 태어나 종성이 청정한 것을 生貴住라고 한다」(《대정장》 권24, p. 1017中)라 말하고 또한 같은 경권下 「불모품」 제5에서는 「부처님이 계시든 계시지 않든 法界는 二相이므로 不一이다. 諸法은 항상 청정하므로 不二이다」(《대정장》 권24, p. 1018中)라고 설하고 있다. 이는 다 여래장불법 중의 본성청정 사상이다. 《인왕경》도 분명하게 여래장계에 속하는 경전이다. 예를 들면 권上「관공품」 제2에서는 「法性이나 색, 수, 상, 행, 식은 상락아정이다」(《대정장》 권8, p. 825下)라고 설하고 있고 권上 「보살교화품」 제3에서도 「담연청정하고 상주불변하여 진제와 같고 법성과 평등하다」(《대정장》 권8, p. 826下)라고 설하고 있으며, 권下 「수지품」 제71에서도 「이 반야바라밀은 제불보살과 일체중생의 심식의 신령스러운 근본이다」(《대정장》 권8, p. 832下)라고 설하고 있다. 따라서 이러한 인용문은 모두 《인왕경》이 여래장계의 경전임을 증명하기에 충분하다.

172) 지의의 삼제삼관이 용수의 본의에 부합하지 않는다는 것과 관련하여 공, 가, 중이라는 떼어버릴 수 없는 三法(三諦)으로부터 다시 一法(一諦)으로 합하거나 삼제가 아닌 단지 이제의 관점으로 논의할 수 있다. 예를들면 인순 《중관론송강기》(대북 : 혜일강당, 民國62년 중판), pp. 474~475에서 《중론》 「관사제품」의 두 게송 「衆因緣生法, 我說即是空, 亦爲是假名, 亦是中道義. 未曾有一法, 不從因緣生, 是故一切法, 無不是空者」를 주석할 때 「천태가는 앞의 1송으로부터 그들의 삼제론을 발휘하였다. 중관학자가 보기에는 실제로 아주 큰 문제가 있으니 첫째는 명문(明文)을 위배하고 있다는 것이다. 즉 용수는 이전의 송중에서 명백하게 「諸

중국에서 용수와 관련있는 또다른 하나의 불교종파는 유식법상종이다. 그런데 유식법상종은 비판적 입장에서 「一切皆空」의 용수철학을 다루고 있다. 이러한 대립관계는 사실상 인도의 중관학파와 유가행파(Yogācāra) 간에 있었는데, 즉 유식종(Vijñāna-vāda)이 이미 형성되어 불교사가(佛教史家)들에 의해 「空有之爭」[173]이라 칭해졌다. 일본·현예(玄叡)의 《대승삼론대의초》 권3에서는 인도에서의 「공유의 논쟁」에 관해 다음과 같이 언급하고 있다.

공유의 논쟁이란…… 부처님이 멸도하신 이후 천여년이 지난 뒤 남인도의 건지국(建至國) 중에 두 보살이 있었으니 동시대에 세상에 출현하였다. 한 사람은 청변이고 다른 사람은 호법이다. 중생(有情)들로 하여금 진리에 들게 하기 위하여 空宗과 有宗을 각기 세워 모두 佛意를 성취하였다. 청변보살은 空을 빌어 有를 밀쳐내, 有執을 제거하였다. 호법보살은 有를 빌어 空을 배척하여 空見을 버리게 하였다.

佛依二諦, 爲衆生說法」이라고 말하고 있는데 어떻게 본송을 도용하여 삼제설을 창설(唱說)할 수 있겠는가? 이는 명백히 중관론의 체계와는 부합하지 않는다는 것을 알 수 있다. 둘째는 송의(頌意)를 위배하고 있다는 것이다. 이 두 게송의 의의는 일관되고 있는데 어떻게 문장의 일부를 끊어서 저자의 본의와는 달리 제멋대로 앞의 1송을 취하여 삼제설을 성립시킬 수 있단 말인가? 뒤 송이 「無不是空者」로 귀결되는 것을 알 수 없다고 해서 〈이러한 까닭에 일체법은 即空即假即中 아님이 없다〉고 말할 수는 없다. 가령 《반야심경》에서도 「是故空中無色」이라고 말하지 是故即空即色이라고 말하지는 않는다. 이는 본래 性空을 현시하는 경론이 공통적으로 담고 있는 의미이다. 따라서 부회하여 천착하지 말아야 한다. 삼제 원융론을 발휘하는 것은 사상의 자유이며 또한 후기의 眞常唯心妙有의 대승(여래장계) 중에서는 그 근거를 찾을 수 있다. 그런데 하필이면 용수의 종풍(宗風)이라고 말해야만 하겠는가?」라고 말하고 있다.

173) 용수가 창립한 중관학파는 一切皆空을 주장하고 있기 때문에 「空宗」(śūnyatā-vāda)이라고 불린다. 瑜伽行派는 外境은 空하고 內識인 阿賴耶識(ālayavijñāna)은 實有한다고 주장하므로 「有宗」이라 불린다.

> 이렇듯 양측의 위용이 높아 산이 허물어 무너져 흘러내렸다(서로간의 쟁론을 비유한 것임). 진리의 바다는 고요하여 空·有의 쟁론이 있을 수 없으니 어찌 이런 일이 있을 수 있으리오? 波毘薛迦(즉 청변)는 僧法을 따를 것을 표시하고 용수의 중관학을 널리 떨쳤으니 心行處(마음의 인식작용)는 석가의 이치에 맞고 주장(宗)은 情에 편중되거나 치우치지 않았다. 그때 사람들이 그를 묘길상보살(문수)이라 불렀다…… 《掌珍》이라는 큰 論을 지어 二空의 眞量을 세웠다. 性空의 불길로 삿된 주장(邪宗)의 장작을 태웠다. 有見을 갖고 있는 사람들로 하여금 空量의 불길로 그 견해를 던지게 하였으니 나비(나방)가 사나운 불꽃에 달려드는 것과 같았다. 이에 涇渭가 흐름이 갈라지듯 邪와 正의 바퀴자국이 다르다. 有見은 이슬이 사라지듯 하고 空宗이 높게 섰도다. 그 《論》의 게송에서 이르기를 '眞性有爲空 如幻緣生故 無爲無有實, 不起似空花'라 하였다.[174)]

이는 중기중관학파의 학자인 청변(Bhāvaviveka ; A.D. 600~650)과 유가행파 학자인 호법(Dharmapāla ; 530~560)간의 쟁론을 기술하고 있다. 전자는 《장진론》 중에서 「二空의 眞量」을 건립하고 있는데, 즉 승의제의 입장에서는 유위법과 무위법이 모두 空이라는 논증(이미 상세히 언급했음)으로 호법의 「有宗」적 주장을 비판하였다. 그리하여 유가행파의 반박을 불러 일으켜 「涇渭流派, 邪正轍異」(涇水는 濁流, 渭水는 淸流인데서 사물이 확실히 구별됨을 말하고 邪와 正의 노선이 확실히 다름을 일컫는다) 하게 되었다.

호법·청변의 이후에도 이러한 쟁집은 여전하였으니 법장의 《十二門論宗致義記》에서는 나아란다사원의 戒賢(유가행파)과 智光(중관학파)의 쟁론을 보여주고 있다. 당·현장(A.D 602~664)은 계현으로부터 유식학을 전수받고 돌아와 중국에서 유식

---

174) 《대정장》 권70, p.147상~中.

법상종을 창립하고 그의 제자 규기(窺基, A.D 632~682)에게 전하였다. 인도에서의 「空有의 논쟁」은 자연히 중국으로 건너오게 된 것이다. 규기는 《成唯識論》 중의 「或執內識如境非有」라는 구를 주석할 때 청변설을 비판하여 다음과 같이 말하고 있다.

> 《성유식론》에서는 「혹자는 內識이 境과 마찬가지로 존재하지 않는다고 집착한다」고 한다. 이를 해석해 보면 이 제 2計는 《중론》, 《백론》을 수학한 청변 등의 논사가 密意敎에 의거하여 제법이 空함을 설하고 또한 心體를 제거하여 實有하지 않는다고 한 것을 말한다. 그는 立量(논증을 세움)하여 이르기를 '너의 내식은 경과 마찬가지로 존재하지 않는다. 所知(인식대상)를 인정하기 때문에 너의 心은 외경과 같다'고 한다. 즉 청변은 속제에서 외경이 존재함을 인정하고 중도의 입장에서 스스로 위배함이 없다고 한다. 또한 《장진론》 중에서는 승의제에 의지하여 有爲·無爲는 모두 空하다고 하는데 이는 모두 그가 설한 것이다.[175]

규기는 《성유식론》 중의 「혹자는 내식이 경(境)과 마찬가지로 존재하지 않는다고 집착한다」라는 一句가 청변의 주장을 비판하고 있는 것으로 여겼다. 그는 청변이 《장진론》 중에서 두 개의 논증을 구축하여(立量) 승의제 중에서 유위법과 무위법이 모두 空함을 증명하고 있으며 또한 다른 하나의 논증을 구축하여(立量) 「內識」이 「外境」과 마찬가지로 존재하지 않는다고 증명하고 있다고 비판한다. 이 논증은 다음과 같다.

宗(결론) : 내식은 (외경처럼) 존재하지 않는다.

因(원인) : (왜냐하면) 내식은 所知的 대상(인식되는 대상)이기 때문이다.

喩(실제적인 예) : 무릇 所知的 대상은 모두 존재하지 않는데

175) 규기, 《성유식론술기》 권1本 ; 《대정장》 권43, p. 236下.

예를 들어 마음 밖의 경계와 같다.

우리가 청변의 이러한 논증의 출처에 대해서는 명확히 알 수 없지만 그러나 의심할 여지없이 인도의 「空有의 논쟁」은 이미 중국에서 타올랐다. 심지어 중국으로부터 일본에 전해져 일본의 불교계에서도 예외는 아니었다. 일본·현예(玄叡)의 《대승삼론대의초》 권3에서는 삼론종의 입장에서 규기의 청변에 대한 비판을 반박하여 다음과 같이 말하고 있다.

> 지혜를 태우는 여러 무리들이 그 「初量」(첫번째 논증)에 대해 삿되게 거짓된 과오(僞過)를 시설하여 그릇되게 眞量(진실된 논증)을 비방하였다. 당나라의 여러 논사들이 다투어 흙덩이를 손에 움켜 쥐었다. 일본의 학도들도 다투어 갑옷을 입고 허망된 말을 하였다. 시설된 바가 모두 거짓과 과오였으니 오른쪽에 줄지어 서는가 하면 따로 왼쪽에 통하였다. 규기법사가 이르기를 '어떤 法 一分(일부)이라도 존재한다면 자기 종파의 주장을 위배하는 허물과 자기 종파의 가르침을 위배하는 과실이 있다. 能立도 성립되지 않고 所立도 성립되지 않으며 모두 다 성립되지 않는다'고 하였다.[176]

인용문 마지막의 규기의 비평은 청변 《장진론》의 初量인 「眞性有爲空, 如幻緣生故」에 대한 것이다. 규기는 청변의 이 논증(量)이 3가지의 과오를 범하고 있다고 생각한다.

(1) 「有法一分, 違自宗過, 違自敎失」

(2) 「能立不成」

(3) 「所立不成」

(1)의 입장에서 말하자면 소위 「有法」(dharmin)은 宗(결론) 중의 주어(subject)[177]를 가리킨다. 즉 청변의 결론(宗)인 「眞性有

---

176) 《대정장》 권70, p. 147下.

177) 예를 들면 「먼 산에 불이 있다」 중의 「먼 산」이 有法이다.

爲空」 중에서 「眞性有爲」 또는 「有爲」는 곧 「有法」이다.[178] 규기는 청변의 有法에는 일부분 착오가 있다는 것이다. 즉 중관학파의 청변이 말하고 있는 「眞性有爲」 또는 「有爲」는 유식종의 규기가 이해하고 있는 바와는 결코 같지 않다.[179] 그다음 (2) 중의

---

178) 「眞性有爲空」이라는 句 중의 有法은 결국 「眞性有爲」또는 간단하게 「有爲」이다. 중국의 불교계에서는 많은 쟁의가 있었다. 현예의 《대승삼론대의초》 권3에서는 「濱法師, 智周法師와 詳居士 모두 이 구 가운데 「有法」(主語)은 「眞性有爲」라고 주장한다. 따라서 이 구의 「有法」은 양 부분으로 되어 있다. 하나는 「眞性」이고 다른 하나는 「有爲(法)」이다. 반대로 惠沼法師, 邁法師, 賢法師와 肱(昉)法師는 그 구의 「유법」(주어)은 간단하게 「유위(법)」이며 결코 「진성」을 포함하지 않는다고 주장한다」(《대정장》 권70, p. 148上)고 설하고 있다.

179) 현예의 《대승삼론대의초》 권3에서 의하면 규기의 「有法一分」에 대해서는 착오적인 말과 여러가지 다른 해석이 있다. 첫번째 해석은 「유법」을 「진성유위」로 이해하는 것으로 따라서 유법에는 「진성」과 「유위(법)」 두 부분이 있다(註 178 참조). 그 가운데 (유위)법 부분은 중관, 유식 二宗이 공동으로 인정하는 부분이다. 그러나 「진성」 부분은 二宗에서 쟁의가 있는 곳이다. 중관에서는 일체개공이라 하여 「진성」(구경의 진리, tattvataḥ) 또한 자연히 空이라한다. 그러나 유식종에서는 「진성」은 실유하는 것이지 空한 것은 아니라고 한다. 따라서 중관과 유식 二宗은 진성에 대해서 분명히 다른 견해를 가지고 있으며 「진성유위공」이라는 句의 「유법」인 「진성유위」에 대해서도 서로 다른 이해를 하고 있다. 이는 규기가 말한 「有法一分」(「진성」은 이것의 일부분임)에는 무엇 때문에 착오의 원인이 존재하는가이다(이상, 《대정장》 권70, p. 148상). 그다음 두번째 해석은 「진성유위공」이라는 구 가운데 「유법」은 간단히 「유위(법)」이며 진성을 포괄하지 않는다는 것이다(註 178 참조). 현예는 만약에 이렇게 「유법」을 이해하면 규기가 일컫고 있는 「有法一分」에는 착오가 있게 되어 다음과 같은 세가지 견해가 가능하게 된다는 것이다. 「진성을 취하지 않는 유위법이라고 한다면 有法一分에는 과실이 있다. 본국(일본)의 앞선 거장들도 異說이 분분하여 한결같지 않다. 혹자는 진성이라는 말이 비록 간별이어서 그 體가 空하다고 하지만 적론(敵論)은 空이 진성임을 인정하지 않기 때문에 有法一分이라 한다고 하며, 혹자는 有爲有法에는 무릇 二分이 있으니 空分과 有分이다. 적자(敵者)는 空이라는 一分을 인정하지 않기 때문에 《疏》에서는 有法一分이라 한다고 하며, 혹자는 眞性을 지극히 성립하는 것으로 간별하지 않기 때문에 有爲有法 역시 지극하게 성립하는 것이 아니어서 有法一分은 성립하지 않는다고 한다」(《대정장》 권70, p. 148上~中).

「能立」(sāddhana)은 「三支作法」 중의 因(hetu)支와 喩(udāharaṇa)支를 가리키는데 말하자면 서양철학에서 말하는 전제(premises)인 셈이다.[180] 그리고 (3) 중의 「所立」(sādhy)은 「三支作法」 중의 宗(pratijñā)支이다. (2) 중에서 규기는 그 논증이 「能立不成」[181]의 과실을 범하고 있다고 비판하고 있다. 그리고 (3) 중에서 규기는 그 논증이 「所立不成」[182]의 과실을 범하고 있다고 비판하고 있다. 그 무엇 때문인가? 현예(玄叡)는 다음과 같이 설하고 있다.

> 규기법사가 이르기를 '비유(喩)인 「幻(허깨비)과 같다」는 것은 세속제에 의거하면 두 가지 징후가 있다. 첫째 幻이 실제의 일이라면

180) 심검영, 《인명학연구》, p. 31의 ①에서는 「『能立』이라는 말이 진나의 《正理門論》 중에는 24차에 걸쳐 출현하고 있고 天主의 《因明入正理論》 중에도 12차례나 출현하고 있다. 이 『能立』에는 두 가지 의미가 있으니 첫째는 전체 논식 즉 宗, 因, 喩가 갖추고 있는 추리형식을 말하며 둘째는 『所立』(宗)과 상대적인 『因』과 『喩』를 가리킨다. 왜냐하면 인, 유는 종을 성립시킬 수 있기 때문이다」고 설하고 있다. 규기가 말하고있는 「능립」은 분명히 「소립」(宗)과 대응하는 因과 喩를 가리킨다. 이는 서양논리학에서 말하는 「전제」라 할 수 있다.

181) 심검영, 《인명학연구》, p. 236에서는 「能立法이 성립하지 않는다는 것은 同喩가 비록 宗法과 서로 부합한다 하더라도 因法과 부합하지 않으면 결국 助成作用을 상실하는 과실이 있게 된다」고 말하고 있다. 이 가운데 「同(法)喩」(sādharmyeṇa dṛṣṭnta)가 가리키는 것은 宗, 因 二支와 성질이 비슷한 실례(實例)를 말한다. 예를 들어 「眞性有爲空(宗), 如幻(同喩), 緣生故(因)」라는 논증 중에서 「幻」이 同喩이다. 그것과 宗 중의 「有爲法」, 그리고 因 중의 「緣生」은 모두 비슷한 성질을 갖추고 있다. 말하자면 「幻」은 유위법의 「空」性과 「緣生」性을 갖추고 있으므로 「同喩」라 한다. 따라서 규기가 일컫고 있는 청변의 한 논식 중에서 「능립법이 성립하지 않는다」는 것은 심검영의 말에 따르면 「幻」事는 비록 空(宗法과 부합됨)이지만 非緣生(因法가 부합되지 않음)이라는 의미이다.

182) 심검영, 《인명학연구》, p. 238에서는 「所立法이 성립되지 않는다는 것은 同喩가 비록 因法과 부합된다 하더라도 宗法과는 부합되지 않아 조성작용을 상실한 과실이 있다」고 말한다. 따라서 규기가 일컫고 있는 청변의 한 논증 중에서 「소립이 성립되지 않는다」는 말은 「幻」事가 비록 緣生(因法과 부합됨)이지만 非空(宗法과 부합되지 않음)이라는 의미이다.

緣生(인연생)이 아니기 때문에 能立이 성립되지 않으며, 둘째 幻이 거짓된 일이라면 이 宗支가 공하지 않기 때문에 所立도 성립하지 않는다'고 하였다.[183]

규기의 견해는 喩支 중의 「幻」事는 결코 緣生이 아니므로[184] 그것은 因支인 「緣生이기 때문이다」와 합치되지 않기 때문에 「幻」[185]事의 비유가 성립하지 않는다는 것, 즉 「能立 중의 喩支가 성립되지 않는다」는 것이다. 다시 말하면 규기는 「무릇 緣生인 것은 空하며 비유하면(예를 들면) 幻事와 같다」는 이 어구가 성립하지 않는데 왜냐하면 「幻」事가 「緣生」의 실례(實例)로 간주될 수 없기 때문이라는 것이다.

그다음 규기는 또한 喩支중의 幻事가 결코 空이 아니므로 그것과 宗支 중의 「(有爲)空」은 합치하지 않게 됨으로써 「幻」事의

183) 《대승삼론대의초》 권3, 《대정장》 권70, p. 149上.

184) 규기는 「幻」事가 결코 緣生이 아니며 이해하기 어렵다고 여기고 있다. 현예는 규기를 반박하여 「또한 《광백론》에서 相應師가 이르기를 「緣으로부터 生하는 法에는 두 가지 있으니 의타기성과 변계소집성이다. 이 論文에 준거하면 實事인 것같은 幻 역시 緣生인데 어떻게 幻과 같은 實事가 緣生이 아닌 까닭이라고 말할 수 있겠는가?」(《대승삼론대의초》 권3 ; 《대정장》 권70, p. 149下)라고 설하고 있다. 이에 따르면 규기가 말하고 있는 「幻」事는 「의타기성」, 「변계소집성」이 生하는 「如幻實事」 즉 아뢰야식 중의 종자가 현행하여 출현시키는 「幻」事를 말한다. 이 「幻」事는 과거의 업력(종자)이 생한 것으로 어느 정도의 진실성, 불가변역성을 갖추고 있으므로 「(如幻)實事」라 칭한다. 업력(종자)의 인연소생으로 말하자면 이 「幻」事는 확실히 「연생」이지만 이미 현행한 「幻」事의 불가변역성으로 말하면 「비연생」이다.

185) 「幻」事는 결코 空이 아니라는 것이다. 그 까닭에 대해 규기는 「그것이 幻인 것은 비록 이것이 진실로 존재하지 않는다 해도 현행할 수 있고 흡사 코끼리나 말과 같은 모습을 띨 수 있다. 그러나 실체가 없는 것을 空이라고 한다. 이는 虛假하여 空하므로 空하다 하지 않을 수 없다. 일체의 佛經이나 네 가지 의거하는 論 중에서는 무릇 幻空을 밝히고 있으니 이는 虛假空이다」(玄叡, 《大乘三論大義鈔》 卷3 ; 《대정장》 권70, p. 149下)라고 설하고 있다.

비유는 성립하지 않는다는 것, 즉「所立 중의 喩支가 성립되지 않는다」고 여기고 있다. 말하자면 규기는「무릇 緣生인 것은 모두 空하다. 예를 들면 幻事와 같다」는 이 1구가 성립하지 않는다라고 여기는데 왜냐하면「幻」事는 결코「空」이 아니기 때문이라는 것이다.

결국 청변은《장진론》중에서 두 가지 논증을 구축하여 승의제 중의 유위법과 무위법이 모두 空함을 증명함으로써 인도에서「空·有의 논쟁」을 일으켰을 뿐만 아니라 중국의 유식종으로부터 마찬가지로 치열한 반박을 불러 일으켰다.[186] 이러한 쟁론은 단지 호법 : 청변, 또는 청변 : 규기간의 사상 차이에 그치지 않고 중관철학과 유식철학 사이의 근본차이에 관련된 것이다. 이는 또한 용수의 중국불교에 대한 반면(反面)적 영향이라고 볼 수 있지 않을까!

---

186)《장진론》중의 논증은 첫번째 것이 규기의 반박을 불러 일으켰을 뿐만 아니라 두번째 논증 또한 마찬가지로 규기의 반박을 불러 일으켰다.(상세한 논증은 현예,《대승삼론대의초》권3-《대정장》권70, p. 149下에서 시작되고 있다.)

II. 용수의 「공」

1. 공의 定義

용수(Nāgārjuna A.D. 150~250)의 「空」(śūnyata)을 가장 직접적으로 이해하려면 《중론(송)》(Madhamaka-kārikā) 중의 두 게송을 깊이 연구하면 된다.

> 衆因緣生法, 我說卽是無(śūnyatā), 亦爲是假名(prajñapti), 亦是中道(madhyamā-pratipad)義. 未曾有一法, 不從因緣生, 是故一切法, 無不是空者.[1)]
>
> 여러 인연이 화합하여 생긴 法을 나는 無〔空〕(śunyatā)라고 말하며, 또한 假名(prajñapti)이라 말하며, 또한 中道(madhyamā-pratipad)義라고 말한다. 일찍이 어떤 법도 인연을 따르지 않는 바가 없었으니 이러한 까닭에 일체법은 공하지 않은 것이 없다.

이 두 게송에서 용수는 「空」(無)을 「因緣生」(praītyasamutpanna)이라 정의하고 있다. 게송 가운데서는 또한 「공」을 때로는 「가명」이라 하고 때로는 「중도」라 말하고 있다. 무엇 때문에 「인연생」인 사물은 반드시 「공」인가? 왜 공을 또한 「가명」, 「중도」라고 하는가? 청목(青目, Piṅgala)은 이 문제에 대하여 가장 훌륭한 답을 하고 있다.

---

1) 《중론》 권4, 「관사제품」 제24 ; 《대정장》 권30, p. 33中.

여러 인연이 구족되어 화합하면 사물을 생한다.
이 사물은 여러 인연에 속하기 때문에 자성이 없다.
자성이 없기 때문에 공이다. 공 또한 다시 공하다.
다만 중생을 인도하기 위하여 가명으로 설한 것이다.
有와 無 二邊을 떠나기 때문에 중도라고 이름한다.
이 법은 자성이 없기 때문에 有라고 말할 수 없으며 또한 공함도 없기 때문에 無라고도 말할 수 없다.[2)]

위에 인용된 청목의 주석으로부터 우리는 인연에 의해 생긴 사물이 공인 까닭은 그 원인이 이러한 사물에는 그들 자신의 내재적 본질인 「自性」(svabhāva)이 없기 때문임을 알 수 있다. 여기서 「자성」이라는 말은 sva와 bhāva라는 두 범어문자의 조합에 의해 이루어진 것이다. sva에는 「자기」(own), 「자아」(ego), 「영혼」(soul) 등의 몇 가지 의미가 있고 심지어는 바라문교의 「神我」(ātman)라는 의미로 사용될 때도 있다.[3)] bhāva라는 말에는 「存有」(being), 「존재」(existing), 「상주」(continuance), 「진실」(reality) 「성질」(nature) 등의 몇 가지 의미가 있다.[4)] 따라서 이른바 「자성」은 사물에 내재하는 진실불변의 본질을 가리킨다. 용수의 空은 바로 이러한 의미가 있는 「자성」을 부정하는 것이다.

인연에 의해 생긴 사물은 왜 「자성」이 없을까? 위에 인용된 青目의 주석에서는 다만 간단한 말로 다음과 같이 설명하고 있다. 「여러 인연이 구족되어 화합하면 사물을 생한다. 이 사물은 여러 인연에 속하기 때문에 자성이 없다.」 청목의 견해는 각종

2) 《중론》 권4, 「관사제품」 제24 ; 《대정장》 권30, p. 33中.
3) Sir Monier Monier-Williams, M.A., K.C.I.E. 편저인 *A Sanskrit-English Dictionary*(Motilal Banarsidass, Delhi, Varanasi, Pattna, 1970) p. 1275.
4) 앞의 책, p. 754

조건(因緣)모여 생겨난 사물은 모두 이러한 조건에 부속하거나 의존한다는 것 즉 「이 사물은 여러 인연〔각종 조건〕에 속한다」는 것이다. 따라서 이러한 사물에는 진실하여 불변하는 자기 내재적 본질이 없다는 것이다. 바꾸어 말하면 사물이 각종 조건에 의해 생긴다면 이러한 조건이 변화할 때 사물 또한 필연적으로 따라 변화한다는 것이다. 이러하다면 사물에 내재하여 불변하는 진실한 본질이 어떻게 존재할 수 있는가? 따라서 용수는 무릇 인연생인 사물은 모두 「空」(無自性)이라고 여겼다.

2. 「空」이 부정하는 대상—「八不」

「空」(śūnya)이라는 말은 본래 「허무」(empty), 「없음」(void) 「결핍」(absent), 「不眞實」(unreal), 「不存在」(non-existent) 등 몇 가지 의미가 있다.[5] 초기의 《반야경》과 용수의 작품에서는 모두 부정하는 말로 응용되고 있다. 「공」이 부정하는 말이라면 반드시 그것이 부정하는 대상이 있어야 한다. 앞서 인용한 두 게송에서 공이 부정하는 사물은 일체의 사물임을 알 수 있다. 따라서 용수는 「이러한 까닭에 일체법은 공하지 않은 것이 없다」라고 말한다.

일체사물(일체법)은 대단히 많지만 용수는 四對八法을 사용하여(네개의 對句안에 여덟가지 법을 담아) 그것들을 귀납시킨 다음 그의 「空」을 사용하여 일일히 부정하고 있는데 이것이 곧 유명한 「八不偈」이다.

不生亦不滅, 不常亦不斷, 不一亦不異, 不來亦不出.

5) Monier-williams, *A Sanskrit-English Dictionary,* p. 1085.

能說是因緣, 善滅諸戲論, 我稽首禮佛, 諸說中第一.[6]

생겨남도 없고 또한 멸함도 없으며, 항상함도 없고 또한 단절됨도 없으며, 하나(동일한 것)도 아니고 또한 다양한 것(다른 것)도 아니며, 오지도 않고 또한 떠나지도(가지도) 않는다. 이 인연법을 설하시어 모든 희론을 잘 멸하시니 저는 머리를 조아려 부처님께 예경하오며 모든 말씀가운데 가장 으뜸입니다.

이 두 게송은 《중론》의 「귀경송」으로 《중론》의 서언(序言)이라 할 수 있다. 그것의 대의는 불생·불멸·불상·부단·불일·불이·불래·불출(불거)로 이 「八不」는 불타가 선설한 도리이다. 이 「八不」의 도리는 우리들 마음속의 왜곡된 심리활동(오해, 과장 등)인 「희론」(prapañca)[7]을 없앨 수 있다. 따라서 용수는 「八不」를 선설하신 불타께 예경드린다는 것이다.

이 「八不」 중에서 「불생」과 「불멸」이 가장 중요하다. 이는 용수가 그 후의 게송 중에서 화력을 집중하여 「生」을 파척할 뿐만 아니라 또한 다음과 같은 청목(青目)의 주석으로부터도 파악할 수 있기 때문이다.

법이 비록 한량없이 많지만 (귀납하여) 여덟 가지(八事)로 간추려 설할 수 있으며, 일체법을 모두 다 파(破)할 수 있다. …무생(無生), 무멸(無滅)이기 때문이며 나머지 여섯 가지(六事)도 역시 존재하지 않는다. ……만약에 不常不斷을 깊이 추구하면 불생불멸이다. 왜 그

---

6) 《중론》 권1, 「관인연품」 제1 ; 《대정장》 권30, p. 1中.

7) 「희론」(prapañca)에 대해 청목은 「모든 번뇌업(煩惱業)은 억상분별(憶想分別)로부터 生하므로 실체가 없다. 모든 억상분별은 희론으로부터 생한다. 제법의 실상이 필경공임을 증득하면 모든 희론은 멸한다」(《중론》 권3, 「관법품」 제18 ; 《대정장》 권30, p. 24下)라고 주석하고 있다. 청목은 또한 희론에는 두 가지가 있다고 말하고 있다. 「첫째는 애론(愛論)이고 둘째는 견론(見論)이다……두 가지 희론이 없기 때문에 억상분별도 없다」(同前書, p. 25中). 이상 청목의 주석을 통해 「희론」이 우리 내심의 오해, 과대, 왜곡된 심리활동을 말한다는 것을 알 수 있다.

> 러한가? 만일 법이 실유하다면 응당 없지도 않은 것이다. 만약에 앞서 존재하고 지금 존재하지 않는다면 斷이 되며 만약에 자성이 먼저 존재하였다면 常이 될 것이다. 이러한 까닭에 불상불단이라 하며 그러므로 불생불멸의 내용(義)에 포함되어 들어간다. 어떤 사람이 비록 제법을 파하는 네 가지(不生・不滅・不常・不斷)를 듣고서 네 가지 門(여기서는 一・異・來・出)이 제법을 이룬다고 할지 모르나 이 역시 그렇지 않다. 만약에 一이라면 무연생(無緣生)이고, 異라면 무상속(無相續)이며……이러한 까닭에 다시 不一不異를 설한다. 어떤 사람이 제법을 파하는 여섯 가지를 듣고서 來와 出이 제법을 이룬다고 할지 모르나, 來란 제법이 자재천(自在天), 世性, 미진(微塵) 등으로부터 온 것을, 出이란 본처(本處)로 돌아가는 것을 말한다.[8]

이 인용문 중에서 청목은 명백하게 상・단, 내지 래・출 등 六法은 모두 생과 멸에서 파생된 것이므로 「생」과 「멸」을 파하면 기타 六法도 파된다고 말한다. 따라서 「생」과 「멸」이 六法 중에서 가장 중요한 것임을 알 수 있다. 특히 「생」이 중요하다. 왜냐하면 생이 있어야 멸이 있게 되는 것으로 즉 「멸」은 「생」으로부터 파생된 것이기 때문이다.

「생」이 八法 중에서 가장 중요한 것이기 때문에 용수는 이후의 게송 중에서 「생」의 파척에 진력하고 있다. 용수는 먼저 「생」을 自生, 他生, (自・他)共生, 無因生 등 四生으로 나눈 다음 하나하나 부정하고 있다.

> 諸法不自生, 亦不從他生, 不共不無因, 是故知無生.
> 如諸法自性(svabhāva), 不在於緣中, 以無自性故, 他性亦復無[9]
>
> 모든 법은 스스로 생겨나지 않으며(不自生), 또한 다른 것으로부터 생하는 것도 아니며(不他生), 자기와 다른 것이 공동으로 생한 것도 아니며(不(自・他)共生), 원인없이 생겨난 것도 아니다(不無因生).

8) 《중론》 권1, 「관인연품」 제1 ;《대정장》 권30, pp. 1下～2上.
9) 앞의 책, p. 2中.

따라서「無生」임을 알 수 있다. 모든 법의 자성(svabhāva)이 조건(緣) 중에 있지 않다면, 자성이 없기 때문에 타성 역시 존재하지 않는다.

용수는 위에 인용된 첫번째 게송에서 먼저 四生을 일일히 부정하여 不自生, 不他生, 不(自・他)共生, 不無因生임을 입증하고 있으며 결론적으로「無生」이라고 한다. 이 게송에 대해 청목은 다음과 같이 주석하고 있다.

> 不自生이란 만물이 自體로부터 生하지 않고 반드시 衆因을 의지함을 말한다. 또한 만약에 자체로부터 生한다면 一法에는 二體가 있게 되어 一은 生이요 二는 生者가 되어버린다. 만약에 다른 因을 떠나 自體로부터 生한다면 無因無緣이다. 또 生이 다시 生하게 되어 生이 무궁하게 된다. 자기가 없기 때문에 다른 것도 역시 존재하지 않는다. 왜 그러한가? 自가 있으며 他가 있기 때문이다. 만약에 自生에 따르지 않는다면 他生에 따르지도 않는다. 共生에는 두 가지 허물이 있으니 自生, 他生이기 때문이다. 만약에 無因인데 만물이 존재한다면 이는 곧 항상함(常)인데 이러한 일은 있을 수 없다. 無因이면 無果이다. 만약에 無因인데 有果라면 보시・지계 등을 행한 사람도 지옥에 떨어지고 十惡五逆을 범한 사람도 천상에 오를 수 있게 될 수 있으니 이는 無因이기 때문이다.[10]

청목은 자생에 다음과 같은 몇 개의 허물(과실)이 있음을 지적하고 있다.

(1) 一法에 二體가 존재하는 허물(過)로서, 만약에 자생이면 한개의 사물은 분열되어「生」(能生者)과「生者」(所生者) 兩體가 된다.

(2) 무인생의 허물로서, 만약에 자기가 자기를 生하면 무인생과 같다. 그러나 무인생 또한 성립하지 않는데 그 이유는 (3)의

10)《중론》권1,「관인연품」제1;《대정장》권30, p. 2中.

허물이 있기 때문이다.

(3) 무궁하게 생하는 허물로서, 만약에 자기가 자기를 생할 수 있다면 생해진 것이 또한 자기를 생할 수 있다. 이러하다면 무궁하게 생하는[無窮生] 허물이 있게 된다.

자생이 성립하지 않으면 타생도 자연히 성립하지 않는다. 왜냐하면 이른바 「타」는 「자」에 상대하여 말하는 개념으로 「自」가 없다면 「他」도 존재하지 않는다. 공생에는 자생과 타생 양종의 허물이 존재하고 무인생에는 인과를 파괴하는 허물이 존재한다.

앞에서 인용한 두번째 게송에 대해서 청목은 다음과 같이 주석하고 있다.

> 제법의 자성은 衆緣 중에 있지 않다. 다만 중연이 화합하였기 때문에 名字를 얻은 것이다. 자성은 곧 자체이다. 衆緣 가운데 자성이 없고 자성이 없기 때문에 타성 역시 존재하지 않는다. 왜 그러한가 하면 자성으로 인하여 타성이 존재하기 때문이다. 타성도 他에 대해서는 역시 자성이다. 만약에 자성을 破하면 타성도 파된다. 이러한 까닭에 마땅히 타성으로부터 생하지 않는다. 만약에 자성과 타성을 파하면 共生義를 파하게 된다. 無因이라면 큰 허물이 있게 된다. 有因도 파할 수 있는데 하물며 無因이리오? 四句 중으로부터는 生을 얻을 수 없으므로 따라서 不生이다.[11]

청목의 견해는 사물이 각종조건(衆緣)에 의해 생한다면 사물 중에는 자기 내재적인 진실불변의 본질인 「자성」이 존재하지 않는다는 것이다. 이에 따라 유추해 보면 「자성」 또한 이러한 사물의 각종 조건 중에 구성되어 있지 않다. 왜냐하면 이러한 조건들도 다른 각종 조건에 의해 생기기 때문이다. 따라서 「자생」은 완전히 존재하지 않는 것이다. 공생, 무인생에 대한 주석도

11) 《중론》 권1, 「관인연품」 제1 ; 《대정장》 권30, p. 2中.

마찬가지로 명백하게 이해할 수 있다.

용수가 설하는 四生은 일반적으로 인도 고유의 4종의 인과론을 대표하는 것이라 한다.

(1) 因中有果論(satkārya－vāda)은 수론(數論, 僧法, Sāṅkhya)을 말한다.

(2) 因中無果論(asatkārya－vāda)은 正理一勝論(즉 후기의 정리학파 또는 승론학파, Nyāya－Vaiśeṣika)을 가리킨다.

(3) 因中亦有果亦無果論은 자이나교(Jaina)를 말한다.

(4) 우연론(yadṛccha－vāda)은 Cārvāka, 즉 「순세외도」(Lokāyatika)를 말한다.[12)]

앞에서 인용한 용수의 두 게송 및 청목의 두 주석은 모두 「자생」에 대해 상세하게 다루고 있는데 이는 곧 「인중유과론」에 대한 부정이다. 그런가 하면 오히려 다른 三生의 파척에 대해서는 좀 소원한 편이다. 그러므로 다른 문헌의 도움을 받아 나머지 三生을 파척해 보자.

용수의 다른 작품인 《십이문론》(Dvādaśanikāya－śāstra)에서는 「인중무과론」(타생)을 파척하고 있다.

---

12) 수론에서는 일체 사물은 모두 「자성」(世性, prakṛti, 일종의 원시적 물질)이 전화(pariṇāma)된 것이라고 주장하고 있다. 말하자면 일체 사물은 그 원형인 「자성」이 미리 존재한다는 것이다. 승론학파는 「果」를 「앞서 존재하지 않은 상반된 사물」(prāgabhāvapratiyogi)로 정의하고 「과는 새로 생긴 것이지 결코 因 가운데 미리 존재하는 것이 아니라고 여긴다. 이는 분명히 「인중무과론」이다. 이상은 Radhakrishnan의 *Indian philosophy* 권2 p. 96(George Allen & Unwin LTD, New York, 1966)에서 상세히 볼 수 있다. 그 다음 중기의 중관학자 월칭(Candrakīrti)은 그의 《입중론》에서 「공생」이 자이나교의 주장임을 지적하고 있다. 이밖에도 Cārvāka는 일체 사물이 지, 수, 화, 풍 등 「四大」가 우연히 생성한 것에 불과하다고 주장한다. 따라서 이는 「우연론」이다.

> 만약에 因 가운데 미리 果가 없는데 果가 생한다면 이 역시 그렇지 않다. 왜 그러한가? 만약에 없는데도 생한다면 마땅히 머리를 둘 가진 사람, 손을 셋 가진 사람을 생할 수가 있기 때문이다. 왜냐하면 없는데도 생하기 때문이다.…만약에 因 가운데 미리 果가 없는데도 果가 생한다면 낱낱의 사물은 마땅히 일체의 사물을 생하게 된다. 이는 마치 손가락 끝이 수레·말·음식 등을 생하는 것과 같다. 이러하다면 실(縷)이 실꾸리(疊)를 生出해 내지않고 수레·말·음식 등을 생출해 내는 것과 같다. 왜냐하면 만약에 없는데도 생할 수 있다고 한다면 어찌 실이 실꾸리만을 생하고 수레·말·음식 등을 생하지 않겠는가? 모두 無를 갖추고 있기 때문이다. 만약에 因 가운데 無果인데도 果가 생한다면 諸因은 각각 果를 생할 힘이 없게 된다. 가령 기름은 반드시 깨로부터 채취되는 것이지 모래로부터 짜낼 수 있는 것이 아니다. 만약에 모두 다 無를 갖추고 있다면 어떻게 깨로부터는 기름을 구할 수 있고 모래로부터는 짜낼 수 없겠는가?[13)]

용수의 견해는 만약에 「果」와는 완전히 무관한 他「因」이 뜻밖에도 「果」를 생하게 된다면 실(縷)이 응당 실꾸리(疊)를 생하지 않고 수레·말(馬)·음식 등 기타의 果를 생하게 된다는 것이다. 왜냐하면 수레·말·음식 등과 실(縷)간의 무관함과 실과 실꾸리간의 무관함은 같기 때문이다. 이와 같다면 인과의 필연관계가 완전히 파괴되어 기름은 깨(麻)로부터 생할 수 있을 뿐 아니라 모래로부터도 생할 수 있게 되고 우리들도 하나의 머리뿐만 아니라 제2의 머리도 가질 수 있으며 양손뿐만 아니라 제3의 손도 갖게 될 수 있다. 그러나 이러한 일들은 모두 사실과 위배되므로 「인중무과론」이 착오임을 알 수 있다.

四生 중에서 「공생」이 가장 이해하기 어렵다. 청목의 주석은 단지 「공생이라면 두가지 허물이 있으니 자생과 타생이기 때문

13) 《십이문론》, 「관유과무과문」 제2; 《대정장》 권30, p. 161下.

이다」라는 간단한 1구뿐이다. 《십이문론》에서는 비교적 상세하게 「인중역유과역무과론」을 파척하고 있지만 여전히 이해하기 어렵다. 《論》에서는 「만약에 因 가운데 미리 果가 있거나 또한 果가 없이도 果가 생긴다면 이 또한 그렇지 않다(옳지 못하다). 왜냐하면 有와 無의 성품은 서로 위배되기 때문이다. 그들 성품의 특성이 서로 위배되는데 어떻게 한 곳에 존재할 수 있겠는가? 이는 마치 밝음과 어두움, 고통과 즐거움, 가는 것과 머무는 것, 결박과 해탈 등을 동일한 곳에서 얻을 수 없는 것과 같다」(《大正藏》 卷30, p. 162, 上.)라고 설하고 있다. 용수의 견해는 「有果」·「無果」라는 두 개념은 상호 모순이며 상호모순된 두 개념이 어떻게 동시에 因 중에 존재할 수 있겠는가? 라는 것이다. 월칭의 《입중론》에서는 「공생」에 대하여 비교적 상세하게 설명하고 있다.

공생을 계착함이란 自와 他로부터 생한다고 말하는 것이다. 따라서 공생을 계착한 것이라 한다. 가령 흙덩이·막대·바퀴·노끈·물·독짓는 이(도공) 등으로부터 항아리가 생긴다고 하자. 항아리와 흙덩이는 서로 다른 法(異法)이 아니다. 흙덩이의 자성 중에 항아리가 있어 생할 수 있다면 이는 자생이다. 독짓는 이가 작업(공용) 등 他法으로 항아리를 생할 수 있다면 이는 타생이다. 이들을 집착하면 자타공생이다. 外法이 그러하고 內法 역시 그러하여 자타가 함께하면 生이 있게 된다는 것이다. 그 종파는 명(命)·복(福)·죄(罪)·루(漏)·율의(律儀) 등의 범주(句義)를 안립하여 眞宗(참된 주장이나 결론)이라 일컫는다.

예를 들어 미륵이 전세(前世)의 명근(命根) 중에 존재하다가 지금 생을 받았다면 이는 자생이다. 왜냐하면 미륵은 명근과 서로 다른 법이 아니기 때문이다…… 미륵이 또한 부모·법·비법·루 등 他法으로부터 생하였다면 이는 타생이다…… 파척하여 이르길 '이러한 말 역시 도리에 맞지 않는다. 앞에서 설한 여러 허물을 갖추어 범

하고 있기 때문이다.'[14)]

월칭의 「공생」에 대한 설명은 우리에게 비교적 「공생」의 의미를 분명하게 이해할 수 있게 한다. 월칭은 두 개의 예를 들고 있는데 그 하나는 「미륵」의 예로 이는 자이나교의 예이다. 문중에서 언급하고 있는 9종의 「句義」(padārtha)인 命(īva)·非命(ajīva)·漏(āsrava)·法(dharma)·非法(adharma) 등은 모두 자이나교의 고유 용어이다. 미륵의 출생은 한 측면으로는 자기의 「命」(즉 영혼)에 의해 생할 수 있다. 따라서 이는 「자생」이다. 다른 측면으로는 또한 반드시 부모·法(사물 활동의 원리)·非法(사물정지의 원리) 및 漏(업력이 생하는 물질의 흐름은 영혼을 속박할 수 있다) 등 기타의 조건이 필요하다. 따라서 이는 「타생」이다. 월칭이 인용문 중에서 자·타의 공생에 대해 비판하고 있는 곳은 「앞에서 설한 (자생·타생의) 여러 허물을 갖추어 범하고 있기 때문이다」라는 구절 뿐이다. 그는 또한 《입중론》의 다른 문장에서 하나의 비유를 들어 「공생」의 허물을 설명하고 있다.

> 한 알갱이의 참깨가 기름을 生出할 수 있다면 많은 참깨 역시 기름을 생출할 수 있다. 설령 모래자갈은 많다해도 끝내 기름을 생출할 수 없다. 이와 같이 각기 별도로도 생출할 수 있는 것은 많은 것으로도 생출할 수 있다. 따라서 共生을 계탁하는 것은 도리에 맞지 않는다.[15)]

월칭의 견해는 자생·타생이 모두 맞지 않다면 공생 또한 맞지 않다는 것으로 마치 각기 별도로 퇴적된 모래와 자갈이 기름을 生出할 수 없으며 그들은 한데 취합해도 또한 기름을 생출할 수

14) 법존역, 《입중론》 권4, p. 1 ;
15) 《입중론》 권4, p. 2.

없는 것과 같다는 것이다.

앞서 인용한 용수와 청목의 문헌을 보면 두 사람의 「無因生」(自然生)에 대한 비판은 모두 불교 내부와 기타 업보를 믿는 학파를 겨냥한 것으로 유물론인 Cārvāka(순세 외도)를 설복시키고 있지는 않다. 월칭은 그의 《입중론》에서 「무인생」을 파척하고 있는데 아주 상세하다.

> 만약에 제법이 자연생(무인생)이라면 파나사 나무는 파나사의 과일(果)의 因이 될 수 없으며, 동목(楝木)과 아마라 등도 역시 그 因이 아니면서 동목이나 아마라 등도 역시 그 과일(파나사의 과일)을 생할 수 있게 된다. 또한 파나사의 과일이 그 因이 되는 파나사 나무로부터 생한 것이 아니라면 삼계의 일체법으로부터 (파나사 과일이) 생할 수 있게 되는데 왜냐하면 非因(無因)을 갖추고 있기 때문이다(즉 무인생이기 때문이라는 의미).……만약에 중생이 無因이라면 응당 허공이나 청련화의 색과 향은 모두 취할 수 없다. 그러나 실제로는 취할 수 있으므로 마땅히 일체 중생은 오로지 因이 있어 생기는 것이니 自心도 이와 마찬가지이다. 만약에 당신 종파의 주장대로라면 파란색을 반연하는 마음은 파란색의 경계를 말미암지 않고 현전(現前)하여 생기게 되는데 그러나 파란색을 반연하는 마음은 오로지 파란색의 경계를 반연하여 생기며 자연생(무인생)이 아니다. 따라서 자연생(무인생)은 도리에 상응하지 않는다.[16]

월칭은 「무인생」(자연생)에는 두 가지 허물(착오)이 있다고 생각하고 있다. 그 하나는 인과율의 파괴이다. 만약에 사물이 無因인데도 생한다면 파나사 과일의 「因」은 파나사나무가 아니다. 파나사나무라는 因이 없이 파나사의 과일을 생한다면 마찬가지로 非因인 동림(전단나무), 아마라도 파나사의 과일을 생할 수 있어야만 옳다. 그러나 사실은 그렇지 않다. 따라서 「무인생」은

16) 앞의 책, 권4, p. 3.

착오이다.

「무인생」에 대한 두번째 비판에서 월칭은 유추의 방법을 채용하고 있다. 상식적으로 인식활동(心)이 발생하는 것은 외경의 존재로 말미암는다. 그러므로「境」은「心」의「因」이다.「心」(인식활동)의「因」(경계)이 있는 것과 마찬가지로 중생도 중생을 생하는 원인이 있어야 한다. 월칭의 첫번째 비판은 무정물에 대한 것이고 두번째 비판은 중생(유정)에 대한 것이다. 이렇게 중생과 비중생은 모두 因이 있어야 생한다. 그러므로 결코「무인생」이 아님을 알 수 있다.

결국 용수는「四生」을 파하여「생」을 파하고「생」을 파하여「멸」내지「상·단」,「일·이」·「래·출」등 모든 법을 파한다. 따라서 용수의「破」(空)는 有爲·無爲 등 모든 법을 포괄하는 전면적인「파」이다 그리하여 용수는 다음과 같이 결론짓고 있다.

> 이러한 까닭에 先因中有果 역시 不生이며 (先因中)無果 역시 불생이며 有果無果 역시 불생이다. 이치가 지극하여 이에 이르므로 일체처를 추구하여도 불가득이다. 이렇기 때문에 果는 필경 불생이다. 果가 필경 不生이기 때문에 일체 유위법은 모두 空하다. 왜냐하면 일체 유위법이 모두 因이며 果이기 때문이다. 유위가 空하기 때문에 무위 역시 空하다, 유위·무위가 空한데 하물며 我이겠는가? [17]

3.《회쟁론》중의「공」

중국에서는 용수의 다른 중요한 저작인《회쟁론》(Vigrahavyā vartani)을 중시하는 사람이 적다. 그러나《회쟁론》중에는 오히

17)《십이문론》,「관유과무과문」제2;《대정장》권30, p. 162上.

려 많은 중요한 논점이 있는데 《중론》 등 기타 용수의 다른 작품에서는 언급하고 있지 않는 것들이다. 따라서 본문에서 특별히 한 단원을 할애하여 논의하고자 한다.

《회쟁론》은 일반적으로 정리학파(正理學派, Nyāya)를 비판하는 작품이라고 믿고 있다. 정리학파는 정확한 知識(인식론적 의미)을 획득하는 방법(표준)으로 4종이 있다고 여기며 그것들을 칭하여 4「量」(pramāṇa)이라 한다.

(1) 현량(現量, pratyakṣa), 즉 지각 (2) 비량(比量, anumāna), 즉 추론 (3) 성언량(聖言量, 聲量, śabda) 또는 「阿含量」(āgama)이라 칭함, 즉 청문(聽聞) (4) 비유량(譬喩量, upamāna), 즉 비교 또는 동일시.

이 4량 중에서 앞의 셋은 불교계에서 잘 알고 있는 것인데 왜냐하면 부처님께서 그것들을 정확한 知識(世俗智)을 획득하는 3종의 방법이라고 인정하였기 때문이다. 정리학파가 승인하고 있는 네번째 량인 비유량은 비교적 보기 드문 것으로 《회쟁론》에서는 우리에게 하나의 예를 들어 설명하고 있다. 즉 갑이라는 사람이 을이라는 사람을 향해 「들소(gavaya)는 소같이 생긴 동물이다」라고 말한 다음, 을이라는 사람이 삼림 속에서 소처럼 생긴 동물 한 마리를 보고 「비교」를 해본 결과 그것이 「들소」임을 알게 된다. 이러한 「비교」, 「동일시」가 「비유량」이며 그것은 지식을 획득하는 4종의 방법 가운데 하나이다.

《회쟁론》의 가장 중요한 직무 가운데 하나는 정리학파가 주장하는 4량이 공하다는 것이다. 바꾸어 말하면 4량은 결코 정확한 지식을 획득하는 방법이 아니라는 것이다. 용수는 다음과 같이 설하고 있다.

게송에 이르기를 「만약에 量이 성립하게 하는 法이라면 그것 또한 다시 量이 있어야 하는데 너는 어떤 곳의 量이 이 量을 성립시킬 수 있다고 말하는가?」 이 게는 어떤 뜻을 밝히고 있는가? 만약에 네가 量이 사물을 성립시킬 수 있다는 것을 의미한다면 量(māna), 所量(meya)이나 현량, 비량, 아함량, 비유량 등 4량은 다시 어떤 量이 이 4량을 성립시키는가? 만약에 이 4량이 또한 量을 성립시키지 못하면 量은 스스로 성립하지 못한다. 만약에 사물을 성립시키는 量이 스스로 성립되지 못하면 너의 宗(주장)은 허물어진다. 만약에 量이 다시 다른 量에 의해 성립된다면 量은 무궁하게 돼버린다. 만약에 무궁하다면 처음에도 중간에도 후에도 성립되지 않는다. 왜 그러한가? 만약에 量이 所量인 사물을 성립시킨다면 그 量은 다시 다른 量에 의해 성립되어야 한다. 다시 다른 量에 의해 성립되어야 하기 때문에 그 처음이 없다. 그 처음이 없으면 중간도 없다. 중간이 없으면 어떤 곳에 후(後)가 성립되겠는가? 이와같이 그 量이 다른 量에 의해 성립된다는 의미는 옳지 않다.[18]

용수의 견해는 「量」이 정확한 지식을 획득하는 표준(방법)이라 한다면 믿을만 하지만 그러나 어떠한 표준 또는 방법(量)으로 이 4종의 量이 정확하다고 판단하여 믿을 만하다 할 수 있겠는가? 라는 것이다. 용수는 정리학파가 만약에 독단적으로 4량이 정확하게 믿을 만하다고 여긴다면 이는 반드시 무한오류(이른바 無初·無中·無後)를 범하게 되어 4량의 신뢰성을 증명할 수 없다는 것을 나타내고 있다. 말하자면 4량의 신뢰성이 甲이라는 표준(量)에서 건립된다면 갑 표준의 신뢰성도 반드시 다른 乙이

18) 《회쟁론》; 《대정장》 권22, p. 19上~中. 인용문 가운데 原註에 있는 「量」(māna)은 본래 자 등과 같이 길이를 재는 공구이지 知識을 획득하는 「量」(pramāṇa)은 아니다. 마찬가지로 「所量」(meya)은 본래 포목처럼 자 등과 같은 공구에 의해 측량되는 대상이지 획득되는 知識인 「所量」(prameya)은 아니다. 용수는 여기서 자인 「量」과 포목인 「所量」을 예로 들어 知識을 획득하는 「量」과 知識되어 지는 「所量」을 유추하고 있다.

라는 표준(量)에서 건립되고 을 표준의 신뢰성 또한 반드시 병이라는 표준(量)에서 건립된다는 것이며 이러하다면 무한오류를 범한다는 것이다. 따라서 4량의 정확성을 증명할 수 없다면 4량에 의해 획득한 지식 즉 예를 들자면 눈에 의해 보는 것과 귀에 의해 듣는 것 내지 추리에 의해 얻어지는 것 등등 또한 믿을 만한 것이 못된다는 것이다. 결국 지식을 획득하는 방법이 「空」하다면 획득된 지식 또한 똑같이 「공」하다는 것이다.

정리학파의 학자들은 「量」은 정확한 지식의 표준이라고 인정할 수 있을 뿐만 아니라 그것들 자신이 정확하다는 것을 증명하는 표준으로 여길 수 있다고 반박할 수 있다. 바꾸어 말하면 「量」은 「自明」하다는 것이다. 정리학파는 등불이 사물을 비출 수 있을 뿐만 아니라 또한 스스로를 비출 수 있는 것처럼 量도 또한 知識(所量)의 정확함 여부를 판단할 수 있을 뿐 아니라 그것들 자기 자신이 정확하게 믿을만 하다는 것을 증명할 수 있다는 것이다. 이러한 반박에 대해 용수는 다음과 같이 비판하고 있다.

> 게송에 이르기를 「너의 말에 허물이 있으니 이는 등불이 스스로를 비출 수 없기 때문이다. 그것(등불)이 상응하지 않기 때문에 어둠 속에서 항아리를 보는 것과 같다」고 한다. 이 게는 어떤 의미를 밝히고 있는가? 그 量은 등불처럼 自·他가 성립되기 어려우며 상응하지 않는다. 왜 그러한가? 등불이 스스로를 비출 수 없기 때문이다. 만약에 처음 아직 비추지 않았을 때에는 어둠 속의 항아리 등은 볼 수가 없다. 등불이 이미 비춘 후에야 볼 수 있다. 이렇듯 만약에 등불이 스스로를 비춘다면 처음에 등불은 어둠이었으나 후에 밝게 된다. 이러해야 등불이 스스로를 비춘다고 말할 수 있다. 만약에 처음에 등불이 밝게 비춘다면 등불은 스스로를 비출 수 있다고 말할 수 없다. 이와 같이 自, 他를 비출 수 있다고 분별하는 것은 도리에 상응하지 않는다.[19)]

용수의 견해는 정리학파의「등불은 다른 것(他)을 비추고 또한 자기 스스로를 비출 수 있다」라는 비유가 합당하지 않다는 것이다. 왜냐하면 등불은 스스로를 비출 수 없기 때문이라는 것이다. 용수는 이른바「비춤」은 처음에 등불이 어둠이었으나 후에 밝아진다는 것으로 암실 속의 항아리(병)가 원래 암흑상태에서는 볼 수 없다가 등불이 밝게 비추면 볼 수 있듯이 만약에 등불이 스스로를 비출 수 있다면 등불이 점화될 때 처음에는 어둠(暗)이어서 볼 수 없다가 후에 밝게 변하여 볼 수 있다는 것이 옳아야 한다고 말하고 있다. 그러나 등불이 처음 단계에서 밝게 비추어 볼 수 있다면 결코 어두운 등불은 있을 수 없다. 따라서 등불이 스스로를 비춘다고 할 수 없다는 것이다. 그러므로 4종의「量」을 등불에 비유하여 본 것처럼, 知識이 정확한가 여부를 판단할 수 있다고 여기는 것 그리고 四量 자체 또한 정확하여 오류가 없음을 증명할 수 있다는 이러한 비유는 착오라는 것이다.

결국 용수는「量」에는 신뢰할 만한 표준(量)이 없으며 量들은 자기가 정확하다고 자기를 증명할 수 없고 기타의 표준(量)에 의해 그것들의 정확성을 증명할 수도 없으며 자・타 공동으로 그 신뢰성을 증명하는 것 또한 불가능하다는 것이다. 따라서 용수는 다음과 같이 결론짓고 있다.

> 게송에 이르기를「量은 자기 스스로 성립할 수 없으며 自・他의 量에 의해 성립될 수 없으며 다른 量에 의해 성립될 수 없으며 無因緣에 의해 성립될 수도 없다」고 한다. 이 偈는 어떤 의미를 밝히고 있는가? 이렇게 量이 자기 스스로 성립할 수 없으니 현량이 현량을 성립시킬 수 없으며 비량이 비량을 성립시킬 수 없으며 비유량이 비유량을 성립시킬 수 없으며 아함량도 역시 그러하여 아함량을 성립

19)《회쟁론》;《대정장》권32, p. 19中.

> 시킬 수 없다. 또한 自·他의 量에 의해 서로 성립시킬 수 없으니 현량이 비량, 비유량, 아함량 등을 성립시킬 수 없으며 비량이 현량, 비유량, 아함량 등을 성립시킬 수 없으며 비유량은 현량, 비량, 아함량 등을 성립시킬 수 없으며 아함량은 현량, 비량, 비유량을 성립시킬 수 없다. 현량, 비량, 비유량, 아함량과 다른 별도의 현량, 비량, 비유량, 아함량 등의 다른 量으로 성립시킬 수도 없다. 量이 自分의 화합에 의해 성립될 수 없듯이 自, 他 境界의 화합에 의해 성립될 수 없으며 無因에 의해서도 성립될 수 없다.……[20]

《회쟁론》이 훌륭한 것은 정리학파의 4량을 비판하고 있을 뿐만 아니라 정리학파가 제기하고 있는 '「空」이 일체사물을 부정하면 「空」은 도대체 자기를 부정하는가 부정하지 않는가? 바꾸어 말하면 空은 空한가? 만약에 「空」 또한 空하다면 空은 작용이 없어서 諸法을 부정할 수 없게 되는데 왜냐하면 「空」이 어떤 사물을 부정할 수 없기 때문이며, 반대로 만약에 「空」이 「空」하지 않다면 「제법은 모두 공하다」는 말은 맞지 않는데 왜냐하면 최소한 「空」法 하나만은 空하지 않기 때문이다'라는 문난(問難)에 답을 하고 있다는 것이다.

정리학파의 문난은 딜렘마(dilemma)의 논식을 채용하여 (1) 만약에 「空」이 空하다면 「空」은 사물을 부정할 수 없으므로 諸法은 공하지 않다는 것이며 (2) 만약에 「空」이 空하지 않다면 제법은 공하지 않게 된다. 왜냐하면 최소한 「空」이라는 一法이 공하지 않기 때문이라는 것이다. 이 딜렘마의 문제에 대하여 용수는 다음과 같이 답하고 있다.

> 나의 말(공이라는 말을 지칭함) 역시 인연생이다. 만약에 인연생이라면 자체(자성)가 없다. 자체가 없기 때문에 공하다고 말할 수

20) 《회쟁론》;《대정장》 권32, p. 20下.

있다. 일체법은 인연생이므로 자체가 다 공하다.[21]

용수의 대답은 空은 일체사물을 부정할 뿐만아니라 그 자신도 부정한다는 것(즉 《반야경》에서 말하고 있는「空空」과 같이)이다. 용수의 이 대답은 비록 정리학파가 말하는 제(2) 문난인「만약에 空이면 공하지 않다」를 잘 받아넘기고 있지만 또한 정리학파가 제기한 제(1)문난인「만약에 空이면 空하다」에 대면하지 않을 수 없다. 이 제(1)문난에 대해 용수는 두 측면의 답을 하고 있는데 (1)「空」이라는 말이 비록 空하지만 그러나 여전히 공능과 작용을 갖추고 있으며 (2)「空」이라는 말은 결코 어떤 사물을「부정」(遮)하는 것이 아니라 사물의 본질을「우리에게 알게 한다」(jñāpayati)는 것이다.

제(1)의 측면에 대한 대답으로 용수는 化人(nirmitaka, 변화인, 예를 들면 불보살이 중생제도를 위해 신통력으로 의해 변화하여 나타난 사람)과 幻人(māyā－puruṣa, 마술사가 지어낸 사람)을 예로 들어 설명하고 있다.

> 가령 化丈夫(신통력에 의해 변화되어 나타난 장부)는 다른 化人이 가고 오는 등 종종의 작위(作爲)를 하는 것을 보고 그것을 막을(遮) 수 있다. 또한 幻丈夫는 다른 幻人이 가고 오는 등 종종의 작위를 보고 그것을 막을 수 있다. 能遮인 화인 그는 空하다. 만약에 능차인 화인이 공하면 所遮인 화인도 空하다. 만약에 소차가 공하면 遮人도 공하다. 능차인 환인 그는 空하다. 만약에 그 능차인 환인이 공하면 소차인 환인도 역시 공하다. 만약에 능차가 공하면 遮人도 역시 공하다. 이러이러하듯 나의 언어는 空함이 마치 幻이나 化와 같다. 이와 같이 空이라는 말은 일체법의 自體를 부정(遮)할 수 있다. 이러한 까닭에 언어가 空하기 때문에 일체제법의 자체를 부정할 수 없다는

21) 《회쟁론》;《대정장》권32 ; p. 18上.

너의 말은 도리에 상응하지 않는다.[22)]

용수의 견해는 환인 또는 화인처럼 비록 모두 공하여 진실하지 않은(실체가 없는) 것이지만 그들에게는 오히려 여전히 공능과 작용이 있어서 기타의 환인 또는 화인의 행위를 저지 또는 부정(遮)할 수 있다는 것이다. 예를 들면 한 환인 또는 화인이 일을 망치려 할 때 다른 환인 또는 화인이 그가 망치려는 일을 저지할 수 있다. 마찬가지로 「空」이라는 말은 비록 실체가 없지만 공능이나 작용은 있어서 일체사물에 내재하는 실체성을 부정하는 것이다. 용수에 의하면 「空」이라는 것에는 여전히 그 공능이나 작용이 있으니 수레·항아리·의복 등 사물은 비록 모두 인연에 의해 생겨났기 때문에 「空」하지만 오히려 땔감나무·풀·흙을 실을 수 있는 공능, 또는 물·꿀·우유를 담을 수 있는 작용, 또는 맹추위·열기·냉풍을 막아주는 능력이 있는 것과 같다는 것이다. 「空」이라는 말은 인연화합생(입술, 이, 숨(氣) 등의 각종 인연에 의해 생한 것)이기 때문에 공하여 실체가 없다는 것이다. 비록 空하여 실체가 없지만 수레, 항아리, 의복 등과 마찬가지로 공능이나 작용이 있으며 그것의 공능작용은 일체사물이 모두 空임을 「우리에게 알려 주는」(jñāpayati) 것이다. 용수는 다음과 같이 말하고 있다.

가령 수레, 항아리, 의복 등의 사물은 그 法에 각각 스스로의 인연이 존재한다. 세간의 장작, 풀, 흙을 실어 나르고 물, 꿀, 우유 등을 담아 들어 올리며 또한 추위, 열기, 바람 등을 막아 주는 등 여러 수용법이 있다. 이들은 인연생이기 때문에 모두 자체가 없다. 이러하듯 나의 말도 인연이 화합하여 생긴 것이니 이와 같이 얻어지는 언어는 자체

22) 《회쟁론》;《대정장》 권32, p. 18上~中.

가 없는 것이다. 만약에 자체가 없다면 이와 같이 얻어지는 언어는 자체가 없다는 것이 성립한다. 이처럼 空이라는 말은 세간의 수용(세속제)이다. 따라서 '언어가 無自體이기 때문에 (일체법은 공하다는) 당신의 말 역시 空하여 제법의 자체를 부정(遮)할 수 없다'는 당신(정리학파)의 말은 옳지 않다.[23)]

용수는 제(2) 측면의 답을 하고 있는데,「空」이라는 말의 진정한 작용은 事物을「否定」(遮)하는데 있지 않고 사물의 본질이「空」임을「우리에게 알게 하는」(jiñāpayati)데 있다는 것이다. 용수의 견해는 사물은 본래 인연생이기 때문에 空이며 空이라면 어떤 사람이「空」이라는 말을 사용하여 말을 할 때에는 그는 다만 사물의 본질을「우리에게 알게 하는」데 있는 것이지 사물의 존재를 부정하는 것은 아니라는 것이다. 따라서 용수는「無法得說語」(사물은 空──「無法」──이기때문에 우리는 그것들이 空이라고 말할 수 있다는 것──「得說語」──이다)[24)]라 말하고 있다. 이 게송의 문구에 대하여 용수는 스스로 다음과 같이 주석하고 있다.

---

23) 앞의 책, p. 18上. 이 단락과 관계있는 한역은 상당히 난해하다. 여기서 K. Bhattacharya의 영역《회쟁론》본, *The dialectical Method of Nāgārjuna*(*Vigrahavyāvartanī*)(Motilal Banarsidass, Delhi, 1978), p. 18의 역문을 의지하여 번역하면 다음과 같다.「그러나 수레, 병, 의복등 사물은 비록 인연생이어서 무자성이지만 오히려 그것들 각자의 공용(功用)이 있으니 예를 들면 목재, 풀, 흙을 실어 나르고, 꿀, 물, 우유를 담을 수 있으며, 바람, 추위, 열기를 막아 준다. 마찬가지로 우리가 하는 말(용수의「空」이라는 말)은 비록 인연생이어서 무자성이지만 사물이 空하고 무자성임을 증명할 수 있다. 따라서 너는『당신이 하는 말(용수의 空이라는 말)은 空하고 무자성이어서 당신의 말은 사물의 자성을 부정할 수 없다』고 말하고 있는데 이는 맞지 않다」

24)《회쟁론》;《대정장》권32, p. 22上. 이 구의 게문에 대해서는 영역본《廻諍論》, p. 42에서 다음과 같이 번역하고 있다.「여기서 언어(「空」을 가리킴)는 우리에게 그것(사물을 가리킴)이 空無임을 알게 해주는 것이지 그것(사물)을 부정하는 것은 아니다.」

만약에 제법에 자체(자성)가 없다는 말을 한다면 이 말은 자체가 없는 법을 조성하는(제조하는) 것은 아니다. 또한 이는 法의 자체가 없으면 法의 자체가 없음을 알게 하고 法의 자체가 있으면 法의 자체가 있음을 알게 한다는 의미이다.[25] 비유하자면 집안에 실제로 천득(天得)이가 없을 때 어떤 사람이 '천득이가 있습니까?'라고 물으면 '있습니다'라고 답할 수도 있고 '없습니다'라고 답할 수도 있다. '없다'라고 답하는 말은 집안에 「천득이 없음」을 제조할 수 없다. 다만 집안에 천득이가 없음을 알려 준다. 이와 같이 만약에 일체제법에 자체가 없다고 한다면 이 말은 일체법에 자체가 없게 하는데 있지 않고 다만 제법의 자체가 없음을 알려 준다. 만약에 당신이 '사물이 없다면 일체법은 자체가 없다고 말할 수 없다. 언어가 존재할 수 없기 때문에 일체법은 자체가 없다는 말은 성립할 수 없다'고 한다면 이는 도리에 맞지 않는다.[26]

이 주석 중에서 용수는 하나의 예를 들어 「空」이 결코 사물을 부정하는 것이 아니라, 사물은 공하여 실체가 없다는 본질을 「우리에게 알려 주는」 데 있음을 설명하고 있다. 용수는 어떤 사람이 집에서 천득(Devadatta)이라는 사람이 「없다」고 말할 때 이 말을 하는 사람의 말은 다만 집에 천득이가 「없다」는 사실을 「우리에게 알려 주는」 데 있는 것이지 천득의 「無」(없음)를 조성하는 데 있지 않다고 말하고 있다. 말하자면 이 句를 말하는 사람은 결코 본래 존재하는 천득이를 「부정」(없다)한 것은 아니다(천득이는 본래부터 집안에 없었음). 왜냐하면 천득이는 원래 집안에 있지 않았기 때문이다. 마찬가지로 어떤 사람이 일체제법은 모두 「공」하다고 말할 때 그는 본래 존재하는 제법을 「부

25) 「또한 다음의 의미가 있다」 다음의 1구는 영역본 《회쟁론》 p. 42에서 다음과 같이 번역하고 있다. 「그러나 무자성이므로 그것(「空」을 가리킴)은 사물이 공, 무자성임을 우리에게 알게 해 준다(jñāpayati)」

26) 《회쟁론》 권32, p. 22上~中.

정」하는 것이 아니다(제법은 본래부터 존재하지 않음). 왜냐하면 제법은 본래 「空」하기 때문이다. 따라서 용수는 「我不遮」(나는 어떤 사물을 부정하지 않는다)라고 말하고 있다.

> 게송에 이르기를 「나에게는 아주 적은 사물도 존재하지 않기 때문에 나는 부정(遮)하지 않는다. 그런데도 너는 이치에 맞지 않게 왜곡하여 나를 난처하게 한다」. 이 게는 어떤 뜻을 밝히고 있는가? 만약에 내가 조금이라도 사물을 부정함이 있다면 너는 나를 난처하게 할 수 있을 것이다.(그러나) 나는 사물을 부정하지 않는다. 어떤 사물에 대해서도 나는 부정하지 않는다. 이처럼 一切法을 空하다고 부정하지 않으므로 能遮(pratiṣedha)와 所遮(pratiṣedhya)가 존재하지 않는다. 이러한 까닭에 네가 여전히 무엇을 遮하느냐고 힐난하는데 이것은 네가 도리에 맞지 않게 왜곡하여 나를 어렵게 하는 것이다.[27]

용수의 견해는 능차(能否定, pratiṣedha)인 「空」은 幻人, 化人처럼 실체가 없으며 소차(所否定, pratiṣedhya)인 사물 또한 환인·화인처럼 실체가 없다는 것이다. 소차인 사물이 원래 실체가 없으므로 어떤 사람이 諸法皆「空」이라 말할 때 그는 결코 본래 존재한 것을 부정하는 것은 아니다. 따라서 용수는 「나는 사물을 부정(遮)하지 않는다」라고 말한다.

용수의 이러한 「나는 부정하지 않는다」·「나는 사물을 부정하지 않는다」에 관해 철저하게 이해하려면 먼저 「無」(非有, abhāva)에 대한 정리학파의 견해를 이해해야 한다. 예를 들어 Vātsyā yana와 같은 정리학파의 학자들에 의하면 가령 항아리(瓶)의 不存在와 같은 「非有」(不存在, abhāva)는 일종의 「有」(存在, bhāva)라는 것이며 그것을 「能分別(분별하는 것)과 所分別(분별되는 것)의 상호작용〔관계〕인 존재」(višeṣya－višeṣaṇa－bhava)라 칭한

27) 앞의 책, p. 22上.

다. 이러한 「유」(존재)는 우리의 감관지각에 의해 얻을 수 있다는 것이다.[28]

이처럼 부존재인 「非有」(無)를 어떤 존재하는 「有」로 간주하는 견해는 아마 정리학파에서는 상당히 보편적이었던 것 같다. 왜냐하면 용수의 제자인 제바(Āryadeva)는 그의 《百論》에서 이러한 견해를 비판하고 있기 때문이다.

> 외도가 이르기를 「당신의 無成은 성립된다. 가령 방안이 텅비어 말이 없다면 無馬(말이 없음)는 존재한다. 이와 마찬가지로 당신이 비록 제법이 공하여 相이 없다고 해도 종종의 마음을 생할 수 있기 때문에 응당 無는 존재한다. 이는 곧 無成이 성립되는 것이다」. 內(중관학자)가 이르기를 「그렇지 않다. 왜냐하면 有·無 일체가 존재하지 않기 때문이다. 나의 실상(實相) 중에서는 종종의 법문에서 유·무가 모두 공임을 설하고 있다」 따라서 유·무 일체는 존재하지 않는다.[29]

인용문 중의 「外曰」은 이러한 견해를 주장하는 「외도」를 가리킨다. 이런 「외도」는 중관학자가 일체사물이 모두 「空」(無成)이라고 주장하는 것에 대해 이 주장 자체는 不空(成)이라고 말한다. 어떤 사람이 방안에 말(馬)이 없다고 말할 때 하나의 「無馬」(말이 없음)라는 존재가 있는 것처럼 어떤 사람이 「空」이라 말할 때에도 하나의 「空」이라는 존재가 있다는 것이다. 이와는 반대로 제바는 「有」와 「無」는 모두 空이라고 답하고 있다.

만약에 우리가 「無」를 「有」로 보는 정리학파의 이러한 기괴한 이론을 이해한다면 우리는 또한 《회쟁론》 중에서 「나는 어떤 사

28) F. Th. Stcherbatsky가 지은 《논리학》(*Buddhist Logic,* Dover pub. Inc., New York, 1962), 제 2책, p. 387~388

29) 《백론》 권下, 「파공품」 제10 ; 《대정장》 권30, p. 181下.

물도 부정하지 않는다」[我不遮]는 용수의 의도를 이해할 수 있다. 정리학파에 의하면 「능차」인 空에 의해 부정되는 사물인 「소차」(즉 「非有」)는 어떤 의미가 있는 존재이다. 그러므로 「부정」(遮)은 일종의 실체가 있는 부정이다. 왜냐하면 「능차」와 「소차」는 모두 실재하기 때문이다. 그러나 용수는 오히려 「능차」와 「소차」는 존재하지 않는다라고 말하고 있는데 말하자면 부정되는 사물이 「空」할 뿐만 아니라 부정하는 「空」 또한 「空」하다는 것이다.

총괄하자면 용수의 《회쟁론》은 한편으로는 知識을 획득하는 방법인 量이 공하여 실체가 없다는 것을 우리에게 알려 주고 다른 한편으로는 「空」이 결코 제법을 파괴(부정)하거나 원래 존재한 사물을 파괴하여 「空」이 되게 하는 것이 아니라 空이라는 말은 단지 사물이 확실히 空임을 「우리에게 알려주는」(jñapayati)데 있다. 용수에 의하면 「空」이라는 언어는 단지 「세속제」(일반상식)의 범위내에 속하는 것이며 진실한 도리인 「제일의제」[眞諦]에 의해 비춰보면 「空」도 불가설(不可說)이라는 것이다. 그러므로 「제법은 모두 공하다」는 어구는 세속제의 언어를 통해 제일의제——사물에는 진실한 본질이 없다(無自性)는 진리——를 「우리에게 알게 해 주는」(jñāpayati) 것이다. 따라서 용수는 다음과 같이 설하고 있다.

> 또한 내가 설하는 바는 세제(세속제)를 위배하지도 않고 세제를 버리지도 않는다. 세제에 의지하기 때문에 일체법의 자체가 空이라고 말할 수 있다. 만약에 세제를 떠나면 法에 대해 말할 수 없다. 부처님께서 게로써 말씀하시기를 「만약에 세제를 의지하지 않으면 진제를 증득할 수 없으며 진제를 증득하지 못하면 열반도 증득할 수 없다」고 하셨다.[30]

4. 결 론

앞에서 분석해 본 바와 같이 우리는 용수의 「空」이 空아님이 없다는 것임을 알았다. 生, 滅 내지 來, 出 등 有爲法이 空(八不)할 뿐 아니라 또한 知識을 획득하는 방법인 4량도 空하다는 것이다. 즉 유위법이 空할 뿐만 아니라 무위의 열반도 空하다는 것이며 부정의 대상인 유위, 무위법이 空하며 부정하는 주체인 空 또한 空하다는 것이다. 이러한 의미하에서 「空」이라는 말은 단지 「세속제」 중의 방편시설이며 「제일의제」하에서는 「空」 조차도 언설로 표현할 수 없다. 그러므로 「空」은 단지 사물에 자성이 없다는 사실을 우리에게 알려주는 잠시적인 수단(도구)인 「假名」일 뿐이며 우리들이 이 사실을 안 후에는 空 또한 자동적으로 자아(자성)가 부정되는 것이니 말하자면 《반야경》중의 「空空」의 의미와 같다. 용수는 《대품반야경》의 「18空」가운데 「空空」을 주석할 때 다음과 같이 설하고 있다.

> 空이 일체법을 파하고 나면 오로지 空만 존재하게 된다. 空이 이미 일체법을 파하였으면 空 역시 버려야 한다. 이러한 까닭에 반드시 空空이어야 한다. 또한 空이 일체법을 緣하지만 空空은 다만 空만을 緣한다. 가령 한 건장한 남아가 일체의 적을 파하자 다시 어떤 사람이 이 건장한 사람을 파하는 것과 같이 空空 역시 그러하다. 예를 들어 약을 복용할 경우 약이 병을 파하여 병이 이미 나았으면 약도 역시 몸 밖으로 나와야 한다. 만약에 약이 몸 밖으로 나오지 않으면 이것이 다시 병이 된다. 空이 모든 번뇌의 병을 멸했어도 空이 다시 환(患)이 될까 염려하여 이 때문에 空으로써 空을 버리니 이를 空空이라 한다.[31]

30) 《회쟁론》; 《대정장》 권32, p. 18下.
31) 《대지도론》 권31, 《대정장》 권25, p. 282上.

용수의 견해는 부처님이「공공」을 설하신 목적은 어떤 사람이「제법개공」의 도리를 듣고 정리학파처럼 실재하는 空이 있다고 집착하는 것을 걱정하여 공공으로 空이 실재한다는 집착을 파척하기 위함이라는 것이다.

용수는《중론》에서「대성인이신 부처님께서 설하신 空法은 모든 견해를 떠나게 하기 위함이니 만약에 다시 空이 존재한다고 본다면 제불이 교화할 수 없다」[32]라고 하여 이와 같은 취지를 나타내고 있다.

용수의 이러한 공아님이 없다는 것은「空」조차도 空한「空」이라는 것으로 잘못 이해하면「空」중에는 사성제나 삼보등이 없다는「허무주의」로 곡해되기 쉽다. 그런데 실제로 이러한가? 이 문제는 두 측면으로 나누어 답할 수 있다. (1) 용수 스스로 이러한 견해에 대해 반박하는 것과 (2) 용수 자신이 적극적으로 제법을 긍정하는 두 측면이다.

제(1)의 입장에서 보면 용수는 자신이 허무주의가 아니라고 반박하는 것으로《중론》에서 다음과 같이 설하고 있다.

> 당신은 내가 공에 집착하고 있다고 하여 나에게 허물이 생기게 하려고 하지만 당신이 지금 '공이면 (아무것도) 존재하지 않는다'고 하는 말은 허물이 있다. 空義가 존재하기 때문에 일체법은 성립할 수 있는 것이니 만약에 공의가 없다면 일체법은 성립할 수 없다.[33]

이 두 게송은 "당신이 〈空은 허무주의다〉라고 생각하는 견해는 오해이며 내가 설하는「공」은 제법(사성제, 삼보 등)이 성립하는 근거를 설명하기 위한 것이다"는 것을 의미한다. 용수는 만

32)《중론》권2,「관행품」제13 ;《대정장》권30, p. 18下.
33)《중론》권4,「관사제품」제24 ;《대정장》권30, p. 34上.

약에 제법이 「공」, 즉 「인연생」이 아니라면 제법에는 반드시 진실불변하는 본질인 「자성」이 존재하게 된다고 여긴다. 이러하다면 제법에는 불변하는 자성이 있기 때문에 생멸, 변동 등의 현상이 있을 수 없다고 말할 수 있다. 제법에 만일 생멸·변동이 없다면 제법은 영원히 항상하는 것이지 무상(無常)한 것은 아니다. 영원히 항상하는 사물은 사람들에게 고통을 느끼게 할 수 없다. 왜냐하면 무상해야 고통을 느낄 수 있기 때문이다. 이러하다면 苦諦도 없고 집·멸·도제 또는 삼보도 없다. 반대로 「空」 중에서는 사성제·삼보 등의 제법이 모두 성립할 수 있다. 용수는 다음과 같이 설하고 있다.

> 만약에 일체가 공하지 않다면 생과 멸은 존재하지 않는다.
> 이러하다면 사성제라는 법도 존재하지 않는다.
>
> 만약에 緣으로부터 생하는 것이 아니라면 어떻게 苦가 존재할 수 있겠는가?
>
> 무상(無常)이 苦의 내용(義)인데 定性(고정적인 실체성)의 측면에서는 이 무상도 존재하지 않는다.
>
> 만약에 苦에 定性이 있다면 어떻게 集으로부터 苦가 생길 수 있겠는가?
> 따라서 集도 존재하지 않는다.(만약에 존재한다면) 空義를 파괴하기 때문이다.
>
> 만약에 苦에 定性이 있다면 滅은 응당 있을 수 없다.
> 당신은 定性에 집착하기 때문에 滅諦를 파괴한다.
>
> 만약에 苦에 定性이 있다면 修道(道諦)하는 일이 있을 수 없다.
> 만약에 道諦가 수습(修習)될 수 있다면 이는 定性이 없는 것이다.

만약에 고제가 있지 않고 집제와 멸제가 존재하지 않는다면, 苦를 멸하게 할 수 있는 道는 결국 어디에 이르는가?

만약에 苦에 定性이 있는데도 옛날부터 볼 수가 없었다면 지금 어떻게 (그것을) 볼 수 있겠는가? 그 실체성이 다르지 않기 때문이다.

苦가 (그 존재의 실체성이) 성립되지 않음을 알 수 있듯이 集을 끊음도, 滅(諦)을 증득함도, 道諦를 닦음도, 四果도 역시 성립되지 않음을 알 수 있다.

이 四道果(四果)의 실체성은 옛부터 얻을 수 없었다. 제법의 자성이 고정적이라면 지금 어떻게 그 四道果를 증득할 수 있겠는가?

만약에 四果가 존재하지 않는다면 증득하는 자도 그것을 향해 나아가는 자도 존재하지 않는다. 八聖이 존재하지 않기 때문에 승보도 없다.

사성제가 없기 때문에 법보도 없다. 법보와 승보가 없다면 어떻게 불보가 있을 수 있겠는가?[34]

따라서 용수는 총결하여「만약에 당신이 일체법의 諸因緣과 空義를 파괴하면 세속의 나머지 존재하는 법을 파괴하는 것이다」[35]라고 설한다. 그리고《회쟁론》중에서도 용수는「만약에 어떤 사람이 空에 대해 믿으면 그는 일체를 믿는 것이다. 만약에 공을 믿지 않으면 그는 일체를 불신하는 것이다」[36]라고 설하고 있다.

용수는 자신이「허무주의」라는 견해를 반박하고 있을 뿐 아니

34)《중론》권4,「관사제품」제24;《대정장》권30, pp. 33中~34上.
35) 앞의 책, p. 34中.
36)《회쟁론》;《대정장》권32, p. 23上.

라 또한 적극적으로 제법을 긍정하여 건립하고 있다. 예를 들면 《중론》 속의 「이제게」에서도 「세속제」의 중요성을 긍정하여 「세속제」가 「제일의제」 내지 「열반」을 획득하는 필요조건이라 여기고 있다.

제불은 二諦를 의지하여 중생들을 위해 법을 설한다. 그 하나는 세속제이고 둘(또하나)은 제일의제이다.

만약에 이제가 분별됨을 잘 알지 못하면 심오한 불법의 진실한 의의를 알지 못한다.

만약에 속제에 의존하지 않으면 제일의를 얻지 못하고 제일의를 얻지 못하면 열반을 얻지 못한다.[37]

그 다음 용수는 또한 열반이 세간 중에 있음을 강조하고 있는데 바꾸어 말하면 용수는 세간의 중요성을 긍정하여 세간을 떠난 열반이란 절대 있을 수 없다고 여기고 있다.

열반은 세간과 조금도 분별이 없다. 세간은 열반과 역시 조금도 분별이 없다.

열반의 실제(實際)와 세간의 실제, 이들 二際는 털끝 만큼의 차이도 없다.[38]

용수는 또한 그의 《대지도론》에서 온갖 수완을 다하여 제불·보살의 덕성과 신통을 찬탄하고 있는데 이는 그의 「空」이 결코 일체를 부정하는 「허무주의」가 아님을 증명하는 것이다. 예를 들어 그는 佛의 법성에 대하여 다음과 같이 기술하고 있다.

---

37) 《중론》 권4, 「관사제품」 제24, 《대정장》 권30, pp.732下~33上.
38) 앞의 책, 권4, 「관열반품」 제25 ; 《대정장》 권30, p. 36上.

이 法性身은 시방의 허공에 가득차 無量無邊이니 色相이 단정하고 서로 잘 장엄하며 무량의 광명과 무량의 음성이 있으며 청법대중 역시 허공에 가득 찼다. 항상 종종의 몸과 종종의 명호와 종종의 生處와 종종의 방편으로 중생을 제도하신다. 항상 일체를 제도하여 잠시도 쉬임없이 法性身佛은 시방세계 중생을 제도하신다.[39)]

용수 空이 일체를 부정하는「허무주의」가 아니라면 그것은 무엇을 부정하는가? 本文의 제 1 절 〈공의 定義〉에서 언급한 바와 같이 용수의「空」은「인연생」이라는 정의하에서 제법의 자성을 부정하고 있다. 본문 제 3 절인 《廻諍論》중의 「空」에서 우리는 또한 용수의「空」이 결코 사물의 공능이나 작용을 부정하는 것이 아니라「空」에는 수레·항아리·의복 등과 같이 그 공능·작용이 있음을 지적하였다. 용수의 空은 일체 사물인 유위, 무위 내지 4종의「量」및「空」을 광범위하게 겨냥하고 있지만 그것은 이러한 사물의「자성」을 부정하는 것이지 결코 이러한 사물의 공능이나 작용을 부정하는 것은 아니다. (「자성」을 집착하고 있는 공능·작용은 제외된다). 우리는 제 3 절에서 용수의「空」이 결코 어떤사물을「부정」(차)하는 것이 아니라(그것이 사물을 부정한다는 것은 단지 방편설이다)「空」의 공용(功用)은 사물의 자성이 존재하지 않는다는 것, 즉 空이라는 것을「우리들에게 알게 해 주는」(jñāpayati)데 있다는 것을 지적하였다. 이처럼 空이 결코 諸法을 파괴하는 것이 아니라는 것(《반야경》에서는「모든 법상(法相)을 파괴하지 않는다고 일컫는다), 즉 결코「有」를「無」(空)라고 말하는 것이 아니라는 것인데 어찌「허무주의」라고 할 수 있겠는가? 따라서 우리는 용수의 空이「허무주의」가 아니며 오히려 아주 지극히 적극적인「긍정주의」라고 생각한다——그것

39)《대지도론》권9;《대정장》권25, pp. 121下~122上.

은 사성제 내지 삼보의 신뢰성을 긍정한다.

(본문은 원래 《諦觀》 12期, 臺北 : 諦觀雜誌社, 1984. p. 24～41)에 실려었음)

Ⅲ. 용수의 《중론》은 변증법을 사용하고 있는가?

1. 이끄는 말

《중론》(Madhyamakakārikā)은 용수(Nāgārjuma : A.D. 150~250)의 여러 가지 많은 논저 중에서 가장 중요한 작품이다. 일반적으로 이것은 용수가 당시 인도의 여러 학파에 대해 비판한 대표작이라 여겨지고 있는데 예를 들면 청변(分別明이라고도 번역됨, Bhāvaviveka : A.D. 500~570)의 《중론》註인 《반야등론석》(prajñā pradipa) 권1에서는 《中論》 제 1 품 제 3 송을 주석할 때 용수가 상키야(Sānkhya), 바이셰시카(Vaiśeṣika), 아비달마(Abhidharma), 나형부(裸形部, Digambaras) 등의 학파를 비판하고 있다고 여기고 있다.[1)]

용수는 도대체 어떠한 논리방식을 채용하여 그 당시의 각 학파를 비판하였을까? 이는 후대에 《중론》을 주석하고 있는 인도의 학자들이 가장 흥미를 느끼는 문제이다. 청변은 《중론》 안의 모든 논증을 유식종 학자인 진나(陳那, Dignāga : A.D. 480~540)가 발전시킨 「因明學」(hetu－vidyā)을 사용하여 바꾸어 썼다. 기

1) 《대정장》 권30, pp. 52~54.

본적으로 진나의 인명학은 정리학파(Nyāya)의 논리로부터 적당하게 수정 보완하여 얻은 것이다. 진나의 인명학에 의거하면 하나의 논증(anumāna)은 반드시 「三支」라는 3개의 명제를 구비해야 하는데 결론이라 할 수 있는 「宗」(pratijñā), 소전제에 상당하는 「因」(hetu), 그리고 대전제에 해당하는 「喩」(udāharaṇa)가 그것들이다. 그러므로 만약에 약간의 철학적 고려를 배제한다면 진나의 논증은 Aristotle의 「정언삼단논법」과 비슷하다. 진나의 경우에는 그것을 칭하여 「(타인을 위한) 立量」(parārtha-anumāna)이라 한다.

청변은 진나의 삼단논법을 채용하여《중론》의 모든 논증을 바꾸어 썼다. 따라서 후인들이 그를 중관학파 중의 「자립논증파」(Svātantrika)라 칭했는데, 그 의미는 「자기의 논증을 구축하여(svātantra-anumāna) 논적(論敵)의 학파를 비판한다」는 것이다.

그러나 용수의 후학들이 모두 청변의 논증방법에 찬동한 것은 아니다. 이들 가운데 월칭(Candrakīrti ; A.D. 600~650)이 대표적으로 걸출한 사람이다. 그는 청변이 유식종의 창(矛)을 사용하여 유식종의 방패(盾)를 공격했던 것이 용수의 학설이 유식종의 비판을 받게 된 주된 이유라고 여겼다.[2] 따라서 그는 서양논리의 「귀류법」(reductio ad absurdum)과 흡사한 「응성법」(prāsaṅga)이라는 것을 채용하여 《중론》 안의 모든 논증을 설명하고 있어 응성논증파(prāsāṅgika)라 불른다.

T. R. V. Murti의 견해에 따르면 청변을 대표로하는 자립파는 후에 유식종과 합류하여 중관학파의 지류가 되었고 월칭의 응성

2) 청변의 삼지입량은 유식학자 안혜(Sthiramati ; A.D. 510~570)의 강렬한 비판을 받았고 또한 중국의 유식학자 규기(A.D. 632~682)의 비판을 받았다.

파는 똑바로 용수의 참정신을 대표하고 있다고 여기고 있다.[3)] 본문의 첫째 목적은 《중론》의 몇가지 주요 논증을 통하여 용수가 채용하고 있는 응성법을 탐구하여 결국 서양논리의 「귀류법」과 본질적으로 다르지 않다는 것을 드러내고자 한다.

Murti를 포함한 많은 학자들은 《중론》이 채용하고 있는 응성법이 일종의 변증법(dialectic)이라고 믿고 있다. 이러한 학자들 대부분이 용수가 응성법을 이용하여 그 당시의 일체 학파를 비판했을 뿐만 아니라 또한 언어나 일반논리학의 논증으로는 표현할 수 없는 진리를 나타내 보이려고 했다고 여기고 있다. 이 학자들은 명백하게 용수의 철학 속에는 진리가 존재하지만 언어로 표출할 수 없을 뿐이라고 언급하고 있다. 본문의 두번째 목적은 이러한 견해에 대해 전반적으로 검토해 보는 것이다.

2. 《중론》 안의 四句

四句(catuṣkoṭi)는 《중론》에서 가장 흔히 볼 수 있는 논식이다. Richard H. Robinson은 일찍이 월칭의 《명구론》(prasana－padā)으로부터 다음과 같은 뚜렷한 예를 뽑아냈다.

> 一切實非實, 亦實亦非實, 非實非非實, 是名諸佛法[4)]

이 게송 중에는 네개의 명제가 출현하고 있다.

(1) 일체 사물은 모두 진실하다.

(2) 결코 일체 사물은 모두 진실하지 않다.

---

3) Murti, T.R.V., *The Central philosophy of Buddhism,* Chap. V.

4) Robinson, R.H., *Early Mādhyamika in India and China,* p. 57ff. 또한 이 예는 《중론》 제18품 제8송(《대정장》 권30 p. 24)에 해당한다.

(3) 일체 사물은 모두 진실하거나 결코 모두 진실이 아니다.

(4) 일체 사물은 결코 모두 진실하지 않거나 결코 진실아님도 아니다.

게송 중에서는 또한 명백하게 이 네개의 명제가 모두 석가모니부처님이 친히 설하신 것이라고 언급하고 있다.[5)]

Richard H. Robinson은 이 사구를 P, 非P, P이면서 非P, 非P이면서 非非P 등 네개의 형식을 이용하여 분별, 표시하고 있다. 그런 후에 그는 제4구의 「非非P」가 P와 등치이므로 제4구와 제3구는 동일한 형식이며 또한 Aristotle의 「모순율」(Low of Non-contradiction)[6)]을 위반하고 있다고 말하고 있다. 미산웅일(梶山雄一, 카지야마유이찌)도 Richard H. Robinson의 이러한 결론에 의거하여 용수가 채용하고 있는 사구는 일반적인 논리형식이 아니고 「변증법적인 성격을 갖추고 있다」라고 단언하고 있다.[7)]

Richard H. Robinson과 미산웅일의 분석은 모두 착오이다. 왜냐하면 그것들은 모두 《중론》의 전통적인 주석과 부합되지 않기 때문이다. 《중론》 청목(Piṅgala)석은 이 사구에 대해 다음과 같이 설명하고 있다.

> 제불은 무량의 방편력이 있고 제법은 결정적인 相이 없기 때문에 중생을 제도하기 위하여 一切實이나 一切不實, 一切實不實, 一切非實

---

5) Robinson, R.H. 와 T. Stcherbatsky, 그리고 미산웅일등은 모두 이 사구가 원시불전인 《아함경》에 본래 존재한다고 인증(引證)하고 있다. 상세한 내용은 앞서 인용한 Robinson의 저작, p. 56과 Stcherbatsky, Th., *The Conception of Buddhist Nirvāṇa,* pp. 14~15(Samuel Weiser, Inc., New York, 1978) 그리고 미산웅일저 《공의 논리》〔앞으로 미산웅일저 《공의 논리》는 독자들의 편리를 위해 민족사에서 우리말로 번역 출판한 정호영역 《공의 논리》의 page에 의거함을 밝혀 둡니다.〕 pp. 106~107 참고.

6) 註 4)와 같은 책.

7) 미산웅일, 《공의 논리》. p. 107 참고.

非不實을 설한다. 一切實이란 제법의 實性을 추구하여 모두 第一義에 들어가며 平等一相이며 소위 無相이다. 예를 들면 갖가지 시냇물의 色과 맛이 다르지만 대해에 들어가면 一色一味이다. 一切不實이란 제법이 實相에 들어가기 전에 각각 분별하여 觀하되 모두 實體가 없으니 단지 衆緣이 화합하여 존재하기 때문이다. 一切實不實이란 衆生에게는 三品 즉 上·中·下가 있다. 上者는 제법의 相이 非實非不實임을 관한다. 中者는 제법의 相이 一切實이고 一切不實임을 관하다. 下者는 智力이 천박하기 때문에 제법의 相을 약간은 實이고 약간은 不實이라고 觀하니 열반무위법은 변이하지 않기 때문에 實이라 관하고 생사유위법은 허위이기 때문에 不實이라고 觀한다. 非實非不實은 實不實을 파하기 때문에 非實非不實이라 설한다.[8)]

청목의 설명에서 제1구「一切實」은 해탈자가 체오(體悟)하는 최고의 진리로 해석된다. 제2구「一切非實」은 아직 해탈에 이르지 못한 수행자가 체오하는 2차적 진리이다. 제3구「一切實痺實」도 아직 해탈하지 못한 수행자(中·下品 중생)가 체오하는 두가지의 도리로 해석된다. 마지막 一구인「一切非實非非實」은 제3구를 비판하는 것으로 해석되며 따라서 이미 해탈한 上品의 중생이 체오하는 진리이다. 青目의 설명은 명백하게 우리들에게 사구가 현시하는 도리는 불타가 근기가 다른 네 종류의 사람이나 서로 다른 네 가지의 상황하에서 펴신「방편」설임을 알려 주고 있다. 특별히 Richard H. Robinson은「모순율」을 위반한 제3구에 있는「一切實」은 열반·무위법은 가리키고,「一切不實」은 생사·유위법을 가리킨다고 여기고 있다. 그러나 청목의 견해를 통해 알 수 있는 바와 같이「一切實」이 설령 P로 표시 된다 하더라도 어쨌든「一切不實」은 결정코「非P」를 사용하여 표시될 수 없다. 이렇게 제3구인「一切實不實」은 Richard H. Robinson이

8) 《대정장》 권30, p. 25.

지적하고 있는 모순구로 변화될 수 없다. 따라서 미산웅일이 말하는 결론은 더욱 얻을 수 없다. 사실상 사구를 석가의「방편설로 보는 것은 청목의 견해일 뿐만 아니라 또한 청변과 월칭의 공통적 견해이다. 이점은 미산웅일도 이미 이해하고 있다.[9] 그러나 그는 여전히「용수가 변증법을 채용했다」는 착오적인 결론에 빠져있다.

사구의 논식에 대해 Richard H. Robinson은 또한 월칭의《명구론》으로부터 다음과 같은 또 다른 하나의 예를 뽑아내고 있다.[10]

> 만약에 반은 天이고 반은 인간이라면 二邊에 떨어진다. (이러하다면) 常과 無常이 동시에 존재하게 되므로 이런 일은 옳지 않다.

청목의《중론》석에서는 이 게송에 대해 다음과 같이 설명하고 있다.「만약에 중생이 몸의 반은 천(천신)이고 반은 인간이라면 常과 無常이 존재하게 된다. 절반인 천은 常이고 절반인 인간은 無常이다.」[11] 이는 중생의 신체 일부분 가운데 天에 속한 일부분은 항상하지만 人에 속하는 일부분은 항상하지 않다는 것을 의미한다. Richard H. Robinson은 이 주석에 의거하여「常與無常」이라는 제3구를「약간의 X는 A이거나 약간의 X는 非A이다」는 형식으로 쓰고 있다. 그는 심지어 이 제3구로부터 다른 3개의 형식으로 확대하여 아래와 같은 네개의 형식을 완성했다.[12]

모든 X는 다 A이다.

X는 A가 아니다.

---

9) 미산웅일,《공의논리》

10) 註 4)와 동일한 Robinson의 저작, p. 57. 또한 이 예는《중론》제27品 17송(《대정장》권30, p. 38.)에 상당한다.

11)《대정장》권30, p. 38.

12) 註 4)와 같은 책.

약간의 X는 A이면서 약간의 X는 A가 아니다.

X는 A가 아니면서 X는 A가 아닌것이 아니다.

넷째 형식 중의 「X는 A가 아닌 것이 아니다」는 「모든 X는 모두 A이다」와 같으므로 Richard H. Robinson은 넷째 형식이 Aristotle 논리학의 E·A 두 명제의 conjunction(연언)이며 셋째 형식은 I·O 두 명제의 conjunction이라는 것이다.

Richard H. Robinson의 이러한 분석에 대해 필자는 진실로 동의할 수 없다. 미산웅일은 이러한 분석을 인용하여 용수가 변증법을 사용했다는 것을 증명하고 있는데[13] 이러한 분석은 결국 모순을 도출하고 만다. 좀더 상세하게 설명해보자.

앞에서 인용한 두 가지 예에서처럼 사구는 결코 부처님이 어떤 의미가 있는 진리를 긍정하기 위해 사용한 것은 아니다. 반대로 그것은 4종의 철학적 주장을 부정하기 위해 사용된 것이다. 예를 들면 《중론》 25품 22송에서는 다음과 같이 설하고 있다.

> 일체법은 공한데 어찌 有邊, 無邊, 亦有邊亦無邊, 非有邊非無邊이 있을 수 있겠는가?[14]

청목은 이 게송에 대해 다음과 같은 주석을 하고 있다. 「일체법은 一切時, 一切種이 衆緣으로부터 생하기 때문에 필경공이며, 따라서 無自性이다. 이러한 法가운데 어떤 것이 有邊이고 누가 有邊이라 하는가? 어떤 것이 無邊이며, 또한 有邊亦無邊이며, 非有邊非無邊인가? 누가 非有邊非無邊이라 하는가? ……이와 같은 62邪見은 필경공 중에서 다 불가득이다.」[15]

---

13) 註 9)와 같은 책.
14) 《대정장》 권30, p. 36.
15) 《대정장》 권30, p. 36.

이 게송 중의 사구는 (1) 一切法皆有邊 (2) 一切法皆無邊 (3) 一切法亦有邊亦無邊 (4) 一切法非有邊非無邊이다. 청목의 주석은 명백하게 이 사구가 62종의「사견」중에 속한다는 것을 알려주고 있으며 따라서 모두 비판, 부정되는 부류이다.

그런데 만약에 이 사구가 Richard H. Robinson의 분석처럼 A, E, I·O, E·A등 네개의 형식으로 표시될 수 있는 말이라면 모순이 발생한다. 왜 그러한가? 이 사구부정은 다음과 같은 네개의 형식으로 표기할 수 있어 Robinson의 분석과는 일치하지 않기 때문이다.

非A, 非E, 非(I·O), 非(E·A)

만약에 이 사구부정이 부처님의 說인데도 이치에 맞지않는다고 한다면 이는 부처님이 영원히 진리일 수 없는 句를 說한 것이라고 말하는 것과 같다. 중관학파 학자의 입장에서 Richard H. Robinson의 분석은 분명히 받아들일 수 없는 착오이다.

Robinson의 착오는 그가 제대로 검토해보지도 않고, 무조건적으로 전통의 논리를 채용하여 용수의 논식을 분석한데 있다. Robinson의 분석에서 사구 중의 셋째 구는「약간의 X는 A이면서 약간의 X는 A가 아니다」이다. 그러나 네번째 구가 Robison의 분석처럼「X는 A가 아니면서 모든 X는 A이다」일까? 이 문제에 답하기 위해 우리들은 앞서 인용한 첫번째 게송에 대해 청목이 주석한 내용을 돌이켜보면 非實非不實(즉 넷째 구)은 實不實(셋째 구)을 파하기 때문에 非實非不實이라 설한다라고 말하고 있다. 청목은 명백히 넷째 구가 셋째 구에 대해 비판이라고 보고 있다. 그러므로 넷째 구는 당연히「약간의 X는 A가 아니거나 약간의 X는 A가 아닌 것이 아니다」라는 형식을 갖추어야 하는 것이다. 여기서의 문제는 이 형식과 Robinson이 말한 넷째 형식이 같은가 다른가이다. 만약에 전통의 논리를 채용한다면 양자는 결코 같지 않다. 전통의 논리 중에는 다음과 같은 유효한(valid) 논증이 있다.

(1) 非非P ∴ P

(2) 非(P이면서 Q) ∴ 非P이거나 非Q

(3) (非P)이거나 Q ∴ 만약에 P이면 즉 Q이다.

(4) 약간의 X가 P가 아니다. ∴ 모든 X가 다 P는 아니다.

(5) 모든 X가 다 P가 아니다. ∴ 약간의 X는 P가 아니다.

세심하게 검토해보면 우리는 Robinson의 분석이 위의 (1)~(5)의 몇 개 전통논리에서 승인하고 있는 유효논증을 전제하고 있음을 알 수 있다. 예를 들면 그는 넷째 구 안에서 「X는 A가 아님이 아니다」와 「모든 X는 다 A이다」라고 말할 때 (1)을 사용하고 (4)를 사용하였을 것이다. 여기서 우리는 넷째 구가 「약간의 X는 A가 아니거나 약간의 X는 A가 아닌 것이 아니다」와 같은지 아니면 같지 않은지에 대해 주의력을 집중해야 한다. 우리는 (1)~(5)의 전제하에서는 그것들 양자가 확실히 같다는 것을 알 수 있다.

그렇지만 (1)~(5)는 참으로 자명한(self-evident) 것일까? 이러한 전통 논리학은 비평받을 만한 곳이 없는가? 우리는 최소한 L·E·J·Bouwer나 A·Heyting등이 발전시킨 新論理學인 직각주의 논리학(intuitionistic logic)에서는 결코 그것들을 자명한 것으로 승인하고 있지 않음을 알 수 있다. 직각주의 논리학 중에서는 위의 (1), (2), (5)가 모두 성립하지 않는다.[16] 그러므로

16) Heyting, A., *Intuitionsim* : *An Introduction,* pp. 99~105, North-Holland Pub. Co., Amsterdam, 1966.

만약에 청목의 주석을 참조하면 사구 중의 최후 1구인(약간의 X는 A가 아니면서 약간의 X는 A가 아닌 것이 아니다」는 직각주의 논리학 중에서는「모든 X가 다 A는 아니면서 모든 X가 다 非A는 아니다」와 같으며 오히려 Robinson이 말한「모든 X는 다 A가 아니면서 모든 X는 다 A이다」와는 같지 않다. 왜냐하면「非非A」는 직각주의 논리학에서는 결코 A와 등치가 아니다. Richard H. Robinson의 분석이 이끌어낸 모순은 이렇게 해소될 수 있다.

직각주의 논리학은 주로 전통의 Aristotle 논리학에 대한 회의(懷疑)로부터 건립되었다. Aristotle의 논리학은 배중율(Low of Excluded Middle)인「P이거나 非P」를 자명한 진리로 보고 있으며 또한 앞의 (1)을 유효한 논증으로 보고 있다. 그러나 직각주의 논리학자들은 P가 전칭명제(universal proposition)이고 논의의 영역(domain of discourse)이 무한집합이라 할 때 배중율은 자명한 定律(법칙)이 될 수 없으며 따라서 (1) 또한 회의적인 논증이라 여기고 있다. 그러므로 직각주의 학자들은 배중율이나 논증(1) 등과 같이 전통논리학에서 인정하고 있는 정율법칙과 추론을 회의적이라고 판단하여 이것들을 버리고 있다.[17)]

그렇다면《중론》안의 논식을 직각주의식 논증이라고 파악할 수 있을까? 필자는 이러한 입장을 지지하기 위해 더 많은 문헌을 사용하지는 않겠다. 다만 용수에게는 매우 농후한 직각주의 경향이 있다고 생각한다. 전통논리학의 배중율의 기본정신은 어떤 명제 P와 그것을 부정하는 구인「非P」에서 반드시 하나는 성립한다고 인정하고 있다. 그러나《중론》속의 많은 게송은 모두

---

17) 앞의 책, Chap. I .

명백하게 이러한 신념을 부정하고 있다. 예를 들면 제25品의 제17, 18 두 송은 가장 좋은 예이다.

> 여래가 세상을 떠난(滅度) 후에 (여래에 대해) 有(존재한다)라거나 無(존재하지 않는다)라고 말할 수 없다. 또한 有無(존재하기도 존재하지 않기도 함)라고도 非有非無라고도 말할 수 없다.

> 여래가 현재 존재할 때에도 有라거나 無라고 말할 수 없다. 또한 有無라고도, 非有非無라고도 말할 수 없다.[18)]

이 두 게송 중에서 P는 「여래가 멸도한(세상을 떠난) 이후에도 여래는 존재한다」 또는 「여래가 아직 멸도하기 이전에도 여래는 존재한다」이다. 그리고 「非P」는 이 두 구의 부정이다. 송에서는 명백하게 P가 성립하지 않으며 「非P」도 성립하지 않음을 보여주고 있다. 말하자면 전통논리학중의 배중율은 여래의 존재 여부에 대해 완전히 적용 불가능하다. 청목의 주석은 우리들에게 분명하게 다음과 같은 점을 이해시키고 있다.

> 여래가 멸도한 후에든 현존하든 여래가 존재한다고 (그 실체를 집착하여) 받아들이지 않으며, 여래가 존재하지 않는다고도 받아들이지 않으며, 여래가 존재하거나 존재하지 않거나이다라고도 받아들이지 않으며, 여래가 존재하지 않거나 존재하지 않지도 않거나이다라고도 받아들이지 않는다. 받아들이지 않기 때문에 열반의 有無 등을 분별하지 않는다.[19)]

《중론》 중에서 Murti가 뽑아낸 예가 대부분 합당하진 않지만 그도 용수가 배중율을 인정하고 있지 않다고 여긴다. Murti는 심지어 아주 매정하게 배중율을 공격하고 있다.[20)] 그는 다음과 같이

18) 《대정장》 권30, p. 35.
19) 《대정장》 권30, pp. 35～36.

말하고 있다.

> 배중율은 일종의 전지(全知)를 가정하여(assumes) 우리들의 무지로부터 자본(capital)을 편취한다. 두 가지 선언항(선택해야 할 양자)은 이미 논의의 영역(universe of discourse ; 어떤 개념과 그 부정에 따라 포괄되는 범위)을 남김없이 다 논(표명, 언명)해 버린 것이며 또한 제 삼자(세번째 항)를 표명할 수 없다. 이러한 논법(배중율)은 영원히 표명된 두 가지 선언항으로부터 그 정확성을 알 수 없다.[21]

Murti는 또한 배중율과 마찬가지로 「량」(知識을 얻을 수 있는 준칙, pramāṇa)이 두 가지 특색을 갖추고 있다고 여긴다. 한 측면으로 그것은 정확한 知識을 획득하는데 사용되는 판단기준이며 다른 한 측면으로는 자신이 또한 知識(인식)의 대상이 된다는 것이다. 둘째의 특색으로 말하자면, 배중율이나 「量」은 이성이 탐구하는 대상이다. 배중율이나 기타의 「量」이 이성이 탐구하는

---

20) Murti는 용수가 배중율을 부정하고 있다는 것을 증명할 때 《중론》 제1품 제1 송, 제1 품 제3 송, 그리고 제2 품 중의 來·去(운동)에 관련된 게송을 인용하고 있다. 이 예는 비록 모두 다 용수가 매 선언명제(disjunctive proposition) 중의 매 선언항(disjunct)을 부정한다는 것을 증명하고 있지만 그러나 선언명제 중의 선언항은 반드시 모든 가능한 상황을 다 완전히 열거할 수 없으므로 이러한 예는 용수가 배중율을 부정하고 있음을 증명하는데 사용할 수 없다. 예를 들어 《중론》 제1 품 제1 송 중의 마지막 구인 「불래역불거」와 대응되는 선언명제는 「X來 이거나 X去」이며 그 가운데 선언항은 두 개가 있으니 「X來」, 「X去」이다. 이 두 선언항은 결코 X의 모든 상황을 다 열거하고 있지 않다. 왜냐하면 X는 來도 아니고 去도 아닌 정지상황이 있기 때문이다. 따라서 용수가 「X來」이거나 「X去」 두 선언항을 부정하여 송문 중의 「不來亦不去」를 이룰 때 세째 상황인 「X정지부동」을 얻을 수 있다. 용수의 송문을 살펴보면 그는 결코 불가능하다고 명언하지는 않는다(당연히 그는 기타의 송에서 「정지」의 진실성을 부정하고 있다.) 따라서 이러한 예를 살펴보면 용수는 결코 배중율을 부정하지 않는다. Murti, T.R.V., *The Central Philosophy of Buddhism,* Chap. Ⅵ, Sec. Ⅲ. 참고.

21) Ibid, p. 147, Lines 12－15.

대상이 되면 우리는 배중율이나「量」이 자명한가? 신뢰할만한가?를 추궁할 수 있다. 사실상「실재론자에게는 그들 자신의 논리가 있고 관념론자에도 상이한 논리가 있는데」[22] 배중율이나 기타의「量」이 어떻게 자명할 수 있으며 어떻게 완전히 신뢰받을 수 있겠는가?라는 것이다. 그는 결론적으로「量이나 기타 지식을 획득하는 준칙을 무조건적으로 받아들이는 것은 사실상 독단주의가 비판주의 또는 변증법을 억압하기 위한 일종의 모략이다」라고 말하고 있다.[23]

Murti의 배중율과 기타의「量」에 대한 비판은 어쩌면 《중론》에 본유(本有)하는 것이 아닐런지 모른다. 그러나 만약에 우리들이 그의 분석과 직각주의 논리학을 서로 비교해보면 그에게는 어느 정도의 타당성이 있음을 인정할 수 있다. 안타까운 것은 그가 용수의 방법론을 무반성적으로 일종의 변증법이라고 여기고 있다는 것이다. 이는 필자가 실로 동의할 수 없는 점이다. 이에 관해서는 다음에 상세히 논의하고자 한다.

《중론》이 Murti가 말한것처럼 변증법을 채용하고 있는가의 여부를 논의하기 전에 우선 四句와 관계있는 다른 하나의 전통적인 추론규칙인 쌍중부정율(Law of Double Negation)을 살펴보자. 쌍중부정율의 표준형은 'P로부터「非非P」를 얻을 수 있으며 반대로「非非P」로부터 P를 얻을 수 있다'는 것이다. 앞서 이미 언급했듯이 직각주의 논리가는 비록 P로부터「非非P」에 이르는 추론은 받아들이고 있지만「非非P」에서 P에 이르는 추론은 받아들이지 않고 있다. 용수는 어떠한가? 《중론》의 게송에서 보면 용수는「非非P」를 언급할 때마다 그것을 간단하게 하여 P라고

22) *The Central Philosophy of Buddhism,* p. 152, Lines 2-3.
23) Ibid., pp. 152-153.

한적이 없다. 사구 중의 넷째 구가 분명한 한 예이다. 따라서 우리는 용수의 쌍중부정율에 대한 이해가 농후하게 직각주의적인 경향을 띠고 있다고 볼 수 있다.

사실상 인도의 몇개 주요 학파는 「非有」(不存在, abhāva)를 실재의 일종이라고 여기고 있다. 정리학파(Nyāya)의 학자인 Vātsyāyana는 「非有」(예를 들면 항아리의 不存在와 같은 예)를 「能分別과 所分別의 상호작용〔관계〕인 존재〔실재〕」(višeṣya－višeṣaṇa－bhāva)라고 칭하고 있다. 그것은 일종의 「有」(존재, bhāva)로서 우리의 감관을 통하여 지각할 수 있다는 것이다.[24] 승론학파(Vaiśeṣika)도 또한 「非有」를 어떤 의미가 있는 사물이라고 간주하고 7종의 「句義」(즉 범주)안에 포함시키고 있다.[25] 이밖에 미맘사학파(Mimāṃsā)의 주요학자인 Kumārila－bhaṭṭa의 추종자들은 非有가 비록 약간은 주관적이기도 하지만 약간은 外在의 객관성을 갖추고 있다고 여기고 있다.[26] 이렇듯 「非有」 또는 「부존재」는 한결같이 인도의 몇몇 학파에 의해 어떤 의미가 있는 「有」(존재)로 간주되었음을 알 수 있다. 그러므로 만약에 「非有」를 「非P」로 표시하면 이러한 기괴한 이론 중에서는 「非非有」(즉 「非非P」)는 단지 일중부정(一重否定)인 어떤 존재에 대한 부정이므로 결코 존재에 대한 부정의 부정이라 볼 수 없다. 이처럼 「非非有」, 즉 「非非P」는 단순하게 「有」 또는 P의 동의어라 볼 수 없다. 「非有」를 일종의 「有」로 파악하는 것이 인도학계의 보편적인 현상이라고 한다면 《중론》 안의 「四句否定」의 넷째 구는 이러한 의미가

24) Stcherbatsky, F. *Th., Buddhist Logic,* Vol. one, pp. 387～388.

25) Chatterjee, S.&D. Datta, *An Introduction to Indian Philosophy,* pp. 240～243, Ed. 6, 1960.

26) 註 24)와 같은 책, pp. 388～389.

있는 「非有」를 부정하기 위한 것이다.

결국 Richard H. Robinson의 사구에 대한 분석은 전통논리학의 배중율과 쌍중부정율(즉 非非P는 P와 같다)을 전제한 것이다. 그의 사구에 대한 비판과 거기서 파생된 모순은 이러한 전제로부터 온 것이다. 미산웅일은 더욱이 Robinson의 분석을 기초로 하여 용수의 논식이 일반적인 논리학이 아니라 변증법이라고 단언하고 있다. 이러한 주장은 착오이다. 왜냐하면 이러한 논조의 입각점인 배중율과 쌍중부정율이 용수의 《중론》에서는 성립하지 않기 때문이다.

3. 《중론》 속의 응성증법(應成證法)

「四句」 논식 이외에 《중론》에서는 「응성증법」(prāsaṅga－anumāna)을 채용하고 있다. 「응성증법은 일종의 귀류논증법」(reductio ad absurdum)이다. 인도에서 응성법과 비슷한 것은 사택(思擇, tarka)이다. 思擇은 고대 중국 불교도의 번역으로 그 뜻은 논리학 또는 논리이다. 이는 「사택」이란 말이 가장 원시적으로 쓰인 예일 것이다. 왜냐하면 오래된 불교경전과 역사시 「마하바라타」(Mahā Bhārata)에는 이미 이러한 의미로 쓰인 「사택」이 출현하고 있기 때문이다. tarka를 「사택」이라 번역하는 것은 그 의미를 제대로 드러내는데 있어서는 충분치 못하다. S. S. Barlingay는 tarka라는 말에는 적어도 3가지 의미가 있다고 한다.

(1) 논리학 또는 logic學(āvikṣki)의 의미로 불경 또는 마하바라타에서 사용됨.

(2) 비량(즉 logic 중의 「논증」 또는 「추론」, anumāna)

(3) 귀류논증법(vyapyāropeṅa vyāpakāropaḥ)[27)]

tarka의 제(3)의 의미는 정리학파의 《正理經》(Nyāya Sūtra)에 최초로 출현하고 있다.

《정리경》의 작자인 Gotama는 석가보다 약간 후의 학자라고 한다. 4세기에 활약했던 정리학파 학자인 Vātsyāyana는 그의 유명한 《正理經註》(Nyāya Bhāṣya)중에서 귀류법이라고 여겨지는 tarka를 知識을 획득하는 방법의 하나로 포함시키고 있지 않다.[28] 용수는 2~3세기의 불교학자로 Vātsyāyana보다는 조금 빠르다. 그러므로 용수가 설령 tarka를 알고 있었다 하더라도 반드시 잘 응용했다고 볼 수 없다. 따라서 미산웅일은 용수의 방법론이 희랍의 논리학으로부터 비롯되었을 가능성이 있다고 말한다. 그는 또한 불호(Buddhapālita) ; A.D. 470~504)는 용수에 비해 2, 3백년 늦은 중관학자로 용수의 논식을 귀류법 또는「응성법」으로 개량한 사람이라고 말하고 있다.[29]

그런데 용수가 정말로 tarka 또는 귀류논증법을 채용하지 않았을까? 이는 탐구할 만한 가치가 있는 문제이다. Barlingay의 연구에 의하면[30] 귀류법이라 여겨지는 tarka는 항상「만약에 非q이면 즉 非P이다」라는 형식으로 출현하며 그 가운데 q는 논증을 하는 자의 주장이고 p는 이미 알려진 어떤 사실이라는 것이다. 예를 들면 갑이라는 사람이 먼 산에 연기가 피어오르는 것을 보고 산에 불이 났음을 추론하여 알았는데 을이라는 사람이 의심하여「어떻게 먼산에 불이 난 것을 알 수 있는가?」라고 말하자 갑이라는 사람이 tarka를 이용하여 답하기를「만약에 불이 없다

27) Barlingay, S.S., *A Modern Introduction to Indian Logic,* pp. 119~121.
28) Ibid. p. 120.
29) 미산웅일저, 정호영역, 《공의논리》, pp. 133~136 참고.
30) 註 27)과 같은 책, p. 63, Lines 7~8.

면 먼산에 어찌 연기가 있을 수 있겠는가?」라고 하였다. 정리학파가 항상 인용하는 이러한 예로 보면 이른바 tarka는 서양논리 중의 「귀류논증법」과 비슷하다. 그렇다면 용수의 《중론》에 이러한 논식이 있는가? 그에 대한 답은 긍정적이다. 《중론》 제24품에는 모두 40首의 게송이 있는데 그 가운데 제20, 21, 33, 39송이 명백하게 tarka를 응용하고 있다. 이밖에도 제3품의 제2송, 제8품의 제4～6송, 제11품의 제2송, 제15품의 제5송, 제20품의 제6송, 제16송, 제21품의 제8송, 제22품의 제3～7송, 제23품의 제12, 제16송, 제25품의 제2송, 제27품의 제20송도 모두 분명하게 tarka를 사용하고 있다. 그러므로 용수의 귀류논증법을 희랍의 논리로 파악하여 인도에 본유한 논법으로 보지 않는 것은 의심할 여지 없이 착오이다. 용수가 채용하고 있는 tarka를 더욱 분명하게 파악하기 위해 《중론》 제8품의 제4～6송의 예를 살펴보자.[31]

> 만약에 無因에 떨어지면 因이 없고 果과 없으며 作이 없고 作者도 없으며 작용의 원리도 없다.

> 만약에 작(작용) 등의 法(원리, 존재)이 없다면 죄나 복이 있을 수 없다. 죄나 복 등이 없으므로 죄복의 과보도 없다.

> 만약에 죄복의 과보가 없다면 열반도 있을 수 없다. 여러가지 만들어질 수 있는 것들은 다 공하고 果(결과)도 있을 수 없다.

이는 용수가 無因生(우연론)을 비판하는 세 게송이다. 청목은 이 세 게송에 대해 다음과 같이 주석하고 있다.

> 만약에 無因에 떨어지면 일체법은 無因無果이다. 能生法을 因이라 하고 所生法을 果라 하는데 이 두 가지가 없게 된다. 이 두 가지가

31) 《대정장》 권30, p. 12.

없기 때문에 無作이며 作者도 없으며 또한 지어지는 法도 없고 罪나 福도 없다. 죄와 복이 없기 때문에 죄복의 과보나 열반도 없다. 이러한 까닭에 無因으로부터 생한다는 것은 얻을 수 없다.[32)]

청목의 주석에 의하면 《중론》의 세 게송은 정확하게 정리학파의 tarka를 사용하고 있다. 이러한 점을 더욱 더 분명하게 나타내기 위하여 우리는 세 게송을 아래와 같은 논증으로 바꿔 쓸 수 있다.

만약에 無因生(우연론)이 성립한다면 인과율은 성립할 수 없다.(세계에는 행위·행위자·행위 대상이 되는 사물이 존재하지 않는다). 만약에 인과율이 성립하지 않는다면(즉 행위 등이 존재하지 않는다면) 세계에는 죄와 복의 존재도 없다. 만약에 세계와 죄와 복의 존재가 없다면 세계에는 또한 죄의 과보와 복의 과보도 없다. 만약에 세계에 죄의 과보와 복의 과보가 없다면 세계에는 해탈자가 증득해야 할 열반이 없다. 바꾸어 말하면 어떠한 행위라도 모두 결과가 존재할 수 없는 것이다.(그러나 사실상 결과가 없는 어떠한 행위도 존재하지 않는다. 따라서 無因生은 성립하지 않음을 알 수 있다).

위의 논증 가운데 마지막 괄호 안의 양구(兩句)는 용수의 《중론》에는 없는 것이며(이 양구가 바로 정리학파가 사용하는 tarka의 원형을 잘 보여주고 있다) 오히려 청목의 주석에는 명백하게 출현하고 있다. 만약에 이 논증의 형식(form)을 아래와 같이 쓴다면 더더욱 우리는 용수가 확실히 tarka를 사용하고 있음을 알 수 있다.

만약에 P이면 非q이다.
만약에 非q이면 非r이다.
만약에 非r이면 非s이다.

---

32) 《대정장》 권30, p. 12.

만약에 非s이면 非t이다.
(非非t이다. 따라서 非P이다.)

다섯 개의 전제를 함유하고 있는 논증 중에서 분명히 제2, 제3, 제4 등 3개의 전제는 모두 tarka이다. Barlingay가 말한 tarka의 형식이 「만약에 非q이면 非P이다」라면 용수의 《중론》은 tarka를 사용하고 있다. 또한 《중론》에서 항상 사용하고 있는 다른 논식이 있으니 〈만약에 P이면 q이다. q가 아니다. 따라서 P가 아니다〉이다. 이는 서양 논리학 중의 「부정후건율(否定後件律)」(modus tollendo tollens)과 비슷하다. 예를 들어 《중론》 제1품 제14송을 살펴보자.

若爲緣無果 而從緣中出 是果何不從 非緣中而出?[33)]

이 게송을 다음과 같이 바꿔 써서 그것의 논리 구조를 드러내보자.

만약에 원인이 결과를 산생(產生)할 때 결과가 원인 중에 존재하지 않으면 이러한 결과는 원인이 되지 않는 기타 사물로부터 산생되었다는 것이 맞다.(그러나 사실상 결과는 원인으로부터 산생된 것이지 원인이 되지 않는 기타 사물로부터 산생된 것은 아니다. 따라서 이 果를 生할 때에 果가 因 중에 존재하지 않는다는 것은 착오이다).

이 논증은 「因中無果論」은 파척하기 위해 사용된 것이다. 이 논증형식(argument form)은 비교적 「否定後件律」보다는 귀류논증법과 비슷하다고 말할 수 있다.

이상의 분석에서 보면 용수의 논식은 정리학파가 사용했었던 tarka이든 서양철학의 부정후건율이든 관계없이 모두 엄격한 의

33) 《대정장》 권30, p. 3.

미로는 귀류논증법이 아니다. (tarka도 일종의 부정후건율이다.) 귀류논증법의 예는 비교적 《중론》에서 보다는 오히려 용수의 다른 저작 중에서 쉽게 찾을 수 있는 것 같다. 《십이문론》 제2문에서는 「共生」(因中亦有果亦無果)의 주장을 비판할 때 다음과 같이 설명하고 있다.

> 만약에 因 가운데 미리 果가 있거나 또는 果가 없거나 하는데, 果가 生한다면 이 또한 그렇지 않다. 왜 그러한가? 有와 無의 性相은 서로 위배되기 때문이다. 성상이 위배되는데 어떻게 한 곳에 동시에 존재할 수 있겠는가? …이러한 까닭에 因 가운데 미리 果가 있거나 미리 果가 없거나 하는 두 가지가 함께 (果를) 生할 수 없다.[34]

이 논증의 형식을 명쾌하게 파악하기 위해 우리는 다음가 같이 바꿔 쓸 수 있다.

「만약에 원인이 결과를 생할 때 결과가 일면 이미 원인 중에 존재하고 다른 측면으로는 결과가 또한 원인 중에 존재하지 않는다면 우리는 스스로 서로 모순된 상황을 얻게 된다. 말하자면 원인 중에 이미 결과가 있거나 원인 중에 결과가 없거나 하는 것이다. 이러한 모순은 존재할 수 없다. 그러므로 因이 果를 생할 때 한편으로는 果가 이미 因 중에 존재하고 다른 한편으로는 果가 因 중에 존재하지 않는다는 이러한 논법은 성립하지 않는다.」

분명히 이 논증은 다음과 같은 형식을 갖추고 있으며 그것은 앞에서 인용한 어떤 예보다도 귀류논증법과 같다.

> 만약에 P이면 q이다. 非q이다.
> 따라서 非P이다.

34) 《대정장》 권30, p. 162.

용수 이후의 중관학파는 앞에서 말한 바와 같이 양파로 갈라진다. 용수의 귀류논증법을 엄수한 것이 「응성파」로 불호·월칭이 있으며 아마도 이들 두 사람보다 일찍 청목이 있었다. 이들이 이 파를 대표한다. 다른 일파는 용수의 귀류논증법을 버리고 진나의 인명학을 채용한 자립파로 청변(분별명)이 대표이다. 월칭의 귀류논증법(응성증법)에 대해 필자는 많은 말을 하지 않으려 한다. 왜냐하면 우리가 이미 《중론》의 예에서 이러한 논식을 숙지하였을 뿐 아니라 Richard H. Robison과 미산웅일의 저작 중에서 상세하게 인용하여 논증하고 있기 때문이다.[35] 여기서 필자가 관심을 갖는 부분은 자립파의 논증을 《중론》의 가장 훌륭한 주석이라 할 수 있는가?의 여부이다. 이 문제에 답하기 위하여 하나의 예를 들어 보자. 청변의 《반야등론》 제1품에서는 《중론》의 제1품 제3송인 不他生(因中無果論)을 주석하는 중에 진나의 삼단논법을 채용하여 다음과 같이 논증하고 있다.

第一義中, 他緣不能起眼等入. 何以故? 以他故 譬如經等[36]

진나의 인명학 중의 논증은 순서에 의해 宗(결론, pratijñā), 因(소전제, hetu) 喩(대전제, udāharaṇa)등 3개의 「支分」(부분, avayavas)을 갖추고 있다. 여기서 설명하기 위한 방편으로 우리는 위의 청변의 논증을 喩, 因, 宗의 순서에 의해 아래와 같은 정언삼단논법(categorical syllogism)으로 고쳐 쓸 수 있다.

예를 들면 직물의 날실(經)처럼 시각기관과는 다른(같지 않은) 본질을 갖추고 있는 모든 사물은 시각기관을 産生하는 원인이 아니다.

35) Robin, R.H., *Early Mādhyamika in India and China,* Chap. II ; 미산웅일, 《공의논리》, 제3장.

36) 《대정장》 권30, p. 52.

시각기관과는 다른 사물(他緣)은 모두 시각기관과는 다른 본질을 갖추고 있다.

그러므로 최고의 진리(제일의)에 비추어 보면 시각기관과는 다른 사물은 모두 시각기관을 생하는 원인이 아니다.

이 삼단논법 중에는 결론 부분에「최고의 진리에 비추어 보다」는 말이 있다. 만약에 우리들이 그것을 빼버리면 이는 분명히 유효한(valid) 논증이다. 반대로 만약에 우리들이 이 말을 삭제하지 않으면 결론은 다음과 같은 조건구로 변한다.

만약에 우리들이 최고의 진리에 비추어 문제를 토론하면 시각기관과는 다른 사물은 모두 시각기관을 생하는 원인이 아니다.

이처럼 청변의 논증은 결코 유효한 정언삼단논법이 아니고 무효한(invalid) 논증이다.

여기서 문제는 우리들이 결론 앞의 그 말을 삭제할 수 있는가의 여부이다. 답은 부정적이다. 이는 무엇이「최고의 진리」인가? 라는 문제로 파급된다.《中論》제24품 제8~10송은 諦(진리, satya)를 두 가지로 나누고 있다. (1) 세속제(lokasaṃvṛti－satya)는 언어·사유(saṃvṛti)에 의하여 획득하는 진리[37] (2) 제일의제(진제 또는 승의제, paramārtha－satya)는 가장 진실한 진리.[38] 청변은《반야등론석》제24품에서 용수의「二諦」論에 대하여 다음과 같이 주석하고 있다.

세속제란 일체제법이 無生이고 性空인데 중생이 전도되어 허망되

37) saṃvṛti라는 말의 의미는 매우 애매하다. 미산웅일저, 정호영역,《공의 논리》(pp. 118~121 참고)에서는 각종 정의에 대해 상세하게 비판하고 있다. 본문에서 채용한 정의는 그가 채용한 것이다.

38)《중론》제24품 제8~10송 ;《대정장》권30, pp.732~33.

> 이 세간이 실재한다고 집착을 생하는 것이다. 모든 성현은 세간의 전도성을 잘 요달한다. 따라서 일체법이 모두 空이고 無自性이라는 것이 성인에게는 제일의제이다.[39]

이는 세속제를 아직 해달하지 못한 범부가 이해하는 진리로 해석하고 있는데 이 진리는 「세간을 實이다」라고 여긴다(세간 사물은 본질적으로 실유하여 不空이다). 그리고 제일의제를 이미 해탈한 성인이 파악하는 진리로 해석하고 있는데 이 진리는 「一切法皆無自性空」(세간의 사물은 본질적으로 모두 실재하지 않으며 空이다)이라고 여긴다. 이러한 해석에 의하면 세속제에서 성립하는 명제가 반드시 제일의제 중에서 성립하는 것은 아니며 반대로 제일의제 중에서 성립하는 명제가 마찬가지로 반드시 세속제 중에서 성립하는 것은 아니다. 그러므로 앞서 거론한 논증의 결론 부분에 있는 「최고의 진리에 비추어 보면」이란 말을 결코 삭제할 수 없다.

어떤 사람은 위 논증의 소전제(즉 因支)를 다음과 같은 조건구로 변화시키면 청변이 범한 착오를 해결할 수 있다고 말할지 모른다.

> 만약에 우리들이 최고의 진리에 비추어 문제를 토론하면 시각기관과는 다른 사물은 모두 시각기관과는 다른 본질을 갖추고 있다.

그러나 이 조건구는 거짓명제이다. 왜냐하면 진실한 진리(제일의제) 중에서는 어떤 사물이든 모두 존재하지 않으며(空), 그 가운데는 이른바 「다른 사물」 또는 「다른 본질」이라는 구분이 없기 때문이다. 예를 들면 《대반야경》 권59에서는 「1, 2, 3, 4, 5,

---

39) 《대정장》 권30, p. 125.

6, 7, 8, 9, 10이라는 별도로 다른 相이 공하여 존재하지 않는다」[40] 라고 말하고 있다. 유사한 상황은 또한 대전제(喩支)에서도 발생한다. 왜냐하면 제일의제 중에서는 「다른 본질」의 사물이 결코 없기 때문이다. 이렇듯 「시각기관과는 다른 본질을 갖추고 있는 사물」이란 말은 의미가 없는 말이 돼버린다. 어쨌든 청변의 결론에는 「제일의제에 의해 보면」이란 말이 덧붙여져 있으나 두 가지 前提(因·喩)에는 「제일의제에 의해 보면」이란 말을 덧붙일 수 없다. 이는 청변이 해결할 수 없는 곤란한 문제이다.

이 점에 대해서 월칭의 《명구론》 중에는 상세히 서술되어 있다. 월칭의 비판을 현대 논리학의 술어를 사용하여 설명해 보면 그는 청변이 「애매모호성의 오류」(fallacies of ambiguities)를 범했다고 여기고 있다. 「三支立量」(정언삼단논법)에 의하면 그 중의 「有法」(小詞, pakṣa)은 「能別法」(大詞, sādya)이 기술하는 대상이다. 三支立量의 규칙에 의거하여 因支(소전제) 중에 출현한 有法과 宗支(결론) 중에 출현한 有法은 반드시 같은 의미를 갖추고 있다. 말하자면 小詞의 두 차례에 걸친 출현은 절대로 애매모호함일 수 없다.(월칭의 말에 따르면 小詞는 반드시 「兩家」(문제를 논의하는 쌍방) 모두에 의해 성립돼야 한다」는 것이다). 마찬가지로 「法」(大詞, sādhya)의 두 차례 출현도 반드시 애매모호함이 없다는 것이다(월칭은 「양가가 모두 함께 인정해야 한다」고 일컫는다). 《명구론》의 이러한 설명은 14~15세기에 활약한 쫑카빠(Tsoṅ－k'a－Pa)의 대작 《보리도차제광론》(Lam－rim－chen－Po) 중에서 인용 서술되고 있다.

有法(小詞)은 논증을 세우는 측과 논적 양측이 能別法(大詞)을 관

40) 《대반야바라밀다경》 권59 ; 《대정장》 권50, p. 332, 11~12行.

> 찰하는 데 의거하는 것이니 반드시 양측 모두에 의해 최상으로 성립되야 하기 때문이다. 그 유법이 반드시 양측에 의해 인정되어야 하는 것과 마찬가지로 법(大詞)도 또한 반드시 양측 모두에 의해 인정되어야 한다.[41]

이밖에 월칭은 삼지입량의 喩支(대전제)가 제시하고 있는 비유는 반드시 문제를 토론하는 쌍방이 공동으로 타당하다고 인정하는 비유라야 한다고 말하고 있다. 말하자면 대전제는 반드시 쌍방이 참이라고 인정하는 명제이어야 한다. 따라서 월칭은 「정언삼단론을 구축하기 전에, 비유는 반드시 쌍방이 공동으로 승인해야 한다」[42]라고 말하고 있다. 그렇다면 청변의 삼지입량은 이러한 규칙을 준수한 것인가? 답은 부정적이다. 예를 들면 청변의 《대승장진론》 卷上에는 공격을 받을 만한 논증이 있다.

> 眞性有爲空, 如幻緣生故, 無爲無有實, 不起似空華[43]

이 게송의 앞 두 구는 다음과 같은 삼지입량으로 바꾸어 쓸 수 있다.

> 예를 들면 마술(幻)과 같이 어떠한 조건을 의지하여 생기는 모든 사물(緣生法)은 眞實하지 않다(空). 허공·열반 등 변화가 없는 사물(무위법) 이외에 기타 변화할 수 있는 모든 사물(유위법)은 모두 어떤 조건에 의지해 생겨난 사물이므로 가장 진실한 도리(즉, 제일의제)에 의해 말하면 변화될 수 있는 모든 사물은 眞實하지 않다.

이 논증에서는 앞에서 말한 모든 오류를 범한 이외에 또한 다른 오류를 하나 더 범하고 있으니 월칭이 말하는 「비유가 성립

41) 쫑카빠《보리도차제광론》 권21, p. 16(下).
42) 앞의 책, pp. 16(下)~17(上)
43) 《대정장》 권30, p. 268.

되지 못한」 것으로, 즉 대전제가 결코 논적(상대방)이 참이라고 승인하는 명제가 아니라는 것이다. 청변 자신의 주석에 따르면 이 논증은 유식종을 겨냥하여 발현시킨 것이다.[44] 유식종은 인연생법을 「依他起相」(paratantralakṣana)이라 칭한다. 유식의 경론에서 말하는 내용을 살펴보면 마술을 포함한 의타기상이 공하지 않다는 것이다. 왜냐하면 그것들은 일체의 번뇌·집착(이른바 「遍計所執相」(parikalpitalakṣana))을 생기게 하는 기초이기 때문이라고 한다. 예를 들어 유식종의 경전인 《해심밀경》 권2에서는 만약에 의타기상을 공하다고 하면 이는 「변계소집상을 비방하여 제거하게[誹撥]되며」, 이렇게 되면 「지혜를 잃게 되고」 「광대하고 무량한 선법(善法)을 잃게 된다」고 설한다.[45]

인연생법(依他起相)을 유식종에서 空하지 않다고 본다면 청변은 유식종의 이 논증이 실패했다고 겨냥하고 있는데 왜냐하면 논증의 대전제(喩支)가 근본적으로 유식종에서 승인하지 않는 명제이기 때문이라는 것이다. 따라서 월칭은 청변의 三支立量이 전에 말한 宗이 성립하지 않는 허물과 因이 성립하지 않는 허물을 범했을 뿐만 아니라 바로 앞서 말한 喩가 성립하지 않는 과실을 범했다고 비평하고 있다.[46]

월칭과 같은 중관학파 학자가 청변의 三支立量을 반대하고 있을 뿐 아니라 또한 중관학자 이외의 유식종 학자도 청변의 착오를 꿰뚫어 보고 있다.[47] 중국 규기의 《성유식론술기》에서는 처처에서 청변의 잘못을 언급하고 있다. 예를 들면 권1에서는 우선 청변의 주장을 기술하고 있다. 「청변이 말하기를 '만약에 세속

---

44) 《대정장》 권30, p. 268(下), 제2대단논문
45) 《대정장》 권16, p. 695~696.
46) 註 41)과 같은 책, 권 21, p. 17(上).

제라면 내심과 외경이 다 존재하지만, 승의제에 의지하면 내심과 외경이 다 공하다'고 한다」[48] 이는 청변이 세속제(언어·사유의 세계) 중에서는 내재적 정신(心)과 외재적 현상(境)이 모두 실유하지만 승의제(최고의 진리) 중에서는 내재적 정신과 외재적 현상이 모두 공하여 실재하지 않는다고 여기는 것이다. 청변의 주장을 기술한 이후에 규기는 이어서 다음과 같이 말하고 있다.

> 그(청변)는 立量하여(논증을 지어) 이르기를 「당신(유식종)의 內識은 境과 같이 존재하지 않는다. 그것의 所知(인식대상)를 인정하기 때문에 당신의 心은 外境과 같다.」 청변은 속제에서는 外境의 존재를 인정하고 지금은 中道의 입장에 따라 존재하지 않는다고 하니 스스로 위배하는 과실이 있다. 또한 《대승장진론》 중에서 승의제에 의지하여 「유위·무위가 다 공하다」라고 설하는 것 등은 다 그가 설한 것과 같다.[49]

규기의 이 말은 《성유식론》 권1의 「或執內識如境非有」[50]를 주석한 것이다. 이 글에서 규기는 청변의 3개의 논증을 비판하고 있다. 둘째와 셋째 논증은 《대승장진론》에 출현하고 있는 것으로 앞서 이미 논의한 바 있다. 다른 하나는 짐작하건대 《반야등론석》 중의 논증으로 그것은 다음과 같은 형식으로 고쳐 쓸 수 있

47) 예를 들어 안혜(Sthiramati ; A.D. 510~570)의 《대승중관석론》 권1, 《대정장》 권30, p. 137(上), 3~14行에서는 본문에서 인용하고 있는 《반야등론석》 중의 논증을 비판하고 있다. 안혜의 비판과 월칭의 견해는 완전히 일치한다. 월칭은 안혜보다 조금 늦은 시대의 사람이다. 따라서 월칭의 비판은 안혜의 비판으로부터 비롯됐다고 볼 수 있다. 이밖에도 안혜의 비판은 미산웅일저, 정호영역, 《공의논리》(pp. 143~145 참고)에 상세하게 전개되어 있다.

48) 《대정장》 권43, p. 236(中)

49) 앞의 책, p. 236(下)

50) 앞의 책.

다.

> 무릇 인지 대상, 즉 예를 들면 유식종이 말하고 있는 외재적 현상은 모두 공하여 실재하지 않는다. 유식종이 말하는 내재적 정신체는 인지대상의 하나이다. 따라서 최고의 진실에 의해 말하자면 유식종이 말하는 내재적 정신체는 공하여 실재하지 않는다.[51]

청변의 이 논증에 대한 규기의 비판은 「청변은 속제에서는 외경의 존재를 인정하고 지금은 중도의 입장에서 존재하지 않는다고 하니 스스로 위배되는 과실이 있다」라는 구절이다. 이 비판은 喩支(대전제)를 겨냥해 발현한 것이다. 규기는 청변이 한편으로는 세속제의 관점으로부터 외재적 현상(외경)이 실유한다고 하고 다른 한편으로는 중도(승의제)의 관점으로부터 그것들이 空하여 실재하지 않는다고 말하고 있는데 이것은 서로 모순된다고 비판한다. 필자는 이 비판이 불공평하다고 여긴다. 왜냐하면 규기는 속제 중에는 존재하지만 승의제 중에는 존재하지 않는다는 주장이 무엇 때문에 모순인가에 대해 제시하고 있지 않기 때문이다. 그러나 규기의 비판은 우리들로 하여금 월칭의 비판을 다시 생각해 보게 한다. 왜냐하면 이 논증의 대전제는 거듭해서 「의타기상」인 외경 등 인지대상을 언급하고 있는데 그것들을 유식종에서 공하지 않다고 여기고 있기 때문이다.

결국 청변은 철저하게 실패하였다. 그렇다면 마땅히 그와 대응되는 「應成派」가 용수의 가장 훌륭한 해석자가 된다고 말할 수 있다. 그러나 미산웅일은 오히려 견해가 다르다. 그와 기타 대부

---

51) 결론 중에서 원문에는 「최고의 진실에 의해 말하면」이라는 말은 없다. 그러나 모든 삼지입량의 결론에 이 말을 덧붙이는 것이 청변 논증의 특색이다. 따라서 이 본문의 예 가운데 우리는 그 말을 덧붙였다. 미산웅일, 《공의논리》, pp. 141～142 참고.

분의 학자들은 한결같이 용수가 채용한 논식이 결코 일반적인 형식논리가 아니고 변증법이라고 여기고 있다. 용수는 정말로 변증법을 사용했는가? 이것은 우리가 관심을 가질 만한 문제이다.

4. 《중론》은 변증법을 사용하고 있는가?

《중론》 안의 사구는 결코 Richard H. Robisn이 주장하는 변증법은 아니다. 이에 대해서는 앞에서 이미 언급한 바 있다. 《중론》 제1품 제3송은 사구와는 대단히 비슷하지만 그렇다고 같지는 않은 예이다.

> 제법은 自生도 아니고 또한 他로부터 생하는 것도 아니며 共生도, 無因生도 아니다. 따라서 無生임을 알 수 있다.[52)]

이는 용수가 「不生」(생기하거나 변화가 없음, anutpāda)을 증명한 논증이다. 이 논증 중에서 용수는 「生」(utpāda)을 4종으로 나누고 있다.

(1) 자생 : 자기가 자기자신을 생함. 이는 「因中有果論」이다.

(2) 타생 : 갑이라는 사물과는 다른 기타 을이라는 사물이 갑이라는 사물을 생함. 이는 「因中無果論」

(3) 공생 : 갑이라는 사물은 갑이라는 사물과 갑이라는 사물과는 다른 을이라는 사물이 함께 생함. 이는 「因中亦有果亦無果論」.

(4) 무인생 : 갑이라는 사물은 어떤 원인 없이 생김. 이는 「우연론」이다.

이 게송에서 용수는 분명히 이 4종의 生이 모든 생기변화(生

52) 《대정장》 권30, p. 2.

起變化)의 가능성을 다 망라한 것이라 생각하고 이 4종의 생을 하나 하나 부정한 후에 「無生」이라는 결론을 추론하고 있다.

용수의 《중론》은 어찌하여 「不自生」 내지 「不無因生」인가를 증명하고 있지는 않다(비록 청목 및 기타인들의 주석에서는 모두 상세하게 설명하고 있지만.) 그러나 용수의 《십이문론》 중에는 오히려 이 4종의 不生에 대하여 하나하나 귀류논증법(또는 귀류논증법과 비슷한 tarka와 「부정후건율」)을 사용하여 증명하고 있다. 이 점에 관해서는 앞서 이미 예를 들어 설명한 바 있다. 4종의 不生을 증명하여 완성한 후에 용수는 이어서 다음과 같이 말하고 있다.

> 이러한 까닭에 因中有果 역시 不生이고 (因中)無果 역시 不生이며 (因中)有果無果 역시 不生이다. (無因 역시 不生이다). 이치가 극치로 이에 이르면 一切處를 추구해도 불가득이다. 따라서 果는 필경 不生이다.[53]

이상의 설명으로부터 우리는 용수가 「不生」을 증명함에 있어 「딜렘마」(dilemma) 또는 「窮擧證法」(proof by cases)을 채용하고 있음을 알 수 있다. 그것의 형식은 다음과 같다.

만약에 P이면 Q이거나 R이거나 S이거나 T이다.
만약에 Q이면 X이다.
만약에 R이면 X이다.
만약에 S이면 X이다.
만약에 T이면 X이다.
(결코 X는 아니다)
따라서 非P이다

---

53) 《십이문론》 門2 ; 《대정장》 권30, p. 162. 이 가운데 「無因亦不生」이라는 구는 원문에는 없으나 문의(文意)에 따라 덧붙였다.

그중에 P는 「生은 실재한다」는 一句를 대표한다. Q·R·S·T의 분별은 「자생은 실재한다」로부터 「무인생은 실재한다」까지를 대표한다. 그리고 X는 모순된 명제(예를 들면, 因중에 이미 果가 있거나 因중에 이미 果가 없다)를 대표하거나 또는 사실과 상반되는 명제(예를 들면 「날실은 수레와 말을 생할 수 있다」)[54]를 대표한다.

용수가 「不生」을 증명하고 있는 예를 보면 그의 논증은 귀류논증법, 궁거증법 및 귀류논증법과 비슷한 tarka를 사용하고 있다. 그는 심지어 「부정후건율」을 사용하고 있는데 이는 tarka와 매우 비슷하며 또한 귀류논증법과 매우 닮은 추론 규칙이다.

《중론》의 주석자인 불호가 이 4종의 不生을 주석할 때에는 이상의 증명법과 유사함이 있다.[55] 그가 어떻게 「不自生」을 증명하고 있는가 살펴보자.

> 사물은 그 자체생으로 말미암지 않는다. 그것의 2차적인 生起가 무용하게 되기 때문이다. 또한 이로 말미암아 무궁생의(무한히 부단하게 생하는) 착오에 이르게 되기 때문이다.[56]

이는 전형적인 응성증법이다. 그러나 미산웅일은 오히려 「이중에는 오히려 곤란한 곳이 있다」[57]고 말하고 있다. 왜냐하면 이것은 「불호가 간접적으로 (1) 사물은 자체에 의해 생하지 않는다. 바꾸어 말하면 기타의 것들(自·他 양자 또는 無因)에 의해 생한다와 (2) 사물의 生起는 유용하다…….」는 것을 표시하기 때문이라는 것이다.[58] 미산웅일은 계속해서 「《중론》을 이처럼 이

54) 《십이문론》 門2 ; 《대정장》 권30, pp. 160~162.
55) 미산웅일저, 정호영역, 《공의논리》, p. 138 참고.
56) 앞의 책, p. 114, 1~2行.
57) 앞의 책, 9~10行.

해하고 있는 불호는 용수의 진의와는 배치된다」[59]고 결론 짓고 있다. 바꾸어 말하면 그는 불호 등이 대표하는 응성파와 청변의 자립파는 모두 정확하게 용수를 이해하고 있지 않다는 것이다. 그러므로 그는 양대 중관학파에 대해 다음과 같이 결론내리고 있다.

> 이상에서 살펴본 바와 같이 용수의 논리를 정언논증식으로 바꿔 쓴 청변의 노력과 귀류법으로 무기를 삼은 불호의 노력은 함께 성공하지 못했다. 용수의 본체적 논리는 현상의 논리로는 쓸 수 없다. 만약에 후자의 입장으로 이해하려 한다면 반드시 용수의 논리 그 자체에도 오류가 있다고 말할 수 밖에 없다. 그러므로 《중론》의 논리는 결코 형식논리에 의거하지 않고 그것을 변증법으로 이해해야 한다.[60]

미산웅일의 결론에는 세가지가 있다.

(1) 자립파는 실패했다 (2) 응성파도 실패했다.

(3) 자립·응성 양파가 실패한 것으로 볼 때 용수의 《중론》은 변증법을 사용하고 있다.

(1)에 대해 필자는 완전히 동의하지만 (2), (3)에 대해서는 감히 동의할 수 없다.

(2)에 대해서 말하자면 미산씨의 분석은 착오이다. 우선 용수와 응성파를 살펴보면 앞에서 이미 설명한 바와같이 양자의 방법론은 완전히 같다. 그들은 모두 분류증법, 귀류논증법 귀류논증법과 비슷한 tarka, 그리고 부정후건율을 사용하고 있다. 그 다음 앞서 서술한 바와 같이 미산씨의 불호에 대한 비판은 온당치 못하다. 왜냐하면 불호의 그러한 논증은 용수의 《십이문론》에서

58) 미산웅일, 《공의논리》, p. 114, 12~13행.

59) 앞의 책, 14행.

60) 앞의 책, p. 120. 6~9행.

도 출현하고 있을 뿐아니라 미산씨의 그 논증에 대한 분석이 일부분 그가 논리를 오용하고 있고 또한 배중율의 전제에 기초하고 있기 때문이다. 더 구체적으로 설명해 보기로 하자.

《십이문론》 門2에서 용수는 「不自生」을 증명할 때 다음과 같이 논증하고 있다.

> 만약에 果가 因중에 미리 존재해 있다가 생긴다면 이는 곧 무궁하다. 만약에 果가 미리 생기지 않은 상태에서 생긴다면 지금 생긴 것도 다시 생길 수 있다. 왜 그러한가? 因중에 항상 존재하기 때문이다. 이로부터 有邊은 다시 생길 수 있다. 이러하다면 무궁이다…… 따라서 미리 존재하였다가 생긴다는 이러한 일은 있을 수 없다.[61]

이는 만약에 自生이라면 무궁한 착오가 있게 되므로 不自生이라는 것이다. 용수는 「또한 이미 앞서 성립했다면 무엇때문에 다시 생할 필요가 있는가? 만약에 이미 지었다면(作) 다시 지을 필요가 없고 이미 성립했다면 다시 성립시킬 필요가 없게 된다. 따라서 법은 다시 생할 필요가 없게 된다.[62]고 말하고 있다. 이는 만약에 自生이라면 제2차적 生起(更生)는 쓸모(用)도 없고 의미도 없으므로 不自生이라는 것이다. 《십이문론》의 두 단락의 설로부터 불호의 논증이 이 양단의 설을 종합 또는 윤색한 것에 불과하며 결코 그 자신의 새로운 창조가 아님을 알 수 있다. 미산씨는 「불호와 용수의 진의는 서로 위배된다」고 말하고 있으나 그것은 미산씨가 이 점을 주의하지 않았을 따름이라는 것을 입증하는 것이다.

그 다음 미산씨의 불호에 대한 두 가지 비평도 검토할 필요가

61) 《대정장》 권30, p. 160(中), 21~26행.
62) 앞의 책, p. 160(下), 6~7행.

있다. 왜냐하면 이 두 가지 비평은 논리의 오용이기 보다는 전통논리중의 배중율을 전제한 것이기 때문이다. 미산씨의 제(1) 비평은 불호가 4生 중의 첫번째인 自生이 성립하지 않음을 증명하였기 때문에 불호의 주장은 4生 가운데 나머지 三生 중의 하나와 같다는 것이다. 이 제(1) 비평을 하면서 미산씨는 논리규칙의 하나인 「부정긍정율」(Modus tollendo pollens)을 오용하고 있다. 만약에 우리들이 4종의 生을 분별하여 Q~T로 표시하면 이 4종의 生은 다음과 같이 쓸 수 있다.

Q이거나(R이거나 S이거나 T)

이 때 佛護는 응성법을 이용하여 Q를 부정하고 있는데 불호가 반드시 「부정긍정율」을 이용하여 「R이거나 S이거나 T」를 주장하고 있다고 말할 수 있을까? 답은 부정적이다. 왜냐하면 「R이거나 S이거나 T」는 하나의 모순구라 할 수 있기 때문인데 예를 들면 (A이면서 非A)이거나 (B이면서 非B)이거나 (C이면서 非C)」는 사실과는 상반되는 거짓명제라 할 수 있으니 마치 「실〔絲縷〕은 수레를 생할 수 있고 혹은 실〔絲縷〕은 말(馬)을 생할 수 있고 혹은 실〔絲縷〕은 음식을 생할 수 있다」는 것과 같다. 불호는 Q를 부정한 후에 스스로 모순되거나 사실과는 상반되는 거짓명제를 어리석게도 인정했을 리가 없다. 불호는 용수처럼 단지 4종의 모든 가능한 生에 대해 일일히 그것들의 황당무계함을 지적하려고 한 것이지 자신의 어떤 주장은 제기하려 한 것은 아니다. Murti는 「중관학파는 기타의 학파와는 다르게 결코 어떤 이론을 주장하여 논적(論敵)으로부터 신임을 얻으려 하지 않는다. 중관학파는 어떤 이유나 사례가 진실할 수 있다고 믿지 않는다. 그러므로 중관학파가 진력하고 있는 것은 다만 논적이 믿고 따르는 원리와 주장으로 논적의 황당무계함을 도출하는 것이다」[63]는 적절한 말을 하고 있다.

미산웅일의 불호에 대한 제(2) 비판은 불호의 논증은 自生의 가설로부터 제2차적 생기가 무용하다는 것을 추론하는 것이므로 불호는 간접적으로 제2차적인 생기가 유용하다고 주장하는 셈이 되기 때문에 이것이 용수의 주장과는 상호 모순된다는 것이다. 미산씨의 이 비평은 분명히 전통논리의 배중율을 전제한 것이다. 앞서 이미 언급한 바 대로 배중율은 용수의 《중론》 중에서는 결코 성립하지 않는다(용수에게는 매우 분명하게 직각주의 경향이 있다.) 그러므로 이처럼 중관학파가 동의하지 않는 논리법칙으로 중관학파의 학자를 비판하는 것은 일종의 착오를 면하기 어렵다. 더욱이 한 명제의 주어(subject)가 존재하는 사물이 아니라면 그 술어(predicate)가 무엇이든 관계없이 모두 의미가 없는 명제이다. 따라서 모두 그것을 참〔眞〕이라 할 수 없다. Murti는 일찍이 두 가지 예를 들고 있는데 그 가운데 첫째는 다음과 같다.

(1) 3과 4사이의 정수는 소수이다.

(2) 3과 4사이의 정수는 소수가 아니다.

배중율에 의하면 (1)과 (2) 중에는 반드시 성립하는 것이 하나 있어야 한다. 그러나 그것들은 모두 의미가 없으며 또한 참·거짓도 없다. 왜냐하면 그것들의 주어인 「3과 4사이의 정수」라는 말이 근본적으로 가리키는 바가 없기 때문이다.[64]

Murti의 두번째 예는 불교의 경론 중에서 흔히 볼 수 있는 예이다. 어떤 사람이 새끼줄을 뱀으로 여기는 경우 이때의 뱀은 그것이 「生」인지 「不生 」인지 말할 수 없다. 왜냐하면 그것은 근본적으로 존재하지 않기 때문이다.[65]

63) Murti, T.R., *The Central Philosophy of Budhism,* p. 145, Line 8∼14.

64) Ibid., p. 147 Lines 30∼35.

Murti의 논증에는 그가 비록 말하려 의도하지 않았더라도 다소 근본이 되는 바가 있다. 《대품반야경》 권4품 제11품에는 다음과 같은 경문이 있다.

> 부처님이 수보리에게 이르시기를「너는 어떻다고 생각하는가? 幻은 더러운 것인가 깨끗한 것인가?」(수보리가 말씀드리길)
> 「그렇지 않습니다. 세존이시여!」
> (부처님께서 말씀하시길)「수보리야 너는 어떻다고 생각하는가? 幻은 生하는 것인가 滅하는 것인가?」(수보리가 말씀드리길)「그렇지 않습니다. 세존이시여![66]

이 단의 경문은 분명히 우리들에게 공하여 실체가 없는 사물에 대해서는 垢·淨·生·滅 등 어떤 개념을 사용하더라도 그것을 묘사할 수 없음을 알려주고 있다. 따라서 용수가 《대지도론》 권44에서 위의 경문을 해석할 때「만약에 어떤 법이 幻과 다르지 않으면 이 법은 空하며 不生不滅法 중에 들어간다」[67]라고 말하고 있다. 이 경문과 논문은 Murti의 해석이 용수의 정신과 합치됨을 증명해 준다 할 수 있다.

결국 미산웅일의 응성파에 대한 비판과 용수 사상에 대한 이해는 모두 각별히 검토할 필요가 있다. 그의 착오는 그가 논리규칙을 오용한 점과 중관학파가 인정하지 않는 배중율을 믿었던 데 있다. 그런 후에 이러한 착오를 피하기 위해 용수의 방법론은 일반적 형식 논리가 아니라 변증법이라 귀결한 것이다.

이밖의 다른 학자, 예를 들면 Murti는 일체의 주장(「見」, dṛṣṭi)을 中觀學者의 논리형식에 동의하고 있지만 미산웅일과 마찬가

65) Ibid., p. 147 Lines 35~36.
66) 《마하반야바라밀경》 권4 ;《대정장》 권8, p. 239下, 16~18행.
67) 《대정장》 권25, p. 376下, 16~17행.

지로 용수의 《中論》이 변증법을 사용하였다는 똑같은 논점에 귀결한다. Murti는 우선 서양의 헤겔과 동양의 자이나교의 변증법을 비판하고 있는데 전자는 합취적(合取的) 종합(conjunctive synthesis), 후자는 석취적(析取的) 종합」(disjunctive synthesis)이며 양자는 아마 다소 다른 점이 있으나 모두 사유에 의해 최고의 진실을 획득하려 시도한다고 말하고 있다.[68] 이어서 그는 중관의 변증법을 다음과 같이 설명한다.

> (중관의) 변증법은 일련의 귀류논증법(응성법, prasaṅgā－pādanam)이다. 매 일개의 주장은 모두 그것 자체에 모순이다. 중관학파는 일종의 변증가(prāsaṅgika) 또는 자유자재한 비판가(vaitaṇḍika)이다. 중관학파는 논적의 주장을 반증하는 것이지 자기의 어떤 주장을 입증하려하지 않는다.[69]

그러므로 헤겔과 자이나교의 「종합」에 상대하여 Murti는 중관변증법을 일종의 「분석」(analysis)으로 파악하고 있다. 그는 「중관변증법은 일종의 분석이라 말할 수 있으며 단지 사물을 현시(reveals)하는 것이지 사물을 첨가 또는 왜곡시키는 것은 아니다」[70]고 한다.

이렇게 보면 Murti는 一切皆空論(sarvavaināśika－vada)者와 거의 비슷하며 또한 용수에 가장 가깝게 접근한 학자라 할 수 있다. 그는 일체를 부정하지만 실제로는 오히려 다시 일종의 진실인 「지적 직각」(intellectual intuition)을 찾고 있다(Murti에 따르면 칸트는 그것을 의지해서는 본체(Noumenon)를 획지(獲知)할 수 없는 그런 지혜라고 여겼다.[71]) Murti는 다음과 같이 말하고 있다.

---

68) Murti, *The Central Philosophy of Buddhism,* pp. 127～128.
69) 앞의 책, p. 131, 7～11행.
70) 앞의 책, p. 161, 12～14행.

> 중관학파로 말하자면 사상의 실제적이고 전면적인 소실이 곧 진실의 직각(intuion of real)이다. 이때 어떤 사물이 새롭게 산생됨은 없으며 一切는 모두 적정부동(寂靜不動)이다(tathatā sarva-kālam tāthā bhāvāt).이러한 상태는 단지 사유(상념, sāṁvṛta)에 의해서 모호하게 된다.[72]

나는 결코 이러한 견해에 동의할 수 없다. 왜냐하면 Murti의 분석은 비록 일체의 착오적인 주장(dṛṣṭi)을 부정하고 있지만 오히려 다시 일종의 진실을 시현(reveals : 이는 Murti 자신의 용어)하기 때문이다.[73] 이것은 《중론》의 一切皆空이라는 견해와는 같지 않다. 《중론》 안의 「空」(śūnya ; 추상명사화되면 śūnyata, 「空生」으로 번역됨)은 일반적으로 일종의 수단 또는 방법이란 의미로 파악된다. 《중론》 제24품 제7송의 주석에서는 空을 두 가지 또는 세 가지로 분류하고 있다. 양종은 (1) 空(śūnyatā) (2) 空義(śūnyatārtha)이다. 이는 《반야등론석》 권14에서 말하고 있는 양종의 空이다.[74] 이밖에도 청목석 안에는 3종의 空이 출현하고 있는데 (1)과 (2)는 앞에 것과 같고 (3) 空因緣(śūnyatāprayojana)이 더 있다.[75] 《반야등론석》에서는 이 양종의 空에 대해 「空이란 일체의 집착과 희론을 멸한다. 따라서 空이라 한다. 空義란 空을 緣하는 智를 일컬으며 이를 空義라 한다」[76]라고 주석하고 있다. 이러한 해석에 의하면 양종의 공은 모두 수단 또는 방법이지 목적은 아니다. 그것들은 모두 번뇌(집착 · 희론)를 소멸하는 공구

71) 앞의 책, pp. 140～141.
72) Murti, *The Central Philosophy of Buddhism,* p. 141 Lines 7～11.
73) Ibid., p. 161, Lines 12～14.
74) 《대정장》 권30, p. 124 下.
75) 앞의 책, p. 124 下, 26～27행.
76) 앞의 책, p. 32 下, 13행.

(지혜인 반야바라밀다)이다. 그 다음 청목은 「空因緣」에 대해 「어떠한 인연(목적, 원인) 때문에 공을 설하는가?」[77]라고 1구로 설명하고 있을 뿐이다. 이는 여전히 空을 일종의 공구로 여기는 것으로 만약 그렇지 않다면 무슨 원인(목적)으로 空은 설하는가?라고 묻지 않았을 것이다.(prayojana라는 말의 의미는 정황, 대상, 목적, 원인 등이다.)[78]

空은 일종의 수단이지 목적이 아니므로 《중론》에서는 「空」 또한 부정(空)되고 있다. 《중론》 제13품 제9송에서는

> 大聖께서 空法을 설하심은 제견을 떠나게 하기 위함인데 만약에 다시 空이 존재한다고 본다면 제불께서도 교화할 수 없다.[79]

여기서의 문제는 만약에 空이 단지 일종의 수단일 뿐 목적이 아니라면 空의 목적은 무엇이며 空에는 목적이 존재하지 않는가?라는 것이다. Murti는 분명히 있는 것으로 믿고 있다. 그는 空을 일종의 「어떤 사물이 새롭게 산생됨이 없고 일체가 모두 적정부동」한 상태(앞서 상세히 설명) 즉 「열반」이라 여기고 있다. 그러나 이는 《중론》의 본의와는 합치되지 않는다. 《중론》 제25품 제4~5송에서는 다음과 같이 설하고 있다.

> 열반은 유(존재)라고 할 수 없다. 老라고 하면 老死의 相(특성)이 있게 되어 끝내 老死의 相을 떠난 有法(존재하는 것)은 없다.
>
> 만약에 열반이 有(존재)라면 열반은 유위이어서 끝내 무위인 것은 一法(하나)도 없다.[80]

---

77) 앞의 책, p. 32下, 13행.

78) Cf. Sir Monier Monier-Williams, *A Sanskrit-English Dictionary,* p. 688, Columm 3, Motial Banarsidass, Delhi, India, 1970.

79) 《대정장》 권30, p. 18.

80) 앞의 책, p. 35.

이는 Murti가 말하고 있는 열반경계가 《중론》 속에서는 또한 실재하지 않음을 알게 해준다. 그러므로 Murti처럼 용수의 논식인 空(부정)을 진실을 시현하는 변증법이라고 여기는 것은 어쨌든 적당하지 않다. 왜냐하면 그와 Richard H. Robinson, 미산웅일 등은 한결같이 「공하지 않다」(不空)는 착오를 범하고 있기 때문이다.

5. 《중론》 속의 기타문제.

변증법에 취미가 많은 사람은 다음과 같이 추궁해 물을 것이다. (1) 설마 용수가 허무주의자이겠는가? (2) 용수는 일찍이 진리를 세속제와 제일의제 두 가지로 분류하고 있는데(앞에서 자세히 언급함) 설마 그가 제일의제를 부정했겠는가?

첫번째의 문난(問難)은 「空의」 定義와 관련된 것이다. 《중론》 제24품 제18~19송에서는 「空」(無)을 인연생(각종 조건을 의존하여 산생함)이라 정의하고 있다.

> 衆因緣生法, 我說即是無, 亦爲是假名, 亦是中道義.
> 未曾有一法, 不從因緣生, 是故一切法, 無不是空者[81]

청목은 이 두 게송에 대하여 「衆緣이 구족되어 화합하면 事物이 生한다. 이 事物은 衆因緣에 속하기 때문에 無自性이라 한다. 無自性이기 때문에 空이다」[82]라고 주석하고 있다. 이 주석은 空의 정의인 인연생으로부터 무자성을 추론하고 있다. 무자성이기 때문에 空이다. 그러므로 소위 空이란 자성을 비우는(부정하는) 것

---

81) 《대정장》 권30, p. 33.

82) 앞의 책, 15~17행.

이다. 자성은 범어로 svabhāva이다. 그것의 의미는 sva(자기, 자아, 영혼)와 bhāva(변성, 형성, 출현, 존재)라는 두 낱말의 결합이며 「실체」(substance) 또는 「물자체」(thing-in-itself)등의 명사에 상당한다.[83]

이상의 분석을 살펴 보면 용수가 부정하려고 한 것은 사물의 「배후」 또는 「심연」에 건립되어 있다는 지각할 수 없는 「사물의 자성」(자체)이지 사물이 「외부」에 현시하고 있는 「감각재료」(sense-data)와 이러한 재료에 의해 파생되는 공능을 부정하려 한 것은 아니다(이러한 감각재료 또한 진실한 자성을 갖추고 있다고 집착될 경우에는 당연히 제외된다). 그러므로 용수는 결코 허무주의자가 아니다. 용수는 《중론》 제24품 제14송에서 〈일체를 부정해야 일체를 건립할 수 있다. 空은 결코 단지 부정에만 그치는 것은 아니며 일체사물의 존재의 근거를 설명하기 위한 것이다〉라고 말하고 있다.[84]

변증법 애호자가 제기할 수 있는 또다른 하나의 문난은 설마 용수가 제일의제를 부정했겠는가? 이다. 이 문제는 「제일의제」의 정의와 관련있다. 第一義(paramārtha)는 parama(最遠, 최미세, 최구극, 최종, 최고, 최기본 등)와 artha(목적·목표·원인·동기·이유·이익·작용·공능·사물·대상)라는 두 낱말이 결합하여 이루어진 것이다.[85] 《반야등론석》 권14에서는 二諦에 대하여 다음과 같이 주석하고 있는데 이는 우리들이 제일의제가 무엇인가를 파악하는데 도움을 줄 것이다.

---

83) 註 78)과 같은 책, p. 1275(column 1), p. 754(columns 1~2).

84) 이 게송은 「以有空義故, 一切法得成 ; 若無有空義, 一切則不成.」(《대정장》 권30, p. 33.)이다.

85) 註 78)과 같은 책, p. 588(Columnl), p. 90(Columns 2-3).

세속제란 세간의 언설을 일컫는 것이다.……이러한 것 등은 第一義라 하지 않는다. 제일의는 무엇인가? 제일의 의미가 있기 때문에 제일의라 한다. 또한 최상의 無分別智가 眞實義에 계합하기 때문에 제일의라 한다.[86]

이 주석에서는 제일의를 「제일의 의미(가장 수승한 목표)가 있다」 그리고 또한 「최상의 무분별지가 진실의에 계합함(최고의 인식지혜가 사물을 요해함)」이라고 해석하고 있다. 따라서 제일의제란 최고의 인식지혜(반야바라밀다)를 이용하여 획득하는 도리이다. 주의해야 할 것은 청변의 주석은 우리들에게 제일의제가 언설로 표현할 수 있는 세속제에 상대하는 것임을 알려주고 있다. 용수는 《회쟁론》 중에서 이 점을 표명하여 「세속제에 의지하기 때문에 일체제법의 자체(자성)가 공하다는 것을 설할 수 있지, 만약에 세속제를 떠나 제일의제 중에서는 법을 설할 수 없다」[87]라고 말한다. 용수의 견해는 사물에 대한 어떠한 서술, 묘사도 세속제이므로 「空」이라 말하는 것도 또한 예외가 아니어서 제일의제 중에서는 「空」도 설할 수 없는데 하물며 「有」는 말할 필요도 없다는 것이다. 그러므로 만약에 「제일의제(최고의 진리)의 존재(실재)」를 말한다면 그것은 용수의 본의에 합치되지 않는다. 바꾸어 말하면 변증법의 애호자들은 용수가 제일의제를 진실한 존재로 여겼다고 근거없는 주장을 하고 있다. 중관파(삼론종) 학자인 길장(A.D. 549~623)은 이제의 분류가 단지 교화하기 위한 방편(그가 말하고 있는 「約教二諦」)이지 참으로 양종의 진리(그가 일컫고 있는 「約理二諦」)가 존재하는 것은 아니라고 줄곧 강조하고 있다.[88] 필자는 이것이 용수 二諦論의 핵심적인

---

86) 《대정장》 권30, p. 125, 5~10행.
87) 《대정장》 권32, p. 18, 22~23行.

의의를 확실하게 파악하고 있다고 생각한다.

결국 용수의 《중론》은 결코 변증법을 사용하고 있지 않다. 왜냐하면 용수의 부정(空)은 이것이 사구이든 tarka이든 응성증법이든, 논적의 황당무계함을 지적한 후에 어떤 진실(진리)을 지향하거나 시현하지는 않기 때문이다. 용수의 사전에는 비록 처처에 진실이라는 말이 출현하고 있지만 처처에서 진실을 부정하고 있다. 한 개인이 만약에 철저하게 부정(空)하여 번뇌가 쉰 열반을 얻었다면 그것은 세속제의 입장에 의해 말한 것이지 결코 제일의제의 입장에서 말한 것은 아니다. 한 사람이 해탈을 얻었다는 것 또한 경험, 상식 중의 생활에서이다. 따라서 그는「열반은 세간과 조금도 분별(차별)이 없다. 세간은 열반과 역시 조금도 분별이 없다. 열반의 실제(實際)와 세간의 실제, 즉 이 二際는 털끝만큼도 차별이 없다」[89]라고 말하고 있다.(本文은 원래 《臺大철학논평》, 5기 臺北 : 대만대학철학계, 1982 pp. 253~280에 실렸음)

88) 길장, 《이제의》; 《대정장》 권45, pp. 78~115.
89) 《중론》 제25품, 제19~20송; 《대정장》 권30, p. 36.

주요참고문헌

1. 《중론》, 龍樹造, 青目釋；《大正藏》권30, p. 1下.
2. 《십이문론》, 龍樹造；《大正藏》권30, p. 159 下.
3. 《회쟁론》, 龍樹造；《大正藏》권32, p. 13 下.
4. 《반야등론석》, 龍樹造, 分別明釋；《大正藏》권30, p. 51 下.
5. 《대승장진론》, 청변조；《大正藏》권30, p. 268 下.
6. 《성유식론술기》, 규기찬；《大正藏》권43, p. 229 下.
7. 《보리도차제광론》, 쫑카빠조(법존석)；新文豐出版公司, 民國 64年 초판, 臺北
8. 《공의논리》, 미산웅일저(오여균역)〔중국어판 책 이름은 《불교중관철학》이다.〕；佛光出版社, 民國67年 初版, 高雄佛光山.
9. Murti, T. R. V., *The Central Philosophy of Buddhism*, Geo. Allen and Unwin, 1955.
10. Robinson, Richard H., *Early Mādhyamika in India and China*, Motilal Banarsidass, Delhi, India, 1976.
11. Barlingay, S. S., *A Modern Introduction to Indian Logic*, National Pub. House, India, 1965.
12. Stcherbatsky, F. th., *Buddhist Logic*, Dover Pub., Inc., New York, 1962.
13. Heyting, A., *Intuitionism∴An Introduction*, North－Holland Pub. Co., Amsterdam, 1966.

본문의 원고는 1982년 5월 말에 대만대학 철학계의 1차 정례토론회상에서 낭독했던 것이다. 이 원고에 대한 강평은 객석에 앉아 계셨던 미국에서 오신 교수 정학례 선생께서 해주셨다. 정선생의 주된 비평은 두 가지였다. 하나는 본문의 표제에 관한 비평이고 다른 하나는 내용적인 측면에 관한 비평이었다. 본문의 표제에 대해서 정선생께서는 '「변증법」이란 말은 헤겔 이전의 변증법을 지칭할 수도 있고 헤겔 이후의 변증법을 지칭할 수도 있다. 만약에 「변증법」이란 말이 헤겔 이전의 의미를 포괄한다면 용수의 《중론》은 명백히 변증법을 사용하고 있다'고 비평하셨다. 그러므로 정선생께서는 본문의 표제의 의미가 모호하여 불분명하다고 생각하셨다. 이 비평에 대하여 필자는 동의하는 점도 있고 동의할 수 없는 부분도 있다. 동의할 수 있는 점은 정선생의 「변증법」에 대한 설명이 정확하다는 점이다. 동의할 수 없는 것은 본문에서 언급하고 있는 변증법인 Richard H. Robinson, 미산웅일 내지 Murti 등과 같은 사람의 논증과 분석은 모두 분명하게 헤겔 이후의 변증법을 가리키고 있는 것이지 헤겔 이전의 변증법을 가리키는 것이 아니라는 것이다. 그러므로 본문은 여전히 원래의 제목 그대로 발표하기로 하였다.

정선생이 본문의 내용에 대해 달랐던 견해는 용수는 결코 경험론자도 아니고 또한 상식철학가도 아니며 반대로 신비주의적인 색채를 띠고 있다는 것이었다. 필자는 이점에 대해 동의한다. 따라서 필자는 원고에서 이러한 논단에 해당하는 부분을 전부 삭제하였다. 필자는 정선생의 이 비평에 대해 진심으로 감사하고 있다.

강평인의 비평 이외에도 다른 비평이 있었으니 이는 문헌학적인 비평이었다. 어떤이가 말하기를 본문에서 채용하고 있는 《중론》의 판본과 주석이 단지 한역에만 국한된 문헌으로 범문의 자료를 다루고 있지 않기 때문에 본문의 논거가 회의적이라 하였다. 이러한 비평에 대한 필자의 답변은 다음의 세 가지이다.

1) 본문의 내용은 결코 (문헌의) 고증, 역사 또는 주소의 자세한 부분에 대해서는 언급하고 있지 않으며 순수논리 또는 순수철학적인 문제를 다루고 있어서 本題에서 벗어나거나 미세한 부분의 내용까지 널리 인용할 필요가 없었다.

2) 학계에서는 《중론》의 범본은 단지 1본만이 존재하고 있다고 여기고 있는데 그것은 월칭의 《명구론》에 남아있는 것을 발췌한 것이다. 《중론》의 주석에는 다음의 十家가 있다. (1) 용수의 주석이라고 하지만

의심스러운 《무외주》(Akutobhaya) (2) 불호주 (3) 월칭의 《명구론》 (4) 天寂(Devaśarman)註 (5) 求那師利(Guṇaśri)註 (6) 덕혜(Guṇamati)註 (7) 안혜(Sthiramati)주 (8) 무착(Asaṅga)의 《순중론》 (9) 청변의 《반야등론》 (10) 청목주.

망월신형《불교대사전》 4, pp. 3671c~3676.를 참고 해보면 이 10가의 《중론》 주석 중에서 이미 산실된 것으로는 (5)와 (6)이 있고 유식종의 입장에 입각해서 주석함으로써 공정성을 잃은 것으로는 (6), (7), (8)이 있다. 또한 티벳어로만 번역되어 존재하는 것으로는 (1)과 (2)가 있다. 필자는 티벳어에 대충 통하지만 숙달되게 사용할 수 없고 또한 인용할 필요도 느끼지 않았기 때문에 실제적으로는 다만 (9)와 (10) 그리고 (3)만을 자료로 채용하였다.(월칭《명구론》의 인용은 Richard H. Robinson의 영역과 법존의 한역본을 통해 대조하여 조사한 것이다).

3) 본문에서 가장 많이 인용되고 있는 《중론》 주석은 청목석이다. 청목석은 학계에서 공인된 최고 古本이며 또한 용수의 본의에 가장 접근하는 주석이다. 이상의 1), 2), 3)의 세 가지 이유에 근거하여 필자는 본문이 문헌학적인 처리에 있어서 결함이 있다고 인정할 수 없다.

Ⅳ.《중론》안의「四句」연구

1. 이끄는 말

고대의 인도와 중국에서는 용수(A.D. 150～250)가《중론》안에서 극력으로 천양했던 공을 방편설 또는 불요의설이라고 여겼다. 예를 들면 인도「유식종」의 대표작인《해심밀경》은 용수가 천양한 공을 불요의의「第二時教」로 판단하고 있다.[1] 또한 중국의 천태종도「공」을「통교」로 판별하여 그것을 소승과 대승 사이의 정도가 낮은 교의라고 말하고 있다.[2] 그리고 마찬가지로

---

1)《해심밀경》권3에서는「空」을 비판하는 다음과 같은 經文이 있다.「세존이시여! 제2時 중에서는 오로지 발취(發趣)하여 대승을 닦는 이들을 위하여 일체법이 다 무자성이고 無生, 無滅이고 본래 적정이고 자성열반이라는 것에 의거하여 은밀한 相으로 正法의 바퀴를 굴립니다. 이는 비록 제1時에 비해 심오하고 기묘하며 매우 희유하지만 그때에 법륜을 굴림에는 有上이 있으며 허용하고 받아들여야 할 바가 있어 아직은 요의가 아니며 온갖 쟁론이 安足하는(깃드는) 처소입니다」(《대정장》권16, p. 697)

2) 체관《천태사교의》에는 다음과 같은 문구가 있다.「다음으로 통교를 밝히자면 앞의 장교에 통하고 후의 별교, 원교에도 통하기 때문에 통교라 한다. 또한 教에 따라 명칭을 얻으니 3종의 수행인이 똑같이 언설로 설하지 않으며 體色入空이므로 통교라 한다」(《대정장》권46, p. 777). 이 단락의 論文으로부터 통교가 소승의「(삼)장교와 대승의「별교」,「원교」사이에 끼어 있다는 것과 그 教義는「색을 체인(體忍)하여 空으로 깨달아 들어감」이라는 것을 알 수 있다. 체관은 계속해서 통교에는 3종의

화엄종에서도 공을 「大乘始教」로 판단하여 그것이 다만 대승불교의 초기단계라고 말하고 있다.[3] 이렇게 인도와 중국의 경전과 조사들은 비록 표면적으로는 용수를 칭찬하고 있지만 그 골자에 있어서는 용수가 천양한 「공」을 두려워하여 「공」은 「三相(변계소집상, 의타기상, 원성실상)을 비방하여 제거」(허무주의)하므로 「공」을 천양하는 사람은 「지혜를 잃고」 「광대하고 무량한 善法을 잃게 된다」고 말하고 있다.[4] 따라서 인도와 중국의 불교계에서는 용수의 공에 대해서 비방은 많고 칭찬은 적었다.

근래의 세계 불교계에서는 용수 《중론》 안의 공에 대해서 오히려 옛 사람들과는 다른 탐색 경향이 있다. 예를 들면 인도의 Murti, 미국의 Richard H. Robinson 및 일본의 미산웅일은 모두 용수의 「공」은 허무주의가 아니며 도리어 최고의 진리를 획득하는 수단이라고 여기고 그것을 「변증법」(dialetic)이라 칭하고 있다.[5]

필자는 《중론》 안의 「사구」 연구를 통해 옛 조사들과 현대

수행인이 있으니 첫째는 소승인이요 둘째는 鈍根菩薩이며 셋째는 利根菩薩이라고 말하고 있다. 두번째의 둔근보살은 통교에서 가장 중요한 수행인인 데 그 특색은 「단지 空에 편중하여 보고 不空(의 중도)을 보지 못한다」이다. 따라서 성취되는 佛은 「現帶劣勝應身成佛」이다 (이상, 《대정장》 권46, pp. 777～778)

3) 화엄종의 법장은 그의 《화엄일승교의분재장》 권1 중에서 불교의 일체 경교를 5교 10종으로 나누고 있다. 10종 중의 제7은 「一切法皆空宗」이며 그 교의 및 대표적 경전은 「일체제법이 진실로 空임을 설하는데 중생의 망정을 벗어나면 분별이 없기 때문이며 예를 들어 《반야경》 등에서와 같다」(《대정장》 권45, p. 482)고 한다. 이 「일체법개공종」은 「始教」의 하나이다(다른 하나는 유식종). 그는 《법고경》, 《기신론》 등의 경론을 인용하여 이 일체개공의 시교가 구경이 아니고 불요의한 교의임을 증명하고 있다. 예를 들면 「일체개공의 경전에는 아직 더 설해야 할 내용이 있다」(《대정장》 권45, p. 481)라고 말하고 있다.

4) 《해심밀경》 권2 ; 《대정장》 권16, pp. 695～696.

학자들의 논점이 결국 정확한 것인지 아닌지를 논의하고자 한다.

2. 《중론》 안의 양종 사구

四句(Catuṣkoṭi)는 《중론》 안에서 가장 흔히 볼 수 있는 논식의 하나이다. 그러나 《중론》 안에는 양종의 서로 다른 사구가 존재하며 때때로 일반학자들이 이를 혼동하여 착오된 결론을 낳는다.[6]

1) 《중론》 안의 「진실사구」

《중론》 안의 사구 가운데 첫째 종류는 진정한 사구이므로 그것을 「진실사구」라 하며 다음과 같은 뚜렷한 예가 있다.

一切實非實, 亦實亦非實,
非實非非實, 是名諸佛法.[7](예 1)

이 게송 중에는 네 개의 句를 함유하고 있으니 즉 「四句」이다.

제 1 구 : 一切實

---

5) 「변증법」(dialectic)이란 말은 서양철학 고유의 명사로 고대 희랍이래로 많은 다른 의미가 있다. Hegel 이후 「변증법」이란 말은 다음과 같은 의미로 고정되었다. : 하나의 대어구(對語句)나 개념으로부터 모순을 도출하여 이 대어구나 개념을 부정함으로써 다른 하나의 높은 층차, 즉 더욱 진실한 어구 또는 개념에 도달하는 것이다. 부정되는 하나의 대어구나 개념을 「正」(thesis)과 「反」(antithesis)이라 칭하며 도달된 높은 층차, 더욱 진실된 새로운 어구나 개념을 「合」(synthesis)이라 칭한다.

6) 예를 들면 미산웅일저, 정호영역, 《공의논리》(pp. 78～79 참고)의 「사구부정」이라는 절의 첫머리에서 인용하고 있는 사구는 다음에 언급할 예정인 「의사사구」이지 「진실사구」가 아니다. 그러나 미산씨는 「진실사구」로 오인하여 착오적인 결론을 추론하고 있다.

7) 《중론》 권3, 제18품, 제8송 ; 《대정장》 권30, p. 24.

제 2 구 : 一切非實
제 3 구 : 一切亦實亦非實
제 4 구 : 一切非實非非實

이 네 개의 구 중에는 네 개의 개념을 함유하고 있으니 즉 實, 非實, 亦實亦非實, 非實非非實이다. 우리들이 A, 非A, A이면서 非A, 非A이면서 非非A를 사용하여 이 네 개의 개념을 대체하면 「사구」는 다음과 같은 형식을 갖추게 될 것이다.

제 1 구 : ……A…… ;
제 2 구 : ……非A…… ;
제 3 구 : ……A 이면서 非A…… ;
제 4 구 : ……非A 이면서 非非A…….

우리는 이 논식에서 제2구 중의 「非A」가 제1구 「A」의 부정이며 제3구 「A이면서 非A」는 제1구 「A」와 제2구 「非A」가 결합한 것이며 제4구 「非A이면서 非非A」는 제1구 「A」의 부정(즉 「非A」)과 제2구 「非A」의 부정(즉 「非非A」)이 결합한 것임을 알 수 있다. 이른바 「진실사구」에는 앞서 열거한 예와 반드시 같다고는 볼 수 없는 다음과 같은 방식이 있다.

적멸상(寂滅相) 중에는 常이나 無常 등의 네 가지가 없다.
적멸상 중에는 邊이나 無邊 등의 네 가지가 없다.[8] (예 2)

이 게송에 대해서 청목(Piṅgala 또는 Vimalākṣa)은 다음과 같이 주석하고 있다.

제법의 실상은 이와 같이 미묘하게 적멸하나 다만 과거세의 인연으로 4종의 邪見을 일으킨다. 〈세간은 常이다, 세간은 無常이다, 세간

8) 《중론》 권4, 제22품, 제12송 ; 《대정장》 권30 p. 30.

은 常無常이다, 세간은 非常非無常이다〉라는 것은 적멸 중에서는 다 존재하지 않는다. 왜 그러한가? 제법의 실상은 필경 청정하여 취(取)할 수 없기 때문이다. 空도 오히려 不受인데 하물며 4종의 견해리오! …… 과거세를 因하여 4종의 견해가 존재하듯이 미래세를 인하여 4종의 견해가 존재한다. 즉 〈세간은 有邊이다, 세간은 無邊이다, 세간은 有邊無邊이다, 세간은 非有邊非無邊이다〉라는 것이다.[9)]

청목의 주석에서 우리는 앞서 인용한 게송 중에는 모두 8종의 착오된 「見」(관점)이 함유되고 있다는 것을 알 수 있다. 4종은 과거세로 인하여 생긴 것으로, 즉 세간은 영원하다(常), 세간은 영원하지 않다[無常], 세간은 영원하거나 영원하지 않다[常無常], 세간은 영원하지 않거나 영원하지 않지도 않다[非常非無常]인데 이 4종의 「見」은 모두 착오이기 때문에 용수가 부정하는 것이다. 이밖에 또다른 4종의 착오적인 관점은 미래세로 인하여 생기는 것이다. 즉 세간은 유한하다[有邊], 세간은 무한하다[無邊], 세간은 유한하거나 무한하다[有邊無邊], 세간은 유한하지 않거나 무한하지도 않다[非有邊非無邊]인데 이 4종의 착오적인 관점 또한 당연히 용수가 부정하는 것이다.

청목은 이처럼 8종의 견해를 과거의 네 관점과 미래의 네 관점으로 분류하고 있는데 이는 근거가 없는 것인지도 모른다. 그렇지만 용수의 송문으로부터 우리는 확실히 이 8종의 관점이 두 가지로 나누어짐을 파악할 수 있다. 바꾸어 말하면 예2의 게송은 두 개의 사구를 함유하고 있다는 것이다. 또한 우리는 예2 중에 함유된 두 개의 「사구」는 모두 부정적인 형식으로 출현하고 있음을 알 수 있다. 예를 들면 첫번째 「사구」는 「常」(항상함), 「無常」(항상하지 않음), 「常無常」(항상하거나 항상하지 않음), 그리

9) 앞의 책.

고 「非常非無常」(항상하지도 않거나 항상하지 않지도 않음) 등 네 개의 개념이다.

이는 분명히 예1 중의 긍정적인 「實」, 「非實」, 「實 이거나 非實」, 「非實 이거나 非非實」 등 네 개의 개념과는 다른 점이 있다. 그러므로 엄격하게 말해서 예2와 예1의 사구는 비록 모두 「진실사구」이긴 하지만 서로 다른 논식을 갖추고 있으니 예1은 「긍정적인 진실사구」이고 예2는 「부정적인 진실사구」이다. 만약에 우리가 「A」, 「非A」로서 「상」, 「무상」의 두 개념을 대신하게 한다면 「부정적인 진실사구」는 다음과 같은 보편적인 형식을 갖추게 될 것이다.

제 1 구 : ……非A…… ;
제 2 구 : ……非非A…… ;
제 3 구 : ……非(A 이거나 非A)…… ;
제 4 구 : ……非(非A 이거나 非非A)…….

결국 「긍정적인 진실사구」이든 「부정적인 진실사구」이든 관계없이 그 가운데 제1구는 반드시 「A」라는 말을 함유하고 있고, 제2구는 반드시 「非A」라는 말을, 제3구는 반드시 「A 이거나 非A」라는 말을 그리고 제4구는 반드시 「非A 이거나 非非A」라는 말을 함유하고 있다. 이는 「진실사구」의 보편적인 형식이다. 이밖에도 《중론》 권4 제22품 제13～16송, 제25품 제4～24송, 제27품 제1～8송, 제13～29송은 모두 「진실사구」이며 더욱이 「부정적인 진실사구」인 것이다.

2) 《중론》 안의 「擬似四句」

「진실사구」 이외에 《중론》 안에는 다른 종류의 「사구」가 출현하고 있다. 이러한 「사구」는 모두 「진실사구」의 형식과는 같지 않기 때문에 본문에서는 그것을 「의사사구」라 칭한다. 다음은 그 뚜렷한 예이다.

> 제법은 自生도 아니고 또한 他로부터 生하는 것도 아니며 共生도, 無因生도 아니다. 따라서 無生임을 알 수 있다.[10] (예 3)

이 게송 중에서 용수는 앞의 세 구로부터 맨 마지막 구의 결론(즉 「無生」)을 추론하고 있다. 앞의 세 구는 네 개의 구를 함유하고 있는데 이것이 바로 본문에서 말하는 「의사사구」이다.

제 1 구 : 제법은 자생이 아니다 ;
제 2 구 : 제법은 타생이 아니다 ;
제 3 구 : 제법은 공생이 아니다 ;
제 4 구 : 제법은 무인생이 아니다.

이 「사구」 중에는 「자생」, 「타생」, 「(자타) 공생」 및 「무인생」 등의 말을 포함하고 있다. 용수의 「사구」는 이 4종의 「생」을 일일히 부정하여 不自生, 不他生, 不共生, 不無因生이라 말하고 있다.

여기서 문제는 「자생」 내지 「무인생」은 무엇인가? 이다. 이 문제는 용수 자신의 해석과 청목의 주석에 의해 파악해 볼 수 있다. 《중론》 권1 제1품에는 다음과 같은 게송이 있다.

> 제법의 자성은 緣중에 있지 않다.
> 자성이 없기 때문에 타성 역시 없다.[11]

이 게송에 대한 청목의 주석은 다음과 같다.

---

10) 《중론》 권1, 제1품, 제3송 ; 《대정장》 권30, p. 2.
이러한 예를 미산웅일은 「진실사구」라고 오인하고 있다. 6)참고.
11) 《중론》 권1, 제1품, 제4송 ; 《대정장》 권30, p. 2.

제법의 자성은 衆緣(각종 조건) 중에는 있지 않으며 다만 중연이 화합하기 때문에 명자(名字)를 얻는다. 자성은 본체이다. 중연 중에는 자성이 없으며 자성이 없기 때문에 스스로 생겨날 수 없다(不自生). 자성이 없기 때문에 타성 역시 존재하지 않는다. 왜냐하면 자성으로 인하여 타성이 존재하며 타성은 他에 대해 역시 자성이기 때문이다. 만약에 자성을 파하면 타성을 파하는 것이다. 따라서 타성으로부터도 생할 수 없다(不他生). 만약에 자성과 타성을 파하면 공생의 의미(義)도 파할 수 있다. 無因이라면 큰 과실이 있다. 因이 있다 해도 파할 수 있는데 하물며 무인이겠는가! 사구 중에서는 生을 얻을 수 없다(不可得). 따라서 不生이다.[12]

청목의 주석에 따르면 소위 「자생」의 의미는 과가 인[衆緣] 중에 존재한다는 「因中有果論」이고 「타생」은 「자생」과 상반되는 이론으로, 즉 과가 인 중에 존재하지 않는다는 「因中無果論」이며 「공생」은 「과」가 한편으로는 인 중에 존재하고 다른 한편으로는 인 중에 존재하지 않는다는 「因中亦有果亦無果論」이고 「무인생」은 앞의 3종의 生 이외의 生으로 그것은 「과」가 자연적으로 존재하여 어떤 원인을 의지할 필요가 없는 「우연론」이다. 이 4종의 「生」을 통해 분명히 용수는 生起할 수 있는 모든 가능성을 다 언급한 것으로 여기고 있기 때문에 이 4종의 「생」을 부정한 후에 「따라서 無生임(생이 없음)을 알 수 있다」는 결론을 내리고 있다.

앞의 분석을 통해 우리는 자생, 타생, 공생 및 무인생이 상호 독립하여 서로 상관이 없다고 할 수 있다. 만약에 인도 고유의 철학파와 비교 연구해 보면 자생은 Sāṅkya와, 타생은 Nyāya-Vaiśeṣika와 공생은 Jaina와 그리고 무인생은 유물론의 Cārvāka와 비슷하다.[13]

---

12) 《대정장》 권30, p. 2.

四生을 네 개의 서로 다른 개념이나 학파로 대표하게 할 경우에 「자생」을 「A」로 표시하면 「타생」은 「非A」로 표시할 수 없고 「A」와는 완전히 무관한 「B」로 표시해야 하며 똑같은 이치로

---

13) 수론에서는 일체 사물이 모두 「자성」(prakṛti)—일종의 원시적 물질—이 전화(轉化, pariṇāma)되어 나온 것이라고 주장한다. 말하자면 일체 사물은 이미 그 원형인 자성 중에 미리 존재하고 있다는 것이다. 이는 분명히 「인중유과론」(satkārya-vāda)이다. 정리-승론학파(즉 후기 정리학파)는 「과」를 「앞서 존재하지 않은 상반된 사물」(prāgabhāvapratiyogi)로 정의하고 「과」가 새로 생긴 것이지 「인」 가운데 미리 존재하는 것은 아니라고 여긴다. 이 이론은 분명히 「인중무과론」(asatkārya-vāda)이며 또한 그것을 「창생론」(āraṃbhavāda)이라고도 칭한다(Radhakrishnan의 《인도철학》(Indian Philosophy)권2, p. 96). 그 다음 중기중관학자인 월칭(Candrakīrti, A.D 600～650)은 그의 《입중론》에서 「공생」을 주장하는 학파를 언급할 때 「공생을 계탁함이란……그 宗(종파)은 명(命), 비명(非命), 복(福), 죄(罪), 루(漏)등 아홉가지 구의(句義)를 안립하고 그것들이 진실하다고 한다」(《입증론》권4, p. 1)라고 설하고 있다. 우리는 「그 宗」이 인도의 어떤 학파를 가리키는지 분명히 알 수 없다. 왜냐하면 이 학파가 주장하는 「아홉가지 구의」중에서 복, 죄, 루, 율의는 대개 모든 학파에 공통적인 것이기 때문이다. 그러나 실체(dravya)를 「명」(jīva)과 「非命」(ajīva)으로 나누는 학파는 여러 학파 중에서 다만 자이나교 뿐이다. 따라서 우리는 월칭이 말하는 「그 종」이 자이나교를 가리키는 것이라고 추정할 수 있다. 월칭은 「그 종」의 「공생」 주장을 해석할 때 하나의 예를 들고 있다. 이 예로부터 「共生」이 무엇을 의미하는지를 알 수 있고 나아가 「그 종」이 확실히 자이나교를 가리킨다는 것을 증명할 수 있다. 「가령 미륵은 전세의 명근(jīva) 중에 존재하고 있어야 금생에 생을 받을 수 있기 때문에 自生이라 할 수 있다. 미륵과 명근이 서로 다른 법(異法)이 아니기 때문이다……미륵은 또한 아버지, 어머니, 法, 非法, 漏등 他法을 따라 生하므로 他生이라 할 수 있다」(《입중론》 권4, p. 1.). 이 단락의 설명 중에서는 「法」(dharma)과 「非法」(adharma)을 언급하고 있는데 그것은 분명히 자이나교가 주장하는 양종의 실체(dravya)이며 전자는 명근인 「영혼」이 활동하는 근거이고 후자는 명근이 지식(止息)하는 조연(助緣)이다. 註의 인용문 가운데 「漏」는 자이나교가 말하는 「물질의 흐름」(āsrava)을 가리킨다고 볼 수도 있다. 이는 곧 다른 교파에서 말하는 「업력」(karma)으로 그것은 생명체(명근)로 하여금 육체 가운데 속박되게 하는 또 다른 원인이다. 이러한 해석에 따라 우리는 월칭이 말하는 「그 宗」이 확실히 자이나교를 가리킨다는 것을 추정할 수 있다.

「공생」을 「A이면서 非A」 또는 「A이면서 B」로 표시할 수 없고 「C」로 표시해야 하며 「무인생」도 「D」를 사용해 표시할 수 있는 것이지 「非A이면서 非非A」로 표시할 수 없다. 그러므로 예3 중에 함유하고 있는 「사구」는 당연히 다음과 같은 형식을 갖추고 있다.

제 1 구 : ……非A…… ;
제 2 구 : ……非B…… ;
제 3 구 : ……非C…… ;
제 4 구 : ……非D…….

분명히 이 형식의 사구는 앞에서 언급한 바 있는 양종의 진실사구와는 완전히 다르기 때문에 같은 것으로 혼동하면 안된다. 따라서 본문에서는 그것을 칭하여 「의사사구」라 한다. 이밖에도 자세히 검토하면 독자들도 어렵지 않게 《중론》 권2 제12품 제1송, 권3 제21품 제12송 등등에서 「진실사구」의 형식이 아닌 「의사사구」를 발견할 수 있을 것이다.

3. Richard H. Robinson의 분석

Richard H. Robinson은 그의 《인도와 중국의 초기중관학》(Early Mādhyamika in India and Chaina)에서 전통적인 서양의 논리기술을 채용하여 《중론》 안의 「사구」 논식을 분석하였다.[14] 이 부분은 신중하게 검토해 볼 필요가 있다. 우선 그의 분석을 살펴보기로 하자.

---

14) Richard H. Robinson의 《인도와 중국의 초기 중관학》(*Early Mādhyamika in India and China*), 「용수의 논리학」(Nāgārjuna's Logic)이라는 절. 특히 pp. 54~57.

먼저 Richard H. Robinson은 인도의 중기 중관학자인 월칭(Candrakīrti)의 저작인 《명구론》(Prasanapadā)으로부터 용수의 게송 하나를 뽑아 인용하고 있는데 그것은 漢譯《중론》 권3 제 18품 제 8송에 해당하며 앞서 예1로 인용되어 검증된 바 있다. Richard H. Robinson은 이 게송을 분석하여 다음과 같은 네 개의 구로 만들었다.

제 1 구 : P ;
제 2 구 : 非P ;
제 3 구 : P 이면서 非P ;
제 4 구 : 非P 이면서 非非P.

전통적인 서양의 논리학에서는「非非P」를「P」와 등치로 여긴다. 따라서 Richard H. Robinson은 제4구는「非P이면서 P」와 등치이며 그것은 바로 제3구와 같다고 말하고 있다. 마침내 그는 제 3 구와 제 4 구가 모두 전통적인 서양 논리학 중에서의「모순율」(the rule of contradiction)을 위배하고 있기 때문에 도리에 맞지 않다고 말하고 있다.

Richard H. Robinson의 간단한 분석은 명백하게 다음과 같은 전통적인 서양 논리학의 법칙을 채용하고 있다.

법칙 1) 쌍중부정율(雙重否定律, the rule of double-negation) :「P」는「非非P」와 등치이다.
법칙 2) 연언교환율(連言交換律, the rule of conjunctive communication) :「P이면서 Q」는「Q이면서 P」와 등치이다.[15)]
법칙 3) 모순율(矛盾律, the rule of condradiction) :「P이면서 非P」는 불가능하다.

---

15) Richard H. Robinson의 분석에서는 제4구가 제3구와 등치라고 말하고 있다. 이 때에는「연언교환율」을 사용하고 있다.

그렇다면 우리는 용수의《중론》에서는 이 세 가지 법칙의 합리성을 인정하고 있지 않다는 것을 증명하여 Richard H. Robinson의 분석이 착오임을 밝혀 보자. 이 점을 증명하기 이전에 우리는 그의 두번째 분석을 살펴 보아야 한다.

우선 Richard H. Robinson은 여전히 예1의 게송을 인용하고 있다. 그는 그 게송에서 함유하고 있는「사구」의 제 1, 제 2 구가 분명히 다음과 같은 형식을 갖추고 있다고 말한다.

제 1 구 : 모든 X는 A이다 ;
제 2 구 : 모든 X는 非A이다.

그 다음에 그는 첫번째 분석의 곤란을 피하기 위해 다시 월칭의《명구론》에서 다음과 같은 게송을 뽑아내고 있는데 이 게송은 한역《중론》권4 제27품 17송에 상당한다.

「만약에 반은 天(神)이고 반은 인간이라면 二邊에 떨어진다. 常과 無常이 함께 존재하는 이러한 일은 옳지 않다」[16] (예 4)

Richard H. Robinson은 이 게송에서 용수가「반은 천신 반은 인간」을 사용하여「常과 無常」을 해석하고 있으며「상과 무상」은「사구」중의 제3구이므로 소위「반천반인(半天半人)」의 의미를「일부분은 천신이고 일부분은 사람이다」고 분석하고 있다. 따라서 그는 제3, 제4구가 다음과 같이 파악될 수 있다고 결론짓고 있다.

제 3 구 : 약간의 X는 A이면서 약간의 X는 非A이다.
제 4 구 : X는 A가 아니면서 X는 非A가 아니다.[17]

16)《중론》권4, 제27품, 제17송 ;《대정장》권30, p. 38.

Richard H. Robinson은 제4구 중의 「X는 非A가 아니다」가 「모든 X는 A이다」와 등치라고 말하고 있다. 따라서 제4구는 바로 Aristotle의 논리학 중에서 E구와 A구의 결합[18]이며 제3구는 I와 O의 결합이다.[19] 이밖에 E와 I, A와 O는 Aristotle의 논리학에서 상호모순이다. 따라서 제4구는 「약간의 X는 A가 아니면서 약간의 X는 非A가 아니다」이다.[20]

이상의 각 사항을 종합하면 Richard H. Robinson의 두번째 분석에서의 「사구」는 다음과 같이 보편적인 형식을 갖추고 있다.

제 1 구 : 모든 X는 A이다.……A ;
제 2 구 : X는 A가 아니다.……E ;
제 3 구 : 약간의 X는 A이면서 약간의 X는 非A이다.……I이면서 O ;
제 4 구 : X는 A가 아니면서 X는 非A가 아니다.……E이면서 A ;
(제4구 〈약간의 X는 A가 아니면서 약간의 X는 非A가 아니다.〉는 非I 이면서 非O와 등치이다.)

Richard H. Robinson의 두번째 분석 중에서는 명백히 다음과 같은 여러 전통적인 서양 논리법칙을 채용하고 있다.

---

17) Richard H. Robinson의 분석에서는 《중론》 권4, 제27품, 제17송을 예로 인용하고 있는 이외에 또한 《중론》권1, 제1품, 제9송의 청목석 : 「有無名爲半有半無」(《대정장》권30, p. 3)를 인용하고 있다.

18) Aristotle의 논리학은 전통적인 서양논리학이다. 이 논리학에서는 A, E, I, O를 구별 사용하여 다음과 같은 語句를 표기하고 있다.
A : 모든 X는 다 A이다.
E : X는 A가 아니다.
I : 약간의 X는 A이다.
O : 약간의 X는 A가 아니다.
또한 전통 논리학에서는 A와 O는 상호 모순, E와 I도 상호 모순이며 A와 非O는 등치, E와 非I도 등치이다.

19) 18)참고.

20) 앞과 같음.

법칙 4) 「X는 A가 아니다」는 「약간의 X는 A가 아니다」와 등치이다.
법칙 5) 「X는 非A가 아니다」는 「모든 X는 A이다」와 등치이다.
법칙 6) 「모든 X는 A이다」는 「약간의 X는 非A가 아니다」와 등치이다.

우리는 용수의 《중론》이 결코 이 세 가지 법칙의 합리성에 완전히 동의하지 않는다는 것을 증명하고자 한다. 그 전에 먼저 Richard H. Robinson의 기타 다른 논점을 토론해 보자.

Richard H. Robinson은 비록 자신의 분석을 이용하여 「용수가 변증법을 사용하고 있다」는 결론을 얻고 있지는 않지만 그는 확실히 옛 논사들의 관점으로부터 이러한 결론을 얻고 있다. 예를 들면 그는 청목과 월칭의 주석을 참고하여 다음과 같은 결론을 말하고 있다.

> 청목의 《중론》석과 월칭의 견해는 모두 「사구」가 일종의 대치적 방편이라는 것에 동의하고 있다. 또한 「사구」 중의 매 1구는 제1구를 제외하고 모두 바로 앞 구를 비판하고 있어 전체 「사구」는 점차 차원이 높아가는 일련의 과정을 이루고 있다. 이는 일종의 변증적 상승과정이다 ; 매 1구는 모두 바로 앞의 구를 부정하고 있을 뿐만 아니라 그것을 해소하고 있다. 전체 논식은 제4구 부정을 향해 나아가고 있으며 이렇게 모든 「見」(견해, 관점)을 해소하고 있다.[21]

미산웅일은 《공의 논리》에서 「용수는 변증법을 사용하였다」는 똑같은 결론에 이르고 있다. 그의 결론은 사구에 대한 Richard H. Robinson의 분석을 전제로 삼고 있다. 우선 그는 《중론》 안의 사구를 「논리」와 「응용」 두 측면으로 나누어 논의하고 있다. 「논리」의 측면으로 말하면 그는 Richard H. Robinson의 첫번째 분석

---

21) Richard H. Robinson, 《인도와 중국의 초기중관학》 p. 56, 行42～48.

을 채용하여 「사구」 중의 제3, 4구가 모두 서양 논리학의 「모순원리」(모순율)를 위반했다고 말하고 난 후에 다음과 같이 결론하고 있다.

> 따라서 형식 논리의 입장에서 사구부정을 이해하는 것은 곤란하다. 오히려 어떤 논의영역에서 성립되는 하나의 명제를 그것과는 다른 보다 고차원적인 논의영역에서 부정하는 과정으로서, 사구부정은 변증법적인 성격을 갖고 있다고 생각하지 않으면 안된다.[22)]

미산웅일은 이러한 결론을 획득한 후에 〈사구의 응용〉이라는 절에서 Richard H. Robinson의 두번째 분석을 이용하여 또다른 하나의 결론에 이르고 있다. 이 결론은 「사구」 중의 제4구가 「최고의 진실」이며 「중관의 종교진리」라고 여기는 것이다. 이러한 진리는 제1구의 논의영역 중에서 성립할 수 없으며 또한 제2구, 제3구 중의 논의 영역에서도 성립할 수 없다는 것이다. 바꾸어 말하면 이 진리는 변증법적 상승단계를 경과하여 얻는다는 것이다. 그는 다음과 같이 말하고 있다.

> '어떠한 것도 진실이 아니며 어떠한 것도 비진실이 아니다' 제4구는 최고의 진실로서 중관의 종교진리를 표시한다. 따라서 그 한도 내에서는 부정되어서는 안된다. 그러나 이 진리는 제1구가 성립되는 논의영역 중에서 성립될 수 없으며 제2, 제3구의 영역 중에서도 마찬가지로 성립되지 않는다. 바꾸어 말하면 제1, 제2구 및 제3구가 성립되는 영역에서는 제4구도 부정되어야 할 성질의 것이다.[23)]

이상의 분석과 증명에 의해 우리는 Richard H. Robinson과 미산웅일이 《중론》 안의 사구를 일종의 변증법으로 여기고 있음을

22) 미산웅일, 정호영역, 《공의논리》 p. 106 참고.
23) 앞의 책, p. 110 참고.

명백하게 알 수 있다. 그들의 논단은 완전히 전통적인 서양의 Aristotle 논리학의 몇가지 법칙에 기초하고 있다. 다음 문단에서는 이러한 법칙이 결코 용수의 철학에 적용할 수 있는 것이 아니라는 것을 증명할 예정이다. 이밖에도 T.R. Murti는 비록 사구의 분석이나 전통적인 Aristotle의 논리학에 기초하고 있지는 않지만 Richard H. Robinson이나 미산웅일처럼 용수가 변증법을 사용하고 있다고 주장하고 있다.

예를 들면 그는 「(중관의) 변증법은 일련의 귀류논증법(Prāsaṅgāpādanam)이다. 매 주장은 모두 서로 모순이다. 중관학파는 변증가이거나 자유자재한 비판가(Vaitaṇḍika)이다」[24]고 말하고 있다. T.R. Murti의 논점은 「사구」와는 무관한 《중론》 안의 또 다른 중요한 논식인 「귀류논증법」(「응성증명법」이라 칭하기도 함)을 언급하고 있다. 따라서 본문에서는 집중적으로 Richard H. Robinson과 미산웅일의 분석을 토론하고자 한다.

4. 용수의 「직각주의」

Richard H. Robinson과 미산웅일의 착오를 철저하게 알아보려면 우선 용수의 「직각주의」(intuitionism) 경향을 이해해야 한다.

「직각주의」는 당대 서양 논리학의 3大 주류 중의 하나이며[25] L.E.J. Brouwer, A. Heyting 등이 먼저 주창한 것이다. 이러한 신

---

24) Murti, *The Central Philophy of Buddhism,* p. 145, 行 8~14.

25) 이외에 당대 서양논리학의 양대 주류는 (1) Hilbert가 영도한 「형식주의」(formalism) (2) B. Russel이 개창한 「논리주의」(logicism)이다. 이 양대 유파는 모두 전통적인 Aristotle 논리학에서 합리적이라고 인정하고 있는 「배중율」(the law of excluded middle)과 「쌍중부정율」(the law of double negation)을 인정하고 있다.

논리학에 의하면 전통논리학에서 승인되었던 다음의 원리들은 모두 성립되지 않는다.[26)]

(1) 배중율 : A 이거나 非A(즉 A와 非A 가운데 최소한 하나는 성립해야 함)
(2) 쌍중부정율 : 「非非A」로부터 「A」를 얻을 수 있다.
(3) 존재양호부정율(the law of existential-quantifier-negation) : 「약간의 X는 결코 非A가 아니다」로부터 「모든 X는 A이다」를 얻을 수 있다.[27)]

이밖에도 다음의 원리는 직각주의 논리학에서는 성립하지 않는다.

(4) 「X는 非A가 아니다」로부터 「모든 X는 A이다」를 얻을 수 있다.

전통의 논리학에서 승인하고 있는 이러한 원리에 대해 直覺主義논리학에서는 무엇 때문에 성립할 수 없다고 하는가? (4) 중의 「X는 非A가 아니다」는 경우에 따라서 「모든 X는 非非A이다」로 쓰인다. 이처럼 쌍중부정율이 성립하지 않기 때문에 「非非A」로부터 「A」를 얻을 수 없다. 따라서 「모든 X는 A이다」에 이를 수 없다.

결국 직각주의자의 논리학 중에서는 (1)~(4)가 모두 성립하

26) Heyting, 《직각주의 도론》(*Intuitionism, An Introduction*), pp. 99~100, p. 103.
27) 직각주의자의 논리학에서 배중율 「A이거나 非A」는 비록 성립하지 않지만 그러나 「非非(A이거나 非A)」, 즉 배중율의 쌍중부정은 성립한다. 이밖에도 「非非A」로부터 A를 추론하여 얻는 것은 성립하지 않지만 전도된 쌍중부정율 「A로부터 非非A를 추론할 수 있다」는 오히려 성립한다. 이외에도 비록 「약간의 X는 非A가 아니다」로부터 「모든 X는 다 A이다」를 추론할 수 없지만 그러나 이와는 뒤바뀐 「모든 X는 다 A이다」로부터 「약간의 X는 非A가 아니다」를 추론할 수 있다. Heyting, 앞의 책 p. 100, p. 101, p. 103.에서 상세히 살펴볼 수 있다.

지 않는다. 그 까닭은 (1) 「배중율」과 (2) 「쌍중부정율」이 성립하지 않기 때문이다. 따라서 다음으로는 이러한 전통의 원리에 중점을 두고 검토해 보겠다.

직각주의에 대한 간단한 소개를 마쳤으므로 여기서는 《중론》 안의 「직각주의」에 관해 살펴보자.

우선 《중론》은 배중율을 인정하는가? 이다. 우리는 《중론》이 직각주의처럼 「배중율」의 합리성을 인정하고 있지 않다는 것을 알 수 있다. 다음은 그 뚜렷한 예이다.

> 여래께서 멸도하신 후에 (여래에 대해 우리가) 有(존재한다)라고도 無(존재하지 않는다)라고도 말할 수 없으며 또한 有無라고도 非有非無라고도 말할 수 없다.

> 여래께서 현존하실 때에도 有라고도 無라고도 말할 수 없으며 非無라고도 非有非無라고도 말할 수 없다.[28]

이 두 게송은 전통적인 서양논리학에서 인정하고 있는 「배중율」을 부정하고 있다. 이 점을 설명하기 위해 우리는 이 게송들에 대한 청목의 주석을 살펴볼 수 있다.

> 여래가 멸도한 후이거나 현재에 여래가 존재하여도 不受(실재한다 집착하여 받아들이지 않음)이고 여래가 존재하지 않아도 不受이며 또한 여래가 존재하거나 존재하지 않거나 不受이며 여래가 존재하지 않거나 여래가 존재하지 않지도 않거나 해도 역시 不受이다. 不受이기 때문에 열반의 有無 등을 분별하지 않는다. 여래를 떠나 누가 열반을 증득할 수 있으며 어떤 때 어떤 곳에서 어떤 法으로 열반을 설할 수 있는가? 따라서 一切時, 一切種에서 涅槃相을 구하여도 얻을 수 없다.[29]

28) 《중론》 권4, 제25품, 제17~18송 ; 《대정장》 권30, p. 35.
29) 《대정장》 권30, p. 35~36.

용수는 일체개공(一切皆空)의 입장에 입각해서 여래는 도대체 존재하는가 아니면 존재하지 않는가의 문제를 토론하고 있다. 말하자면 일체개공의 중관학자가 가장 신성한 생명체인 如來를 「공」으로 여기는가 아니면 「공」이 아니라고 하는가에 관한 문제이다.

용수가 가장 존중하였던 《반야경》에는 명확한 답변이 있다. 예를 들면 《대품반야경》 권8, 〈환덕품〉에는 다음과 같은 경문이 있다.

> 수보리가 諸天子에게 말하였다. 내가 설하는 佛道는 허깨비와 같고 꿈과 같습니다. 내가 설하는 열반 역시 허깨비와 같고 꿈과 같습니다. 만약에 열반보다 더 수승한 어떤 法이 있다 해도 내가 설하는 것은 역시 허깨비와 같고 꿈과 같은 것입니다. 왜 그러한가 하면 諸天子여! 이 幻夢과 열반은 不二不別이기 때문입니다.[30)]

이 경문에서 「解空第一」로 칭송받는 수보리는 佛道와 열반을 부정하고 있을 뿐만 아니라 심지어 만약에 열반과 비교해서 더욱 위대하고 수승한 사물이 존재한다면 그것마저도 부정한다고 말하고 있다. 이 일체개공의 이론에 의거하면 틀림없이 여래라는 존재 또한 필연적으로 부정된다. 용수의 《중론》은 《반야경》의 처처에서 볼 수 있는 「空」理에 의거하여 여래의 존재문제를 토론하고 있다.

예5에서 여래의 존재문제는 두 가지 정형으로 나뉘어 논의되고 있으니 첫째, 「여래는 멸도한 후에도 여전히 존재하는 것인가 그렇지 않은 것인가?」이고 둘째, 「여래가 현존할 때 존재하는 것인가 아니면 존재하지 않는 것인가?」이다. 이 두 가지 정형에

30) 《대정장》 권8, p. 276.

대한 답은 모두 부정적이다. 따라서 예5에서는 「존재한다, 존재하지 않는다라고 말하지 않는다」 등등을 설하고 있다. 그런데 무엇 때문에 여래의 존재는 부정되고 「존재한다거나 존재하지 않는다라고 말하지 않는다」 등 「四句」를 설하는 것일까? 그 까닭은 空하여 존재하지 않는 어떤 것에 대해 묘사하는 것은 의미가 없기 때문이다. T.R. Murti는 《불교의 중심철학》이라는 책에서 다음과 같은 예를 들고 있다.[31)]

(5) 3과 4 사이의 정수는 소수이다.
(6) 3과 4 사이의 정수는 소수가 아니다.

이 예에서 (5)와 (6) 句는 모두 「공」하여 존재하지 않는 것, 즉 3과 4 사이의 정수를 묘사하고 있다. 「3과 4 사이의 정수」는 결코 존재하지 않기 때문에 그것이 소수라느니 소수가 아니라느니 말하는 것은 아무런 의미가 없다.

T.R. Murti의 말은 어느 정도 근거가 있다. 《반야경》에서는 처처에서 반야를 수학하는 보살을 언급하고 있는데 이 보살은 반야의 空性을 체득한 후에(즉 일체개공(부정)의 도리를 체인하고) 마음이 「의기소침하거나 후회하거나 놀라지 않는」 등의 평정을 갖게 된다. 예를 들면 《대품반야경》 권7 〈십무품〉에서는 다음과 같이 설하고 있다.

수보리가 말하기를 '보살마하살은 제법에 覺知想이 존재한다고 보지 않으며 일체제법은 꿈과 같고, 메아리와 같고, 허깨비와 같고, 불꽃과 같고 그림자와 같고 변화인과 같습니다.사리불이여 이러한 인연 때문에 보살은 이와 같은 말을 듣고도 마음이 의기소침하거나 후회하거나 놀라거나 두려워하거나 무서워하지 않습니다. 수보리가 부처

31) Murti, 《불교의 중심철학》, p. 145.

> 님께 아뢰기를 세존이시여! 보살마하살은 色을 취착하지 않고 색을 보지 않으며 색에 머무르지 않고 색에 계착하지 않으며 또한 이것이 색이라고 말하지도 않습니다. 수, 상, 행, 식에 대해서도 역시 취착하지 않고 보지 않으며 머무르지 않고 계착하지 않습니다.……[32]

결국 공하여 존재하지 않는 것은「有」,「無」,「亦有亦無」 내지「非有非無」 등의 개념을 사용하여 그것을 기술할 수 없다. 이것이 《반야경》의 본의이며 예5의 두 게송의 취지이다. 이 취지에 따라「배중율」이 부정됨을 이끌어 낼 수 있다. 전통적인 Aristotle의 논리학에서는「배중율」의 합리성을 인정하고 있기 때문에 앞서 T.R. Murti가 거론한 예 가운데 (5)와 (6)의 양구는 반드시 성립해야 하는 것이다. 즉 전통논리학의 관점에 의하면「3과 4 사이의 정수」는 소수이거나 소수가 아니거나이다.

그러나 직각주의자의 논리학에서는 이러한 결과에 이를 수 없다. 직각주의자들은「논리학은 수학의 일부분」이라고 여기고 있다.[33] 전통적인 논리학 또는「일상적인 논리학」(ordinary logic)은「유한한 사물을 처리하는 데 사용되고」 있는 데 이는 직각주의자의 논리학(수학을 의미함)이 무한한 사물을 처리하는 데 사용되는 것과는 다르다.[34] 바꾸어 말하면 직각주의자들이「배중율」을 반대하는 까닭이 무한한 사물을 고려하고 있기 때문이라는 것이다. 그들은 배중율이 유한한 사물 중에서는 사용될 수 있으나 무한한 사물 중에서는 사용될 수 없다고 생각하고 있다.

《중론》이나 또는 기타 중관학자들의 관점으로부터 우리는「배중율」이 무한한 사물 중에서 사용될 수 없을 뿐만 아니라 空하여

32) 《대정장》 권8, p. 276.
33) Heyting, 《직각주의도론》, p. 6, 行29～30.
34) 앞의 책, p. 1, 行13～18.

실재하지 않는 사물 중에서도 사용될 수 없다는 것을 지적할 수 있는데 이는 우리가 존재하지 않는 어떤 것에 대해 묘사할 수 없기 때문이다.

다음에는 중관학자가 전통적인 서양의 논리학 및 직각주의 논리학과 다른 점을 논의해 보자. 「石女兒」(아이를 낳을 수 없는 여인이 낳은 아이)는 존재할 수 없는 사물이기 때문에 전통적인 서양의 논리학에 의거하면 다음의 두 句는 모두 참(眞)이다.

(7) 모든 석녀아는 남자이다.
(8) 모든 석녀아는 남자가 아니다.

전통논리학과 직각주의 논리학이 이 두 구를 참으로 여기는 까닭은 이 두 구가 다음과 같이 분별, 해석되기 때문이다.

(9) 어떤 X(만약에 X가 석녀아이면 X는 남자이다)
(10) 어떤 X(만약에 X가 석녀아이면 X는 남자가 아니다)

(9)와 (10)에서는 모두 「만약에 A이면 B이다」라는 「조건구」가 출현하고 있다. 전통논리학과 직각주의 논리학에 의거하면 조건구를 갖춘 어떤 구는 그것의 「전건(前件)」(즉 A)이 거짓이면 그것의 「후건(後件)」(즉 B)이 참이든 거짓이든 관계없이 전체 조건구는 참이 된다. 환언하면 전통 논리학과 직각주의 논리학은 모두 다음과 같은 논리학의 원리를 승인하고 있다.

(11) 「非A」로부터 「만약에 A이면 B이다」를 얻을 수 있다.[35]

---

35) 직각주의도 이 원리를 승인하고 있다.(Heyting, 《직각주의도론》 p. 102, 行4. 참고) 또한 이 원리는 「Russell의 실질내포궤론」(Russell's material-implication-paradox)이라고 불리는데 영국철학가 B.Russell이 제시한 것이다.

(11)이 성립되기 때문에 전통 논리학과 직각주의 논리학에 의거하면 (9)와 (10)은 모두 성립한다. 이는 X가 남자이든 아니든 관계없이, 「X는 석녀아이다」는 영원히 거짓(假)이기 때문이다.

그러나 중관학자의 입장에서는 공하여 진실하지 않은 「석녀아」는 남자이든 남자가 아니든 모두 의미가 없는 기술이다. 말하자면 중관학자의 입장에서는 (7)과 (8)이 모두 의미가 없다. 그러므로 (7)과 (8)의 근거인 (11) 또한 의미가 없다.

(11)이 의미가 없다는 말은 어떤 모태논리학(模態論理學, modal logic)가의 주장이다. 따라서 중관학자와 모태논리학가 사이에는 서로 통하는 점이 있다. 모태논리학의 창시자는 20세기 초의 C.I. Lewis이다. 그는 일상 언어 중의 「만약에 A이면 B이다」에는 두 가지 의미가 함축되어 있다고 여겼다.

첫째는 원리 (11)의 「만약에 A이면 B이다」에 합치하는 것으로 그는 B. Russell의 《수학원리》(Principia Mathematica)라는 책에서 용어를 빌려 사용하여 그것을 실질내포(實質內包, material implication)라 칭하고 있다. 둘째는 「만약에 A이면 B이다」가 결코 원리 (11)에 합당하지 않은 것으로 그는 그것을 엄격내포(嚴格內包, strict implication)라고 칭하고 있다.[36)]

용수의 《중론》이 이러한 분류법과 똑같은 견해라고 감히 인정할 수는 없지만 《중론》과 기타 중관학자들이 모두 원리 (11)의 합리성을 부정하고 있다는 점은 수긍할 수 있다. 이런 점에서 용수와 그를 따르는 학자들은 일종의 「모태논리학가」라 할 수 있다.

---

36) 이상 모태논리학과 Lewis의 주장에 관해서는 G.E.Hughes와 M.J.Cresswell의 共著인 《모태논리학도론》(*An Introduction to Modal Logic*)이라는 책 pp. 213~216을 참고할 수 있다.

《중론》은 「배중율」을 부정하는 이외에 또한 「쌍중부정율」도 부정한다. 《중론》 안에서는 「非非A」를 언급할 때 그것을 「A」로 바꾸어 표현한 적이 없다(가장 뚜렷한 예는 「사구」이다). 이것은 《중론》이 「쌍중부정율」을 부정하고 있다는 명확한 증거이다.

사실상 「非非A」는 단순하게 「A」로 볼 수 없다. 이것은 비단 《중론》 뿐만 아니라 인도의 몇개 주요 학파에서도 모두 인정하고 있는 사실이다. 예를 들면 정리학파(Nyāya)의 학자인 Vātsyāna는 「非有」(不存在, abhāva)를 「能分別과 所分別의 상호작용(관계)인 존재」(višeṣaya-višeṣana-bhāva)라고 칭하고 있다. 그것은 분명히 일종의 「有」(bhāva)이다.[37] 또한 승론학파(Vaiśeṣika)에서도 「非有」를 모종의 진실한 사물로 여겨 7종의 「句義」(실체, padārtha) 중에 포함시키고 있다.[38] 이러한 예로 볼 때 「非有」(不存在)는 때때로 인도의 몇 학파에서 일종의 「有」(存在)로 파악되고 있다.

따라서 만약에 「非有」를 부정하여 「非非有」가 된다면 어쨌든 우리는 그것을 단순하게 「有」로 파악할 수 없다. 왜냐하면 「非非有」는 사실상 단지 「非有」(일종의 「有」)의 일중부정이지 「有」의 쌍중부정은 아니기 때문이다.

우리는 감히 《중론》 안의 「非非有」가 정리학파 또는 승론학파의 「非非有」와 같다고 단정할 수는 없다. 그러나 인도 사상계의 이러한 특색을 주의해 보면 《중론》 안의 「非非有」는 무엇 때문에 「有」로 바꾸어 질 수 없는지를 이해할 수 있다.

결국 《중론》에서는 전통적인 논리학 중의 「배중율」을 부정하고 있을 뿐만 아니라 「쌍중부정율」도 부정하고 있다. 따라서

---

37) F.Th. Stcherbatsky의 《불교논리학》책1, pp. 387～388.

38) S.Chatterjee와 D.Datta의 공저, 《인도철학도론》(*An Introduction to Indian philosophy*), pp. 240～243.

《중론》은 직각주의 경향이 농후하다. 직각주의자들은 형이상학을 반대하고 있는 데 이는 원시불교가 허무하고 어렴풋한 형이상학적인 문제들을 「無記」에 포함시키는 것과 비슷하고, 또한 《중론》의 현세에 대한 관심, 「세속제」에 대한 강조와 유사하다.[39]

5. 덧붙이는 논의

3절에서 우리는 Richard H. Robinson이 《중론》의 「사구」에 대해 두 가지 분석을 하고 있다는 것에 대해 언급한 적이 있다. 우리는 그가 첫번째 분석 중에서 법칙 (1), (2), (3)을 사용하고 있으며 그 가운데 법칙 (1)은 《중론》 및 기타 인도의 여러 학파에서도 반드시 인정하고 있지는 않는 「쌍중부정율」임을 알 수 있다. 또한 우리는 Richard H. Robinson이 그의 두번째 분석에서 법칙 (4), (5), (6)을 이용하고 있으며 그 가운데 법칙 (5)와 (6)은 《중론》에서 반드시 인정하는 논리는 아님을 알 수 있다. 이러한 법칙이 《중론》에 의해 반드시 인정되는 논리가 아닌 것은 그것들의 성립이 「배중율」이나 「쌍중부정율」을 전제로 할 수 없기 때문이다. 이 두 가지 법칙은 《중론》에서 반드시 승인하는 논리는 아니다. 따라서 우리는 결론적으로 Richard H. Robinson의 사구에 대한 두 가지 분석이 모두 실패라고 말할 수 있다.

Richard H. Robinson은 일찌기 세 가지 예를 들어[40] 《중론》이 「배중율」의 성립을 긍정하고 있다는 것을 증명하였다. 그러나 우리는 그 세 가지 예가 모두 타당하지 않음을 알 수 있다. 예를

39) 직각주의자가 형이상학(metaphysics)을 반대하고 있다는 것은 Heyting, 《직각주의도론》, p. 2, 행 23~25, p. 5, 행34~35에서 파악할 수 있다.

40) Richard H. Robinson의 《인도와 중국의 초기중관학》, p. 51.

들면 Richard H. Robinson의 첫번째 예는 한역《중론》권1 제2품 제8송에 상당한다.

> 去者(운동자)는 가지 않고 不去者(불운동자)도 가지 않는다. 去者와 不去者를 떠나서 제3의 去者는 존재하지 않는다.[41](예6)

「去」(운동)가 없다는 이 게송에서는「去」라는 현상이 존재할 수 있는 경우를 두 가지로 나누어 논의하고 있다. 첫째의「거」가「去者」(운동자) 중에 존재하는 것이고, 둘째 상황은「거」가「不去者」(불운동자), 즉 정지된 사물 중에 존재하는 것이다. 용수는 이러한 두 가지 가능한 상황 중에서는 모두「去」를 얻을 수 없다[不可得]고 생각한다. 기본적으로 이러한 증명법은 서양 논리학 중에 딜레마(dilemma) 또는「窮去證法」(proof by cases)에 속한다. 이러한 증명법의 원리는 모든 가능한 상황을 모조리 열거(즉「窮去」)한 후에 일일히 논의하는 것이다. 만약에 각기 모든 상황에서 동일한 결론에 이르면 그 결론은 성립하는 것이다. 따라서 예 6의 논식을 다음과 같은 형식으로 고쳐쓸 수 있다.

> 운동은 운동자 중에 존재하거나 불운동자 중에 존재한다;
> 만약에 운동이 운동자 중에 존재하면 운동은 존재하지 않는다;
> 만약에 운동이 불운동자 중에 존재하면 또한 운동이 존재하지 않는다;
> 따라서, 운동은 존재하지 않는다.

《중론》에서는 이 논식을 제시한 후에 계속해서 이 논식 중의 두번째 전제가 참(眞)이라는 것을 증명하고 있다(왜냐하면 이 전제가 실로 분명하지 않기 때문이다). 그것과 본문에서 다루고

41)《대정장》권30, p. 4.

자 하는 목적은 무관하지만 그것은 불필요한 말은 아니다.

Richard H. Robinson이 용수가 「배중율」을 인정했다고 여기는 까닭은 이 논식의 첫번째 전제가 「배중율」의 형식인 「A이거나 非A」(A 또는 非A)에 합치된다고 생각했기 때문이다. 그러나 이 논식 중에서는 용수가 추상적이고 보편적인 배중율은 긍정했다고 말할 수 있지만 현상계의 구체적인 예에 대해 사실적인 기술을 하고 있다고 말할 수는 없다. 「운동」(去)은 현상계의 일개 현상이며 일개 현상 중의 개체로 이 현상을 갖추고 있거나 이 현상을 갖추고 있지 않거나이다. 이는 사실적인 문제이지 보편적이고 추상적인 논리는 아니다. 이는 마치 「꽃이 피어 있거나 꽃이 피어 있지 않다」는 것과 같은 현상계의 구체적이고 개별적인 예로 말하면 사실상 「배중율」이라는 보편적인 원리는 성립할 수 없다. 실제로 현상계의 많은 현상은 그것들이 「운동」이나 「꽃이 피어남」의 예에서 알 수 있는 바와 같이 단지 이분법이 아니며 삼분 내지 多分이다.

예를 들면 「시간」은 과거, 현재, 미래로 삼분할 수 있으며 꽃의 색깔은 흰색, 붉은색, 노란색 등 여러 색깔이 있다. 만약에 《중론》이 우연히 이분적인 「궁거증법」을 사용했다고 해서 곧바로 용수가 「배중율」의 성립을 인정했다고 결론을 내린 다면 그것은 분명히 착오다. 왜냐하면 《중론》 안에는 삼분, 사분의 「궁거증법」이 존재하기 때문이다. 다음은 삼분의 형식을 갖춘 예이다.

有(존재)인 것(法)도 반드시 생겨나지 않고
無(비존재)인 것도 반드시 생겨나지 않으며
有無(亦有亦無)인 것도 역시 생겨나지 않는다.
이 내용은 앞에서 이미 설명했다.[42](예7)

---

42) 《중론》 권2, 제7품, 제21송 ; 《대정장》 권30, p. 11.

이 게송에서는 용수가 「生」을 세 가지 정형으로 나누어 그것이 존재하지 않음을 증명하고 있다. 첫번째 정형은 「有法」이고 두 번째 정형은 「無法」이며 세번째 정형은 「有無法」이다. 이 3종의 정형으로부터 모두 「不應生」이라는 결론에 이르므로 「불응생」이 성립한다. 따라서 이 논식은 다음과 같은 형식으로 고쳐쓸 수 있다.

유법이나 무법이나 유무법에 있어서 ;
만약에 유법이면 불응생이고 ;
만약에 무법이면 불응생이며 ;
만약에 유무법이면 불응생이다 ;
따라서 불응생이다.

이 논식 중의 첫번째 전제가 분명히 「배중율」의 이분형식에 합치되지 않는데 어떻게 예6이 「배중율」을 인정하고 있다고 단정할 수 있겠는가.

이밖에도 《중론》 권2 제12품 제1송은 사분형식의 「궁거증법」이다.

「自作이다라거나, 他作, 共作, 無因作이다라고 이와 같이 苦에 대해 설하지만 (그것들이) 苦의 果를 이룬다는 것은 옳지 않다」[43] (예8)

만약에 우리가 이 게송을 다음과 같이 고쳐 쓰면 그 「궁거증법」이 분명하게 나타난다.

苦果는 自作으로 生하거나 고과는 他作으로 생하거나 고과는 共作으로 생하거나 고과는 無因作으로 생하거나 하는 경우에 있어서 ;
만약에 고과가 자작으로 생하면 無苦果이다 ;

43) 《대정장》 권30, p. 16.

만약에 고과가 타작으로 생하면 무고과이다 ;
만약에 고과가 공작으로 생하면 무고과이다 ;
만약에 고과가 무인작으로 생하면 무고과이다 ;
따라서 무고과이다.

이 논식의 첫번째 전제 중에는 「자작」(svayaṃ kṛta), 「타작」(parakṛta), 「공작」(dvābhyāṃ kṛta) 및 「무인작」(kṛtamahetuka) 등 사분형식[44]이 출현하고 있어 「배중율」의 이분형식과 합치되지 않는다. 그렇다면 예6 중의 이분법이 반드시 「배중율」의 성립을 인정하고 있다고 말할 수 있겠는가!

결국 예6의 첫번째 전제는 예7, 예8의 첫번째 전제처럼 묘사일 뿐이며 추상적이고 보편적인 원리인 「배중율」은 아니다. 현상계에서는 어떤 현상은 이분되고 어떤 현상은 삼분되며 사분 내지 多分되기도 한다. 그러므로 우연히 이분된 묘사 때문에 곧장 그 묘사가 「배중율」을 인정하는 것이라고 추론할 수는 없다. Richard H. Robinson은 예6(및 기타 예)을 이용하여 《중론》이 「배중율」을 긍정하고 있다고 증명하고 있는 데 이는 합당한 예가 아니다. 왜냐하면 《중론》은 근본적으로 「배중율」의 합리성을 승인하고 있지 않기 때문이다.

3절 중에서 이미 언급한 바와 같이 Richard H. Robinson의 「사구」에 대한 두 가지 착오적인 분석(이 착오적인 분석은 전통적인 논리학인 「배중율」을 기본으로 하고 있다)의 영향으로 말미암아 미산웅일도 《중론》의 논식은 일종의 「변증법」이다는 착오적인 결론을 낳게 된다. 명백히 미산웅일의 이 결론은 근거가 없다. 왜냐하면 그의 근거가 되고 있는 Richard H. Robinson의 분석이

44) Kenneth K. Inada의 *Nāgārjuna, A Translation of his Mūlamadhyamakakārikā with an Introductory Essay,* p. 88.

이미 착오임을 우리가 증명했기 때문이다.

기본적으로 《중론》이 「변증법」을 사용하고 있다고 주장하는 학자들은 유식, 천태, 화엄 등 각 종파와 그 견해가 같다. 그들은 모두 진정한 「空」은 일체의 착오적인 「見」(관점, dṛṣṭi)을 부정한 후에 어떤 실유하는 진리를 남기거나 또는 그것을 지향한다고 여긴다. 바꾸어 말하면 이러한 고금의 여러 학자들은 모두 眞「空」은 「不空」이라고 생각한다는 것이다. 유식종의 경우를 보면 유식종에 속하는 《해심밀경》에서는 일찍이 「변계소집성」, 「의타기성」 및 「원성실성」으로 眞「空」이 不空의 도리임을 설명하고 있다.[45]

또한 천태종에서는 「통교」(즉 반야 중관교) 중의 「근기가 훌륭한 보살은」「空을 볼 수 있을 뿐만 아니라 아울러 불공을 본다」[46]고 설하고 있다. 이들 종파에서도 모두 명백히 眞「空」을 「불공」으로 파악하고 있다.

여기서 우리는 이러한 견해가 도대체 어느 정도나 정확성이 있는지 살펴보자. 우선 유식, 천태 및 화엄이 「空」을 불철저한 교리로 파악하는 까닭은 모두 착오적인 불교사관에 기초했기 때문이다. 유식종의 《해심밀경》은 석가의 일대 교법을 초년의 「성문승」(즉 《아함경》), 중년의 「대승」(즉 《반야경》), 그리고 만년의 「일체승」(즉 유식경전)으로 분류하고 있다. 아울러 「성문승」과 「대승」은 모두 「(無上의 교법이 아닌) 有上의 교법이고 더 수용해야 할 부분이 남아 있으므로 아직 요의가 아니며 따라서 모든 쟁론이 안족하는(깃드는) 처소가 되고 있다」고 하며 만년

45) 《해심밀경》 권2 「무자성상품」 제5 ; 《대정장》 권16, p. 693下(특히 pp 694~695).
46) 체관 《천태사교의》 ; 《대정장》 권46, p. 778.

에 설한 「일체승」이 비로소 「무상의 교법이며 더이상 수용할 부분도 남아 있지 않으니 이는 진실로 요의이다. 따라서 모든 쟁론이 안족하는 처소가 아니다」라고 설하고 있다.[47] 그다음 천태, 화엄 양종의 「판교」 또한 각기 차이가 있고 또한 좋고 나쁨을 평가하고 있지만 그러나 모두 석가의 일대교법 중에 가장 최초는 대보살들을 위해 설한 《화엄경》이며 그다음은 《아함》, 《능가》, 《반야》, 《법화》, 《열반》 등을 설하였다고 여기고 있다. 천태종에서는 《화엄경》이 비록 대보살들을 위해 설하였지만 「만약에 대략 근기나 가르침에 의하면 아직 권교(權敎)를 겸하고 있음을 면치 못한다」고 하여 불철저한 경전이며 《반야경》은 더욱 말할 필요도 없다고 생각하고 있다. 그러나 《법화경》에 대해서는 「권교를 열어 실교를 시현하고」 「권교를 폐하여 실교를 세운다」고 하며 내지 「會三歸一」이어서 마치 정오의 태양과 같이 「곁 그림자가 없어」 일체중생을 널리 비추므로 비로소 철저한 「원교」라고 한다.[48] 그러나 화엄종에서는 오히려 《화엄경》이 대보살들을 위해 설한 것이기 때문에 「부처님 교법에서 가장 근본적인 가르침」이니 「비유하자면 태양의 광명이 먼저 높은 산을 비추는 것」처럼 당연히 《화엄경》이 가장 높고 깊이가 있으며 최고 구경의 교법이라고 여긴다. 예를 들면 《법화경》과 같은 기타 경전은 다만 「중생의 근기에 따라 설한 지말적인 가르침으로서 근본적인 가르침을 의지해 성립한 것」이므로 당연히 불요의하고 불철저한 교법이다는 것이다.[49] 그리고 《법화경》이 그러하다면 《반야경》은 더욱 그러하다는 것이다.

---

47) 《해심밀경》 권2, 「무자성상품」 제5 ; 《대정장》 권16, p. 697.

48) 체관 《천태사교의》 ; 《대정장》 권46, pp. 774~775.

49) 법장 《화엄일승교의분재장》 권1 ; 《대정장》 권45, p. 482.

결국 유식, 천태 및 화엄은 비록 그들간에 쟁론을 하고 있지만 공통점은 끊임없이 출현한 인도의 대·소승경전들을 선택적으로 처리하지 않고 일률적으로 석가모니 부처님이 일생 동안 설한 것으로 보고 있는 것이며 또한 모두 「空」理를 천양하고 있는 《반야경》을 불요의한 경전으로 여기고 「不空」의 경전으로 《해심밀경》, 《법화경》, 또는 《화엄경》을 추켜세워 요의의 경전이라 설하고 있다. 이러한 「판교」는 인도불교사의 연구에 따라 이미 낙오되어 근거가 없는 설이라 판명되었으므로 여기에서 다시 신경을 써서 반박할 가치가 없다. 우리가 여기서 탐구해야 하는 것은 용수의 《중론》이 변증법을 사용하고 있는가이다. 즉 《중론》 안의 「사구」 논식은 진정으로 「불공」의 진리를 인정하는가이다.

우리는 이 문제에 대한 답은 부정적이다고 할 수 있다. 다음은 그에 관한 몇 가지 뚜렷한 증거이다.

우선 《중론》이 일체사물의 진실성(실체성, 자성)을 부정하고 있다는 것은 절대 의심할 여지가 없다. 《중론》 권4 제24품 제10, 19송에는 다음과 같은 내용이 있다.

> 각종의 인연으로 생긴 법, 이것을 나는 無[空]라고 설한다. 또한 이것을 가명이라 하고 또 이것은 中道의 의미이다.
>
> 일찌기 어떤 一法도 인연으로부터 생기지 않은 것이 없다. 따라서 일체법은 空아닌 것이 없다.[50]

이 두 게송에서 용수는 「일체법」은 「인연생」이기 때문에 모두 「空」이라고 언급하고 있다. 이는 아마도 「인연생」인 유위법이 「空」이지 인연생이 아닌 「무위법」, 예를 들면 열반, 佛의 法身은

50) 《대정장》 권30, p. 33.

마땅히 「불공」이라고 말하는 것일런지도 모른다. 그러나 사실상 이러한 「무위법」 또한 空이다. 예를 들면 《중론》 권4 제25품 제 4~6송에서는 다음과 같이 설하고 있다.

> 열반은 존재(有)라고 할 수 없다. 존재한다고 하면 老死의 相이 있게 되어 끝내 어떤 존재하는 법도 老死相을 떠날 수 없다.
>
> 만약에 열반이 존재한다면 열반은 유위이어서 끝내 존재하는 어떤 법도 무위일 수 없다.
>
> 만약에 열반이 존재한다면 어떻게 無受(취착이 없음)라고 할 수 있겠는가. 受를 따르지 않고도 존재하는 법이라 이름할 수 있는 것은 없다.[51)]

이에 따라 우리는 《중론》 안의 「空」은 일체법이 다 공한 것으로 유위법, 무위법이 다 공한 것이지 「空」 이후에 다시 「不空」이 존재하는 것은 아니다.

일체법은 확실히 모두 「空」이지만 「空」이라는 원리 그 자체는 「不空」이지 않느냐고 말할 수 있다. 이는 「변증법」의 성질을 갖춘 「空」이지만 우리는 이것이 《중론》에 본유하는 것이 아님을 알 수 있다. 예를 들면 《중론》 권2 제13품 제9송에서는 다음과 같이 설하고 있다.

> 大聖께서 설하신 空法은 諸見을 떠나게 하기 위함인데 만약에 다시 空이 존재한다고 본다면 제불이 교화할 수 없다.[52)]

이 게송에 대해 청목의 주석에서는 하나의 비유를 들고 있다. 불타[大聖]가 중생의 각종 착오된 견해[諸見]를 파제하기 위해

---

51) 《대정장》 권30, p. 35.

52) 앞의 책, p. 18.

「空」法을 설하였는데 이때 만약에 「空」法을 들은 중생이 또한 미혹하여 「空」法 존재를 집착한다면 마치 「병은 약을 복용하면 치유할 수 있으나 만약에 약이 다시 병이 되면 치유할 수 없다」는 것과 같다는 것이다.[53)]

결국 《중론》을 살펴보면 空은 결코 진정으로 실재하는 존재가 아니며 단지 약처럼 번뇌병을 치료하는 수단이다. 용수는 의사이며 그것도 병리학가이지 진정으로 실재하는 「불공」인 것이 있다고 주장하는 형이상학가는 아니다. 《중론》 안의 사구에 대해서는 우리들이 반드시 이와같이 파악해야만 용수의 진면목을 정확하게 인식할 수 있다. 고대의 유식, 천태, 화엄종은 모두 착오된 견해를 갖고 있다. 현대의 Richard H. Robinson과 미산웅일 등도 또한 착오적인 판단을 했다는 비판을 피하기 어렵다.

이러한 고금의 학자와 조사들(특별히 유식, 천태, 화엄 3종의 학자와 조사들)이 眞「空」은 「불공」이라고 주장한 까닭은 그들의 空 가운데 「妙有」가 없는 空이 허무주의의 심연에 떨어지는 것을 두려워했기 때문이다. 그렇다면 용수의 「空」은 진정 허무주의일까? 이 문제에 대한 답은 용수 자신이 가장 잘 답하고 있다. 《중론》 권4 제24품에는 모두 40송이 있는데 이는 이러한 문난에 일부러 대적하여 쓴 것이다. 용수는 이러한 문난에 대해 다음과 같이 총괄하여 답하고 있다.

> 당신은 내가 공에 집착하여 허물(과오)을 생한다고 말하지만 당신이 말하는 바의 과오는 空(性)에 있지 않다.
>
> 空義가 있기 때문에 일체법은 성립될 수 있다. 만약에 空義가 없다면 일체는 이루어지지 않는다.[54)]

---

53) 앞과 같음.

이 두 게송에 따르면 용수의 「공」이 허무주의가 아닐 뿐만 아니라 또한 일체사물이 성립하는 기초임을 알 수 있다. 따라서 그는 계속해서 「空」이어야 사성제, 4과, 삼보, 죄복 내지 과보 등등의 원리가 비로소 건립될 수 있다고 말하고 있다.[55]

이 내용은 본문에서 논의하고자 했던 범위를 넘어서는 것이므로 다른 곳에서 논의하기로 하고 유보한다.

〈본문은 원래 《華岡佛教學報》 6기(臺北：中華學術院 佛學研究所) pp. 277~310에 실린 글이다.〉

54) 《대정장》 권30, p. 33.
55) 앞의 책, pp. 33~34.

주요참고문헌

1. 《中論》, 龍樹造, 青目釋 ; 《大正藏》 卷 30, p. 1 下.
2. 《入中論》, 月稱造, 法尊譯 ; 新文豊出版公司, 民國 46年初版, 臺北.
3. 《공의 논리》, 梶山雄一著, 吳汝鈞譯 ; 佛光出版社, 民國 67年初版, 高雄佛光山.
4. 《解深密經》, 唐・玄奘譯 ; 《大正藏》 卷 16, p. 688 下.
5. 《天台四教儀》, 高麗・諦觀錄 ; 《大正藏》 권 46, p. 773 下.
6. 《華嚴一乘教義分齊章》, 唐・法藏述 ; 《大正藏》 권 45, p. 477 下.
7. Robinson, Richard H., *Early Mādhyamika in India and China,* Motilal Banarsidass, Delhi, India, 1976.
8. Radhakrishnan, *Indian Philosophy,* George Allen & Unwin LTD., London, 1966.
9. Chatterjee, S. & D. Datta, *An Introduction to Indian Philosophy,* Calcutta : Univ. of Calcutta, 1948.
10. Murti, T. R. V., *The Central Philosophy of Buddhism,* Geo. Allen & Unwin, London, 1955.
11. Inada, Kenneth K., *Nāgārjuna, A Translation of his Mūlamadhyamakakārikā with an Introductory Essay,* the Hokuseido Press, Tokyo, 1970.
12. Heyting, A., *Intuitionism, An Introduction,* North-Holland Pub. Co., Amsterdam, 1966.
13. Hughes, G.E. & M.J. Cresswell, *An Introduction to Modal Logic,* Methuen and Co. LTD., London, 1968.

V.「공」은 무엇을 부정하는가?
— 용수의 《회쟁론》을 위주로한 연구 —

《회쟁론》(*Vigrahavyāvartanī*)은 용수(Nāgārjuna ; A. D. 150~250)의 주요 저작 중의 하나이다. 이 작품은 4종의 「量」(pramāṇa)[1]을 부정하고 있어 정리학파(Nyāya)를 비판하고 있음을 알 수 있다.[2]

---

1) 「量」(pramāṇa)의 文字上의 의미는 「측량, 척도, 표준」이다. 〔Sir Monier Monier-Williams, M.A., K.C.I.E.가 편한 《범영자전》(*A Sanskrit-English Dictionary*), p. 685c(Delhi ; Motilal Banarsidass, lst Indian ed, 1970) 참고〕. 넓은 의미로는 「정확한 지식을 획득하는 방법」이다. 정확한 지식을 획득하는 방법인 「量」에 대해 인도의 학파에서는 여러 종류를 언급하고 있다. 예를 들면 정리학파(Nyāya)는 「量」에 4종이 있다고 한다.

(1) 현량(pratyakṣa)은 감관상의 「지각」이다.

(2) 비량(anumāna)은 논리상의 「추론」이다.

(3) 성량(성언량, śabda)은 「아함」(āgama)량이라고도 하며 경험자 또는 권위있는 사람이 한 말이다.

(4) 비유량(upamāna)은 비교(comparison)또는 동일시(identification), 인정, 확인이다.

〔구담(Gautama)의 《정리경》(*Nyāya-sūtras*)分1, 部1. 經3, 論題2와 Karl H. Potter의 《인도의 형이상학과 지식론——Gaṅgeśa 이전의 정리·승론학파의 전승》(*Indian Metaphysics and Epistemology : the Tradition of Nyāya-Vaiśeṣika up to Gangeśa,* Princeton : Princeton Univ. Press, 1977), pp. 222~223. 참고〕.

2) 정리학파(Nyāya)는 인도 「정통적」(āstika) 「육파철학」(ṣaḍ-darśana)의 하나이다. 불교는 「비정통적」(nāstika)인 삼파철학의 하나이다. 용수의 《회쟁론》에서는 극력으로 정리학파의 4「량」설을 비판하고 있는데 4량이 결코 정확한 지식을 획득하는 방법이 아니라는 것이다. 〔《회쟁론》, 「석상분」제4 ; 《대정장》 권32, pp. 19上~20上.〕

정리학파는 탁자 위에 「없는」 꽃병과 같이 존재하지 않는 사물(abhāva 또는 asat)을 일종의 「존재」(bhāva 또는 sat)로 여긴다. 또한 우리가 「없다」(空, 無 ; śūnya)라는 말을 사용하여 탁자 위의 꽃병의 존재를 부정할 때의 「없다」(空, 無)라는 말을 정리학파는 반드시 진짜 실재하는 「존재」(bhāva 또는 sat)라고 생각한다. 말하자면 정리학파는 부정되는 사물인 「소차(所遮)」(pratiṣedhya)와 부정하는 언어인 「능차(能遮)」(pratiṣeddhṛ) 둘 모두 진정으로 실재하는 존재라고 여긴다. 정리학파의 이 주장은 분명히 실재론(realism)철학의 필연적인 결과이다. 그들은 외재의 세계가 진실로 존재한다고 믿고 있는 데[3] 이는 「일체의 사물은 모두 공하다」(sarvabhāvānāṃ śūnyatvāt)는 용수의 주장과는 완전히 상반된다.

본문은 한역 《회쟁론》과 Kamaleswar Bhattacharya의 《용수의 변증법(회쟁론)》(*The Dialectical Method of Nāgārjuna*(*Vigrahavyāvartanī*))을 통하여 용수의 기본적인 주장을 논의하고[4] 나아가 용수의 공이 절대로 일반적으로 말하는 변증법(dialetic)이 아님을 밝히고자 한다.

---

3) 구담의 《정리경》, 分4, 部2, 論題45, 經26~30에서는 외재세계의 진실존재를 상세하게 증명하고 있다. 그는 외재사물이 4종의 「량」에 의해 그 존재가 증명된다고 여기고 있다. 〔Karl H. Potter의 《인도의 형이상학과 지식론》, p. 237.〕.

4) 《회쟁론》의 범문 원본에는 두 종류가 있다.

(1) K.P.Jayaswal과 Rāhula Sāṅkṛtyāyana 合編.(cf. *Journal of the Bihar and Orissa Research Society*, Vol. XXIII, partIII(1937), patna)

(2) E.H Johnston과 Arnold Kunst 합편.(cf. *Mélanges chinois et bouddhiques*, Vol IX, Institut Belge des Hautes Etudes Chinoises, 1948~51(Bruxelles 1951), pp. 99~152). 이 범문 원본의 제2본은 Kamaleswar Bhattacharya가 《용수의 변증법〔회쟁론〕》(*The Dialectical Method of Nāgārjuna*(*Vigrahavyāvartanī*), Delhi : Motilal Banarsidass, 1978)으로 영역하였다. 본문에서 채용하고 있는 영역본 《회쟁론》이 바로 이것이다.

1. 부정은 일종의 긍정인가?

《회쟁론》은 첫머리에 정리학파가 용수에게 문난을 제기하고 있다. 기본적으로 이 질의는 정리학파에서 건립하는 딜레마(dilemma)이다.

> 만약에 一切가 自體가 없다면 言語도 一切에 속하므로 言語에 自體가 없게 되는데 어떻게 다른 사물의 자체를 否定하는 작용을 할 수 있는가? 또한 만약에 자체가 있다면 앞에서 네가 건립한 주장(宗)은 허물어진다. 이와 같은 과실이 있다면 마땅히 다시 勝因을 설해야 한다.[5]

이 두 게송 가운데 첫째 수(首)에 대해 용수는 정리학파의 입장에서 다음과 같은 주석을 하고 있다.「만약에 일체법이 모두 다 공하다면 언어는 존재하지 않는다. 언어가 존재하지 않으면 일체제법을 부정(遮)할 수 없다……만약 이 언어에 자체(자성)가 없다면 오로지 차(遮)라는 이름만 있으므로 法을 부정(遮)할 수 없다. 비유하자면 불이 없으면 태울 수 없고 칼이 없으면 벨 수 없으며 물이 없으면 적실 수 없는 것과 같다. 이와같이 언어가 존재하지 않는데 어떻게 제법을 부정(遮)할 수 있겠는가?」[6] 정리학파의 견해는 만약에 용수가 말하고 있는「일체의 사물이 모두 다 공하다」(sarvabhāvānāṃ śūnyatvāt)라는 어구가 확실히 참(眞)이라면 이 어구 중의「공하다」는 말 자체도 또한 필연적으로 공하여 실재가 아니다는 것이다. 왜냐하면 이 말이「일체 사물」

---

5)《대정장》권32, p. 13中~下.

6) 앞의 책, p. 15中.

중에 속하기 때문이다. 이 말 자체가 공하여 실재하는 것이 아니라면 불이 없으면 태울 수 없고 물이 없으면 적실 수 없는 것처럼 사물을 부정(遮)할 수 없다. 분명히 정리학파의 문난 중에는 정리학파의 중요한 주장이 전제되어 있다. 즉 사물을 부정하는 존재인 언어는 진실로 실재하여 공하지 않다는 것이다. 정리학파는「일체 사물이 모두 공하다」는 어구 중에서「공하다」는 말(이하의 문장에서는「일체 사물은 모두 공하다」는 말을「공하다」 또는「공」이라는 말로 간칭함)이 사물을 부정하는 존재라고 여긴다. 그것이 사물을 부정하는 존재로 사용된 이상 그 자체는 존재하지 않을 수 없다는 것이다. 왜냐하면 존재하지 않는 것에는 어떤 공능이나 작용이 없으므로 사물을 부정할 수 없기 때문이다. 여기에서 만약에 우리가「능차」(pratiṣeddhṛ)라는 말을 사용하여 사물을 부정하는「공」이라는 말을 대표하고「소차」(pratiṣedhya)라는 말을 사용하여「공」이라는 말에 의해 부정되는 사물을 대표한다면 정리학파는「능차」인「공」이라는 말은 반드시 진실로 실재하여 공하지 않다는 것이다. 이점에 관해서는 앞으로 상세히 설명할 예정이다.

그 다음, 위에서 인용한 두 게송의 두번째 수(首)에 대해《회쟁론》에서는 다음과 같이 주석하고 있다.「만약에 당신이 언어에는 자체가 있고 나머지 法은 공이라는 의미로 말한다면 이는 곧 제법이 공하다는 말을 위배하므로 당신의 주장[宗] 또한 무너진다」.[7] 정리학파의 견해는 설령 일체의 사물이 모두 공하다 해도「일체 사물은 모두 공하다」는 이 말은 공하지 않으며 자체가 존재한다는 것으로 그렇다면「일체 사물은 모두 공하다」는

7)《대정장》권32, p. 15中~下.

주장(宗)은 성립할 수 없다는 것이다. 왜냐하면 세간에는 최소한 참으로 실재하여 공하지 않는 것이 있으니 그것은 바로「공」이라는 말인데 즉「일체 사물은 모두 공하다」는 이 어구 가운데「공」이라는 말 자체가 공하지 않다는 것이다.

종합하여 서술하면 위에 인용된 두 게송은 정리학파가 용수의「一切皆空」論에 대적하기 위해 딜렘마를 사용하여 비판한 내용이다. 이 딜렘마를 통한 비판은「일체 사물은 모두 공하다」고 하는 어구 가운데「공」이라는 말이 공한가 아니면 공하지 않는가? 이다. 만약에 공하다면 그것은 사물의 존재를 부정할 수 없다. 바꾸어 말하자면 사물은 모두 공하지 않은 셈이다. 반대로 만약에 공이라는 말이 공하지 않다면 결코 일체 사물이 모두 공한 것은 아니다. 왜냐하면 최소한「공」이라는 이 말 자체는 空하지 않기 때문이다. 분명하게 정리학파가 구성한 이 딜렘마는 다음과 같은 유효한 논증(valid argument)이다.

> 일체 사물은 모두 공하다」는 어구 가운데「공」이라는 이 말은 공하거나「일체 사물은 모두 공하다」는 어구 가운데「공」이라는 말은 공하지 않다;
>
> 만약에「일체 사물은 모두 공하다」는 이 어구 가운데「공」이라는 말이 공하다면 일체 사물은 모두 공하지 않다.;(왜냐하면 공이라는 말이 사물의 존재를 부정할 수 없기 때문이다.;)·········(제1難)
>
> 만약에「일체의 사물이 모두 공하다」는 이 어구 가운데「공」이라는 말이 공하지 않다면 일체 사물이 모두 공할 수는 없다.;(왜냐하면 최소한 공하다는 이 말 자체는 공하지 않기 때문이다.;)······(제2難)
>
> 따라서 결고 일체 사물은 공하지 않다.

정리학파가 구성한 이 딜렘마의 논증은 확실히 유효한(valid) 논증이다. 그러나 문제는 그것의 세 가지 전제가 모두 참인가? 라는 것이다. 논리학의 원리에 따르면 유효한 논증은 만약에 거짓 전제가 출현하면 그 결론은 여전히 착오일 가능성이 있다. 우리는 나중에 용수의 관점을 소개할 예정인데 그의 관점에 비추어 보면 이 논증의 두 가지 전제(제1難)는 거짓이라는 것이다. 따라서 정리학파의 결론(주장)은 필연적으로 성립할 수가 없다.

앞에서 언급한 바와 같이 정리학파가 구성한 딜렘마 논증은 필수적으로 정리학파의 기본적인 주장을 전제로 하고 있는데 그것은 사물을 부정하는 「능차」(pratiṣeddhr) 즉 「空」이라는 말은 진실로 실재하여 空하지 않다는 것이다. 또한 정리학파의 철학에 비추어 보면 능차인 「空」이라는 말에 의해 부정되는 사물인 「소차」(pratiṣedhya) 또한 진실로 실재하여 空하지 않다는 것이다. 《회쟁론》 제9송에서는 정의학파의 입장으로 「제법이 만약에 자체(자성)가 없어 無自體라면 이름(名)을 얻을 수 없다. 자체가 있으면 이름이 존재한다. 오로지 이름만 존재한다면 무엇을 위한 이름이겠는가?」[8]라고 말한다. 용수는 이 게송에 대해 다음과 같이 주석하고 있다.

> 만약에 일체법이 모두 자체가 없다면 자체가 없다고 말하는 언어 또한 존재하지 않는다. 왜 그러한가? 이름(名)이 있다는 것은 사물이 존재한다는 것이고 사물이 없다면 이름(名)은 존재하지 않기 때문이다. 일체법에는 모두 이름(名)이 있기 때문에 제법은 모두 자체가 있음을 알아야 한다. 法에 자체가 있기 때문에 일체법공이라 말할 수 없다. 이와 같이 만약에 일체법이 空하여 자체가 없다고 말한다면 그 義가 상응하지 않는다(도리에 맞지 않는다.)[9]

이 주석에 따라 살펴보면 정리학파는 언어철학(philosophy of language)상에서 지섭론(指涉論, referential theory)자에 속한다고

8) 《대정장》 권32, p. 13下.
9) 앞의 책, p. 16下.

말할 수 있다. 지섭론에 의거하면 하나하나의 낱말은 그것과 대응되는 것이 존재한다.[10] 정리학파도 또한「명칭이 있으면 사물이 존재하고 사물이 없으면 명칭도 없다」고 한다. 이는 하나의 명자는 반드시 하나의 진실한 존재를 대표한다는 의미이다. 따라서 세간의 사물이 모두 그것들 각자의 명자(명칭)가 존재한다면 이들 명자에 대응하는 사물은 반드시 진실로 존재한다는 것이다.

나아가 지섭론이라는 언어철학하에서 정리학파는「空」과 같은 언어에 의해 부정되는 사물은 반드시 진실로 존재한다고 지적하고 있다. 왜냐하면 그렇게 진실로 존재하는 것이 있어야만 부정될 수 있기 때문이다. 따라서 정리학파는 일체 사물은 결코 空하지 않다고 말한다.《회쟁론》제11, 제12송에서는「제법이 만약에 자체가 있다면 제법을 부정(遮)할 수 있다. 제법이 만약에 자체가 없다면 결국 어떤 것을 부정(遮)하겠는가? 예를 들어 항아리가 있고 점토가 있으면 항아리나 점토를 부정(遮)할 수 있다. 사물이 존재함을 알게 되면 부정(遮)할 수 있으나 사물이 존재하지 않는다는 것을 알게되면 부정(遮)할 수 없다」[11]고 설하고《회쟁론》제13송에서는 또한「만약에 법이 자체가 없다면 언어는 무엇을 부정(遮)하는가? 만약에 부정되는 법이 없다면 언어 역시(法을) 부정할 수 없다」[12]라고 말하고 있다. 제13송에 대해 용수는 다음과 같이 주석하고 있다.「만약에 법에 자체가 없으면 언어 역시 자체가 없는데 어떻게 일체 제법이 모두 다 자체가

10) 언어철학상의「지섭론」에 관하여 간단하게 소개 비평하고 있는 것으로는 William P.Alston의《언어철학》(*Philosophy of Language*, London ; Prentice-Hall, 1964) 제1장이 있다.

11)《대정장》권32, p. 13下. 이 양 게송은 영역본《회쟁론》중에서는 합하여 제11송으로 되어 있다.

12)《대정장》권32, p. 13下.

없다고 부정(遮)하여 말할 수 있겠는가? 만약에 遮(부정)가 이러하다면 言語(空이라는 말) 역시 (法을) 부정할 수 있다고 말할 수 없다.」[13] 여기서 정리학파의 견해는 존재하지 않는 것[無體]을 「空」이라는 말을 사용하여 부정(遮)한다면 반드시 「空」이라는 말을 사용하지 않고도 그것의 존재를 부정할 수 있는데 왜냐하면 그것은 본래 존재하지 않기 때문이라는 것이다. 이와같이 「공」이라는 말은 쓸모없는 것이 되고 만다. 즉 사물이 없다면 사물은 그대로 존재하지 않는 것이고 사물이 존재하지 않는다면 이는 결코 「공」이라는 말의 공로로부터 비롯된 것이 아니라는 것이다.

앞에서 인용한 《회쟁론》의 송문으로부터 우리는 정리학파가 일체의 사물은 진실로 실재하여 공하지 않다고 주장하고 있음을 알았다. 제9송과 그 주석은 명자와 명자가 나타내는(denote 또는 stand of) 사물간의 일대일 대응관계로부터 사물이 실재하여 공하지 않다는 것을 증명하고 있다. 그것은 언어철학상의 지섭론에 상당한다. 이밖에도 제11, 제12 양송은 부정하는 「능차」(pratiṣeddhṛ)와 부정되는 「소차」(pratiṣedhya)간의 관계로 부터 일체 사물이 진정으로 실재하여 공하지 않다는 것을 증명하고 있다. 말하자면 정리학파의 실재론 철학에 의거하여 사물의 존재를 부정하는 「공」이라는 말(능차)은 진실로 실재하여 空하지 않을 뿐 아니라 「공」에 의해 부정되는 일체 사물(소차) 또한 참으로 실재하여 空하지 않다는 것이다. 심지어 「능차」와 「소차」간의 「부정」(遮, pratiṣedha)관계 또한 진실로 실재하여 空하지 않다는 것이다. 말하자면 이 三者는 정리학파의 실재론철학에 의해 살펴보면

---

13) 앞의 책, p. 17上.

모두 참으로 실재하여 공하지 않다. 따라서 《회쟁론》 제15송에서는 「차, 소차, 능차는 다 존재하는 법이라고」[14]말하고 제17송에서는 「만약에 차, 소차가 없다면 능차 또한 존재할 수 없으므로 일체법이 성립하면 일체법의 자체 역시 성립한다」[15]고 설하고 있다. 정리학파의 이 두 게송 중에서는 분명히 부정, 부정하는 것 부정되는 것 등 세 가지가 참으로 실재하여 공하지 않다는 것을 밝히고 있다. 그들은 만약에 이 셋이 모두 공하여 실재하지 않는다면 이는 세간에는 이른바 「부정」(遮) 등의 존재가 없다는 것을 표시한다고 말한다. 즉 세간에 「부정」 등의 존재가 없다면 세간에는 부정되는 것이 없다는 것이지만 세간의 사물이 모두 다 부정되지 않는다면 세간의 사물은 모두 참으로 실재하여 공하지 않다는 것과 같지 않는가? 라는 것이다. 따라서 부정, 부정하는 것, 부정되는 것 셋이 모두 참으로 실재하여 존재한다는 것으로 이것들이 존재하는한 일체 사물은 모두 공하지 않다는 것이다.[16]

---

14) 《대정장》 권32, p. 13下.

15) 앞의 책, p. 14下.

16) B.K. Matilal, *The Navya-nyāya Doctrine of Negation : The Semantics and Ontology of Negative Statements in Navya-nyāya Philosophy*(Cambridge : Harvard Univ. press, 1968), p. 52에 의하면 정리학파는 「a는 거기에 존재하지 않는다」(A is absent there) 또는 「a는 거기에 있지 않다」(a is not there)를 「거기에는 a의 不存在가 있다」(there is an absense of a there)로 해석하고 있다. 따라서 a의 不存在(the absense of a)는 독립적인 실재(a seperate entity)라고 단언되며, 부정의 대상인 a는 「正對」(counterpositive)라고 칭해진다. 또한 p. 54에서는 정리학파가 부정의 부정(the negate of a negation) 즉 不存在의 「정대」(Counter positive)는 절대적으로 예로서 거론할 수 없는 용어(unexampled term)는 아니라고 주장하고 있다. 말하자면 우리는 지위(denotation)가 없는 용어라고 해서 간단하게 부인해 버릴 수는 없다는 것이다. 이는 허환(虛幻)하여 존재하지 않는 사물이라고 해서 우리가 그것을 부인해 버릴 수는 없다는 것과 같다. 〔K. Bhattacharya, *The Dialectical Method of Nāgārjuna*(*Vigrahavyāvartani*), pp. 12～13.〕

이상의 분석을 통해 우리는 정리학파가 실재론적 주장에 기초해서 차, 능차, 소차 삼자 모두 참으로 실재하여 공하지 않다고 여기고 있음을 알았다. 따라서 능차인「공」이라는 말은 진실로 공하지 않으며 또한「공」이라는 말에 의해 부정되는 소차라는 일체 사물 또한 참으로 존재한다는 것이다. 정리학파는 이러한 기본적인 주장하에서 용수의「일체개공」론에 대적하여「공」은 공한가 아니면 공하지 않는가? 라는 딜렘마적 질의를 제기하고 있다. 제1難은 만약에「공」또한 공하다면 이것은 능차가 공하다는 것을 나타내는 것으로 空한 것이 어떻게 사물을 부정할 능력이 있겠냐는 것이다. 따라서 일체 사물은 모두 空하지 않다는 것이다. 제 2 難은 만약에 공이 공하지 않다면 이는 세간에는 참으로 실재하여 공하지 않는 것이 존재한다는 것을 나타내므로 일체 사물이 모두 공한 것은 아니라는 것을 알 수 있다는 것이다. 따라서「일체 사물은 모두 공하다」는 이말은 착오라는 주장을 하고 있다.

정리학파가 구성한 이 딜렘마의 논증에 대해서 용수는 어떻게 답하고 있는가? 이 내용에 관해서는 다음 절에서 설명하겠다.

2. 부정은 결코 일종의 긍정이 아니다.

앞 절의 분석에 의거하면 정리학파는 부정하는「능차」, 부정되는「소차」, 그리고 둘 사이의 부정관계인「차」모두가 참으로 실재하여 공하지 않다는 것이다. 그러나 용수는 정리학파의 실재론과 적대적인 입장에서「일체 사물은 모두 공하다」고 주장하고 있다. 따라서 이 삼자(능차, 소차, 차)도 또한 공하여 실재하지 않다는 것이다. 용수는 정리학파가 구성한 딜렘마의 논증을 이용하여 딜렘마 중의 제 1 難(두번째 전제)은 착오라고 답하고 있다. 바꾸어 말하면 정리학파의 문난(問難)인 〈「공」이라는 말은 공한가 아니면 공하지 않는가?〉에 대해 용수는 「공」이라는 이 말도 공하다고 답변하고 있다. 말하자면 「일체 사물은 모두 공하다」는 입장에 입각하여 용수는 일체의 사물이 모두 공할 뿐 아니라 심지어 「공」이라는 말 자체도 공하다고 여긴다. 용수의 《중론》에서는 어떤 사물a가 「공」(śūnya)하다는 뜻은 a는 「인연생」(pratītyasamutpāda)[17]이다는 것 즉 a는 여러 조건(因緣, pratītya)에 의해 조성된다는 것이다. 《회쟁론》 중에서도 용수는 이러한 정의에 기초해서 일체 사물은 모두 공하다는 주장을 하고 있으며 심지어 「공」이라는 말도 또한 공하다고 주장하고 있다. 《회쟁론》 제22송에서는 「만약에 나의 언어가 인연화합법을 떠나 있다면 이는 곧 空義가 성립하는 것으로 제법은 자체가 없다」[18]고 말하고 있다. 용수는 이 게송에 대해서 다음과 같이 주석하고 있다.

〈만약에 그 언어가 원인 중에, 사대 중에, 화합 중에 존재하지 않고 떠나고 흩어짐 중에도 없다면 인후, 입술, 혀, 이, 잇몸, 콧속 등 모든 곳에 다 각기 힘(力)이 있다 하더라도 이와 같은 1처 1처가 화합하는 중에도 존재하지 않는다.〉 만약에 이와 같은 인연화합을 떠나면 다시 어떤 다른 法도 존재하지 않는다. 이와 같기 때문에 자체는 존재하지 않는다. 자체가 없기 때문에 내가 일체법은 자체가 존재하지 않으며

17) 용수의 《중론》 「관사제품」제24, 제18, 19송에서는 「衆因緣生法, 我說卽是無(空, śūnyatā), 亦爲是假名(prajñapti), 亦是中道(madhyampratipad)義. 未曾有一法, 不從因緣生, 是故一切法, 無不是空者」(《대정장》권30, p. 33中)라고 설하고 있다. 이 양 게송 중에서 용수는 「가명」 또는 「중도」라고 하는 「공」(無, śūnyatā)을 「因緣生」(pratītyasamutpādaḥ)이라고 정의하고 있다.

18) 《대정장》 권32, p. 14上.

따라서 空義가 성립한다고 말한 것이다. 이와 같이 言語는 자체가 없어 空하고 제법도 이처럼 자체가 없어 空하다. 이런 까닭에 〈空은 實在하기 때문에 空하다고 말할 수 없다〉는 당신의 견해는 맞지 않다.[19]

이 일단의 이해하기 어려운 문장 중에서는 시종 「이와 같기 때문에 자체가 존재하지 않는다」라는 구가 나온다. 구의 대의는 「空」이라는 말은 인후 내지 콧속(鼻頂)등의 因과 緣[20]이 조성(助成)하는 것이므로 「공」이라는 말은 인후 중에 단독으로 존재할 수 없고 내지는 콧속에 단독으로 존재할 수 없다는 것이다. 말하자면 「공」이라는 말에는 「자체」(자성, svabhāva)가 존재하지 않는다는 것 즉 내재하는 진실한 본성이 없다는 것이다. 그러므로 「자체」가 없는 것은 공하여 실재하지 않는다. 따라서 「공」이라는 말도 또한 공하다. 이 어려운 문장 중에서는 「공」이라는 말이 인후 등의 인연화합에 의해 조성된 것이므로 내재하는 실체적인 본성이 없다는 것 즉 「자체」(자성)가 존재않아 空하다는 것이다. 이러한 견해에 의거하면 「공」이라는 말은 「인연생」으로 정의될 수 있을 뿐아니라 「무자체」(무자성, niḥsvabhāva)라고도 정의될 수 있다. 사실상 청목(Piṅgaia)은 앞에서 인용했던 《중론》의 두 게송을 주석하는 가운데 확실히 「공」을 「무자체(무자성)」라고 말하고 있는데 그는 「각종 조건(衆緣)이 구족되어 화합해야 사물이 생긴다. 이 사물은 각종 인연에 속하므로 무자성이다. 무자성이므로 공이다」[21]고 말한다. 다음 단락에서는 《회쟁론》을 인용하여 「공」, 「인연생」및 「무자체」라는 세 낱말의 의미가 완

19) 앞의 책, p. 17下.

20) 이 가운데 「緣」은 한역본 《회쟁론》 중에서는 「大」라고 표현하고 있는데 무슨 까닭인지 알 수 없다. 영역본 《회쟁론》에서는 "conditions"라고 되어 있어 「大」가 「緣」의 오류임을 알 수 있다.

전히 같은 말임을 논의하고자 한다.

이상의 분석을 통해 우리는 정리학파가가 제기하였던 제1難에 대응하여 용수가 일체 사물이 공하며 심지어 「공」이라는 말도 공하다고 답변하고 있음을 알 수 있었다. 그렇다면 과연 용수의 이 답변은 정리학파가 지적한 곤란한 문난(問難)을 면할 수 있는가? 정리학파는 만약에 「공」이라는 말이 공하면 그것은 사물을 부정할 능력이 없어서 사물이 부정될 수 없기 때문에 사물은 여전히 실재한다고 지적하고 있다. 이러한 지적에 대적하여 용수는 「공」이라는 말과 같이 공하여 실재하지 않는 것에도 응당 공능이 있을 수 있다고 말한다. 예를 들어 세간의 수레, 꽃병 등이 비록 모두 因緣生이기 때무에 공하지만 오히려 그들 각자의 공능이 있지 않느냐고 반박하고 있다. 《회쟁론》에서는 제23송[22]을 주석하여 다음과 같이 말하고 있다.

만약에 일체법이 모두 인연생이면 일체법은 모두 무자체이다. 만

21) 《대정장》 권30, p. 33中. 이밖에도 《회쟁론》에서 용수는 스스로 다음과 같이 말하고 있다. 「만약에 일체법이 다 인연생이라면 일체법은 다 자체(자성)가 없다. 法에 자체가 없다면 반드시 인연(緣起)이다. 만약에 자체가 있다면 어떻게 인연을 사용하는가? 만약에 인연을 떠나면 諸法은 존재하지 않는다. 만약에 인연생이면 자체가 없다. 자체가 없기 때문에 空이라고 말할 수 있다」(《대정장》 권32, p. 18上). 이 인용문에 따르면 용수가 「공」(śūnyata), 「인연생」(pratītyasamutpāda) 및 「무자성」(무자체, niḥsvabhāva)을 동의어로 파악하고 있음을 알 수 있다.

22) 《회쟁론》 제23송 : 「만약에 인연법(연생법)이 空이라면 나는 지금 이 뜻을 설하는 것이다. 어떤 사람이 인연이 있다고 말해도 그 인연에는 자체가 없다」(《대정장》 권32, p. 18上). 영역본에 의하면 이것은 제22송이다. 그 뜻은 인연생인 사물은 본질적으로 空이라 말할 수 있다. 왜냐하면 인연소생의 각 본질은 내재하는 실체성(진실성)이 없기 때문이다라는 것이다〔K. Bhattacharya, *The Dialectical Method of Nāgārjuna*(*Vigrahavyāvartani*), p. 17〕. 이 게송에 따라 우리는 용수가 공, 인연생, 무자성을 동의어로 파악하고 있음을 다시 한번 확인할 수 있다.

약에 무자체이면 인연이 성립한다. 만약에 자체가 있다면 어떻게 인연의 작용이 있을 수 있겠는가? 만약에 인연을 떠나면 제법은 존재할 수 없다. 만약에 인연생이면 무자체이다. 무자체이기 때문에 공이라 말할 수 있다. 이와 같이 내가 하는 말도 역시 인연생이며, 인연생이라면 무자체이다. 무자체이기 때문에 공이라 말할 수 있다. 일체법이 인연생이므로 자체가 다 공하다. 예를 들어 수레, 항아리, 의복 등 모든 사물은 그들 법에 각각 인연이 있기 때문에 세간의 장작(땔감), 풀, 흙을 실어 나를 수 있고 꿀, 우유 등을 담아 손으로 들어 올릴 수 있으며 또한 추위, 열기 및 바람을 막아 주는데 이러한 모든 수용법(세속제)은 인연생이기 때문에 다 무자체이다. 이와 마찬가지로 내가 하는 말도 因緣和合하여 生하기 때문에 자체가 존재하지 않는다고 말할 수 있으며 만약에 무자체이면 자체가 성립하지 않는다고 말할 수 있다. 이와 같이 공이라는 말(언어)은 세간수용(세속제)이다. 따라서 언어가 무자체이기 때문에 '일체제법이 공하다는 당신(용수)의 말 역시 공하여 제법의 자체를 부정(차)할 수 없다'는 당신(정리학파)의 견해는 옳지않다.[23)]

이 깊고 이해하기 어려운 문장에서는 처음부터 끝까지 「무자체이기 때문에 공이라고 말할 수 있다」라고 언급하여 「空」(śūnyatā), 「因緣生」(pratītyasamutpāda)및 「무자체」(무자성, niḥsvabhāva) 三者가 동의어이며 일체사물은 인연생이므로 또한 모두 무자체이며 공이라고 설명하고 있다. 「이와 같이 내가하는 말도 역시 인연생이며」로 부터 「자체가 다 공하다」에 이르기까지는 「공」이라는 말 자체도 또한 인연생이므로 무자체이며 空하다는 것을 설명하고 있다. 그 다음 「수레 · 항아리 · 의복 등 모든 사물」로 부터 「다 무자체이다」에 이르기까지는 용수가 거론하는 몇가지 실제의 예로서 그는 세간의 수레 · 항아리 · 의복 등은 모두 인연생이고 무자체이며 공하지만 그것들은 각자의 공능과 작

23) 《대정장》 권32, p. 18上.

용이 있다고 설명하고 있다. 즉 수레는 장작이나 잡초 또는 흙을 실을 수 있고 항아리는 물, 꿀, 우유를 담을 수 있고 의복은 바람, 열기, 추위를 막을 수 있다고 말하고 있다. 따라서 인연생, 무자체, 공이 아닌 사물은 결코 그들 각자의 공능이나 작용이 있을 수 없다.[24)]

「이와 마찬가지로」로 부터 「이와 같이 공이라는 말은 세간수용이다」까지는 「공」이라는 말도 「수레」, 「항아리」, 「의복」과 마찬가지로 비록 인연생이고 무자체이며 공하지만 「세간수용」(세속제), 즉 세간의 공능작용이 존재한다고 설명하고 있다. 대충 간략하게 말해서 「공」이라는 말의 「세간수용」은 세간에 있는 일체사물의 존재성을 부정하는데 있다.[25)] 마지막으로 「따라서」에서 「옳지 않다」까지는 결론으로 「공」이 사물의 존재를 부정(遮)할 수 없다는 정리학파의 견해가 착오임을 지적하고 있다.

이상의 《회쟁론》의 인용문과 본문의 분석을 통해 용수는 정리학파가 시설한 딜렘마의 논증이 합리적이지 않다고 여기고 있다. 왜냐하면 그것의 제1難(두번째 전제)에 문제가 있기 때문이라는 것이다. 정리학파는 사물을 부정하는 「공」(능차)이라는 말은 참으로 실재하여 공하지 않으며 그렇지 않다면 사물존재를 부정하는 공능과 작용이 있을 수 없다고 확신하고 있다. 용수는 능차인 「공」이라는 말은 비록 일체 사물과 마찬가지로 인연생이고 무자

24) 「수레, 항아리, 의복」에 관련된 일단의 비유는 한역 《회쟁론》에서는 상당히 이해하기 어렵다. 여기서의 해석은 영역본 《회쟁론》 p. 18을 참고한 것이다.

25) 필자가 여기서 「간략하게 말해서」라고 한 까닭은 용수의 본의가 결코 「空」이라는 말의 작용이 사물의 존재를 「부정」하는데 있지 않다고 여기기 때문이다. 용수의 철학에 의거하면 그는 어떤 사물을 「부정」하는 것도 아니고 「긍정」하는 것도 아니다. 그의 목적은 단지 우리에게 세간의 진상이 무엇인지를 알려 주는데 있다.

체이며 공하지만 그것에는 응당 공능작용이 존재한다고 여기고 있다. 그리고 이 「공」이라는 말의 공능작용은 일체 사물의 존재성을 부정(遮)하는데 있다는 것이다. 따라서 용수는 정리학파가 세운 딜렘마는 옳지 않다고 말한다.

「일체 사물은 모두 공하다」는 철학에 기초해서 용수는 「능차」(pratiṣeddhṛ)인 「공」이라는 말 자체가 공할 뿐만 아니라 「공」이라는 말에 의해 부정되는 일체 사물의 자체, 즉 「소차」(pratiṣedhya) 또한 공하다고 여긴다. 부정하는 것과 부정되는 것이 공하다면 당연히 이 양자 사이의 「부정」(pratisedha)관계도 공하다. 예를 들면 《회쟁론》 제62송에서는 「만약에 사물의 자체가 존재하여 부정(遮)된다면 공이라는 말은 성립한다. 만약에 사물의 자체가 없어 부정할 바가 없다면 어떻게 부정(遮)이 성립할 수 있겠는가」[26]라고 말하고 있는데 이 이해하기 어려운 게송은 영역본 《회쟁론》에 의하면 다음과 같다. 「만약에 부정이 (확실히) 어떤 존재라면 공은 곧 증명된다(śunyatvaṃ nanu prasiddham idam). 왜냐하면 당신들은 내재하는 진실성이 없는 사물을 부정하기 때문이다(pratiṣedhayate hi bhavān bhāvānāṃ niḥsvabhāvatvam)」.[27] 이를 살펴보면 용수의 반박은 정리학자들의 창으로 그들의 방패를 공격하는 방법을 채용하고 있다. 그는 만약에 「부정」(遮, pratiṣedha)이 확실히 정리학파에서 말하는 것처럼 진정으로 존재한다면 즉 「能否定」(能遮)과 「所否定」(所遮)이 모두 공하지 않다면, 「공」이라는 말은 정리학파에게 부정되는 대상인 「소차」이므로 「공」이라는 말은 마땅히 진실로 존재하게 된다고

26) 《대정장》 권32, p. 15上.

27) K. Bhattacharya, *The Dialectical Method of Nāgārjuna*(*Vigrahavyāvartanī*), p. 40에서 번역하였음.

말한다. 이는 명백히 「공」은 존재하지 않는다(「공」은 옳지 않다)는 정리학파의 주장과 서로 모순된다. 따라서 부정(遮)은 결코 정리학파가 말하는 것과는 다르게 공하지 않게 돼버린다. 바꾸어 말하자면 「부정」(遮)은 마땅히 공하여 실재하지 않는 것이다. 따라서 《회쟁론》 제63송에서는 「당신은 무엇을 부정(遮)한다는 것인가? 당신이 부정(遮)하는 것이 공하다면 法空인데 부정(遮)이 존재한다고 한다면 당신의 논쟁은 실패한 것이다」[28]고 말한다. 용수의 견해는 만약에 정리학파가 「공」을 부정하여 오히려 부정되는 「공」(所遮)이 존재하지 않는다고 여기게 되면 「부정」(遮)은 공하지 않다는 정리학파의 주장은 성립할 수 없다는 것이다. 왜냐하면 정리학파는 부정되는 「공」은 응당 존재한다고 말하기 때문이다.[29]

용수는 「부정(遮)은 진실로 존재한다」는 정리학파의 주장이 착오임을 증명하고 있을 뿐만 아니라 언어에 대한 자기자신의 견해를 적극적으로 표명하고 있다. 공이라는 말은 결코 어떤 사물을 부정(遮)하고 있는 것이 아닌데 왜냐하면 세간에는 근복적으로 어떤 사물도 진실로 실재하지 않으며 따라서 어떤 사물도 「공」에 의해 부정될 수 없기 때문이라고 말하고 있다. 용수의 철학에 의하면 「공」이라는 말은 어떤 사물을 긍정하는 것도 아니고 또한 어떤 사물을 부정하는 것도 아니다. 공이라는 말의

28) 《대정장》 권32, p. 15上.

29) 용수의 이러한 견해와 관계있는 것으로는 《회쟁론》 중에서는 분명하게 찾아볼 수 있다. 영역본《회쟁론》의 LXII송(한역본 《회쟁론》 제63송)에서는 다음과 같이 말하고 있다. 「지금 만약에 당신들이 空을 부정하고 또한 空이 존재하지 않는다고 한다면(pratiṣedhyase 'tha tvaṃ śūnyatvaṃ tac ca nāsti śūnyatvam) 부정은 일종의 존재라고 여기는 당신들의 견해는 상실된다(pratiṣedhaḥ sata iti te nanu eṣa vihīyate vādaḥ)」〔K. Bhattacharya, *The Dialectical Method of Nāgārjuna*(*Vigrahavyāvartanī*), p. 41〕.

공능은 단지 사물은 모두 그 自性이 존재하지 않는다(bhāvā niḥ svabhāvā iti)는 세간의 진상(眞象)을 「우리에게 알려 주는」(jñapayati)데 있다. 따라서 《회쟁론》 제64, 65송에서는 「나에게는 어떤 사물도 존재하지 않는다. 따라서 나는 (어떤것도) 부정하지 않는다. 이와 같이 당신은 이치에 맞지 않게 왜곡하여 나를 어렵게 하고 있다. 당신은 언어가 법을 분별한다고 하지만 이러한 의미를 내가 지금 말하자면 어떤 법도 언어로 설할 수 없다(즉 사물을 공이라는 말로 부정하지 않는다는 의미). 그러므로 나에게는 허물이 없다」[30]라고 말하고 있다. 영역본 《회쟁론》에 의하면 이 두 게송의 뜻은 「나는 결코 어떤 사물을 부정하지 않으며 또한 부정되는 어떤 사물도 존재하지 않는다(pratiṣedhyāmi nāhaṃ kiṃ cit pratiṣedhyam asti na ca kiṃcit). 그러므로 당신들이 「당신은 (事物의 自體性을) 否定한다」고 말할 때 당신들은 나를 중상하고 있는 것이다(tasmāt pratiṣedhyasīty adhilaya eṣa tvayā kriyate). 당신들이 단언하고 있는 '존재하지 않는 것의 부정은 결코 (공이라는) 言語없이도 성립될 수 있다(ṛte vacanād asataḥ pratiṣedhavacanasiddhir iti)'는 것과 관련하여 우리는 여기서 言語가 우리에게 그것(사물의 자체성)이 존재하지 않는다는 것을 알려 주는 것이지 言語는 결코 그것을 부정하지 않는다(atra jñāāpayate vāg asad iti tan na pratinihanti)는 것을 알 수 있다」[31]이다. 분명히 용수는 이 두 게송(《회쟁론》 중에서 가장 중요하다고 말할 수 있다)에서

30) 《대정장》 권32, p. 15上.

31) K. Bhattacharya, *The Dialectical Method of Nāgārjuna*(*Vigrahavyāvartanī*), pp. 41~42에서 번역하였음. 여기서 「당신들이 단언하고 있는 것과 관련하여」로부터 「증명할 수 있다」까지의 문구는 《회쟁론》 제13송(영역본 제 XII송) : 「若法無自體, 言語何所遮？ 若無法得遮, 無語亦成遮」(《대정장》 권32, p. 13下)이다. 이는 정리학파가 제기하고 있는 질문이다. 그 의미는

「공」이라는 말은 결코 어떤 사물을 부정하는 것이 아니라 그것은 다만 「사물은 모두 자체(자성, svabhāva)가 존재하지 않는다」는 세간의 진상을 「우리에게 알려 주는」(知, jñāpayati)데 있다고 언급하고 있다. 두 게송 중에 두번째 수(首)인 제65송에 대해서 용수는 다음과 같은 주석을 하고 있다. 이것은 용수의 사상을 이해하는데 있어 중요한 대목이다.

> 제법은 무자체다라는 말을 할 때, 이 말은 결코 法의 自體를 無라고 否定하는데 있지 않다. 또한 다음과 같은 뜻이 있다. 언어는 法에 자체가 없기 때문에 法에 자체가 없음을 알려 준다. 만약에 자체가 있다면 法에 자체가 있음을 알려 주었을 것이다. 비유하자면 집안에 천득이가 없을 때 어떤 사람이 '천득이는 있습니까 없습니까? 라고 물을 경우에 답하는 사람은 있다고 말할 수도 있고 없다고 말할 수도 있다. 없다고 답하는 사람의 진술은 결코 천득이 자체가 「없음」을 조성하지(짓지)않고 다만 천득이가 집안에 존재하지 않는다는 사실을(우리에게) 알려 준다. 이와 같이 만약에 일체법은 자체가 없다라고 말한다면 이 말은 일체법은 자체가 없다(無)고 부정하는데 있지 않고 단지 (우리에게) 제법의 자체가 없다는 사실을 알려 주는데 있다. 따라서 당신들 정리학파가 말한 '만약에 사물이 모두 공하면, 법에 자체가 없음을 말할 수 없고(즉 공이라는 말로 제법을 부정할 수가 없고) 「공」이라는 말이 존재하지 않기 때문에 제법의 자체를 부정할 수 없다'는 견해는 옳지 않다.[32)]

이 論文의 첫번째 어구의 대의는 어떤 사람이 「제법에는 자체

만약에 「空」이라는 말의 자체(자성)가 존재하지 않는다면 「空」이라는 말에 의해 부정되는 것은 무엇인가? 즉 자체(자성)가 존재하지 않는 「공」이라는 말이 존재하지 않는 자체(a non-existent)를 부정할 수 있다고 하는데 그렇다면 존재하지 않는 어구가 어떻게 존재하지 않는 자체를 부정할 수 있겠는가라는 것이다.(이 게송에 대해서는 이미 논의한 바 있으므로 대조하여 살펴볼 수 있다.)

32) 《대정장》 권32, pp. 22上~中.

가 없다」라는 말을 할 경우에 이는 결코 어떤「자체없음」을 제작(조성)하는 것이 아니라는 것이다. 바구어 말하면「일체 사물은 모두 공하다」는 어구 중의「공」은 결코 이말에 의해 사물의 존재가 부정된다는 것을 의미하지는 않는다는 것이다. 그 다음「또한 다음과 같은 뜻이 있다」로부터「법에 자체가 있음을 알려주었을 것이다」에 이르기까지는 영역본에서는 간단하게「그렇지만 자체가 없으므로(asati svabhāve) 언어는 우리들에게 '사물은 자체가 없다(bhāvā niḥsvabhāvaiti)'는 것을 알려 준다(jñāpayati)」[33] 고 말하고 있다. 즉 사물은 원래 공하여 無自體(無自性)이기 때문에「공」이라는 말은 단지 이 사실을「우리에게 알려 줄」(jñapayati)따름이지 결코 사물의 자체를 부정하는 것은 아니라는 의미이다.

계속해서「비유하자면 집안에 천득이가 없을 때」로부터「다만 천득이가 집안에 존재하지 않는다는 사실을 알려 준다」까지는 용수가 근사한 예를 들고 있다. 용수는 집안에 天得(Devadatta)이라는 사람이 없을 때 어떤 사람이 천득이가 집안에 없다고 말할 경우에 그는 결코 집안에 천득이가「없음」을 제조(조성)하지 않는다. 바꾸어 말하자면 그는 결코 원래 존재하는 天得이가「없다」고 否定하고 있는 것은 아니다. 그는 다만 天得이가 집안에 없다는 사실을「우리에게 알려 준다」(jñāpayati). 우리가 주의해야 할 것은「집안에 천득이가 없다」는 어구 중의「없다」는「일체사물은 모두 공하다(자체가 없다)」는 어구의「공」에 상당한다. 그리고 천득이는 사물의 자체(자성)에 해당한다. 즉 전자는 부정하는「能遮」(pratiṣedhya)이다. 용수에 의하면 이 양자 모두

33) K. Bhattacharya, *The dialectical Method of Nāgārjuna*(*Vigrahavyāvartanī*), p. 42 에서 번역하였음.

공하여 실재하지 않는다.

이어서「이와 같이」로부터「제법의 자체가 없다는 사실을 알려 준다」까지는「천득」이라는 예에서처럼 우리가「一切事物은 모두 공하다」는 어구를 말할 때 그 의의는 (일체 사물은 모두 공하다는)「공」(無)을 조성하는데 있지 않고 이 어구는 단지 사물은 모두 자체가 없다는 사실을「우리에게 알려 주는」(知, jñāpayati)데 있을 따름이다. 마지막으로「당신들 정리학파가 말한」이하는 결론으로 그 대의는 '사물이 모두 공하다면「공」이라는 말을 사용하여 그것들(사물)을 부정할 수 없을 뿐아니라「공」이라는 말이 공하므로 사물의 자체를 부정할 수 없다'는 정리학파의 주장은 착오라는 것이다.

총괄적으로 우리가 분명히 알 수 있는 것은 정리학파가「否定」(遮, pratiṣedha) 및「所否定」(所遮, pratiṣedhya)의 실재성을 주장하기 때문에 (딜렘마 중의) 제 1 難을 시설하여 만약에 능차인「공」이 공하다면 사물의 존재를 부정할 수 없다고 말하고 있다는 것이다. 용수는 정리학파의 이 책난을 반박하여 우선「공」이라는 말은 비록 공하기는 하지만 그러나 세간의 수레, 항아리, 의복 등의 사물이 비록 공하여도 여전히 그들 각자의 공능과 작용이 있는 것처럼「공」이라는 공한 낱말도 또한 마땅히 공능작용이 있으며 그것의 공능작용은 사물은 모두 자체가 없다는 것을「우리에게 알려 주는」(jñāpti)데 있다고 말한다. 그 다음「공」이라는 말은 어떤 사물을「부정」하는 것이 아니다. 왜냐하면 그것에 의해「부정」되는 사물의 자체는 원래 공하여 실재하지 않기 때문이다. 말하자면 능차인「공」이라는 말에 의해 부정되는「소차」즉 일체사물(의 자체)은 원래 공하다는 것이다. 결국 부정(차), 능부정(능차), 소부정(소차) 三者는 모두 진실로 실재한다는 정리학파의 실재론 철학은 모두 용수에 의해 하나하나 반박된다. 따라서 만약에 어떤 사람이 용수의 공은 무엇을 부정하는가? 라고 묻는다면 필자는 '용수의 공은 원래 본질적으로 존재하지 않는 사물의 자체를 부정합니다. 아닙니다. 용수의 공은 어떤 것도 부정하고 있지 않습니다.'라고 대답할 것이다.

3. 덧붙이는 논의

T. R. V. Murti, Richard H. Robinson, 미산웅일 등은 모두 한결같이 용수의 공은 G. W. F. Hegel 식의 변증법(dialectic)이라고 인정하고 있다.[34] 이들 학자들이 각자 서로 다른 주장을 하고 있지만 그러나 한결같이 용수의 「공」이 일체 사물의 자체를 부정한 후에 부정할 수 없는 최고의 진리를 이룬다고 여기고 있다. 예를 들어 미산웅일은 한층 한층의 부정을 통한 후의 「공」인 「非實非非實」이 「부정될 수 없는」 「최고의 진실이며」 그것이 「중관의 종교진리」라고 생각한다.[35] 그렇다면 용수의 「공」이 과연 일체 사물을 부정한 후에 「변증적으로」 「부정될 수 없는」 「최고의 진리」가 되는가? 《회쟁론》을 살펴보면 이 문제에 대한 답은 분명히 부정적이다. 앞에서 서술한 바와 같이 《회쟁론》에서 용수는 「소부정」(소차)인 일체 사물이 공하다고 여길 뿐만 아니라 「능부정」

34) T.R.V Murti, *The Central Philosophy of Buddhism*(Geo. Allen and Unwin, 1955), part Two와 Richard H. Robinson, *Early Mādhyamika in India and China*(Delhi : Motilal Banarsidass, 1976), pp. 50~58 그리고 미산웅일, 《공의논리》 참고. 이밖에 이 세 사람의 주장에 대해서는 이 책의 〈용수의 《중론》은 변증법을 사용하는가?〉와 〈《중론》 안의 사구연구〉에서 요점을 소개하고 아울러 상세하게 비평하고 있다.

35) 미산웅일저, 정호영역, 《공의논리》, pp. 109~110 참고.

(능차) 또한 공하다고 여긴다. 따라서 용수의「일체 사물은 모두 공하다」(sarvabhāvānāṃ śūnyatvāt)는 사상에서「공」이라는 이 말은 결코 변증적으로「부정될 수 없는」「최고의 진실」이나 또는「중관의 종교진리」가 될 수 없다. 왜냐하면 용수는 스스로 어떤 주장(宗)을 하지 않기 때문이다. 《회쟁론》 제30송에서는「我宗無物」(nāsti ca mama pratijñā)[36]이라고 말하고 있다. 그리고 다음과 같이 주석하고 있다.「이와 같이 제법이 진실로 적정(寂靜)하고 본성공(本性공)인데 어디에 宗(주장, pratijña)이 있겠는가? 이와 같은 宗相(주장의 특성, pratijñālakṣaṇa)은 어느 곳에서 그 종상을 얻을 수 있겠는가? 나는 종상이 존재하지 않는다고 말한다.(따라서) 어찌 나에게 허물이 있다고 말할 수 있겠는가?」[37] 용수 스스로 자신은 어떤 주장(宗, pratijñā)을 하고 있지 않다고 말하고 있음을 알 수 있다. 용수 스스로 어떤 주장을 하고 있지 않은데 어떻게「공」을 부정될 수 없는「최고의 진실」이라고 말할 수 있겠는가? 또한 어떻게「공」이「중관의 종교진리」라고 말할 수 있겠는가?

이러한 학자들이 용수의「공」을 일종의 변증법으로 여기는 까닭은「사구」(catuskoti)에 대한 착오적인 분석에 그 부분적인 원인이 있다. 이른바 사구는 용수의 《중론》 권3 제18품 제8송 가운데 나오는 네 개의 명제이다.[38] 즉 (1) 一切實 (2) 一切非實 (3) 一切亦實亦非實 (4) 一切非實非非實이다. 이 학자들은 이 사구를 (a)p (b) 非p (c) P이면서 非p (d) 非p이면서 非非p라는 명제로

36) 《대정장》 권32, p. 14中.

37) 앞의 책, p. 19上. 이 가운데「宗相」은「宗」(주장)의 특징(相, lakṣaṇa)을 말한다.

38) 이 게송은「一切實非實, 亦實亦非實, 亦實非非實, 是名諸佛法」(《대정장》 권30, p. 24)이다.

분별하여 이해하고 있다.[39] 그들은 나아가 전통적인 서양 논리학을 채용하여 (d)구를 「非p이면서 p」 즉 「p이면서 非p」로 이해하고 (d)구가 곧 (c)구와 같다고 한다.[40] 그다음 전통적인 서양 논리학 중의 「모순율」(the Law of Noncontradiction)[41]을 의거하여 「p이면서 非p」가 성립할 수 없다고 한다. 즉 (c), (d)양구가 모두 성립하지 않는다는 것이다. 따라서 이 학자들은 사구 중의 (c), (d)양구가 서양논리학의 「모순율」을 위배하고 있으므로 용수의 「사구」는 일반논리학의 논식이 아니라 (헤겔식의) 변증법임을 알 수 있다는 것이다.[42] 분명히 이런 학자들의 「사구」 분석은 전통적인 서양논리학 중에 「쌍중부정율(the Law of Double Negation)」[43]을 전제하고 있다. 말하자면 그들은 용수의 《중론》 안에 있는 「非非p」(사구 중의 (d)句)를 「p」와 같다고 여긴다. 그렇다면 이러한 분석은 옳은가? 용수의 《회쟁론》을 살펴보면 이러한 학자들의 분석은 명백히 착오다.[44] 용수에 따르면 「非非p」는 간

39) Richard H. Robinson, *Early Mādhyamika in India and China,* pp. 50~58.

40) 전통 서양논리학 가운데 「쌍중부정율」(the Law of Double Negation)에 의거하면 「P」와 「非非P」 두 명제는 등치(equivalent)이다. 따라서 제(d)구는 「非p이면서 p」와 등치이다. 그다음 전통서양 논리학 가운데 「연언교환율」(the Law of Communication for Conjunction)에 의거하면 「非p이면서 p」는 「p이면서 非p」와 등치이다. 따라서 제(d)구는 「p이면서 非p」와 등치이며 제(c)구와 등치인 것이다.

41) 모순율이란 어떤 명제p가 그것의 부정구(negation)인 「非p」와 동시에 성립할 수 없다는 것이다. 말하자면 「p이면서 非p」는 착오라는 것이다.

42) 이상의 「사구」에 관한 분석은 간단한 소개이다. 더 상세한 내용은 이 책의 〈용수의 《중론》은 변증법을 사용하는가?〉와 〈《중론》 안의 사구 연구〉에서 살펴볼 수 있다.

43) 註 40) 참고.

44) 이러한 분석에 대한 기타의 비평은 註 42)중에 제시된 두 단원을 참고할 수 있다.

단하게 「p」가 될 수 없다. 따라서 용수는 「非非p」와 「p」가 완전히 서로 다른 명제라고 여기고 있음을 알 수 있다. 왜 그러한가? 필자는 용수가 인도의 몇몇 학파 중에서(예를 들면 정리학파와 같은) 「非p」를 일종의 긍정으로 간주하고 있다는 것을 알고 있었기 때문에 「일체 사물은 모두 공하다」는 입장에 입각해서 이러한 「긍정」을 부정하려고 「非非p」를 성립시켰다고 생각한다. 용수는 사구 중에서 이러한 「긍정」에 대한 부정으로 정리학파에 대적하고 있다. 앞에서 언급한 바와 같이 정리학파는 「부정」(遮, pratiṣedha)을 진실한 존재(bhavah라고 생각한다. 그러므로 정리학파에서는 「非p」가 예를 들면 「Q」와 같이 마땅히 일종의 「긍정」이다. 용수가 「非p」를 부정하여 마치 쌍중부정처럼 「非非p」로 보고 있는것 같지만 실제적으로는 「Q」의 일중부정인 「非Q」를 의미하고 있다. 「Q」의 일중부정이라면 전통서양 논리학 중의 「쌍중부정율」을 적용할 수 없다.

결국 「사구」 중의 「非非p」는 실제적으로 「Q」의 일중부정인 「非Q」이지 「p」의 쌍중부정인 「非非p」가 아니다. 따라서 이러한 학자들의 분석과 단언은 착오이다. 용수의 「사구」 즉 그의 「공」은 결코 전통 서양논리학을 위배한 것도 아니고 따라서 (헤겔식의) 변증법도 아니다. 용수의 「공」은 이러한 학자들이 말한 것처럼 결코 변증적으로 일체 사물을 부정한 후에 부정할 수 없는 「최고의 진실」이 될 수 있는 것은 아니다. 왜냐하면 용수에게 있어서는 「공」 또한 잠시적이므로 부정될 수 있기 때문이다.[45)]

그렇다면 용수의 공은 무엇을 부정하는가? 그 답은 용수의 공은 일체 사물(의 자체)을 부정하고 그 자신의 자체도 부정한다는 것이다. 아니다.! 용수의 공은 어떤 것도 부정하는 것이 아니다. 왜냐하면 그것이 부정하는 대상인 일체 사물(의 자체)과 그 자신(의 자체)은 본래 공하기 때문이다.

(본문은《臺大哲學論評》, 8期, 臺北, 臺灣大學哲學系, 1985, pp. 175~191에 실렸던 글이다.)

45) 만약에 공이 부정할 수 없는「최고의 진실」이라 한다면 이 공 또한 부정될 수 있다. 이는 용수의 다른 저작에서도 찾아볼 수 있다.《중론》권2 제14품 제19송에서는「대성이 설하신 空法은 諸見을 떠나게 하기 위한 것이다. 만약에 다시 空이 존재한다고 본다면 諸佛도 교화할 수 없다」(《대정장》 권30, p. 18)라고 설하고 있다.《대지도론》 권31에서는 용수가《대품반야경》의「18空」중「空空」을 주석할 때「空」이 일체법을 파하고 나면 오로지 空만 존재한다. 空이 일체법을 파하고 나면 空 역시 버려야 한다. 이러한 까닭에 空空이라 한다(《대정장》 권25, p. 288)라고 설하고 있으며「또한 가령 약을 복용하여 병을 파할 경우에 병이 이미 파되었으면 약 역시 밖으로 배출되어야 한다. 만약에 약이 배출되지 않으면 다시 병이 된다. 空으로 갖가지 번뇌병을 멸한 후에 空을 두려워하면 다시 환이 된다. 이러한 까닭에 空으로 空을 버리며 이를 空空이라 한다」(앞의 책)고 설하고 있다. 따라서「공」은 결코 변증법이 아니며 또한「부정되지 않는 최고진실」이나「중관의 종교진리」도 아니다.

Ⅵ. 용수《회쟁론》중의「공」의 연구

용수(Nāgārjuna : A.D. 150~250)의 《회쟁론》(*Vigrahavyāvartanī*)이라는 책은 일반적으로 정리학파(Nyāya)의 저작을 비판한 것이라고 여겨지고 있다. 정리학파는 인도 정통의(āstika)「六派哲學」(Ṣaḍ-darśana) 가운데 하나이다. 정리학파의 철학은 소박실재론으로 외재세계는 진실로 존재하는 세계라고 생각한다. 이는 용수가 건립한 「중관학파」(Mādhyamika)에서 일체 사물은 모두「공」하다고 여기는 것과는 완전히 다르다.

용수의「空」(空性, Śūnyatā)은 꼭 정리학파의 소박실재론에 대적하기 위한 것만은 아니다. 그렇지만 용수가 그의 《회쟁론》이라는 책 중에서 논의하고 있는「空」은 의심할 여지없이 정리학파의 소박실재론을 대적하기 위한 것으로 간주되고 있다.

본문에서는《회쟁론》을 통해 용수가 말하고 있는「空」은 도대체 어떤 의미가 있는가를 탐구하고자 한다. 용수의「空」은「허무주의인가? 아니면 헤겔(Hegel)식의「변증법」(dialectic)인가? 이러한 점이 본문에서 관심을 갖고 다루고자 하는 문제이다.

1.「正知를 획득하는 4종의 방법」은 결코 신뢰할 수 없다.

《회쟁론》에는 두 가지 범문본이 있다. 하나는 K.P. Jayaswal과

Rāhula Sāṅkṛtyāyana 두 사람이 함께 편집한 것이고[1] 다른 하나는 E.H. Johnston과 Aronold Kunst 두 사람이 함께 편집한 것이다.[2] 이 양종의 범문본 가운데 두번째 본은 Kamaleswar Bhattacharya에 의해서 《용수의 변증법(회쟁론)》(*The Dialectical Method of Nāgārjuna (Vigrahavyāvartanī)*)[3]이라는 책으로 영역되었다. 한역에는 후위(後魏)홍화 3년(A.D. 541년)에 오장국의 비목지선(毘目智仙)과 천축국의 구담류지(瞿曇流支)가 공역(共譯)한 《회쟁론》이 있다.[4] 본문은 한역 《회쟁론》을 위주로 하고 영역본을 참고하여 용수가 《회쟁론》에서 말하고 있는 「공」에 관해 논의하고자 한다.

《회쟁론》이 정리학파를 비판한 작품이라고 여겨지는 까닭은 《論》 중에서 극력으로 「정확한 知識을 획득하는 4종의 방법」인 4종의 「量」(pramāṇa)을 부정하고 있기 때문이다. 이 4종의「量」은 정리학파가 제시한 것이다. 정리학파의 창립자인 구담(瞿曇 Gautama)[5]은 정리학파의 주요 경전인 《정리경》(Nyāya－sūtras)의

---

1) *Journal of the Bihar and Orissa Research Society,* Vol. XXIII, part III(1937), patna.

2) E.H Johnston and Arnold Kunst, *Mélanges chinois et bouddhiques,* Vol. IX, Institut Belge des Hautes Etudes Chinoises, 1948～51(Bruxelles 1951), pp. 99～152.

3) Motilal Banarsidass, Delhi, Varanasi, patna, 1978.

4) 〈서회쟁론번역지기〉; 《대정장》p. 13中.

5) 정리학파의 창립자인 구담(Gautama)은 Gotama라고도 하는데 후대의 많은 정리학자들은 구담이 아니라 「足目」(Akṣapāda)이 창립자라고 여긴다. 이밖에도 그는 Dīrghatamas 또는 Medhātithi Gautama라고도 불린다. 〔Karl H.Potter 編《인도의 형이상학과 지식론—Gaṅgeśa 이전의 정리・승론학파의 전통》(*Indian Metaphysics and Epistemology, the Tradition of Nyāya-Vaiśeṣka up to Gaṅgeśa,* pp. 220～221, princeton Univ. press, Princeton, New Jersey, 1977)〕.

작자라고 전해온다.[6]《정리경》分1 部1 經1 論題1[7]에서는 우리의 正智(jñāna)가 인지하는 16범주(categories)인「16諦」를 설하고 있다. 그중에 제1제는「능량」이고 제2제는「소량」이다.[8] 제1제인 量에는 모두 4종이 있으니 그것들은 정확한 지식을 획득하는 4종의 수단으로 (1) 현량(pratyakṣa)…인식기관에 의지하는 지각 (2) 비량(anumāna)…논리학상의 추론(inference) (3) 아함량(āgama) 또는 성언량(성량, śabda)…경험자, 권위자, 성자가 언급한 말, (4) 비유량(upamāna)…비교(comparison) 또는 동일시(identificatin)이다.[9] 이 4량 가운데 현량, 비량, 아함량은 불교계에서도

---

6)《정리경》은 五「分」(abhyāyas)으로 나누어지고 매 1分은 다시 여러「部」(āhnikas)로 세분되며 매 部는 몇「經」(sūtras)을 함유하고 있다.《정리경》의 주석자인 Vātsyāyana와 Vācaspati Miśra는 다시 매「經」을 여러「논제」(prakaraṇas)로 나누고 있다. G. Oberhammer의 연구에 따르면《정리경》의 제1, 제5분이 본경의 원형이며 중간의 제2～4분은 후에 출현한 것이라고 한다. Jacobi는《정리경》의 제Ⅳ. 2. 25경이 심지어 용수가 건립한 중관학파를 비판하고 있다고 한다. 이 밖에 Satkari Mookerjee는 용수의《광파론》(*Vaidalyaprakaraṇa*)이《정리경》의 경문을 인용하였을 것이라고 지적하고 있다. 이러한 연구는《정리경》이 뒤섞여 현재의 모습을 하게된 것은 늦어도 A.D. 2세기경일 것임을 증명해준다.〔이상, Karl H. Potter의《인도의 형이상학과 지식론—Gaṇgés이전의 정리, 승론학파의 전통》, pp. 220～222.〕

7)《정리경》과 관계 있는 장절은 註 6)참조.

8) 이밖의 14諦는 3. 疑(saṃsāya) 4. 用(prayojana)5. 喩(dṛṣṭānta) 6. 悉檀(主義, 教義, siddhānta) 7. 支分(avayava) 8. 思擇(tarka) 9. 決(nirṇaya) 10. 논의(vāda) 11. 紛議(jalpa) 12. 壞義(vitaṇḍā) 13. 似因(hetvābhāsa) 14. 難難(chala) 15. 쟁론(jāti) 16. 타부(nigrahasthāna)이다.〔Karl H. potter의《인도의 형이상학과 지식론》, p. 222. 이밖에 16제와 관계되는 역명은 망월신형의《망월불교대사전》5, p. 4120下 참고〕

9)《정리경》分1, 部1, 經3, 論題2. Karl H. Potter의《인도의 형이상학과 지식론》, pp. 222～223. 이 가운데 제4「비유량」은 Potter의 경우「비교」(comparison)로 번역하고 있고 Bhattacharya의 경우 그의《용수의 변증법(회쟁론)》, p.9 에서「동일시」(identification)라고 번역하고 있다.

잘 알고 있는 것이다. 왜냐하면 많은 불교의 문헌에서 그것들을 언급하고 있기 때문이다. 그러나 네번째 비유량은 불교계에서는 생소한 것이다. 따라서 우선 「비유량」이 무엇인지에 대해 간략하게 설명하기로 한다.

《정리경》 分, 部1, 論題2, 經6에 의하면 이른바 비유량은 이미 알려진 어떤 사물이 지니고 있는 성질을 통해 우리가 증명해야 하는 것을 증명하는 방법이다.[10] 예를 들면 「집소」가 무엇인지를 이미 아는 사람이 있었다. 어느 날 어떤 사람이 그에게 어떤 곳에 집소처럼 생긴 「들소」(gavaya)라는 동물이 있다고 말했다. 얼마 후에 이 사람이 그곳에서 집소처럼 생긴 동물을 보고 「이게 바로 들소구나」라고 결론을 내렸다. 이미 알고 있는 집소의 성질을 통해 보고 있는 동물이 「들소」라고 증명하는 이러한 방법은 정확한 지식을 획득하는 방법의 하나이며 「비유량」이라 칭한다.[11] Praśastapāda(A.D. 550～600)와 같은 후대의 많은 정리학자들은 「비유량」이 다만 비량 또는 성언량에 불과하다고 생각하고 있다. 또한 Dhāsarvajña(A.D. 860～920)도 「비유량」은 三量 밖에 따로 독립될 수 없다고 여기고 있다. 그러나 《정리경》의 작자인 구담(또는 足目)은 「비유량」이 비량도 아니고 현량도 아니며 성언량도 아닌 하나의 독립된 「量」이라고 인정한다.[12] 이 밖에도 Varadarāja(A.D. 1100～1150)는 더욱이 「비유량」을 세가지로 나누고 있다. (1) 상사성(相似性)을 통한 판단…예를 들면 집소와 들소 간의 상사성 (2) 비상사성을 통한 판단…집소와 말(馬)간의 비상사성 (3) 서로 다른 두 사물이 갖추고 있는 동질성을 통하여

10) Karl H. Potter의 《인도의 형이상학과 지식론》, p. 223.
11) 앞의 책, p. 174.
12) 앞의 책, p. 174～175.

추론하는 판단…어떤 사물을 다른 어떤 사물에 귀류시키는 방법.[13)]

용수의《회쟁론》이 정리학파를 비판하고 있는 작품이라고 여겨지는 까닭은 그가《정리경》중에 나오는 4량을 엄격하게 비판하고 있기 때문이다.《회쟁론》이외에《중론》과 같은 기타 작품에서도 한결같이 용수는「諸法皆空」을 주장하고 있다. 그렇지만 정리학파의 학자들은 이와는 상반적으로「諸法實有」를 주장한다. 용수는《회쟁론》중에서 정리학파 학자들의 주장을 인용하고 있는 가운데《정리경》중의 4량을 언급하고 있다.

> 又復有義, 偈言:「若波現是有, 汝何得有廻? 彼現亦是無, 云何得取廻?」此偈明何義? 若一切法有現可取, 汝得廻我諸法令空; 而實不爾, 何以知之? 現量入在一切法數, 則亦是空……汝言一切諸法空者, 是義不然. 若汝復謂, 或比, 或喩, 或以阿含得一切法, 如是一切諸法自體, 我能廻者, 此義今說, 偈言:「說現比阿含, 譬喩等四量, 現比阿含成, 譬喩亦能成.」此偈明何義? 比, 喩, 阿含, 現等四量, 若現能成, 比, 阿含等皆亦能成. 如一切法皆悉是空, 現量亦空; 如是, 比, 喩等亦空, 彼量所成一切諸法皆悉是空, 以四種量在一切故, 隨何等法……如是, 若說一切法空無自體者, 義不相應.[14)]

이상은 용수가 정리학파의 입을 통해 중관학파의「一切諸法皆空(空한 일체존재, śūnyāḥ sarvabhāvāḥ)」이라는 주장을 반박하고 있는 일단의 논문으로《정리경》에서 말하는 4량을 언급하고 있다. 한역《회쟁론》의 문장이 어렵기 때문에 정리학파 이론의 전모를 파악하기 매우 어렵다. 그러나 영역본을 통해 살펴보면 정리학파가「일체제법은 다 공하다」에 대해 반대한 이유를 이해할 수 있다. 다음은 위의 인용 論文에 해당하는 K. Bhattacharya의

13) 앞의 책, p. 176.
14)《회쟁론》,「석초분」제3;《대정장》卷32, p. 16上.

영역본의 내용이다.

이 밖에 〔또한〕

5. 지금 만약에 〔당신이〕 감관지각(현량)을 통하여 인지한 후에 일체 사물의 존재를 부정한다면 〔우리들의 답은〕 사물을 인지할 수 있는 감관지각(현량)은 결코 존재하지 않는다.

당신은 감관지각을 통해 인지한 후에 「일체 사물은 모두 공하다」고 말할 수 없다. 왜 그러한가? 왜냐하면 심지어 정확한 지식을 획득하는 방법(量)도 또한 공하다고 여기지만 그것이 (당신에 의해 부정되는) 일체 사물에 포함되기(sarvabhāvāntargatatvāt) 때문이다. 사물을 인지하는 사람(yo bhāvān upalabhate)도 또한 공하다. 따라서 감관지각(정확한 지식을 획득하는 방법의 일종)을 통하여 사물을 인지한다는 그러한 일은 존재하지 않으며(tasmāt pratyakṣeṇa pramāṇena nopalambhabhāvaḥ) 또한 그렇게 인지되지 않은 사물을 부정한다는 것은 논리적으로 불가능하다(amupalabdhasya ca pratiṣedhānupapattiḥ). 이러한 상황에서는 일체 사물이 모두 공하다는 당신의 말은 맞지 않다. (당신은 아마) 추론(비량), 언어상의 증언(아함량) 및 동일시(비유량)를 통해 사물을 인지한 후에 일체 사물을 부정할 수 있다고 생각하고 있는 것 같다(syāt te buddhiḥ).

이러한 점에 관한 우리의 대답은 다음과 같다.

6. 우리가 감관지각을 적대하여 반박하는 가운데 우리는 〔이미〕 추론, 언어상의 증언 및 동일시에 의해 확증되어야 하는 사물을 반박해버렸다(anumānāgamasādhyā ye' rtha dṛṣṭāntasādhyāś ca). 우리가 감관지각이라는 정확한 지식을 획득하는 방법을 반박하는 과정에서 우리는 이미 추론, 동일시 및 언어상의 증언을 반박하였다. 일체 사물이 空하기 때문에(sarvabhāvānāṃ śūnyatvāt) 정확한 知識을 획득하는 방법인 감관지각이 空한 것과 마찬가지로 추론, 동일시 및 언어상의 증언도 공하고, 추론, 언어상의 증언 및 동일시를 통하여 확증되어야 하는 사물도 空하며, 또한 인간의 추론, 언어상의 증언 및 동일시를 통해 사물을 인지한다는 일도 空하다. 따라서 사물을 인지하는 이러한

15) 여기서의 「내재본질」(intrinsic nature)은 범어로 svabhāva이다. 고대에는 통상 「자성」으로 번역되었다.

일은 존재하지 않으며(tasmād bhāvānām upalambhābhāvaḥ) 인지되지도 않은 사물의 내재적 본질(ṁtrinsic nature)[15]을 부정한다는 것은 논리적으로 불가능하다(anupalabdhānāṃ ca svabhāvapratiṣedhānupapattiḥ). 이러한 상황하에서, 일체 사물은 모두 공하다는 당신의 말은 맞지않다.[16]

이상 《회쟁론》의 영역본을 통해 우리는 용수의 글에 나타나있는 정리학파가 무엇 때문에 「일체 사물은 다 공하다」는 것을 반대했는지 그 까닭을 알 수 있다. 정리학파 학자들은 어떤 사물을 인지하거나 파악하려면 반드시 현량, 비량, 아함량 및 비유량 등 네가지 「量」(pramāṇa)을 통해야 하며 만약에 이 네가지 正知를 획득하는 방법이 없으면 외재의 사물을 인지할 수 없다고 생각한다. 또한 정리학파의 학자들은 인지할 수 없거나 인지되지 않은 사물은 우리가 그것의 존재를 부정할 수 없다고 한다. 말하자면 그것을 공하다고 부정할 수 없다는 것이다. 우리는 이러한 정리학파의 관점을 이해하기가 매우 어렵지만 그러나 정리학파가 이러한 관점을 취하게 된 까닭을 짐작할 수 있다. 정리학파의 학자들은 대개 인지할 수 없거나 아직 인지되지 않은 사물이 도대체 존재하는가 아니면 존재하지 않는가는 확정할 수 없다고 생각한다. 왜냐하면 아직 인지 되지 않았기 때문이다. 만약에 그것의 존재 여부를 확정할 수 없다면 애매하게 그것이 공하며 존재하지 않는다고 함부로 말할 수 없다.

여기에서 우리는 정리학파의 두 가지 기본적인 주장을 비교적 이해하기 쉽게 다음과 같이 정리할 수 있다.

---

16) K. Bhattacharya의 《용수의 변증법(회쟁론)》(*The Dialectical Method of Nagārjuna*(*Vigrahavyāvartanī*), pp. 9~10. 본문 중의 괄호는 原註이며 〔 〕 안에 있는 내용은 필자가 기입한 것이고 괄호안의 범문은 原註이다. 이밖에 첫머리의 「5」는 《회쟁론》 게송의 편집 번호로서 제5송인 셈이며 중간의 「6」은 제6송이라는 의미이다.

(1) 일체 사물을 인지 또는 파악하려면 반드시 감관지각, 추론, 언어상의 증언 및 동일시라는 「네 가지 정확한 지식을 획득하는 방법」을 통해야 비로소 완성된다.

(2) 인지할 수 없거나 아직 인지되지 않은 사물은 그 존재(성)를 부정할 수 없다. 즉 그것을 공하다고 말할 수 없다.

정리학파의 두 가지 기본적인 주장은 분명히 용수의 「일체 사물은 모두 공하다」는 주장과 상호 모순이다. 왜냐하면 앞서 인용된 《회쟁론》에서 말하고 있는 바와 같이 만약에 일체가 다 공하다면 4량의 인지대상인 「소량」(prameya)(즉 일체법)이 공할 뿐만 아니라 「능량」인 4량 자체도 응당 공하기 때문이며 능량인 4량 자체가 공할 뿐만 아니라 (1)에 의거하면 4량을 통해 일체 사물을 인지한다는 이러한 일, 즉 「인지」한다는 것도 공하다. 왜냐하면 인지하는 방법(수단)이 존재하지 않기 때문이다. 이와 같이 인지하는 방법이 불가능하고 인지도 불가능하여 사물을 인지할 수 없다. 따라서 (2)에 의거하면 사물을 부정하여 그것들이 공하다고 말할 수도 없다.

정리학파의 이러한 비판에 대한 용수의 답변은 다음과 같다.

> 偈言 :「若我取轉廻, 則須用現等, 取轉廻有過, 不爾云何過 ?」
> 此偈明何義 ? 我若如是少有法物, 則須現, 比, 阿含, 譬喩如是四量. 復有四量, 我若如是取轉廻者, 我則有過 ; 我旣不取少法轉廻, 若我如是不轉不廻, 汝若如是與我過者, 是義不然.[17]

K. Battacharya의 영역본 《회쟁론》에 의지해 위의 이해하기 어려운 한역 論文을 파악해보면 다음과 같다.

---

17) 《회쟁론》, 「석상분」제4 ; 《대정장》 권32, p. 19上.

30. 만약에 내가 감관지각 등의 도움을 통하여 어떤 사물을 인지하면, 나는 그 사물을 긍정하거나 부정하게 될 것이다(pravartayeyaṃ nivartayeyaṃ vā). 〔그러나〕 그 사물이 존재하지 않기 때문에 나에게는 과실이 없다(tadabhāvān me 'nupālambhaḥ). 만약에 내가 4종의 量(pramāṇas)인 감관지각, 추론, 동일시 및 언어상의 증언 등의 도움이나 또는 이 4량 중의 한가지 도움을 통해 사물을 인지한다면 나는 어떤 사물을 긍정하거나 부정하게 된다. 〔그러나〕 내가 어떤 사물도 인지하고 있지 않기 때문에(yathārtham evāhaṃ kaṃcin nopalabhe) 나는 사물을 긍정하지도 부정하지도 않는다(tasmān na pravartayāmi na nivartayāmi). 이러한 상황하에서는 당신의 비평(yo bhavatopālambha uktaḥ), 즉 만약에 당신이 4량(pramāṇas) 가운데 어떤 하나인 감관지각이나 다른 것 등을 통하여 인지한 후에 사물을 부정한다고 〔당신이 말한다면〕 〔답하기를〕 그러한 量(pramāṇas)은 결코 존재하지 않으며 또한 그러한 量을 통해 인지되는 사물도 존재하지 않는다(taiś ca pramāṇair api gamyā arthāḥ)는 것이며, 따라서 당신의 비평은 나와는 완전히 무관하다(sa me bhavaty evānupālambhaḥ).[18]

이상의 영역본《회쟁론》을 통해 우리는 용수가 앞에서 언급한 정리학파의 비평을 오히려 역으로 그들을 비평하는 수단으로 삼고 있음을 알 수 있다. 용수는 4량을 통하여 외재의 사물을 인지 또는 파악할 수 없다고 말하고 있다. 바꾸어 말하면 용수는 근본적으로 앞서 언급한 정리학파의 두 가지 기본적인 주장 가운데 (1)을 부정하고 있다. (1)이 성립되지 않는다면「일체 사물은 모두 공하다」는 용수의 주장은 모순되지 않는다. 왜냐하면 모순은 (1)과 (2)로부터 발생하기 때문이다.

용수는「일체 사물은 모두 공하다」는 자신의 주장이 결코 모순일 수 없다고 말하여 자신의 주장을 보호하고 있을 뿐만 아니라 나아가「4량은 정확한 지식을 획득하는 방법」이라는 정리학

18) 註 16)에 인용된 책, pp. 24～25로부터 번역하였음.

파의 주장을 적극적으로 공격하고 있다. 용수는 4량이 성립할 수 없다고 여기는 데 그 까닭은 누구든 그것들의 신뢰성을 증명할 수 없기 때문이라는 것이다. 또한 설령 기타의 「量」 즉 기타의 「표준」[19]으로 4량의 신뢰성을 증명한다고 해도 그렇다면 이른바 「기타의 量」은 다시 어떤 「量」(표준)을 사용하여 그것의 신뢰성을 증명할 수 있다는 것인가? 라는 것이다. 바꾸어 말하면 4량은 그 신뢰성을 증명할 수 없든지 기타의 量을 사용하여 그 신뢰성을 증명하든지 해야 한다 그러나 기타의 「量」도 또한 반드시 또 다른 기타의 「량」을 사용해야 그 신뢰성을 증명할 수 있다. 이러하다면 무한오류에 떨어진다. 다음은 이와 관계있는 《회쟁론》의 論文이다.

> 又復有義, 偈言：「若量能成法, 彼復有量成；汝說何處量, 而能成此量？」此偈明何義？ 若汝意謂量能成物, 如量所量, 現, 比, 阿含, 喩等四量, 復以何量成此四量？ 若此四量更無量成, 量自不成；若自不成, 能成物者, 汝宗則壞. 若量復有異量成者, 量則無窮. 若無窮者, 則非初成, 非中後成；何以故？若量能成所量物者, 波量復有異量來成彼量；復有異量成故, 如是無初；若無初者. 如是無中；若無中者, 何處有後？ 如是若說彼量復有異量成者, 是義不然.
>
> 偈言：「若量離量成, 汝諍義則實, 如是則有過, 應更說勝因.」此偈明何義？ 若汝意謂, 量離量成, 所量之物, 爲量成者, 若如是諍, 量成所量, 汝則有過, 有物量成, 有不量成, 若如是者, 應說勝因. 若說勝因, 則可得知, 何者量成, 何者不成. 汝不能示, 如是分別, 義不相應[20]

이 인용문의 전반 단락은 이해하기가 쉽다. 그 대의는 4량은

---

19) 「量」(pramāṇa)이란 말에는 측량, 척도, 표준 등의 뜻이 있다. 〔Sir Monier Monier-Williams, M.A., K.C.I.E. 編의 《범문자전》(*A Sanskrit*-English Dictionary), p. 6850(Motilal Banarsidass, Delhi, Varanasi Patna, lst Indian ed. 1970)

20) 《회쟁론》, 「석상분」제4, 《대정장》 권32, p. 19上～中.

결국 그것들의 신뢰성을 증명하는 데 있어 기타의 量(표준)을 필요로 하는가 아니면 그렇지 않은가? 이다. 만약에 필요로 한다면 무한 오류에 떨어지고 필요가 없다면 論文에서 「량은 스스로 성립하지 않는다」라고 말하고 있듯이 4량의 신뢰성은 증명될 수 없다. 論文 가운데 「非初成, 非中後成」은 무한한 量 중에서는 4량의 성립을 하나도 증명할 수 없다는 것이다. 여기서 무엇 때문에 4량은 기타의 量으로 그것의 신뢰성을 증명할 수 없을 때 그것들이 성립할 수 없다는 것인가? 라는 문제가 제기될 수 있다. 용수는 이 문제에 답하기 위하여 계속해서 그 다음 후반 단락의 論文을 언급하고 있다.

이 단락의 論文은 이해하기가 어려우므로 K. Bhattacharya의 영역 《회쟁론》을 통해 이해할 수 밖에 없다. 다음은 영역본의 번역이다.

> 33. 여기서 만약에 〔당신이 생각하기를〕 그러한 量은 기타의 量이 필요없이도 성립할 수 있다고 한다면 당신은 자신의 哲學的 입장(vihīyate vādaḥ)을 스스로 버리는 것이다. 일치하지 않는 곳이 존재하므로 당신은 반드시 그 특별한 이유를 설명해야 한다.
>
> 지금 만약에 당신이 그러한 量들은 기타의 量을 필요로 하지 않고도 성립할 수 있으며 인지된 사물(prameyāṇām arthānām) 또한 반드시 量을 통하여 확립된다고 생각한다면 〔일체〕 사물은 모두 量을 경유하여야 비로소 확립될 수 있다(pramāṇaiḥ prasiddhir arthānām)고 여기는 당신의 견해는 스스로 포기된다. 게다가 그 가운데 다시 일치하지 않는 곳이 있으니, 말하자면 어떤 사물은 量을 경유하여 성립되고 다른 어떤 사물은 그렇지 않다는 것이다(keṣāṃcid arthānāṃ pramāṇaiḥ prasiddhiḥ keṣāṃcin neti). 그러므로 당신들은 반드시 무엇때문에 어떤 사물은 量을 통하여 성립되고 다른 어떤 사물은 그렇지 않는지에 대한 특별한 이유를 설명해야 한다. 그러나 당신은 이러한 점을 설명하고 있지 않다. 따라서 이 가설 또한 맞지 않다(tasmād iyam api kalpanā nopapanneti).[21]

이상의 영역《회쟁론》중에서 우리는 용수가 만약에 4量이 기타의 量 없이 그 신뢰성을 증명할 수 있다면 두 가지 착오를 발생시킬 수 있다고 생각하고 있음을 분명하게 파악할 수 있으니 (1) 정리학파가 스스로 자신의 입장을 버리는 착오와 (2) 정리학파의 이론이 일치하지 않는 착오이다.

(1)에 관해서 용수는 만약에 정리학파가 四量은 기타의 量을 필요로 하지 않고도 그 신뢰성을 검증할 수 있다고 생각한다면 이는 정리학파의 기본 주장인「일체 사물은 모두 반드시 量을 통해야 정확하게 인지할 수 있다」는 명제와 모순된다고 생각한다. 이러한 상황에서는, 정리학파는 스스로 자신의 입장을 버리는 것과 같다. (2)에 대해서 용수는 만약이 4량이 기타의 量을 필요로 하지 않고도 그 성립을 증명할 수 있다면 이는 어떤 사물, 즉 4량이 인식하는 대상인「所量」은 반드시 量을 통해야 비로소 정확하게 인지할 수 있으나 이밖에 다른 사물, 즉 4량 자신들은 오히려 기타의 量을 필요로 하지 않고도 정확하게 인지할 수 있다는 것을 나타낸다고 생각한다. 용수는 어떤 것은 量이 필요하고 다른 어떤 것은 量이 필요하지 않다는 가설은 그 안에「불일치」성이 내재하고 있다고 여긴다. 따라서 용수는 정리학파에게 이 난제를 설명할 수 있는 상세한 이유를 제출하도록 요구하고 있다.

이 난제에 대한 정리학파의 대답은 4량이 등불처럼 스스로를 비춘다는 것이다. 즉 4량이 기타의 사물을 헤아릴 수 있는 이외에 그들 자신을 헤아릴 수 있는 것은 마치 등불이 다른 사물을 비출 수 있는 이외에 또한 자신을 비출 수 있는 것과 같다는 것이다.

---

21) 註 16)에 인용된 책, p. 26으로부터 번역하였음.

이 대답은 분명히 《정리경》을 의거하여 말하고 있다. 《正理經》 分2, 部1, 論題13, 經17~20에서는 4량은 반드시 기타의 量이 있어야 그 성립을 증명할 수 있다는 무한오류를 피하기 위해 《정리경》의 작자는 4량은 등불처럼 스스로를 비춘다고 주장하고 있다.[22]

정리학파의 이 비유에 대해 용수는 비유가 적절하지 않다는 것을 지적하고 있다. 용수는 등불이 결코 자기 자신을 비출 수 없다고 생각한다. 왜냐하면 이른바 「照明」(비춤)은 어둠으로부터 광명에 이르는 과정 또는 동작이지만 등불은 그것이 점화될때부터 밝게 비추어서 그것이 이미 점화되었을 때에는 어둠으로부터 광명에 이르는 과정을 경과하지 않으므로 등불은 스스로 자신을 비출 수 없기 때문이라는 것이다. 등불이 결코 자신을 비출 수 없다면 4량을 등불에 비유하여 등불처럼 스스로를 비춘다는 것은 잘못된 유추라는 것이다. 다음은 이에 관한 《회쟁론》 중의 論文이다.

만약에 어떤 사람(정리학파)이 '내가 설한 量은 자·타가 성립된다'고 하여 게를 말하여 이르기를 「비유하자면 (등)불이 밝아 자신도 비추고 다른 것도 비추듯이 그 량들도 이와 마찬가지로 자·타가 함께 성립한다」고 한다. 이 게는 어떤 뜻을 밝히고 있는가? 등불이 자신도 비추고 다른 것도 비출 수 있다면 量도 역시 자신도 성립하고 다른 量도 성립시킨다는 것이다. 내가 지금 그것에 답하여 게로서 말하기를 「당신의 말에는 허물이 있다. 등불은 스스로를 비출 수 없어 그것이 도리에 상응하지 않으니 마치 어둠 속에서 항아리를 보는 것과 같다」고 하겠다. 이 게는 어떤 뜻을 밝히고 있는가? 그 량들도 등불처럼 자·타를 성립시킬 수 없어 도리에 상응하지 않는다는 것이다. 왜냐하면 등불은 스스로를 비출 수 없기 때문이다. 가령 처음

22) Karl H. Potter 編, 《인도의 형이상학과 지식론》, p. 226.

아직 비추지 않았을 때에는 어둠속의 항아리 등은 볼 수 가 없다. 등불이 이미 비춘 후에야 볼 수 있기 때문이다. 이렇듯 만약에 등불이 자신을 비춘다고 한다면 처음 등불이 켜질 때는 어둠이었다가 후에 밝아진다고 해야 등불이 스스로를 비춘다는 말을 할 수 있다. 만약에 처음 등불이 켜질 때 밝았다면 등불은 스스로를 비춘다고 말할 수 없다. 이와 같이 자신과 다른 것을 비춘다고 분별하는 것은 도리에 상응하지 않는다.[23)]

비교적 이해하기 쉬운 이 단락의 論文에서 용수는 하나의 비유를 들고 있다. 그는 어둠 속의 항아리에서 처럼 등불이 비춘 후에 항아리가 어둠으로부터 광명으로 변할 경우 이를 「등불이 항아리를 비추었다」고 간주한다고 말한다. 그러나 등불은 처음부터 광명이기 때문에 등불이 스스로 자기를 비춘다고 말할 수 없다는 것이다. 용수의 이 비평은 명백히 「照明」이라는 낱말의 뜻을 분석하여 기초로 삼고 있다. 그는 등불이 결코 그 자신을 「조명」할 수 없기 때문에 4량을 등불에 비유하여 등불이 스스로를 조명 할 수 없는 것과 마찬자기로 4량이 자기 스스로를 증명한다는 것은 합당하지 않다는 것이다. 따라서 용수는 다시 다음과 같이 말하고 있다.

又復有義, 偈言：「於火中無闇, 何處自他住？ 彼闇能殺明, 火云何有明？」此偈明何義？ 火中無闇, 火處無闇, 云何名爲明能破闇？ 若彼火中如是無闇, 何處有闇, 火能破闇？ 若當無闇可破者, 云何而得自, 他俱照？[24)]

이 난해한 論文은 K. Bhattacharya의 영역본에 의하면 다음과 같다.

---

23) 《회쟁론》, 「석상분」제4 ; 《대정장》 권32, p. 19中.
24) 앞의 책, p. 19下.

그 다음 :

37. 불 가운데 어둠은 없으며 불도 다른 기타의 사물 중에 존재하지 않는다(nāsti tamaś ca jvalane yatra ca tiṣṭhati parātmani jvalanaḥ).〔이와 같다면〕그것은 어떻게 자기 스스로를 비출 수 있겠는가? 왜냐하면 照明(비춤)은 암흑을 제거하는 것이기 때문이다.

여기 불의 내부에는 어둠이 없다. 저기 불이 있는 곳에 어떤 어둠도 존재하지 않는다. 그리고 지금, 조명(밝게 비춤)은 암흑을 產生하는데 장애가 된다(tamasaḥ pratighātaḥ). 그러나 불의 내부에도 어둠은 없고 불이 있는 곳에도 어떤 어둠도 존재하지 않는데 어떻게 불에 의해 장애되는 어둠이 있을 수 있으며 어떻게 이 어둠을 장애함에 의해 다른 사물을 비추고 또한 자기 스스로를 비춘다는 것인가? (kasya tamasaḥ pratighātam agniḥ karoti, yasya pratighātād agniḥ svaparātmānau prakāśayatīti ?)[25)]

용수의 견해는 분명히 등불이 처음 점화되었을 때 어둠은 없어졌다는 것이다. 등불의 내부에도 어둠은 없으며 또한 등불이 있는 곳이면 어둠은 없다는 것이다. 다른 측면에서 살펴보면 이른바「조명」은 어둠을 제거하는 것이다. 즉 어둠을 발생할 수 있는 모든 조건을 장애하는 것이다. 이러하다면 등불은 어떻게「자기 스스로를 조명할 수 있겠는가?」등불이 있는 곳에는 반드시 어둠이 없다면――정리학파는 불이 스스로를 비출 수 있다고 말하는데――불은 무슨 어둠을 제거한다는 것인가? 또한 불은 어둠을 발생하는 어떤 조건을 장애한다는 것인가? 답은 당연히 없다. 불의 내부에도 불이 있는 곳에도 어둠이 없는데 어떻게 어둠을 제거할 수 있겠는가? 따라서 용수는「불이 자기 스스로를 비춘다」는 정리학파의 견해가 잘못되었다고 생각한다.

정리학파의 학자들은〈등불이 점화된 후에는 당연히 어둠을

25) 註 16)에서 인용하고 있는 책, p. 28.

제거할 수 없다. 따라서 이때에는 다른 사물을 비출 수 없으며 자기 스스로를 비출 수 없다고 할 수 있으나 등불이 막 점화되는 찰나에는 오히려 확실히 어둠을 제거하여 광명에 이른다. 따라서 등불이 막 점화되는 찰나에는 확실히 다른 사물을 비출 뿐만 아니라 자기 스스로를 비춘다〉고 반박할 수도 있다. 이 반박에 대해 답변하기 위해 용수는 다음과 같이 비판하고 있다.

> 게송에 이르기를「이와 같이 등불이 生할 때에 즉 생할 때에 비출 수 있다면 등불이 생하면 어둠에 도착하게 되는데 이러한 이치는 상응하지 않는다」고 한다. 이 게는 어떤 의미를 밝히고 있는가? 만약에 등불이 생할 때에는 자신도 비추고 타물도 비춘다는 의미는 상응하지 못한다. 어떻게 그것을 알 수 있는가? 처음의 등불이 어둠에 이를 수 없기 때문이다. 어떻게 그것을 알 수 있는가? 만약에 (등불이) 어둠에 아직 이르지 않았다면 어둠을 破할 수 없다. 만약에 어둠을 파할 수 없다면 밝음을 얻을 수 없다.[26]

용수의 견해는 등불이 점화되는 찰나에는「어둠에 이르름」이 없다는 것이다. 즉「어둠과 접촉하여 이르름」이 없다는 것이다.[27] 불에 어둠과 접촉하여 이르름이 없는 이상 불은 어둠을 파괴하거나 제거할 수 없으며 또한 더욱이 불이 어둠을 파괴하거나 제거할 수 없는 이상 불은 비출 수 없다는 것이다. 용수는 이 단락의 論文 중에서 불이 자기 스스로를 비출 수 없을 뿐만 아니라 다른 사물을 비추는 것도 불가능하다고 말한다. 용수는 여기에서「일체 사물은 모두 공하다」는 그의 본색을 발휘하고 있다.

---

26)《회쟁론》,「석상분」제4 ;《대정장》 권32, p. 19下. 이 가운데「이와 같이 처음의 등불은 어둠에 이를 수 없다」라는 구는 K. Bhattacharya의《용수의 변증법〔회쟁론〕》, p. 29에서「왜냐하면 불이 막 점화되는 때 불은 결코 어둠과 접촉함이 없다」고 번역하고 있다.

27) 註 26)번 참고.

이 단락의 論文 중에서 「어둠에 이르름」(암흑과 접촉하여 이르름)은 매우 이해하기 어려운 말이다. 용수의 다른 작품인 《중론》이나 그것에 대한 옛 論師들이나 현대 학자들의 주석을 통해 용수의 본의를 가까스로 이해할 수 있다. 《중론》 권2 「觀三相品」 제7, 제9, 10, 11송에서는 生을 파척할 때 「등불은 스스로 비출 수 있다」라는 비유를 파척하고 있다.

> 등불이 자기를 비출 수 있고 남(다른 것)을 비출 수 있는 것처럼 生法(생이라는 것)도 역시 이와 같이 스스로를 생하고 남도 생한다.

> 등불 중에는 스스로에게도 어둠이 없고 등불이 머무는 곳에도 어둠이 없다. 어둠을 파하는 것을 비춤이라 하며 어둠이 없으면 비춤이 없다.

> 어찌 등불이 생할 때에 어둠을 파할 수 있다고 하는가? 이 등불이 처음 생할 때에는 어둠에 이르지 못한다.[28]

이 세 게송 가운데 제1首는 외인이 용수에게 문난(問難)한 것이고 나머지 두 首는 이 문난에 대한 용수의 답이다. 용수의 답변은 등의 내부에도 어둠이 없으며 등이 있는 곳에도 어둠은 없으므로 등불은 결코 어둠을 제거하고 있지 않기 때문에 스스로를 비출 수도 다른 사물을 비출 수도 없다는 것이다. 이 밖에 등불이 막 점화되는 찰나에도 또한 스스로를 비출 수 없고 다른 사물을 비출 수도 없다고 한다. 왜냐하면 등불이 「어둠에 이를 수 없다」는 것, 즉 《회쟁론》에서 말하고 있는 바와 같이 어둠에 이르지 않기 때문이다. 《중론》에서 불은 스스로를 비추고 다른 사물을 비춘다는 견해를 파척하는 이유는 분명하게 《회쟁론》에서 말하

28) 《대정장》 권30, p. 9下.

고 있는 이유와 완전히 일치한다. 위에 인용된 세 게송에 대한 청목의 주석은 「등불이 막 生할 때를 반은 생하고 반은 아직 생하지 않았음이라 한다. 등불의 체(體)가 아직 성립되지 않았는데 어떻게 어둠을 파척하겠는가? 또한 등불이 아직 어둠에 이르지 않았으니(등불이 어둠을 파척했다고 한다면) 이는 마치 사람이 도둑을 맞고도 도둑을 물리쳤다고 말하는 것과 같다」[29]고 설명하고 있다. 이 주석은 「어둠에 이르름」[及闇]이 무엇인가에 대한 것이지만 여전히 자세한 설명은 없다.

길장은 그의 《중관론소》 권5 말에서 위에 인용한 세번째 게송에 대해 상세한 설명을 하고 있다. 우선 그는 등불이 막 점화되는 찰나에 스스로를 비추고 다른 사물을 비춘다고 외인이 주장하는 원인을 설명하고 있다.

> 처음 등불이 막 생길 때에는 明體가 아직 충분하지 못하기 때문에 불꽃의 내부에는 어둠이 존재하고 불꽃의 외부도 역시 어둡다. 따라서 自處, 他處 모두에 어둠이 존재한다. 양처의 어둠이 파척 대상이고 양처의 광명이 파척하는 주체라면 自照, 他照의 의미가 또한 성립한다. 그러나 외인은 처음 등불이 막 생길 때 二義(自照·他照)가 모두 함께 성립된다고 하니 즉 등불이 막 생길 때 광명이 자·타 양처의 짙은 어둠을 파척할 수 있으며 후에 대광명이 자·타 양처의 옅은 어둠을 파척할 수 있다는 것이다.……이것은 비춘다는 의미가 있으므로 처음 등불이 생길 때 두 가지 의미가 다 성립한다. 첫째는 이미 짙은 어둠을 파척하였다는 것이며 둘째는 오로지 남아 있는 옅은 어둠은 후에 광명을 기다려 파한다는 것이다.[30]

위에 따르면 등불이 막 점화되는 찰나(처음 등불이 생길 때)에 아직은 광명이 충분하지 못하여 불꽃의 내부에도 어둠이 존재하

29) 《중론》 권2, 「관삼상품」제7 ; 《대정장》 권30, p. 9下.
30) 길장, 《중관론소》 권 제5말 ; 《대정장》 권42, p. 82上.

고 불꽃이 비추는 곳인 불꽃의 외부에도 또한 어둠이 존재하므로 등불에는 제거가능한 어둠이 존재한다는 것 즉 등불은 스스로를 비추고 다른 사물을 비출 수 있다는 것이다. 말하자면 등불이 막 점화되는 찰나에 등불은 이미 짙은 어둠을 제거하였으나 아직은 옅은 어둠이 잔류하고 있으므로 등불이 막 점화되는 찰나에 등불의 내부와 외부에는 여전히 제거 가능한 어둠(옅은 어둠)이 존재한다는 것이다. 등불의 내부와 외부에 제거 가능한 어둠이 여전히 존재하고 있다면 등불이 스스로를 비추고 다른 것도 비출 수 있음을 증명하는 것이다. 따라서 외인은 등불이 막 점화되는 찰나에 자기스스로를 비출 뿐만 아니라 다른 사물을 비출 수 있다고 생각한다는 것이다.

외인의 이러한 주장에 대해 길장은「처음 등불이 켜질 때 짙은 어둠이 존재하지 않기 때문에 파척되어야 할 대상이 없으며 옅은 어둠과 함께 머물기 때문에 다시 파할 수 없다. 따라서 二義(自照·他照)는 성립되지 않는다. 지금 게로서 굳이(등불이 막 비출 때) 짙은 어둠을 볼 수 없다는 것을 밝혔다. 따라서 파척할 대상이 없다」[31]고 말한다. 길장의 견해는 등불이 막 점화되는 찰나에는 이미 짙은 어둠은 없으므로 제거되어야할 대상이 없으며 제거할 대상이 없다면 비춤(照明)의 작용(功用)도 없다는 것이며, 이밖에도 등불이 막 점화되는 찰나의 등불에는 비춤의 작용이 없음을 알 수 있다는 것이다.

길장의 주석은 쟁론을 일으키기 쉽다. 왜냐하면 예를 들어 정리학파의 학자들과 같은 외인이 다음과 같이 반박할 수 있기 때문이다.

31) 註 30)과 동일.

(1) 등불이 막 점화되는 때 짙은 어둠이 없다면 본래 있었던 짙은 어둠은 어디로 달아났는가? 그것은 막 점화되는 등불에 의해 제거된 것이 아니겠는가? 만약에 이러하다면 막 점화되는 등불은 자신도 비추고 다른 것도 비추는 작용이 있다. (2) 이른바「옅은 어둠」은「옅은 광명」의 동의어가 아니겠는가? 바꾸어 말하면 등불이 막 점화되는 찰나에는 옅은 어둠은 없고 단지 옅은 광명만 존재할 따름이다. 이와 같이 막 점화되는 등불은 자신도 비추고 다른 것도 비추는 작용이 있다.

길장의 주석은 외인의 반박을 불러일으키기 쉬울 뿐만 아니라 용수의 본의를 제대로 파악하고 있지 않다. 용수의 본의는 등불이 막 점화되는 찰나에「짙은 어둠」이 등불에 의해 제거되지 않는다는 것 뿐 아니라 어떤 어둠도 등불에 의해 제거되지 않는다는 것이다. 왜냐하면 등불의 광명은 영원히 어둠과 접촉할 수 없기(「不能及」 또는「不能到」) 때문이다. 용수는 비록「어둠과 접촉할 수 없는」 까닭을 설명하고 있지는 않지만 우리는 대략 그의 견해가 등불의 광명과 어둠은 완전히 대립되는 사물이라는 것을 나타내고 있음을 알 수 있다. 광명이 올 때 어둠은 곧 사라진다. 반대로 어둠이 올 때 광명은 즉각 숨어버린다. 이처럼 동시에 존재할 수 없는 두 사물이 어떻게 서로 접촉[能及, 能到]할 기회가 있겠는가. 印順法師는 그의《中觀論頌講記》에서「어둠이 존재할 때에는 광명은 아직 오지 않았고 광명이 올 때 어둠은 이미 가버렸는데 광명이 어떻게 어둠을 파할 수 있겠는가? 광명이 실재하는 법이면 어둠도 실재하는 법이므로 동일한 공간, 동일한 시간에 함께 존재한다는 것은 모순이기 때문에, 광명과 어둠은 서로 접촉할 수 없으며(不相及) 광명도 또한 어둠을 파제할 수 없다」[32]고 언급하고 있다. 필자도 인순법사의 이 주석이 비교적 용수의 본의에 부합한다고 생각한다.

이상에서는 막 점화되는 등불은 스스로 자신을 비추는 작용이 없을 뿐 아니라 다른 사물을 비추는 작용도 없다는 용수의 견해를 설명하였다. 이러한 경우에 정리학파의 학자들이 태도를 바꾸어 등불은 확실히 어둠과 접촉하는 때에 어둠을 파제하는 것이 아니라 근본적으로 어둠과의 접촉없이도 어둠을 파제할 수 있다고 말할지 모른다. 말하자면 등불에는 확실히 照明의(비추는) 작용이 있다는 것이다. 이러한 문난에 대해 용수는 다음과 같이 답하고 있다.

> 게송에 이르기를「만약에 등불이 어둠에 이르지 않고도 어둠을 파할 수 있다면 이 곳에 머무르는 등불이 일체의 어둠을 파할 수 있다」고 한다. 이 게는 어떤 의미를 밝히고 있는가? 만약에 네가 등불이 어둠에 이르지도 않았는데 어둠을 파할 수 있다고 여긴다면 이곳에 주하는 등불은 마땅히 일체 세간의 모든 처소에 존재하는 어둠을 파할 수 있다. 왜냐하면 모든 곳에 다 이르지 않아도 되기 때문이다. 그러나 실제로 이와 같은 일은 있을 수 없다. 만약에 모든 곳에 다 이르지 않았다면 어찌 오로지 이곳의 어둠만 파하고 다른 세간의 일체처에 있는 어둠은 파할 수 없다고 말할 수 있겠는가? 만약에 네가 불이 어둠에 이르지도 않았는데 어둠을 파할 수 있다고 여긴다면 그 의미는 도리에 상응하지 않는다.[33]

용수는 등불이 어둠과 접촉하지 않으면 어둠을 파제할 수 없다고 생각한다. 용수는 그가 늘상 사용하는「응성법」(귀류논증법)[34]으로 이러한 점을 증명하고 있다. 그는 등불이 어둠과 접촉하지 못하는데도 어둠을 파제할 수 있다고 가정한다면 여기에 있는 일간의 등불이 다른 곳에 있는 어둠을 파제할 수 있게 된

---

32) 인순,《중관론송강기》, pp. 155～156.

33)《회쟁론》,「석상분」제4 ;《대정장》권32, p. 19下.

다는 것이다. 그러나 사실상 어둠과 접촉하지 않기 때문에 등불은 결코 어둠을 파제할 수 없다.

이상의 장황한 설명 가운데 용수는 《회쟁론》에서 정리학파가 〈4량은 기타 量의 검증없이도 그것들의 신뢰성을 검증할 수 있는데 왜냐하면 4량은 등불처럼 스스로를 비출 수 있기 때문이라는 것 즉 4량은 다른 사물을 검증할 수 있을 뿐만 아니라 그것들 자신의 신뢰성을 검증할 수 있다〉는 주장을 비판하고 있다. 「4量은 그것들 자신의 신뢰성을 검증할 수 있다」는 정리학파의 주장에 대해 용수는 지금까지 위에서 언급하고 있는 분석 이외에 「(能)量」(pramāṇa)과 「所量」(prameya)의 관점으로 반박하고 있다. 《회쟁론》에서는 다음과 같이 설하고 있다.

> 또한 다음과 같은 의미가 있다. 게에서 이르기를 「만약의 量이 스스로 성립하면 所量을 의지하지 않고 성립한다. 이는 量이 스스로 성립하면 다른 것을 의대(依待)하지 않고 성립한다는 것이다」라고 한다. 이 게는 어떤 의미를 밝히고 있는가? 만약에 네가 量과 所量이 등불처럼 성립된다면 量은 스스로 성립하며 所量을 의지하지 않는다. 왜냐하면 만약에 스스로 성립한다면 다른 것을 의대하지 않으며 다른 것을 의지한다면 스스로 성립할 수 없기 때문이다.[35]

용수는 만약에 量이 「스스로 성립한다」면 즉 자신의 신뢰성을 증명할 수 있다면 量은 그 인지 대상인 「所量」으로 부터 독립되어 있다고 생각한다. 바꾸어 말하자면 所量없이도 量이 성립할

---

34) 응성법(prāsaṅga)은 서양논리학의 「귀류논증법」(Reductio ad absurdum)과 비슷하다. 그 추론과정은 갑이라는 주장을 가설한 다음 갑으로부터 모순을 도출한 후에 갑이 성립하지 않음을 단언하는 것이다. 또 다른 과정은 갑이 성립하지 않음을 가설하고 「갑이 성립하지 않음」이라는 가설로부터 모순을 도출한 후에 갑이 성립한다고 단언하는 것이다.

35) 《회쟁론》, 「석상분」제4 ; 《대정장》 권32, p. 20上.

수 있다는 것이다. 量이 독립적으로 존재할 수 있다는 이러한 말은 분명히 착오다. 왜냐하면 量은 所量을 인지하는 데 사용되기 때문이다. 따라서 용수는 계속해서 다음과 같이 말하고 있다.

偈言:「不待所量物, 若汝量得成, 如是則無人, 用量量諸法.」此偈明何義? 若汝意謂, 不待所量而量得成, 則無有人用量量法; 有如是過. 若何等人須用量者, 不待所量而得有量? 若不待成, 彼得何過? 則一切法皆不待量. 若一切法不待量成, 彼得何過? 成得言成, 成得言成, 未成叵成; 以無待故.[36]

이 論文은 이해하기가 어렵다. K. Bhattacharya의 영역본《회쟁론》에서는 다음과 같이 말하고 있다.

여기서 우리는 다음의 사실을 알 수 있다: 41. 만약에 당신들이「정확한 知識을 획득하는 방법」(量, pramāṇa)이「인지되는 사물」(所量境, prameyān arthān)과 독립되어 성립한다면 그러한 量은 量과는 관계없다(evaṃ tanīmāni pramāṇāni na kasyacit pramāṇāi bhavanti). 만약에 〔당신이 생각하기를〕「정확한 知識을 획득하는 方法」이「認知되는 事物」과는 독립되어 성립한다면 그러한 量은 量과는 관계 없다. 이러하다면 결함이 있다(evaṃ doṣah). 그러나 만약에 量이 어떤 사물의 量이라면 그것들은「인지되는 사물」로부터 독립적인「정확한 知識을 획득하는 방법」이 될 수 없다(atha kasyacid bhavanti pramāṇāni naivedānīm anapekṣya prameyān arthān pramāṇāni bhavanti).[37]

이 영역본《회쟁론》중에서 우리는 용수가 4량이「所量」으로부터 독립적으로 성립될 수 없다고 여기는 까닭을 알 수 있다. 그 까닭은 만약에 그럴 경우에는 4량이 인지대상[所量] 없이도 성립하게 되며 공능작용이 없는 量이 되기 때문이다.

36) 註 35)와 같음.
37) 註 16)에서 인용하고 있는 책, p. 30.

독자들은 이상의 설명을 살펴보고 나서 용수가 4량은 그것들의 所量을 경유해야만 증명될 수 있음을 주장하고 있다고 생각해서는 안된다. 사실 용수의 본의는 「所量」을 경유하여도 4량의 신뢰성은 증명될 수 없다는 것이다. 용수는 다음과 같이 말하고 있다.

若汝復謂, 待所量物, 量得成者, 如是四量, 皆有待成. 何以故？ 若物未成, 云何相待？ 物若已成, 不須相待. 天得未成, 則不待物；若已成者, 更不待成；如物已作, 無作因緣.[38)]

이는 한역본《회쟁론》중에서 가장 이해하기 어려운 단락이다. 왜냐하면 역자가 범본 게송을 오역하여 주석한「長行」이며 또한 탈자, 오자로 인해 이해하기가 더욱 어렵기 때문이다. 영역본에 의해 번역하면 다음과 같다.

42. 〔반대자는 다음과 같이 답변할 수 있을 것이다〕 만약에 그것들(즉 四量)이 〔인지되는 사물〕의 관계하에서 성립된다면 거기에 어떠한 결함이 있다는 것인가？ 〔결함은〕 그것들이 〔이미〕 증명되어 성립된 것이 〔다시〕 증명되어 성립된다는 것이다(siddhasya sādhanaṃ syāt). 왜냐하면 아직 입증되지 않은 어떤 사물은 결코 기타 어떤 다른 사물을 필요로 하지 않기 때문이다(nāsiddho 'pekṣate hy anyat).

만약에「정확한 知識을 획득하는 수단」이「그것에 의해 인지되는 사물」과의 관계하에서 증명된다면 4종의 량은 〔이미〕「정확한 知識을 획득하는 방법」으로 증명된 것이 〔다시 새롭게〕 그 성립이 증명되는 것이다. 왜 그러한가？ 왜냐하면 아직 증명되지 않은 사물은 결코 〔기타의 어떤 사물〕을 필요로 하지 않기 때문이다. 예를 들어 천득(Devadatta)은 〔아직〕 증명되지 않은 존재이므로 어떤 것도 필요로 하지 않는다. 그러나 〔이미〕 증명된 사물이 다시 〔새롭게〕 증명되는 일은 있을 수 없다(iṣṭa). 어떤 사람도 〔이미〕 행해진 어떤 일을 할

38) 《회쟁론》,「석상분」제4；《대정장》 권32, p. 20上.

수는 없다.[39)]

이 영역본《회쟁론》을 통해 살펴봐도 용수의 말은 여전히 이해하기 어렵다. 용수의 견해는 만약에 우리가 4량이 인지하는 대상인「所量」을 통하여 4량의 신뢰성을 증명될 수 있다고 한다면, 즉 4량은 所量은「필요로 하여」증명된다고 한다면, 이미 증명된 4량이 다시 새롭게 증명된다는 것이다. 용수는 이것이 도리에 맞지 않다고 여긴다. 왜냐하면 이미 인식된 일은 거듭 인식할 이유가 없기 때문이다. 지금 우리가 설명해야 하는 것은 왜 용수가 4량이 所量을「필요로 하여」증명될 때 중복되게 증명하는 착오를 낳는다고 생각하는가? 이다. 용수는「수요(需要)된」사물은 이미 증명된 사물이라고 생각한다. 바꾸어 말하자면 아직 증명되지 않은 사물은 반드시「수요된」바가 없는 사물이라는 것이며 이는 천득(Devadatta)이라는 아직 그 존재가 증명되지 않은 사람은 어떤 사물을「필요로 하지」않는 것과 같다는 것이다. 아마도 용수의 견해는 마치「석녀아」(아이를 낳을 수 없는 여인의 아이)에 대해 어떤 묘사를 하는 것처럼 그 사물의 존재가 증명되지 않은 사물에 대해 어떠한 묘사를 하는 것, 예를 들면 그가 어떤 사물을 필요로한다고 하는 것 등은 모두 착오이라는 것이다. 즉 정리학파에 의하면 四量은 이미 그 신뢰성이 증명된 것이라고 말하는데 이럴 경우에 만약에 4량은「所量」을 필요로 하여 증명된다고 한다면 이미 증명된 4량이 다시 중복되게 증명된다는 것이다. 따라서 4량이 所量을「필요로 하여」그 신뢰성이 증명된다면 그것은 착오라는 견해를 드러내고 있다.

4량은 所量을「필요로 하여」야 비로소 증명될 수 있다는 말은

---

39) 註 16)에서 인용하고 있는 책, pp. 30~31.

중복되게 증명하는 허물을 발생할 뿐만 아니라 순환논증(petitio principii)[40]의 오류가 있게 된다. 용수는 다음과 같이 말하고 있다.

> 만약에 그 量이 성립하는데 所量을 의지하여 성립한다면 量과 所量은 서로 떨어지지 않는다. 만약에 량이 소량을 성립시키고 소량이 量을 성립시킨다고 당신이 그렇게 여긴다면 두 가지 다 성립하지 않는다. 량이 소량을 성립시키고 소량이 량을 성립시킨다는 의미가 이러하다면 어떻게 서로 성립시킬 수 있겠는가? 또 소량이 량을 성립시키고 량이 소량을 성립시킨다는 의미가 이러하다면 어떻게 서로 성립시킬 수 있는가? 이는 어버이가 자식을 낳고 자식이 어버이를 낳는 것과 같으니 누가 能生이고 누가 所生인가? 누가 어버이이고 누가 자식인가? 네가 설한 이 두 가지는 父와 子가 상호 의심스러운 것이나 다름없다.[41]

이상 여섯 수의 게송에서 용수는 만약에 4량이 所量을「필요로 하여」그 신뢰성이 증명된다면 4량의 성립은 그 所量이 量이 되기 때문이라는 것이다. 말하자면 이 때의 4량은 所量으로 변하고 원래의 所量은「量」으로 변한다는 것이다. 이러한 관계하에서는 4량의 신뢰성은 所量을 필요로 하여 증명되고 所量의 신뢰성은 4량을 필요로 하여 증명되므로 이는 분명히 착오적인 순환논증이다. 따라서 4량은 所量을 필요로 하여 그 신뢰성이 증명된다는 것은 착오이다.

---

40) 이른바「순환논증」(petito principii)은 증명되기를 기다리고 있는 갑으로써 을을 증명하고 다시 을로써 갑을 증명하는 것을 말한다. 이는 잘못된 추론이다. 왜냐하면 증득하기 원하는 결론은 갑인데 갑은 을을 전제함으로부터 추론하여 얻을 수 있으며, 을의 성립 또한 반드시 갑이 미리 건립되어야 하는데 이러하다면 갑으로부터 갑을 증명하는 것과 같기 때문이다. 갑은 증명되기를 기다려 아직 성립되지 않은 구이다. 그러므로 갑에 의해 추론하여 얻은 갑은 자연히 성립되지 않는다. 따라서 순환논증은 착오적인 추론이다.

41)《회쟁론》,「석상분」제4;《대정장》권32, p. 20 中~下.

이상의 설명에 따라 우리는 용수가 4량은 다른 사물의 성립을 증명할 수 없을 뿐만 아니라 자기 자신의 성립도 증명할 수 없으며 또한 다른 사물(즉「所量」)에 의해 그것들의 성립을 증명할 수도 없다고 생각하고 있음을 명백하게 알 수 있다. 결국「일체 사물은 모두 공하다」는 이론하에서 용수는 정리학파가 그 성립을 인정하는 4량 또한 공하여 실재하지 않는다고 결론내리고 있다. 그는 다음과 같이 말하고 있다.

> 偈言:「量非能自成, 非是自他成, 非是異量成, 非無因緣成.」此偈明何義? 如是量非自成; 現非現成, 比非比成, 喩非喩成, 阿含亦爾非阿含成. 非是自, 他迭互相成; 現非比, 喩, 阿含等成, 比非現, 喩, 阿含等成, 喩非現, 比, 阿含等成, 阿含非現, 比, 喩等成, 非異現, 比, 譬喩, 阿含別有現, 比, 譬喩, 阿含異量來成. 如量自分和合不成, 自, 他境界和合不成, 非無因成, 非聚集成. 此之因緣如先所說, 二十, 三十, 或四, 五, 六, 二十, 三十, 四十, 五十, 或有六十. 若汝所說, 以有量故, 得言所量, 有量, 所量, 證一切法皆有自體, 義不相應.[42]

이 단락의 論文 가운데「如量自分和合不成……」이라는 句 이전까지는 비교적 이해하기 쉬우며 그 대의는 현량은 현량 스스로 증명할 수 없으며 비량 내지 아함량 등 기타 量에 의해 증명될 수도 없고 또한 현량 자신과 比量등과 같은 기타 量에 의해 증명될 수 있는 것도 아니며, 비량 내지 아함량도 이와 마찬가지라는 것이다. 그러나「如量自分和合不成……」이라는 句 이후는 이해하기가 매우 어렵다. 영역본《회쟁론》에서는 이 내용을 다음과 같이 번역하고 있다.

量(pramāṇas)은 집합적이거나 개별적인 所量(prameyas)에 의해 증

42)《회쟁론》,「석상분」제4;《대정장》권32, p. 20下.

명되지 않는다. 또한 그것과 상응하는 所量(prameya)이나 기타의 所量(prameyas)에 의해서도 증명되지 않는다. 그것들은 또한 우연하게도 증명되지 않는다. 이밖에도 그것들은 이전에 언급한 모든 원인에 의해서도 증명되지 않는다. 그러한 원인들의 숫자가 20이든 30이든 40이든 혹은 26이든 그 다소에 관계없이 그러하다. 이러한 상황하에서는 인지되는 사물은 정확한 知識을 획득하는 방법을 통해서 인지되기 때문에(pramāṇādhigamyatvāt prameyāṇāṃ bhāvānām) 認知되는 그러한 事物(prameyā bhāvāḥ)이 존재할 뿐만 아니라 인지되는 事物을 통하여 정확한 知識을 획득하는 그러한 방법이 인지된다(santi ca te prameyā bhāvās tāni ca pramāṇāni yais te pramāṇaiḥ prameyā bhāvāḥ samdhigatā iti)〉는 당신들의 말은 옳지 않다.[43)]

이 영역본 《회쟁론》에서 「20」, 「30」, 「40」, 「26」의 숫자는 난해하다. 특히 마지막의 「26」은 더욱 그러하다. 이것들과 한역본을 대조해 보면 차이가 있으며 한역본 역시 구체적으로 무엇을 뜻하는지 알 수 없다. 그러나 다행히 이들 숫자는 그리 중요하지 않다. 이 단락에서 용수는 4량이 그것과 대응되는 4량에 의해서 증명될 수 없다고 생각한다. 예를 들면 시각(視覺)이라는 현량은 이 시각이라는 현량과 대응되는 所量(즉 시각기관에 의해 인지되는 대상)인 색경에 의해서 증명될 수 없다는 것이다. 용수는 또한 4량이 所量 전체에 의해 증명될 수 없다고 여긴다. 가령 시각의 신뢰성은 色境 내지 聲境, 香境, 味境, 觸境, 法境 심지어 비량의 所量, 아함량의 소량, 비유량의 소량에 의해 증명될 수도 없다는 것이다. 결국 4량의 신뢰성은 증명될 수 없다고 한다.

종합해보면 정리학파는 감관지각(현량), 추리(비량), 언어상의 증언(아함량), 그리고 동일시 또는 비교(비유량) 등 4종의 「量」이 정확한 知識을 획득하는 진실로 믿을만한 4종의 방법이라고

---

43) 註 16)에서 인용한 책, p. 34.

여기고 있다. 그러나 용수는 「一切皆空」의 입장에 입각해서 정리학파의 견해에 반대하고 이 4종의 「量」이 공하여 실재하지 않음을 증명하고 있다. 이것이 《회쟁론》을 짓게된 가장 중요한 목적 가운데 하나이다.

2. 「존재하지 않는 사물」은 결코 존재가 아니다.

인도에서는 「존재하지 않는 사물」이 종종 일종의 「존재」로 여겨진다. 정리학파의 대표작인 《정리경》에서는 비록 「非有」(不存在, abhāva)를 정확한 知識을 획득하는 방법인 「量」으로 간주하는 것을 반대하고 있지만[44] 그러나 《正理經》의 주석자인 Vātsyāna(A.D. 450~500)는 정확한 知識을 획득하는 일종의 특수한 방법인 「無體量」(anupalabdhi)을 통해 예를 들어 항아리의 不存在와 같은 존재하지 않는 「非實有」(asadbhāva)를 인식할 수 있다고 한다.[45] Vātsyāna는 심지어 이러한 「비실유」를 「能分別(분별하는 것)과 所分別(분별되는 것)의 상호작용〔관계〕에 의한 存有」(višeṣya－višeṣaṇabhava)로 파악하고 있다. 그것은 일종의 「存有」(bhāva)로서 우리의 감관을 통해 지각할 수 있다는 것이다.[46] 사실상 존재하지 않는 사물을 일종의 존재로 여기는 것이 5세기의 Vātsyāyana로부터 비롯된 것은 아니다. 왜냐하면 일찍이 《승론경》에서도 이에 대해서 언급하고 있기 때문이다.

《승론경》은 Kaṇāda가 지었다고 알려지고 있는데 그는 기원전

44) 《정리경》分2, 部2, 論題21, 經1~2. 또한 Karl H. Potter의 《인도의 형이상학과 지식론》, p. 227.

45) Vātsyāyana의 《정리경주》(Nyāya-bhāṣya), 分1, 部1, 論題1. 또한 karl H. Potter의 《인도의 형이상학과 지식론》, p. 240.

46) F. Th Stcherbatsky의 《불교논리학》(*Buddhist Logic*) 권1, pp. 387~388.

의 인물이다. 그러나 《승론경》의 형식과 내용은 최소한 늦어도 기원후 50~150년간에 완성되었다.[47] 이 경은 후에 승론학파(Vaiśeṣika)의 대표작이 되었다. 승론학파는 항상 정리학파의 자매학파로 간주되어 「정리・승론학파」(Nyāya—Vaiśeṣika)로 칭한다. 왜냐하면 이 두 학파가 서로의 사상을 원용하여 자기의 주장을 설명하고 있기 때문이다.[48] 따라서 이 두 학파는 실제로 동일한 학파로 여겨진다.

Kaṇāda의 《승론경》에서는 6종의 「범주」(句義, padārtha)[49]를 언급하고 있는데 그것들은 지식의 대상 즉 우리가 인지하는 대상이다. 이 6종의 범주(6句義)는 실체(實句, dravya), 성질(德句, guṇa), 운동(業句, karma), 유별(同句, sāmānya), 차이(異句, viśeṣa), 내재성(和合句, samavāya)이다.[50] 이 6종의 범주(句義) 가운데 「不存在」(非實, asat)는 포함되어 있지 않다. 그러나 후대의 《승론경》에 대한 주석자들은 때때로 「부존재」(비실)를 「범주」 가운데 포함시켜 7종의 범주(七句義)로 하고 있다. 그 까닭은 《승론경》의 여러 곳에서 「부존재」(비실)는 우리들의 감관을 통해 지각할 수 있다고 언급하고 있기 때문이다.[51] 예를 들면 《승론경》 제 9分, 1. 6. 10에서는 「不存在」(非實, asat)를 언급하면서 「대비」(contrast)를 통해 그 존재를 인지할 수 있다고 한다. 먼저, 원래는

47) 註 44)에서 인용된 Karl H. Potter의 책, pp. 211~212.
48) 앞의 책, pp. 12~13.
49) 「범주」(padārtha)라는 말의 범어 본래의 뜻에는 句의 의미(따라서 중국에서는 「句義」로 번역되었음)와 사물, 물체, 범주, 상대 등의 의미가 있다. 〔Sir Monier Monier-Williams, M.A., K.C.I.E의 《범영자전》(A Sanskrit-English Dictionary), p. 5830.〕
50) 註 44)에서 인용한 Karl H. Potter의 저작, p. 212.
51) Satischandra Chatterjee와 Dhirendramohan Datta가 공저한 《인도철학도론》(*An Introduction to Indian Philosophy*), p. 240.

존재했으나 후에 없어진「부존재」(비실)는[52] 과거지각의 소실 및 과거의 기억을 통해 그 존재를 인지할 수 있다고 한다. 다음, 목전의 존재이지만 이전에는 존재하지 않았던「부존재」(비실)는[53] 현존의 지각 및 이전에 존재하지 않았던 지각을 통해 그 존재를 인지할 수 있으며 이 밖에 한 사물이 다른 사물 중에 존재하지 않는 그러한「부존재」(비실)(즉 예를 들면 소(牛)는 말(馬) 가운데 존재하지 않는 그러한「부존재」(비실)[54])도 감관지각을 통해 그 존재를 지각할 수 있다는 것이다. 그리고 종래에 산생되지 않았던 절대적인「부존재」(비실)[55]도 또한 그 존재를 지각할 수 있다고 한다.[56]

이상의 설명을 통해 우리는 인도의 정리학파와 승론학파에서는 때때로 존재하지 않는 사물을 일종의 존재로 여기고 우리의 감관을 통해 그것의 존재를 지각할 수 있다고 생각하고 있음을 알 수 있다. 이상 인도철학사의 배경에 대한 이해는 우리가 논의하려고 하는 용수의 사상을 파악하는데 도움을 줄것이다.

《회쟁론》은 처음부터 정리학파의 문난을 제시하고 있는데 그것은「부존재」(비실)와 관계있는 것이다.

> 게송에 이르기를「만약에 일체에 자체가 없다면 언어도 일체에 속하므로 언어의 자체도 존재하지 않는데 어떻게 사물의 자체를 부정

---

52)「已滅無」(dhvaṃsābhāva)라 칭하며 이는 三種의「相合無」(saṁsargābhāva) 가운데 하나이다. 51)에서 인용된 책, p. 241. 참고.

53)「未生無」(prāgabhāva)라 칭하며 이 또한 三種의「相合無」(saṁsargābhāva) 가운데 하나이다.

54)「相合無」(saṁsargābhāva)라 칭한다. 註 51)에서 인용된 책 pp. 241～243.

55)「畢竟無」(atyantābhāva)라 칭할 수 있다. 이것 또한 3종의「상합무」가운데 하나이다. 51)에서 인용된 책 p. 241.

56) 이상은《승론경》과 관계있는 4종의「不存在」(非實)이다〔Jwala Prasad의《인도지식론사》(*History of Indian Epistemology*), p. 146.〕.

(遮)할 수 있는가?」이 게는 어떤 의미를 밝히고 있는가?……만약에 일체법이 실로 다 공하다면 언어도 존재하지 않는다. 만약에 언어가 존재하지 않으면 일체제법을 부정(遮)할 수 없다. 만약에 네가 언어는 空하지 않다고 생각한다면 언어로써 說하는 일체법이 空하다는 말은 옳지 못하다. 왜 그러한가? 네가 말하는 일체제법이 다 空하다는 그 말 역시 空이기 때문이다…… 만약에 이 언어가 자체가 없다면 오로지 遮名만 존재하고 法을 부정(遮)할 수 없다. 비유하자면 불이 없으면 태울 수 없으며 또한 칼이 없으면 자를 수 없으며 물이 없으면 적실 수 없는 것과 같다. 이와 같이 언어가 없는데 어떻게 諸法의 자체를 부정(遮)할 수 있겠는가? 제법의 자체를 부정(遮)할 수 없는 한 마음이 잡히지 않은 상태에서 일체법의 자체를 부정(遮)한다는 것은 옳지 못하다.[57]

이 단락의《회쟁론》論文에서 용수는 정리학파의 입을 통해 만약에 일체의 사물이 모두「무자체」(무자성, asvabhāva)[58]라면, 즉 일체의 사물에 진실로 내재하는 본질이 없다면 언어 또한 사물의 하나이기 때문에「무자체」라고 말하고 있다. 언어가 무자체라면 진실로 내재하는 본질이 없어 공하여 실재하지 않는 것과 같다. 공하여 실재하지 않으면 어떤 것을 부정(遮)할 수 없다. 따라서「일체 사물은 모두 空하다」는 어구는 타당하지 않다는 것이다. 왜냐하면 이 어구가「무자체」라면 일체 사물의 존재를 부정할 수 없기 때문이다. 계속해서 용수는 정리학파의 입을 통해 다음과 같이 말하고 있다.

또한 다음과 같은 뜻이 있다. 게에서 이르기를「만약에 언어에 자

57)《회쟁론》,「석초분」제3;《대정장》권32, p. 15上~中.

58)「體」(svabhāva)는 어떤 때는「자성」으로 번역되는데 사물에 내재하는 진실한 본질을 말한다. 여기서는「無」(a)자를 더하여「무체」(무자성, asvabhāva)가 되고 있는데 이는 사물에 내재하는 진실한 본질이 존재하지 않는다는 의미이다.

> 체가 있다면 전에 세운 자신의 주장이 어그러진다. 이와 같으면 과실이 있게 되므로 마땅히 다시 승인(勝因)을 설해야 한다」고 한다. 이 게는 어떤 의미를 밝히고 있는가? 만약에 이 언어에 자체가 있다면 당신이 전에 立義한 주장(宗)은 스스로 어그러지는 과실이 있다. 만약에 그러하다면 다시 승인(勝因)을 설해야 한다. 만약에 언어에 자체가 있고 나머지 다른 法은 空이라면 제법이 空하다는 말은 이치에 맞지 않으므로 당신의 주장은 어그러진다.[59]

이 인용문을 통해 우리는 정리학파가 계속해서 책문(責問)하고 있음을 알 수 있다. 즉 만약에 일체 사물이 모두 공하다 하더라도「일체 사물은 모두 공하다」는 이 어구 자체가 공하지 않다면(무자체가 아니고「유자체(有自性, sasvabhāva)라면) 일체 사물이 모두 공하지는 않고 최소한 이 어구 자체는 공하지 않다고 할 수 있지 않느냐는 것이다. 이러하다면 앞서 용수가 세운「일체 사물은 모두 공하다」는 주장(宗)과 위배된다.

이상 두 단락의《회쟁론》문장에서 우리는 정리학파가 딜렘마(dilemma)[60]를 채용하여「일체 사물은 모두 공하다」는 용수의 주장을 공격하고 있음을 알 수 있다.

그 논증형식은 다음과 같다.

> (1)「일체는 모두 공하다」라는 어구는 공하거나 공하지 않거나이다.
>
> (2) 만약에「일체는 모두 공하다」는 어구가 공하다면 결코 일체는 다 공하지 않다(왜냐하면 공하여 실재하지 않는 것이 어떤 기타의 것을 결코 부정할 수 없기 때문이다)

---

59)《회쟁론》,「석초분」제3;《대정장》권32, p. 15中~下.

60)「딜렘마」(dilemma)는 가장 간단한「궁거증법」(proof by cases)이다. 이것의 논증형식은 다음과 같다.

〈A이거나 B이다. 만약에 A이면 C이다. 만약에 B이면 C이다. 따라서 C이다.〉

(3) 만약에 「일체는 모두 공하다」는 어구가 공하지 않다면 결코 일체가 모두 공한 것은 아니다(왜냐하면 최소한 「일체는 모두 공하다」는 어구는 공하지 않기 때문이다.)

(4) 따라서 결코 일체는 다 공할 수 없다.

이상의 정리학파가 제기한 딜렘마에 대해 용수는 먼저 제2難 「만약에 언어가 공하지 않다면 일체가 다 공한 것은 아니다」에 대해 답변하고 있다.

게송에 이르기를 「나의 언어가 만약에 인연화합법을 떠나면 空義가 성립되며 諸法은 자체가 없다」고 한다. 이 게는 어떤 의미를 밝히고 있는가? 만약에 그 언어가 因 중에, 大(조건) 중에, 화합 중에 존재하지 않으며, 떠나 흩어짐 중에도 존재하지 않으며, 인후, 입술, 혀, 이, 잇몸, 콧속 등 여러 곳은 각기 능력(力)이 있어도 이와 같은 것들 두 곳이 화합하는 중에도 존재하지 않는다. 만약에 이와 같이 인연화합을 떠나면 다시 별도의 法이 없으니 이러하기 때문에 자체가 존재하지 않는다. 자체가 없기 때문에 내가 말하는 일체는 다 자체가 없어 空義가 성립한다. 이와 같이 언어는 자체가 없으며 공하다. 제법도 이와 같이 자체가 없으며 공하다. 이러한 까닭에 공하기 때문에 공을 말할 수 없다는 당신의 말은 옳지 않다.[61]

용수는 일체사물이 공할 뿐만 아니라 심지어 「일체 사물은 공하다」는 어구 또한 공하다고 한다. 왜냐하면 이 어구는 인후 등 「因」(hetu)이나 「大」(조건, pratyaya)[62]가 만든 것이므로 이러한 「因이나 「大」를 떠나 이른바 「어구」는 말할 수 없기 때문이다. 따라서 어구 또한 공하다는 것을 알 수 있다. 어구가 공하다면

61) 《회쟁론》, 「석상분」제4 ; 《대정장》 권32, p. 17下.

62) 한역 《회쟁론》에서는 「大」라고 되어 있다. 그러나 영역본 《회쟁론》에서는 그 범문이 pratyaya임을 지적하고 있다. 〔이를 번역하면 「緣」이며 「조건」(condition)이란 말이다. 註 16)에서 인용된 책 p. 5. p. 17 참고.

정리학파의 제 2難(즉 딜렘마 중의 (3)항)은 용수의 주장을 거스를 수 없다.

용수가 비록 정리학파의 제 2難은 잘 피했지만 과연 제1難을 모면할 수 있을까? 제1難은 앞서 언급한 딜렘마의 (2) 항으로 空이라는 어구는 어떤 것도 부정할 수 없다는 것이다. 이 문제에 대해 용수는 세련된 답변을 하고 있다. 우선 그는 一切는 모두「인연생」(pratītyasamutpanna)이므로 언어 자체를 포함한 일체 사물은 당연히 모두「무자체」이며「공」하다고 말한다. 이어서 용수는 세간의 수레, 항아리, 의복 등의 사물이 비록 모두 인연생이므로 무자체이며 공하지만 여전히 그들 각자의 공용(功用)이 있는 것처럼「일체는 모두 공하다」는 어구도 인연생이어서 무자체이고 공하지만 그 공능작용을 갖고 있다고 말한다. 그 공용이란 일체 사물이 모두 공하다는 것을「우리에게 알려 주는」(jñāpa-yati)데 있다.

> 또한 다음과 같은 뜻이 있으니 게에서 이르기를「만약에 인연생법이 공하다면 나는 지금 바로 이 뜻을 말하는 것이니 어떤 사람이 인연(생법)이 있다고 해도 그 인연(생법)은 자체가 없다」고 한다. 이 게는 어떤 의미를 밝히고 있는가? 당신은 일체법이 공함을 이해하지 못하고 空義를 알지 못하면서 어찌 나에게 허물이 있다고 하는가. 당신이 말하기를 '당신은 언어가 공하며 무자체(무자성)라고 한다. (당신이 말한대로) 무자체라면 법을 부정(遮)할 수 없다' 한다. 이 법이 만약에 인연생이라면 인연생이기 때문에 일체법은 공하다 할 수 있으며 일체는 다 무자체라고 할 수 있다. 어떤 의미 때문에 인연생법에는 자체가 없다고 알 수 있는가? 만약에 일체법이 모두 인연생이면 일체법은 다 무자체이다. 법에 자체가 없으면 모름지기 인연생이다. 만약에 자체가 있다면 어떻게 인연을 사용할 수 있겠는가? 만약에 인연을 떠나면 제법은 존재할 수 없다. 만약에 인연생이면 자체(자성)가 없는 것이다. 자체가 없기 때문에 공이라고 말할 수

있다. 이와 같이 나의 말도 또한 인연생이다. 만약에 인연생이면 자체가 없으며 자체가 없기 때문에 공이라고 말할 수 있다. 일체법이 인연생이라면 자체가 다 공하다. 가령 수레, 항아리, 의복 등의 사물은 그 법에 따라 각각 스스로의 인연이 존재한다. 세간의 장작·풀·흙을 실어나르고, 물·꿀·우유 등을 담아 올리며, 또한 추위·열기·바람 등을 막아주는 등 여러 수용법(受用法)이 있다. 이들은 인연생이기 때문에 모두 자체가 없다. 이러하듯 나의 말도 인연이 화합하여 생긴 것이니 이와 같이 얻어지는 언어는 자체가 없는 것이다. 만약에 자체가 없다면 이와 같이 공이라는 말은 세간의 수용(세속제)이다. 따라서 '언어가 무자체이기 때문에 (일체법은 공하다는) 당신의 말 역시 공하여 제법의 자체를 부정할 수 없다'는 당신(정리학파)의 말은 옳지 않다.[63]

이 단락의 상당히 긴 論文 가운데 「이 게는 어떤 의미를 밝히고 있는가?」에서 「법을 부정할 수 없다」까지는 용수가 정리학파의 문난에 총괄하여 답한 것으로 그 대의는 정리학파가 「空」의 도리를 잘 이해하지 못하여 「언어」가 공하여 무자체이면 사물을 부정할 수 (遮法) 없다」는 문난에 이르게 되었다는 것이다. 그 다음은 「이 법이 만약에 인연생이라면」으로부터 「자체가 없기 때문에 공이라고 말할 수 있다」까지는 인연생인 제법은 반드시 모두 공하여 무자체임을 설명하고 있다. 이는 용수철학의 근본적인 전제로서 가장 중요한 주장이다. 그는 《중론》에서 매우 명료하게 「각종의 인연이 생한 법을 나는 無(空)(śūnyata)라고 설한다」[64]라고 말하고 있고 또한 「일찍이 어떤 一法도 인연을 따라 생하지 않는 법이 없다. 따라서 일체법은 공 아님이 없다」[65]라고 말하고 있다. 말하자면 용수는 「空」(無, śūnyatā)을 「인연생」

63) 《회쟁론》, 「석상분」제4 ; 《대정장》 권32, pp. 17下~18上.
64) 《중론》 권4, 「관사제품」제24 ; 《대정장》 권32. p. 18上~中.
65) 앞의 책.

(pratītyasamutpanna), 즉 「각종 조건이 조합하여 이룸」이라고 정의하고 있다. 모두 「인연생」이기 때문에 정의에 따르면 세 간의 일체 사물은 모두 「空」이다.

「이와 같이 나의 말도 또한 인연생이다」로 부터 「일체법이 인연생이라면 자체가 다 공하다」까지는 「일체는 모두 공하다」는 어구 자체도 인연생이며 따라서 공하다는 것을 말한다. 「수레 · 항아리 · 의복 등의 사물」로 부터 「인연생이기 때문에 모두 자체가 없다」까지는 수레, 항아리, 의복 등의 사물이 모두 인연생이어서 공하고 무자성이지만 여전히 장작과 물 또는 흙 등을 싣고, 물 · 꿀 · 우유를 담을 수 있으며 추위 · 열기 · 바람 등을 막아주는 공능이 있음을 말한다. 그 다음 「이러하듯 나의 말도 인연이 화합하여 생긴 것이니」로부터 「이와 같이 공이라는 말은 세간의 수용이다」까지는 「일체법은 모두 공하다」라는 어구가 비록 인연생이어서 공하여 무자체이지만 수레 · 항아리 · 의복에 공능이 있는 것처럼 공이라는 어구도 또한 여전히 그 공능을 지니고 있다는 것을 말한다. 그 다음 몇구는 결론으로 그 대의는 공이라는 말이 事物(諸法)을 부정(遮)할 수 없다는 정리학파의 말은 착오라는 것이다.

이상의 긴 인용문 가운데 「가령 수레 · 항아리 · 의복 등 사물」로부터 「이와 같이 공이라는 말은 세간의 수용이다」까지는 이해하기가 어렵다. 영역본 《회쟁론》 의거하면 더욱 정확하게 이해할 수 있다. 다음은 이에 상당한 영역본의 내용이다.

> 그러나 수레 · 항아리 · 의복 등과 같은 사물은 인연에 의해 생긴 것이어서 내재하는 진실한 본질(svabhāvaśūnya)[66]이 없지만 오히려 그들 각자의 공용(功用)을 갖추고 있으니 예를 들면 목재 · 풀 · 흙 등을 실어 나르고 벌꿀 · 맑은 물 · 우유 등을 담고, 추위 · 바람 · 열기를

막아 준다. 이와 마찬가지로 내가 하는 말[67]도 비록 인연생이어서 내재하는 진실한 본질은 없지만 사물에는 내재하는 진실한 본질이 없음을 설명해 준다(niḥsvabhāvatvaprasādhane bhāvānāṃ vartate).[68]

영역본에서 가장 주의해야 할 곳은 마지막 구인 「이와 마찬가지로 내가 하는 말도 비록 인연생이어서 내재하는 진실한 본질은 없지만 사물에는 내재하는 진실한 본질이 없음을 설명해 준다」는 말이다. 이 말의 뜻은 공한 언어에는 여전히 「일체 사물이 모두 공임을 설명해 주는」 공용을 갖추고 있다는 것이다. 이 점에 관해서는 앞으로 상세하게 논의하기로 하고 여기서는 우선 언어에 대한 용수의 두 가지 비유에 대해 살펴보자.

또한 다음과 같은 뜻이 있다. 게에서 이르기를 「化人(불보살의 신통에 의해 화현한 사람)이 화인에 대해, 幻人(마술사가 지어낸 사람)이 환인에 대해, (저지하는) 작용을 하듯이 이와 마찬가지로 遮와 所遮는 그 의미가 이와 같다」고 한다. 이 게는 어떤 뜻을 밝히고 있는가? 가령 化丈夫(불보살 신통력 의해 화현한 대장부)는 다른 화인이 왔다 갔다 하는 등의 종종의 작위를 보고 그것을 막을(遮) 수 있다. 幻丈夫도 다른 환인이 왔다 갔다 하는 등의 종종의 작위를 보고 그것을 막을 수 있다. 能遮인 化人 그는 공하다. 만약에 능차인 화인이 공하면 所遮인 化人도 공하다. 만약에 소차가 공하면 遮人(부정하는 사람) 역시 공하다. 능차인 환인 그는 공하다. 만약에 능차인 환인이 공하면 소차인 환인 역시 공하다. 만약에 소차가 공하면 차인 역시 공하다. 이렇듯 나의 언어가 공함은 幻이나 化가 공함과 같다. 이러한 공이라는 말은 일체제법의 자체를 부정(遮)할 수 있다. 따라서 '당신의 언어가 공하기 때문에 일체제법의 자체를 부정할 수 없다'는

66) 「내재하는 진실된 본질이 없음」(svabhāvaśūnya)은 통상 「무자성」 또는 「자성공」으로 번역된다. 한역 《회쟁론》에서는 「무자체」로 번역되어 있다.

67) 「일체 사물은 모두 공하다」는 어구를 가리킨다.

68) 註 16)에서 인용된 책, p. 18.

당신의 그 말은 이치에 상응하지 않는다.[69]

이 단락의《회쟁론》論文에서 용수는 공한 언어에 여전히 그 공능이 있다는 것을 설명하기 위해 두 가지 예를 들고 있다. 첫째는「化人」(nirmitaka)으로 제불보살의 신통력에 의해 출현한 인물이다. 이 예에서 용수는 갑이라는 화인은 을이라는 화인이 어떤 일을 하는 것을 저지할 수 있으며 이때 갑이라는 화인도 가짜 존재이고 을이라는 화인도 가짜 존재라고 말하고 있다. 바꾸어 말하면「저지하는」(能否定, 能遮, pratiṣeddhṛ) 갑이라는 화인도 공하고「저지당하는」(被否定, 所遮, pratiṣedhya) 을이라는 화인도 공하다는 것이다. 그러나「능차」·「소차」는 비록 공하지만 어떤 일을「저지」(遮, pratiṣedha)하는 작용은「능차」와「소차」사이에서 여진히 성립한다. 〔주의해야 할 것은 용수의 주장에 따르면「저지」(遮)라는 사물의「自體」(svabhāva)는 당연히 존재하지 않는 것이지만 이 사물의「작용」은 완연히 존재한다는 것이다.〕

용수가 제시하고 있는 두번째 예는「幻人」(māyāpuruṣa)으로 마술사가 변화시켜 출현한 인물이다. 이 예는 첫번째 예와 대동소이하므로 여기서는 그에 대한 논의를 생략한다.

화인과 환인이라는 두 가지 예를 통해 용수는「능부정」(능차)에 상당하는 언어도 공하고「피부정」(소차)에 해당하는 일체 사물도 또한 공하지만, 일체 사물의「자체」가 부정되는 일(즉 일체 사물의 자체를 부정하는 공능)은 여전히 성립한다고 결론 내리고 있다. 말하자면 공이라는 언어는 사물의 자체를 부정하는 공능을 갖추고 있다는 것이다.

---

69)《회쟁론》,「석상분」제4 ;《대정장》권32. p. 18上~中.

사실상 소박실재론(naive realism)의 입장에서 정리학파는 세간의 일체 사물은 참으로 실재하여 공하지 않으며 심지어 「능부정」(능차), 「피부정」(소차) 그리고 「부정」(차) 등 이들 셋도 반드시 공하지 않다고 주장한다. 정리학파의 실재론적 입장에서 살펴보면 이들 셋과 「능취」(능지각자, tadgrahitr), 「소취」(피지각물, grāhya) 및 「取」(知覺, grāha)는 한결같이 모두 진실로 실재하여 공하지 않다. 따라서 정리학파는 다음과 같이 말하고 있다.

> 게송에 이르기를 「취, 소취, 능취, 차, 소차, 능차라는 6종의 의미는 다 존재하는 법이다」라고 한다. 이 게는 어떤 의미를 밝히고 있는가? 만약에 이와 같이 중생이 존재하고 취, 소취가 존재하고 능취가 존재하면 당신이 허망하다고 말한 차, 소차, 능차 등 6종의 의미가 성립한다고 할 수 있다. 만약에 6종의 의미가 성립하면 제법 일체가 공하다고 설하는 것은 옳지 않다.[70]

영역본《회쟁론》에 의거하면 위에 인용된 論文의 「만약에 이와 같이」로부터 「6종의 의미가 성립한다」까지는 「만약에 이러하다면 우리의 지각, 지각되는 사물, 지각하는 사람, 잘못된 지각의 부정, 부정되는 사물, 또한 잘못된 지각 및 당신처럼 지각을 부정하는 사람(pratiṣeddhāro yuṣmadādayó sya grāhasya) 등 이러한 모든 것들은 모두 존재한다. 따라서 이 6종은 모두 확실히 입증된다(siddhaṃ ṣaṭkam)」[71]는 것이다. 이상의 영역본을 통해 우리는 정리학파가 「능부정」, 「소부정」, 「부정」 등 이들 셋이 모두 진실로 실재하여 공하지 않다고 주장하고 있다는 것을 알 수 있다. 그러므로 「일체 사물은 모두 공하다」라는 말은 사물의 「자체」를 「부정한다」(능차)는 말이며 이 어구는 반드시 실재한다는 것이

70) 앞의 책, 「석초분」제3 ;《대정장》 권32, p. 17中.

71) 註 16)에서 인용된 책, p. 14.

다. 이와 같다면「일체 사물은 모두 공하다」는 용수의 주장은 착오라는 것이다. 왜냐하면 이「능부정」의 어구도 공하지 않고 제법 자체도 공하지 않은데 어떻게「일체는 모두 공하다」라고 말할 수 있겠냐는 것이다.

정리학파의 이러한 소박실재론에서 가장 주의해야 할 것은 부정되는 사물인「소차」(pratiṣedhya)가 반드시 실재하여 공하지 않다는 주장이다. 이는「不存在」(비실, asat)는 일종의「존재」(실, sat)이며 우리의 감관을 통해 인지할 수 있다는 정리학파의 주장과 관계있다. 정리학파의 이러한 주장은 분명히 상식을 위배하고 있다. 일반인들도 항아리의 不存在와 같이「부정대상인」「부존재」(비실)는 결코 실유하는「존재」(실)가 아니며 도리어 그것은 확실히 존재하지 않는다고 생각한다. 따라서 우리는 그것의 존재를 부정할 수 있다. 용수는 이 문제에 대해서 마찬가지로 상식적인 입장에서 정리학파의 주장을 반박하고 있다. 용수는 어떤 한 사람이「일체는 모두 공하다」라는 말을 사용하여 사물의 자체를「부정」할 때에는 결코 원래 본유하는「존재」(사물의 자체)를 부정하여「부존재」한다고 말하는 것은 아니라고 한다. 왜냐하면 본래부터 사물의 자체는 존재하지 않기 때문이다. 본래 존재하지 않는 사물의 자체를「공」하다,「부존재」하다고 말하는 것은 단지 사물의「자체」는 확실히 空하여 존재하지 않는다는 것을「우리에게 알려 주는」(jñāpayati)데 있는 것이지 결코 본래 본유하는「존재」를 부정하여「부존재」하다(비실)고 말하는데 있지 않다. 용수는 다음과 같이 설하고 있다.

다시 당신은 게를 설하여 말하기를「만약에 법이 무자체라면 언어가 어떻게 부정할 수 있겠는가? 만약에 부정되어야 할 법이 없다면 언어 또한 부정하는 작용이 성립되지 않는다」고 한다. 이 게에 대해

나는 지금 게로서 답하여「당신은 지금 언어라는 법에 대해 분별하고 있다. 이러한 의미에 대해 지금 내가 말하자면 언어라고 할만한 어떤 법도 존재하지 않는다. 그러므로 나에게는 허물이 없다」고 한다. 이 게는 어떤 뜻을 밝히고 있는가? 만약에 당신이 말하기를 '존재하지 않는 것은 또한 언어로 부정할 수 없는데 어떤 법을 따라(隨) 일체법이 모두 무자체이다라고 할 수 있는가?'라고 한다. '그것들 제법이 무자체라고 하는 말은 이 말이 무자체를 제조(조성)하는 것은 아니다'라는 것이 이에 대한 나의 답이다. 만약에 제법은 무자체이다라는 말을 한다면 이 말이「무자체한 법」을 제조하는 것은 아니다. 또한 이는 이 법의 자체가 없으면 법의 자체가 없음을 알게 하고 법의 자체가 있으면 법의 자체가 있음을 알게한다는 의미이다. 비유하자면 집안에 실제로 천득이가 없을 경우 어떤 사람이 '천득이가 있습니까' 라고 물으면 '있습니다'라고 답할 수도 있고 '없습니다'라고 답할 수도 있다. '없습니다'라고 답하는 말은 집안에 천득이 없음을 제조할 수 없으며 다만 집안에 천득이가 없다는 것을 알려 준다. 이와 같이 만약에 일체제법에 자체가 없다고 한다면 이 말은 일체법의 자체가 없게 하는데 있지 않고 다만 제법의 자체가 없음을 알려 준다. 만약에 당신이 '사물이 없다면 일체법은 자체가 없다고 말할 수 없다. 언어(언어도 사물의 일종)가 존재할 수 없기 때문에 일체법은 무자체이다라는 말은 성립할 수 없다'고 한다면 이는 도리에 맞지 않는다.[72]

이 단락의《회쟁론》論文에서 처음의 사구게는 정리학파의 문난을 거듭 서술한 것으로 그 대의는 만약에 일체 사물의「자체」가 空하다면「일체는 모두 공하다」라는 말이 어떻게 사물의「자체」를 부정할 수 있겠느냐는 것이다. 바꾸어말하면 부정되는 사물, 즉 소차는 반드시 존재하며, 만일 그렇지 않다면 부정대상이 없지 않느냐는 것이다.

그 다음의 두번째 게송은 용수의 답변이다. 계속해서「만약에 당신이 말하기를」으로부터「일체법이 모두 무자체이다라고 할

72)《회쟁론》,「석상분」제4 ;《대정장》권32, p. 22上~中.

수 있는가?」까지는 정리학파의 문난을 거듭 서술한 것으로 그 대의는 「존재하지 않는 것은 언어를 사용하여 그것을 부정할 수 없다」[73]는 것이 우리들 정리학파의 주장인데 만약에 당신들 중관학파가 사물의 자체는 모두 존재하지 않는다고 한다면 묻건대 「일체는 모두 공하다」라는 이 말은 어떤 것을 부정한다는 것인가? 이다. 「그것들 제법이 무자체라고 하는 말은」으로부터 「이 말이 무자체한 법을 제조하는 것은 아니다」까지는 용수가 앞서 제기한 정리학파의 문난에 총괄하여 답하는 내용으로 그 대의는 어떤 사람이 「일체는 모두 공하다」라는 말을 할 때는 그는 결코 사물의 「無自體」(자체가 없음)를 제조하지 (만들지) 않는다는 것, 말하자면 사물 자체의 「無」(不存在)를 제조하지 않는다는 것이다. 용수의 견해는 어떤 사람이 「空」이라는 말로 사물의 자체가 없음을 설명할 때 그는 결코 본래 존재하고 있는 「자체」를 부정하고 있는 것이 아니라는 것이다. 왜냐하면 사물의 자체는본래 존재하지 않기 때문이다. 바꾸어 말하면 어떤 사람이 「空」이라는 말로 「자체」의 「부존재」를 설명하는 경우에 그는 결코 이 「부존

73) 정리학파는 「만약에 법이 무자체라면 언어는 어떻게 부정하는 작용을 할 수 있는가? 만약에 법이 부정되지 않는다면 언어 또한 부정하는 작용이 성립되지 않는다」라는 게송을 사용하여 이 주장을 설명하고 있다. 이 게송 가운데 앞의 두 구는 이해하기 쉽다. 뒤 두 구에 대해서는 용수 스스로 「만약에 遮가 이러하다면 언어 역시 부정하는 작용을 할 수 있다고 말할 수 없다. 만약에 이와 같다면 불의 차가움, 물의 견고함 등과 같은 허물이 있다」라고 주석하고 있다 〔이상 《회쟁론》, 「석초분」제 3 ; 《대정장》 권32, p. 17上〕. 한역본인 이 몇구는 이해하기가 쉽지 않다. 영역본 《회쟁론》에서는 「(만약에 존재하지 않는 사물이 어떤 한 어구에 의해 부정된다면) 불의 차가움(火冷, agnehśaityasya) 또는 물의 뜨거움(水熱, apām auṣṇasya)과 같이 존재하지 않는 사물의 부정은 언어로 그것들을 부정할 필요가 없이 입증된다」고 말하고 있다.」〔註 16)에서 인용된 책, p. 13으로부터 번역하였음.〕

재」가 본래는 존재했었으나 그런 후에 이 존재가 부정된 것은 아니라는 것이다. 결국 용수는 부정하는 「空」이라는 말(능차)도 존재하지 않을 뿐만 아니라 부정되는 「사물의 자체」(소차)도 존재하지 않는다고 한다.

「또한」으로부터 「법의 자체가 있으면 법의 자체가 있음을 알게 한다는 의미이다」까지는 인용된 論文 가운데 가장 중요한 부분이다. 영역본 《회쟁론》에 따르면 다음과 같은 의미이다.

> 그러나 자체가 없기(내재하는 진실한 본질이 없음, asati svabhāve) 때문에 그것(「一切皆空」이라는 어구)은 우리에게 사물은 모두 自體(內在하는 진실한 本質)가 없다(bhāvā niḥsvabhāva iti)는 것을 알려준다(jñāpayati).[74)]

이 간단한 몇마디는 우리에게 용수의 중요한 사상 가운데 하나를 시사하고 있다. 즉 「空」이라는 낱말의 공능은 본래 존유하는 「부존재」(예를 들면 사물의 「자체」)를 부정하는 데 있지 않고 본래 「부존재」한 사물(예를 들면 사물의 「자체」)은 확실히 존재하지 않음을 우리에게 여실히 알려 주는데 있다는 것이다.

그 다음 「비유하자면 집안에 천득이가 없을 경우」로 부터 「집안에 천득이가 없다는 것을 알려 준다」까지는 비유이다. 용수는 집안에 天得(Devadatta)이라는 사람이 없다는 비유를 들고 있다. 「집안에 천득이 없을 때」 결코 우리는 「天得없음」을 제조하지 않는다. 말하자면 천득의 「없음」(부존재)은 원래 천득이 없는 것이지 본래 하나의 「없음」(「不存在」라는 事物의 自體)으로 존재하다가 우리가 「없다」라는 언어를 사용하여 그것을 부정하는 것은 아닌 것이다.

---

74) 註 16)에서 인용된 책, p. 42.

「이와 같이」로 부터 「다만 제법의 자체가 없음을 알려 준다」까지는 천득에 대한 비유를 통해 용수가 결론을 내리고 있다. 즉 우리가 「일체 제법은 자체가 없다」라고 말할 때 이 어구는 결코 「일체 제법의 자체 없음」 즉 「無」를 제조하는 것이 아니며 그것은 단지 제법의 자체가 존재하지 않음을 우리에게 알려주는 것이다.

마지막 구절은 총체적인 결론으로 그 대의는 사물의 자체가 없을 때에는 「일체는 모두 공하다」라는 말을 할 수 없다는 정리학파의 주장이 착오라는 것이다.

이상의 분석을 통해 우리는 정리학파가 능부정(부정하는 주체)인 「능차」(pratiṣeddhṛ) (예를 들면 「一切皆空」이라는 말), 부정대상인 「소차」(pratiṣedhya), 그리고 「부정」의 작용인 「차」(pratiṣedha) 등 셋은 반드시 진실로 실재하여 공하지 않다고 여기고 있음을 알 수 있다. 그러나 용수는 이와는 반대로 다음과 같이 생각하고 있다. (1) 능부정인 「능차」(예를 들면 一切皆空이라는 어구)는 공하여 실재하지 않는다. 능차인 언어는 비록 공하여 실재하지 않지만 여전히 그 공능이 있다. 그것의 공능은 사물(의 자체)을 「부정」하거나 「無」 또는 「부존재」를 제조(조성)하는데 있지 않고 사물의 자체가 공하다는 것을 「우리에게 알려 주는」(jñāpayati)데 있다. (2) 부정대상인 「소차」도 공하여 실재하지 않는다. 예를 들면 사물의 「자체」(svabhāva)는 원래 공하여 실재하지 않는다. 이때에는 어떤 사람이 「일체 사물(의 자체)은 모두 공하다」라는 어구를 말할 때 그것은 「空」(부존재, 무)을 제조하는 것이 아니다. 따라서 그는 결코 본유하는 「존재」를 「不存在」(空, 無)하다고 부정하는 게 아니다. (3) 부정의 공능인 「차」라는 일도 「능차」와 「소차」처럼 空하여 실재하지 않는다. 말하자면 空이라는 언어의 공능은 어떤 사물을 부정(차)하는데 있지 않고 그것은 단지 일체 사물(의 자체)은 모두 空하다는 사실적인 진상을 「우리에게 알려 주는」(jñāpayati)데 있다.

능차, 소차, 차가 모두 진실로 실재하여 공하지 않다는 정리학파의 주장에 대해 용수는 하나의 논증을 구성하여 그것을 반박하고 있다. 용수는 '만약에 이 세 가지(간단하게 「遮」)가 모두 空하지 않다면 내가 주장하는 空은 성립한다는 것과 같지 않는가? 무엇 때문에 그러한가? 당신들 정리학파는 부정은 공하지 않다고 여기지만 또한 확실히 내가 주장하는 「공」을 부정하고 있기 때문이다. 바꾸어 말하면 「공」은 당신들이 부정하는 대상인 「소차」이다. 따라서 「소차」에 속하는 공을 공하지 않다고 할 수 없지 않은가? 또한 당신들이 空이 진실로 실재하여 공하지 않다고 한다면 역으로 내가 주장하는 공이 성립함을 증명하는 것이 아니겠는가? 따라서 만약에 차(와 능차, 소차)가 공하지 않다면 공의 성립을 증명하는 것과 같다.'고 말한다. 용수는 또한 다음과 같이 말하고 있다.

> 偈言:「若有體得遮, 若空得言成;若無體無空, 云何得遮成?」此偈明何義? 法若有者, 則可得遮法;若無者, 則不得遮. 汝難我言, 一切諸法皆無自體. 實如汝言, 一切諸法皆無自體;何以知之? 以汝遮法無自體成. 若遮諸法無自體成, 得言一切諸法皆空.[75]

위 論文은 이해하기 쉽지 않다. 영역본을 통해 우리는 비교적 분명하게 용수의 견해를 이해할 수 있다.

> 61. 만약에 否定이 일종의 存在가 확실하다면 空은 증명된다(śūyatvam nanu prasiddham idam). 왜냐하면 당신들은 사물이 무자체(무자

75) 《회쟁론》, 「석상분」제4;《대정장》 권32, pp.21下~22上.

성)이며 공하다는 것을 부정하고 있기 때문이다(pratiṣedhyate hibhavān bhāvānāṃ niḥsvabhāvatvam). 만약에 부정이 다만 존재이고 부존재가 아니라면(yadi sata eva pratisedho bhavati nāsataḥ), 또한 만약에 당신들이 모든 사물이 무자체이며 공하다는 것을 부정한다면(bhavāmś ca sarvabhāvānāṃ niḥsvabhāvatvam pratiṣedhayati) 모든 사물이 무자체이며 공하다는 것은 증명된다(nanu prasiddham sarvabhāvāṃ niḥsvabhāvatvaṃ) 왜냐하면 당신들의 주장(tvadvacanena)에 의거하면 부정은 존재하며 (pratisedhasadbhāvāt) 또한 모든 사물이 無自體이며 空하다는 것이 부정되기 때문에(niḥsvahāvatvasya ca sarvabhāvānāṃ pratiṣiddhatvạt) 空性은 증명된다(prasiddhā śūnyatā).[76]

이 영역본《회쟁론》에 따르면 앞서의 분석이 정확함을 알 수 있다. 그것은 만약에 정리학파가「공」이라는 언어에 의해 부정되는 제법의 자체가 공하지 않다는 주장을 견지한다면 (즉 소차가 공하지 않다고 주장한다면) 이는「공」이 이미 성립된다는 것을 증명한 것과 같다는 것이다. 왜 그러한가?「공」또한 정리학파가 극력 부정하는 대상이기 때문이다. 말하자면「공」이라는 주장은 정리학파에게는「소차」이다. 그러므로「소차」가 공하지 않다면「공」은 자연히 진실로 공하지 않다.

나아가 용수는 만약에 정리학파가「공」의 이론을 부정한다면 (즉「공」의 이론이 공하다고 한다면) 그것은 스스로 그들 자신의 입장을 훼손하는 것과 같다고 지적한다 왜냐하면 정리학파는 부정되는「소차」(즉「空」)가 진실로 존재한다고 주장하기 때문이다. 용수는 다음과 같이 말하고 있다.

偈言：「汝爲何所遮？ 汝所遮則空；法空而有遮, 如是汝諍失.」此偈明何義？ 若一切法遮有自體, 若無自體彼得言空, 彼空亦空. 是故汝言有物得遮, 無物不遮, 義不相應.[77]

---

76) 註 16)에서 인용된 책, pp. 40～41.

이는 이해하기 어려운 論文이다. 영역본《회쟁론》을 살펴보면 비교적 분명하게 문장의 본의를 파악할 수 있을 것이다. 다음은 영역본의 내용이다.

62. 지금 만약에 당신들이 空性을 부정하고 또한 만약에 공성이 존재하지 않는다면 (pratiṣedhyase 'tha tvaṃ śūnyatvaṃ tac ca nāsti śūnyatvam) 부정은 일종의 존재라고 주장하는 당신들의 입장은 포기된다 (pratiṣedhaḥ sata iti te nanv eṣa vihīyate vādaḥ)

지금 만약에 당신들이 모든 사물이 無自體이며 空하다는 것을 부정한다면 즉 사물의 공성을 부정한다면 그리고 또한 만약에 그 공성이 존재하지 않는다고 한다면 부정은 일종의 존재이지 부존재는 아니다는 당신들의 주장(pratijñā)은 포기된다.[78]

이 단락의 영역본을 통해 우리는 용수가 정리학파의 주장을 반박하고 있음을 분명히 알 수 있다. 용수는 만약에 능차, 소차 및 차가 공하지 않다면 이는 간접적으로「공」의 성립을 증명하는 것과 같다는 것이다. 왜냐하면「공」이 정리학파가 부정하는「소차」중에 속하기 때문이다. 따라서 용수는 이러한 간접증명법으로 능차, 소차 및 차의 실재성을 주장하는 정리학파에게 그것을 포기하도록 설복시키고 있다.

용수가 힘을 기울여 능차, 소차 및 차가 공함을 증명하고 더구나 특히 소차가 공함을 증명하는데 주력하는 까닭은 정리학파가 용수에게 '만약에 일체 사물이 공하다면「일체는 모두 공하다」는 말은 도대체 무엇을 부정하는 것인가?」'라고 질문했기 때문이다. 정리학파의 질문은 용수가「과녁없이 활을 쏘는 것」을 질책하고 있다. 왜냐하면 어떤 사물을 부정하거나 소멸하려면

77)《회쟁론》,「석상분」제4 ;《대정장》권32, p. 22上.

78) 註 16)에서 인용된 책, p. 41.

진실로 존재하는 대상인「소차」가 있어야만 비로소 그것을 부정하거나 소멸할 수 있기 때문이라는 것이다. 용수는 정리학파의 이 질문을 받아넘기기 위해 힘껏 능차, 소차 및 차가 공하여 실재하지 않음을 증명하고 있다. 용수가 이것들이 공하여 실재하지 않는다는 것을 증명한 이상 그의 결론은 매우 분명하다. 그의 결론은 그가 결코 어떤 사물을 부정(遮)하는 것이 아니라 그는 다만 일체 사물의 자체가 모두 공하여 실재하지 않는다는 것을「우리에게 알려 준다」(jñāpayati)는 것이다. 따라서 그는《회쟁론》에서 다음과 같이 말하고 있다.

又復有義, 偈言:「我無有少物, 是故我不遮, 如是汝無理, 枉橫而難我.」此偈明何義? 若我如是少有物遮, 汝得難我;我無物遮, 如是無物我無所遮. 如是無遮, 一切法空. 如是無物遮與所遮. 是故汝向如是難言何所遮者, 此汝無理, 枉橫難我.[79]

이 단락 또한 이해하기 어려우므로 영역본을 통해 그 내용을 살펴보면 다음과 같다.

이밖에도

63. 나는 결코 어떤 사물을 부정하지 않으며 부정되는 어떤 事物도 존재하지 않는다(pratiṣedhayāmi nāhaṃ kiṃcit pratiṣedhyam asti na ca kiṃcit). 따라서 응당 당신이 '당신은 부정하고 있다'고 말할 때 당신은 나를 중상(中傷)하는 것이다(tasmāt pratisedhayasīty adhilaya eṣa tvayā kriyate).

만약에 내가 어떤 사물을 부정한다는 말을 했다면 당신은 확실히 그렇게 말할 수 있다. 그러나 나는 결코 어떤 사물을 부정하지 않는다. 왜냐하면 부정될만한 어떤 사물도 존재하지 않기 때문이다(na caivā haṃ kiṃcit pratisẹdhayāmi, yasmān na kiṃcit pratisẹddhavyam asti). 따라서 모든 사물이 다 空하다고 할 때에는 부정되는 어떤 사물(pratiṣedhya)

79)《회쟁론》,「석상분」제4;《대정장》권32, p. 22上.

> 도 존재하지 않고 또한 어떠한 부정(pratiṣedha)도 존재하지 않는다고 할 수 있다. 당신이 '당신은 부정하고 있다'고 말할 때 당신은 이치에 맞지 않는 중상을 하고 있다(aprastuto 'dhilayaḥ).[80]

이상의 영역본《회쟁론》은 통해 우리는 용수가 어떤 사물을「부정」하고 있지 않다고 여기고 있음을 분명히 파악할 수 있다. 말하자면 어떤 사람이「일체 사물은 모두 공하다」는 말을 할 때 그는 단지 일체 사물은 모두 공하며 무자체이다는 사실적인 진상을「우리에게 알려 주고」(jñāpayati) 있는 것이지 그는 결코 원래는 존재했던 어떤「사물의 자체」를 부정하는 것도 아니고 어떤「사물의 자체」인「不存在」(非實, asat)를 제조하는 것도 아니다는 것이다. 왜냐하면 이른바「사물의 자체」는 원래 공하기 때문이다.

용수의 이 관점은 분명히《반야경》가운데「不壞相」을 설하는 법문에서 비롯되고 있다.《대품반야경》에서는 다음과 같이 설하고 있다.

> (부처님께서 말씀하시되) 너는 어떻게 생각하는가. 이 보살마하살은 相을 파괴하는가?
> (수보리가 아뢰기를) 그렇지 않습니다. 세존이시여! 부처님께서 수보리에게 말씀하시길 무엇때문에 相을 파괴하지 않는다고 하는가? 수보리가 아뢰기를 세존이시여! 이 보살마하살은 반야바라밀을 행하되 '나는 諸法相을 파괴해야겠다'라고 생각하지 않습니다. ……세존이시여 보살마하살은 방편력이 있기 때문에 제법에 대해 相을 집착하지 않으며 相을 파괴하지도 않습니다. 왜냐하면 세존이시여! 이 보살마하살은 一切諸法의 自相이 空함을 알기 때문입니다.[81]

《대품반야경》의 견해는 일체 사물의 自相(自體)은 모두 공하기

---

80) 註 16)에서 인용된 책, p. 41.

81)《마하반야바라밀경》권17,「심오품」제57;《대정장》권8, p. 346下.

때문에 진실한 본질이 존재하지 않으며 진실한 본질이 존재하지 않는 한 집착할 수도 없고(不取相) 파괴할 수도 없다(不壞相)는 것이다. 왜냐하면 진실로 공하지 않은 사물이 존재해야만 그것에 집착하거나 그것을 파괴하고 부정할 수 있기 때문이다. 따라서 우리가 「일체는 모두 공하다」라고 말할때 우리는 결코 사물의 「자체」(自相)를 파괴하거나 부정하지 않는다. 왜냐하면 사물의 「자체」(자상)은 본래 공하여 존재하지 않기 때문이다. 《대품반야경》은 용수가 숙지하고 있었던 경전이며 그는 일찌기 이 경전을 주석하여 《대지도론》이라는 논서를 썼다. 따라서 이러한 「不壞相」 사상은 그가 능차, 소차, 차가 모두 공하다는 주장을 하는데 상당히 깊숙하게 영향을 주었을 것이다.

3. 덧붙이는 논의

정리학파는 단순 소박한 실재론자이다. 그들은 세간의 일체사물(지각되는 사물 ; 所取, grāha)은 진실로 실재하며, 사물을 주체적으로 인식하는 것(주체적으로 지각하는 것 ; 能取, tadgrahītṛ) 즉 현량·비량·아함량·비유량 등 4종의 「量」(pramāṇa)도 모두 실재한다고 여긴다. 또한 그들은 능취와 소취 사이의 「지각」(取, grā ha) 관계도 진실로 실재한다고 여긴다. 이러한 상황하에서는, 「일체는 모두 공하다」라는 말은 착오인데 그 까닭은 실제로 진실로 실재하여 공하지 않은 많은 사물이 존재하기 때문이라는 것이다. 이밖에 「부정」이라는 것에 대해 논할 때도 그들은 부정하는 주체인 「능차」(pratiṣeddṛ)도 실재하고 부정되는 사물「소차」(pratiṣedhya)도 실재하며 능차와 소차 사이의 「부정」(차, pratiṣ edha)관계 또한 실재한다고 여긴다. 따라서 「일체는 모두 공하다」라는 어구(능차)는 진정으로 실재한다고 말할 수 있으며「일체는 모두 공하다」는 어구가 사물의「자체」를 부정한다는 이러한 일도 마찬가지로 참으로 실재한다고 말하고 있다. 이러한 관점에서는 용수의「일체는 모두 공하다」는 착오다. 왜냐하면 능차인「공」이 공하지 않고 소차인 사물의「자체」도 공하지 않으며「부정」관계도 또한 공하지 않기 때문이다. 따라서 그들은 용수의「일체는 모두 공하다」라는 견해가 착오라고 말한다.

정리학파는 부정되는 사물인「소차」가 공하지 않다고 생각하는데 이는 인도의 많은 사상가들의 공통된 견해이다. 예를 들어《승론경》에서는「非實」(不存在, asat)을 일종의 존재로 간주하여 우리들의 감관을 통해 지각할 수 있다고 말한다. 이밖에도 용수의 제자인 제바(Āryadeva)는《백론》에서 한 예를 들어 이러한 견해에 대해 설명하고 있는 것으로 볼 때 당시에 이러한 견해가 상당히 유행하고 있었음을 알 수 있다.

> 외도가 이르기를「당신의 無成(성립되지 않음)은 성립한다. 가령 방안이 텅비어 말(馬)이 없다고 해도 無馬(말이 없음)는 존재한다. 이와 같이 네가 비록 諸法이 공하고 無相하다 하여도 종종의 마음을 일으키기 때문에 無는 존재한다. 즉 無成은 성립하는 것이다」라고 한다. 內(중관학자)가 이르기를「그렇지 않다. 有, 無는 일체가 존재하지 않기 때문이다. 나의 實相 중의 종종의 법문에서는 有, 無가 다 공하다고 설한다. 따라서 有, 無 一切는 존재하지 않는다」라고 한다.[82]

제바는 외인의 입을 통해 '「일체는 모두 공하다」는 당신들 중관학파의 주장 자체는 일종의「존재」이다. 어떤 사람이「방안에는 말(馬)이 없다」고 말할 때 이미「말 없음」이「존재」하는 것과 같이 어떤 사람이「一切皆空(無)」이라고 말할 때에도「空(無)」

82)《백론》권下,「파공품」제10;《대정장》권30, p. 181上.

이라는 것이 「존재」한다'고 말하고 있다. 외인의 이러한 문난에 대해 제바는 '당신들의 주장은 맞지 않다. 실제적인 진상은 「有」도 공하고 「無」도 공하기 때문이다'고 반박하고 있다.

제바의 말을 통해 우리는 「소차」인 「부존재」(非實, asat)를 일종의 「존재」(實, sat)로 간주하는 것이 확실히 당시 인도 사상계의 일반적인 견해였음을 알 수 있다. 용수의 《회쟁론》에서는 이러한 견해에 대적하여 그 잘못을 시정하려 하고 있다. 그는 비단 인식되는 사물(所取), 인식하는 4량(能取) 및 「인식」(取)이 모두 공할 뿐만 아니라 부정하는 「공」(능차), 부정되는 사물의 자체(소차), 그리고 「부정」관계(차) 또한 모두 공하다고 한다. 따라서 일체 사물은 모두 공하다는 것이다.

용수의 이러한 「공(性)」(śūnyatā)은 「허무주의(nihilism)로 오해되기 쉽다. 예를 들어 유식학파에 속하는 《해심밀경》에서는 이러한 「공」이 「三相을 비방하여 제거한다」[83]고 말하는데 그 의미는 「공」이 본래 존재하는 不空한 사물을 파괴한다는 것이다. 이밖에도 용수의 「공」은 Hegel 식의 「변증법」(dialectic method)으로 오해되기 쉽다. 가령 Richard H. Robinson은 용수의 부정철학을 일종의 「변증적 상승」이라고 여긴다.[84] 이러한 견해에 대해 필자는 이미 반박한 바 있다.[85] 《회쟁론》 가운데 용수가 천명하여 서술하고 있는 「공」은 필자의 졸견이 정확하다고 생각한다. 우선 「공」을 일종의 「허무주의」라고 말하는 것은 착오적인 견해이다. 왜냐하면 용수의 「공」은 결코 어떤 사물을 「부정」하고 있지 않

83) 《해심밀경》권2 ; 《대정장》 권16, pp. 695~696.

84) 《인도와 중국의 초기중관학》(*Early Mādhyamika in India and China*), p. 56.

85) 이 책의 〈용수의 《중론》은 변증법을 사용하는가 ? 〉와 〈《중론》안의 사구연구〉 참고.

기 때문이다. 이는 용수가 《회쟁론》에서 거듭 밝히고 있다. 용수는 그의 「공」이 다만 사실적인 진상이 「一切皆空」임을 「우리에게 알려 주는」(jñāpayati)것이라고 말한다. 그는 《회쟁론》의 말미에서 심지어 「공」을 믿는 사람은 진정으로 사성제, 삼보 인과 등의 도리를 믿을 수 있으나 「공」을 믿지 않는 사람은 진정으로 사성제, 삼보, 인과 등의 도리를 믿을 수 없다고 말하고 있다.[86] 이러한 의미가 있는 「공」을 어떻게 「허무주의」라고 말할 수 있겠는가?

그 다음 두번째 오해인 용수의 「공」이 Hegel 식의 「변증법」이라고 말하는 것에 관해 살펴보자. 이른바 Hegel 식의 「변증법」은 한쌍의 어구 또는 개념으로부터 모순을 도출하여 다른 더 높은 층차(더욱 진실한 어구나 개념)에 이르고 이 새롭게 얻어진 어

86) 《회쟁론》, 「석상분」제4에서는 「게에서 이르기를 「만약에 사람이 空을 믿으면 그는 일체를 믿는 것이다. 만약에 사람이 空을 믿지 않으면 그는 일체를 믿지 않는 것이다」고 한다. 이 게는 어떤 의미를 밝히고 있는가? 만약에 사람이 空을 믿으면 그 사람은 일체의 세간, 출세간법을 믿는 것이다. 왜 그러한가? 만약에 사람이 空을 믿으면 因緣和合生을 믿는 것이다. 만약에 因緣이 和合하여 生한다는 것을 믿으면 四諦를 믿는 것이다. 만약에 四諦를 믿으면 그 사람은 一切의 勝證을 믿는 것이다. 만약에 사람이 一切의 勝證을 믿으면 佛法僧 三寶를 믿는 것이다. 만약에 인연화합생을 믿으면 그 사람은 法에 因果의 자체가 없음을 믿는 것이다……이와 같이 무량하여 이루 다 말할 수 없다」〔《대정장》 권32, p. 23上)라고 설하고 있다. 이상의 인용에 따르면 용수가 결코 4제 내지 인과 등등의 사물을 부정하고 있지 않으며 반대로 「空」(因緣和合而生) 이라는 전제하에서 4제 내지 인과의 신앙이 건립된다고 여기고 있음을 알 수 있다. 이러한 견해는 그의 《중론》에서도 피력되고 있으니 《중론》 권4, 「관사제품」제24에서도 「空義가 존재하기 때문에 일체법은 성립할 수 있다. 空義가 없다면 일체법은 성립할 수 없다」(《대정장》 권30, p. 33上)라고 설하고 있다. 계속해서 용수는 「空」이 4제, 삼보, 죄복, 과보 등의 도리를 건립, 시설한다고 말하고 있어(《대정장》 권30, pp. 中~34下) 용수의 「空」이 결코 「허무주의」가 아님을 알 수 있다.

구나 개념은 앞서의 어구나 개념 및 그 부정을 포함할 수 있다는 것이다. Hegel에 의하면 초월되는 원래의 어구나 개념을「正」(thesis)이라 하고 그것의 부정어구나 부정개념을「反」(antithesis)이라 하며 초월후에 얻어지는 더욱 높고 더욱 진실한 어구나 개념을「合」(synthesis)이라 칭한다. 용수의《회쟁론》을 살펴보면 우리는 용수의「공」이 결코 이런 의미의「변증법」이 아님을 알 수 있다. 만약에 용수의「공」이 이러한 의미의「변증법」이라면 부정하는「공」(능차)이 사물의「자체」(소차)를 부정한 후에「더욱 높은 층차」,「더욱 더 진실함」을 얻을 수 있어야 한다. 그러나 사실상 이렇지 않다. 왜냐하면 능차인「공」이 소차인 제법의 자체를 부정한 후에 어떤 것도 존재하지 않으며 어떤 것도 산생되지 않기 때문이다.「공」은 단지 사실적인 진상이「일체개공」임을「우리에게 알려 주는」(jñāpayati) 것이지 결코「無(없음)」를 제조하는 것도 아니고 더우기 어떤「有(있음)」(이른바「더높은 층차」「더 높은 진실」의「有」)를 제조하지도 않는다. 따라서「공」을 헤겔식의 변증법으로 파악하는 것은 의심할 여지없이 착오이다.

결국《회쟁론》에서 천명하고 있는 공은 공하지 않는 바가 없는(無所不空)「공」이다. 우선 우리들에 의해 인지되는 사물(소취)이 모두 공하고 사물을 인지하는 방법인「四量」(능취)도 공하며 이밖에도「공」에 의해 부정되는 사물(소차)이 공하고 부정하는「공」(능차)도 공하다. 이런 의미하에서「공」은「공」또한 공하기 때문에「허무주의」가 아니며 어떤「없음」(無, 不存在)이나「있음」(有, 存在)을 제조하지 않기 때문에 헤겔식의 변증법도 아니다. 그렇다면 이러한 의미가 있는「공」은 과연 무엇인가? 용수에 의하면 이런 의미의「공」은 세계의 진상(실상)이 공이라는 것을 「우리에게 알려 주는」(jñāpayati) 것이다.

(本文은 《화강불학학보》 8기, 대북 : 중화학술원불학연구소, 1985, pp. 183～236에 실려 있다. 이 글은 1985年 11月 대만대학철학계에서 주관한 국립대만대학 창립 40주년 국제 중국철학연토회에서 구두로 발표하였다.)

主要參考書目

(1) 《廻諍論》, 龍樹菩薩造, 後魏・毘目智仙共瞿曇流支譯；《大正藏》 卷 32, pp. 13～23.

(2) 《中論》, 龍樹菩薩造, 梵志青目釋, 姚秦・鳩摩羅什譯；《大正藏》 卷 30, pp. 1～39.

(3) Bhattacharya, Kamaleswar, *The Dialectical Method of Nāgārjuna(Vigrahavyāvartanī)*, Motilal Banarsidass, Delhi, Varanasi, Patna. 1978.

(4) Potter, Karl H., *Indian Metaphysics and Epistemology, the Tradition of Nyāya-Vaiśeṣika up to Gaṅgeśa,* Princeton Univ. Press, Princeton, New Jersey, 1977.

(5) Prasad, Jwala, *History of Indian Epistemology,* Munshi Ram Manohar Lal, Delhi-6, 1958(2nd ed.)

(6) Chatterjee, Satischandra & Dhirendramohan Datta, *An Introduction to Indian Philosophy*(6th ed.) Calcutta : Univ. of Calcutta, 1948.

Ⅶ. 용수 《회쟁론》 중의 「量」의 이론 연구

1. 이끄는 말

《회쟁론》(Vigrahavyāvartanī)은 인도 중관학파(Mādhyamika)학자인 용수(Nāgārjuna : A. D. 150~250)의 주요 저작 가운데 하나이다. 《論》에서 많은 분량을 「4종의 정확한 知識(認識)을 획득하는 방법」인 「量」(pramāṇa)[1]을 비판하는데 할애하고 있어 학계에서

1) 量(pramāṇa)에는 측량(measure), 척도(scale), 준칙(standard), 권위(authority) 등의 의미가 있다. 그 의미가 확장되어 정확한 지식을 획득하는 방법을 말한다.(Sir Monier Monier-Williams, M.A., K.C.I.E., *A Sanskrit-English Dictionary,* Delhi : Motilal Banarsidass , 1970, p. 685, c 참고). 量이란 외재세계인 「所量」(prameya)과 이를 인식하는 「量者」(인식자, pramātā) 사이의 매개 또는 교량이다. 말하자면 「量者」는 「量」을 응용하여 정확하게 「所量」을 인식하는 것이다. 인도철학에서 학파에 따라 量의 숫자에 차이가 많다. 유물학파(Cārvāka)는 단지 하나의 「量」만 승인하고 있으니 즉 感官知覺인 「現量」(pratyakṣa)이다. 불교와 승론학파(Vaiśeṣika)에서는 「現量」과 「比量」(anumāna) 2종을 승인하고 있다. 이 가운데 비량은 논리상의 추론이다. 수론학파(Sāṃkhya)는 2量 이외에 「아함량」(āgama 또는 śabda)을 인정하고 있는데 이는 권위있는 사람이 설하는 도리를 말한다. 정리학파는 여기에 「비유량」(upamāna)을 더해 4量은 승인하고 있다. 이밖에도 Mīmāṃsā학파의 학자인 Prābhākaras는 四量 이외에 전제(가설)하는 의미의 「의준량」(arthāpatti)을 인정하고 있다. 또한 미망사학파의 학자인 Bhāṭṭas와 Vedānta학파는 「無體量」(abhāva 또는 anupalabdhi)을 더하여 6量을 인정하고 있다. 이밖에도 《古史傳》(Paurāṇikas)에서는 7종 또는 8종의 량을 인정하고 있는데 새로 증가된 것은 가능성(sambhava)과 전설(aitihya)이다.(이상, *The Nyāya Sūtras of Gotama,*(tr. by M.S.C. Vidyābhuṣana,) New Delhi : Oriental Books Reprint Co., p. 2 참고)

는 이 《論》이 정리학파를 대적하기 위해 발표한 작품이라고 인정한다. 왜냐하면 4종의 「量」은 정리학파의 주장이기 때문이다. 구담(瞿曇, Gautama : A. D. 50~150)이 지은 정리학파의 대표적인 작품인 《정리경》(Nyāya-sūtra)에서는 4종의 「量」을 열거하고 있다.[2] (1) 현량(pratyakṣa)…감관지각 (2) 비량(anumāna)…논리상의 추론 (3) 비유량(upamāna)…비교[3] (4) 아함량(āgama 또는 ś abda)…권위있는 성인이 설한 말.[4] 《정리경》의 작자는 이 4종의 「量」을 통해 우리가 외재세계로부터 정확한 지식을 획득할 수

---

2) *The Nyāya Sūtras of Gotama,* p. 2 참고. 이 4종의 「量」에 대한 명칭은 후위. 비목지선 · 구담류지 역의 《회쟁론》에 의거하였다(《대정장》 권32, p. 13 下.)

3) 비유량(upamāna)은 비교(comparison)의 일종이다. 《정리경》Ⅰ. Ⅰ. 6에서는 「비유」란 이미 알려진 사물과 어떤 사물간의 상사성(相似性)을 통해 그 사물을 획지(獲知)하는 知識이다」고 정의하고 있다(註 1)末에서 인용된 책, p. 3.). 이 책에서는 주석하는 가운데 하나의 예를 들어 설명하고 있다. 어떤 사람이 삼림에 거주하는 사람의 입을 통해 bos gavaeus라는 소처럼 생긴 삼림동물에 관해 들었다. 어느날 그가 삼림안에 갔을 때 소처럼 생긴 동물을 보고 이 동물이 bos gavaeus임을 알게 된다. 《정리경》에 따르면 그가 이 사실을 알게 된 까닭은 「비유량」을 통해 인지했기 때문이다. 여기서 소는 이미 알고 있는 사물이고 bos gavaeus는 아직 알고 있지 않은 사물이다. 이 양자 사이에는 상사성이 있다. 인식자인 量者(pramātā)는 관찰대상의 상사성을 통하여 본래 알지못했던 bos gavaeus라는 사물을 인지하고 있다. 따라서 《정리경》에서는 「비유」란 이미 알고 있는 사물(소)과 어떤 사물(bos gavaeus)의 상사성을 통해 그 사물(bos gavaeus)을 인지하는 지식이다」고 설하고 있다.

4) 아함량(āgama)은 「성언량」(śabda)이라고도 한다. 아함(āgama)의 뜻은 (물흐름의) 과정 · (혈액 등의)유출 · 수원 등의 의미이다. 그 뜻이 확장되어 전통적인 교의 또는 훈시를 의미한다.(예를 들면 《아함경》에서 그러하다.)(Monier-williams, A Sanskrit-English Dictionary, p. 129, C). 한편 성언(ṣabda)의 뜻은 성음이다. 이는 전통역사 중의 권위있는 성자가 설한 도리를 말한다. 《정리경》Ⅰ. Ⅰ.7의 주해 중에서는 3종의 「신임할 만한 사람」으로 大仙(ṛṣi), 성자(ārya), 외지인(mleccha)을 거론하고 있다.(M.S. C. Vidyābhuṣana, *The Nyāya Sūtras of Gotama,* p. 4 참고).

있다고 말한다. 한편 용수가 《회쟁론》에서 이 4종의 量에 대해 언급하면서 그것들을 상세하게 비판하고 있는[5] 점으로 미루어 보면 《회쟁론》 중에서 이 4종의 量과 관계있는 이론은 정리학파에 대적하기 위해 제기된 것이 틀림없다.[6]

용수의 《회쟁론》에서는 「일체법은 모두 다 공하다」[7]는 입장에서 4종의 「量」이 진실로 실재한다는 정리학파의 견해를 부정하고 있다. 그 중에는 자연히 논리적인 추론, 즉 「비량」이 포함되어 있다. 그러나 우리는 《회쟁론》이나 《중론》(Madhyamika-kārikā)과 같은 용수의 작품에서 대량으로 논리적인 추론을 사용하고 있다는 것을 알 수 있다.[8]

---

5) 《대정장》 권32, p. 13下, p. 14中～下, p. 16上, pp. 19上～20下.

6) 《정리경》의 현행본은 Gotama가 지은 본래 모습이 아니라 기원후 250～300년간의 작품이다. 그 까닭은 《정리경》II. I. 및 Ⅳ. I 에서 용수와 그 제자 제바(Āryadeva ; 175～275)의 주장에 대해 많은 비판을 하고 있기 때문이다(M.S.C. Vidyābhuṣana, *The Nyāya Sūtras of Gotama,* pp. X, 22～42, 117, 120. 참고). 따라서 이러한 부분은 Gotama의 사상이라 할 수 없다. S.C. Vidyābhuṣana는 심지어 《정리경》의 제 I 편만이 Gotama의 사상이고 기타 II～Ⅳ편은 Vaiśeṣika, Yoga, Mīmāṃsā, Vedānta와 불교의 교의를 토론하고 있어 Gotama의 집필이라 할 수 없다고 말한다. 또한 제Ⅴ편은 상세하고도 자잘한 질문과 답변으로 되어있는데 조략한 회답으로 이루어진 Gotama의 집필이라고 볼 수 없다(앞의 책, P.X. 참고) 《정리경》이 결코 Gotama 원저의 본래 면모가 아닐지라도 최소한 제 I 편은 Gotama가 손수 지은 것이다. 4량은 제 I 편에서 출현하고 있다(註 2) 참조). 따라서 용수가 《회쟁론》에서 비판하고 있는 4량은 정리학파 또는 《정리경》 중의 4량이라 할 수 있다.

7) 《회쟁론》; 《대정장》 권32, p. 15中.

8) 《중론》에서는 논리적 추론인 비량을 사용하고 있는데 가장 두드러진 예는 권1, 「관거래품」제2에서 「去(法)」(즉 운동)가 존재하지 않음을 증명하고 있는 부분이다. 용수는 우선 「去」(운동)가 존재할 수 있는 형태를 已去, 未去 및 去時 셋으로 분류하고 있다. 이는 운동전, 운동후 및 운동하고 있는 때를 말한다. 그는 만약에 「去」가 존재한다면 「去」는 반드시 이거, 미거, 거시 가운데 존재한다고 말한다. 그런 다음 그는 「已

이렇게 보면 용수는 한편으로 논리적인 추론의 진실한 신뢰성을 부정하고 다른 한편으로는 오히려 끊임없이 논리적인 추론을 응용하고 있어 마치 모순이 존재하는 것처럼 보인다.

본문에서는 《회쟁론》 가운데 4종의 「量」과 관계있는 이론을 탐구하여 위에서 언급한 모순을 해소해 볼 생각이다.

去는 去(운동)가 존재하지 않는다. 未去 역시 去(운동)가 존재하지 않는다」(《대정장》권30, p. 3下)라고 설하고 있다. 그의 견해는 운동이 마무리된 후(已去)와 운동이 아직 개시되기 이전(未去)에는 모두 운동이 존재하지 않는다는 것이다. 이는 명백한 사실이다. 따라서 운동이 존재할 수 있는 유일한 곳은 去時이다. 그러나 용수는 이어서 「去時(운동하고 있는때) 역시 去(운동)가 존재하지 않는다」(앞의 책)라 하여 去時도 부정하고 있다. 왜 운동할 때 운동이 존재하지 않는 것일까? 용수는 「만약에 去時에 去(운동)가 있다고 하면 이 사람에게는 허물이 있다. 去와 떨어져 去時가 있게 되고 去時가 홀로 가기(去) 때문이다.만약에 去時에 去가 있다고 하면 두가지 去가 있게 된다. 하나는 去時이고 둘은 去時의 去이다」(앞의 책, p. 4上)라고 답하고 있다. 만약에 운동하고 있을 때의 운동의 존재를 승인하게 된다면 두가지 운동(去)이 존재하게 된다는 것이다. 하나는 운동하고 있는 시간(去時)이고 다른 하나는 시간의 흐름 가운데 있는 운동자(去時去)이다. 전자는 시간의 존재를 말하고 후자는 운동하는 물체(예를 들면 차량, 행인 등)에 따르는 운동상태이다. 일체 사물이 모두 「因緣生」(pratītyasamutpanna)이라는 용수의 전제하에서는 독립자존의 시간(去時)과 독립자존의 운동상태(去時去)는 모순이어서 이치에 합당하지 않다. 따라서 그는 결론적으로 「去時亦無去」라고 말한다. 이렇게 「去」가 존재하지 않는다는 긴 논증에서 용수는 「去」의 존재가능성을 已去, 未去, 去時로 분류하고 있는데 이는 분명히 궁거증법(proof by cases, 또는 「분류증법」)을 채용하고 있는 것이다. 「去時去」가 존재하지 않음을 증명할 때 용수는 「去時(有)去」의 가설로부터 양종의 「去」(去時와 去時去)가 모순임을 추론한 다음 「去時去」의 가설을 부정하고 「去時去」가 존재하지 않는다는 결론을 얻고 있다. 이 경우에 귀류논증법(reductio ad absurdum)을 응용하고 있다. 대부분의 용수의 작품에서는 항상 궁거증법과 귀류논증법을 채용하고 있으며 그 가운데 귀류논증법은 7세기 전반의 중관학자인 월칭(Candrakirti)에 의해 「응성법」(prāsaṅgika)이라 불리었다. (T.R.V. Murti, *The Central Philosophy of Buddhism*, George Allen and Unwin, 1955, p. 87 참고)

2. 「量」에 대한 《회쟁론》의 비판

1) 제1 비판

앞서 언급한 모순을 해소하기 위해 우리는 먼저 《회쟁론》에서는 어떻게 정리학파의 4량을 비판하고 있는지 살펴볼 필요가 있다.

우선 정리학파는 「일체 제법은 공하다」(śnyāḥ sarvabhāvāḥ)[9]라는 용수의 주장에 대적하여 그들의 반박을 제기하고 있다.

> 若彼現是有, 汝何(可？[10])得有廻, 彼現亦是無, 云何得取廻？ 說現, 比, 阿含, 譬喩等四量, 現, 比, 阿含成, 譬喩亦能成.[11]

이 이해하기 어려운 두 게송을 K. Bhattacharya의 영역본 《회쟁론》[12]을 통해 살펴보면 앞의 4구는 다음과 같은 의미이다.

> 만약에 당신이 현량(pratyakṣa)을 통해 사물을 인식한 후에 사물의 존재를 부정한다면 사물을 인지하기 위해 사용한 현량도 마찬가지로 존재하지 않는다(tan nāsti pratyakṣaṃ bhāvā yenopalabhyante).[13]

---

9) 《회쟁론》;《대정장》 권32, p. 16上. E.H.Johnston and A. Kunst, *The Vigrahavyāvartanī of Nāgārjuna,* In K. Bhattacharya, *The Dialectical Method of nāgārjuna* (*Vigrahavyāvartanī*) Delhi : Motilal Banarsidass, 1978, p. 14.

10) 原註에 있는 「何」는 「可」字의 착오이다(《대정장》 권32, p. 16, ①참고). 이밖에도 이 게송은 《대정장》 권32, p. 19上에서 중복 출현할 때에도 「하」가 「가」字로 표현되어 있어 「가」자가 맞다는 것을 알 수 있다.

11) 《회쟁론》;《대정장》 권32, p. 16上.

12) 영역본 《회쟁론》인 「용수의 변증법(회쟁론)」의 본래 명칭은 *The Dialectical Method of Nāgārjuna*(*Vigrahavyāvartanī*)이며 Delhi의 Motilal Banarsidass 출판사에서 1978년에 출간되었다. 책의 말미에 E.H. Johnston과 A.Kunst가 합편한 범본 원전이 실려 있다.

13) K. Bhattacharya, *The dialectical Method of Nāgārjuna*(*Vigrahavyāvartanī*), p. 9.

정리학파의 견해는 만약에 용수처럼 「一切皆空」을 주장하여 모든 사물의 존재성을 부정한다면 현량(감관지각)도 반드시 부정대상에 포함되게 되어 우리는 현량을 통해 외계의 사물을 인식할 수 없다는 것이다.(왜냐하면 현량도 또한 존재하지 않기 때문이다.) 그러므로 인지되지 않은 사물에 대해 그것의 존재성을 부정하려는 것은 불가능하다는 것이다. 따라서 《회쟁론》에서는 다음과 같이 주석하고 있다.

> 이와 같이 현량이라는 인지방법을 통해 사물을 인식하는 것은 불가능하다(tasmāt pratyakṣeṇa pramāṇena nopalambhahhāvaḥ). 또한 인지되지 않은 사물을 부정하는 것도 논리적으로 불가능하다(anupalabdhasya ca pratiṣedhānupapattiḥ). 이러한 상황하에서 일체 사물이 모두 공하다는 당신의 말은 결코 타당하지 않다.[14)]

앞에서 인용한 《회쟁론》에서 뒤 4구를 영역본을 통해 살펴보면 다음과 같은 의미이다.

> 우리들이 현량에 대해서 반박하는 가운데 우리는 이미 비량, 아함량 및 비유량을 반박한 셈이다. 동시에 우리는 비량, 아함량 및 비유량을 통해 인지되는 사물도 또한 반박한 셈이다(anumānāgamasādhya ye'rtha dṛṣṭāntasādhyāś ca).[15)]

분명이 이 게송은 앞 게송의 내용을 확장한 것이다. 앞 게송에서는 단지 현량만 언급하였지만 이 게송에서는 기타 三量에까지 보편적으로 언급하고 있다. 말하자면 정리학파는 만약에 용수처럼 「일체개공」을 주장한다면 비단 현량뿐만 아니라 비량,

---

14) Ibid.

15) Ibid. 이밖에 原註에서는 게송의 마지막에 dṛṣṭānta를 언급하고 있는데 비유량이라는 의미이다. 왜냐하면 《회쟁론》의 주석 중에는 한결같이 「비유량」이라는 말을 사용하고 있기 때문이다.

아함량, 비유량도 존재하지 않는다고 여긴다. 이 4량은 외재사물을 인식하는 도구인데 4량이 없다면 사물을 인식하는 것도 불가능한 일이며 사물을 인식하는 것이 불가능하다면 사물을 부정하는 것도 자연히 불가능하다는 것이다. 왜냐하면 정리학파의 철학에 의거해 살펴보면 우리가 존재하지 않는 것을 부정하는 것은 불가능하기 때문이다. 따라서 《회쟁론》에서는 다음과 같이 주석하고 있다.

> 비량, 비유량, 아함량, 현량 등 4량은 만약에 현량이 성립하면 비량, 아함량 등도 역시 다 성립한다. 가령 일체법이 다 공이라면 현량 역시 공하며 마찬가지로 비량과 비유량도 역시 공하다. 그들 량이 성립시키는 一切諸法이 모두 공하다면, 4종의 량이 본래 일체제법에 존재하는데 어떤 法을 따라야 하는가?…만약에 이러하다면 法은 不可得이며 量, 所量도 존재하지 않으며 따라서 遮가 존재하지 않는다. 이와 같이 만약에 一切法이 공하여 자체가 없다면 그 의미는 도리에 상응하지 않는다.[16]

이상의 두 게송과 그 주석을 살펴보면 정리학파는 용수의 「일체개공」에 대해 반박하면서 특히 세가지 점에 주의하고 있다.

(1) 외재의 사물은 진실로 존재하여 공하지 않다.
(2) 외재의 사물을 인식하는 도구인 4종의 量은 진실로 존재하여 공하지 않다.
(3) 인지되지 않은 사물이 부정되는 것은 불가능하다.

세 가지 가운데 (1)과 (2)는 정리학파가 실재론(Realism)의 입장에서 말할 수 있는 필연적인 주장이다. 그러나 (3)은 깊이 논의해 볼 필요가 있다. 정리학파의 실재론적 입장에서 살펴보면 (1)에서 말하고 있는 외재사물인 「所取」(grāhya)와 (2)에서 말

16) 《회쟁론》; 《대정장》 권32, p. 16上.

하고 있는 4종의 인지공구(4량)인 「能取」(grāha)는 진실로 존재하며 또한 인지작용인 「取」(tadgrahītṛ)도 진실로 존재한다. 인지작용(取)이 진실로 존재할 뿐만 아니라 또한 우리가 어떤 사물의 존재를 부정할 때 부정하는 언어[17](能遮, pratiṣedhṛ), 부정되는 사물(所遮, pratiṣedhyah) 및 부정작용 자체(遮, pratiṣedha) 등도 모두 진실로 존재한다. 따라서 《회쟁론》에서는 다음과 같이 말하고 있다.

> 취, 소취, 능취, 차, 소차, 능차 등 이와 같은 6종의 의미는 다 실재하는 법이다.[18]

차, 소차 및 능차의 실재에 대해 용수의 제자인 제바(Āryadeva)는 그의 《백론》 권下에서 하나의 실제적인 예를 들고 있는데 이 실례는 정리학파가 제시한 것이라 한다.[19]

---

17) 「능부정의 언어」란 다음의 예를 따라 이해할 수 있다. 즉 우리들이 「일체개공」이라는 말을 할 때 이 말은 「능부정의 언어」인 「능차」이다. 마찬가지로 우리가 「방 안에 말(馬)이 없다」는 말을 할 때 이 말(언어)도 「능차」이다. 「방 안에 말(馬)이 없다」는 어구는 제바(Āryadeva)의 《백론》 권下 (《대정장》권30, p. 181下)에 나온다.

18) 《대정장》 권32, p. 17中.

19) 《정리경》II. I .12.에서는 「만약에 현량과 기타의 量이 불가능하다면 그것들을 부정하는 (pratiṣedha)것도 불가능하다」고 말하고 있고, II. I .13.에서는 「그 다음 만약에 당신이 모든 量을 부정한다(pratiṣedha)면 부정(pratiṣedha) 자체 또한 불가능하다」고 말하고 있다. 그리고 주석 중에서는 「만약에 당신이 어떤 사정(예를 들면 부정)을 증명하려면 당신은 현, 비, 비유 등의 量을 통해 가능하다. 만약에 당신이 그것들을 부정하면 당신은 사물의 존재를 증명할 수 없다. 따라서 당신은 부정 자체의 진실성을 증명할 수 없다」고 말한다.(이상, M.S.C. Vidyābhuṣana, *The Nyāya sūtras of Gotama, New Delhi* : Oriental Books Reprint Corporation, 1975, p. 26).《정리경》의 게송 및 주석을 보면 정리학파는 확실히 「부정」(pratiṣedha, 차)의 실재성을 주장하고 있다.

외도가 이르기를「너의 無成(성립하지 않음)은 성립한다. 가령 방안이 텅비어 말(馬)이 없다고 해도 無馬(말이 없음)는 존재한다. 이와 같이 네가 비록 제법이 공하고 無相하다 하여도 종종의 마음을 일으키기 때문에 無는 존재한다. 즉 無成은 성립하는 것이다」라고 한다.[20]

인용문에 있는「無成」은 중관학파의「제법은 空하여 無相이다」라는 주장으로《회쟁론》에서는「차」,「소차」및「능차」이다. 인용문 처음의「外」는 정리학파 등의 실재론을 추종하는「외도」를 말한다. 그들은「無成」자체가 일종의「成」(진실존재성)이라고 한결같이 주장한다. 이는 마치 어떤 사람이「室空無馬」라는 어구를 사용하여 말(馬)의 존재를 부정할 때 이는 否定作用(遮)이 존재할 뿐만 아니라 부정하는 언어 자체(능차) 및 부정되는 말(馬) 모두 존재한다는 것이다. 따라서 인용문에서는「有無馬」(「無馬」는 존재한다),「有無」(「無」는 존재한다)라고 말하고 있다.

「無」또는「無馬」를 존재의 일종이라고 여기는 것은 정리학파와 인도의 기타 많은 교파의 공통된 주장이며[21] 이는 또한 용수

---

20)《대정장》권30, p. 181下.

21) 이 책의〈용수《회쟁론》중의 공의 연구〉에서는《正理經》의 주석자 Vātsyayana(A.D. 450~500)가 존재하지 않는「非實有」(asvadbhāva)를 存有(bhāva)의 일종이라고 여겨「능분별과 소분별의 상호작용〔관계〕에 의한 존유」(višeṣyā-višeṣaṇa-bhāva)라고 표현하고 있음을 말하고 있다. 이러한 存有는「無體量」(anupalabdhi-pramāṇa)이라는 인지수단을 통하여 그 실재성을 인지할 수 있다는 것이다. A.D. 50~150 년간에 성립된《승론경》(Vaiśeṣika-sūtras)은 그 주석 중에서「부존재」(asat)를 7종의 진실된 존재의 범주(구의, padārtha)에 포함시키고 있으며 아울러 대비(contrast)를 통하여 그 존재성을 인지할 수 있다고 말하고 있다. 따라서 부존재인「無」또는「無馬」를 일종의 존재로 여기는 것이 인도의 많은 학파에서 공통으로 주장하였던 것임을 알 수 있다.

와 정리학파간에 상호 쟁론이 발생했던 까닭을 이해하는 관건이 기도하다. 용수는 「일체개공」이라는 입장에서 자연히 이런 주장에 동의할 수 없었다. 따라서 용수는 그가 관용적으로 사용하는 귀류논증법(reductio ad absurdum)인 「응성법」(prāsaṅgikaanumāna)[22]으로 차, 소차, 능차가 진실로 존재한다는 정리학파의 주장이 스스로 모순된 견해임을 증명하고 있다.

若有體得遮, 若空得言成；若無體無空, 云何得遮成？ 汝爲何所遮？ 汝所遮則空；法空而有遮, 汝是汝諍失. 我無有少物, 是故我不遮；如是汝無理, 枉橫而難我.[23]

영역본 《회쟁론》에 의거하여 이 난해한 세 게송의 뜻을 살펴보면 다음과 같다.

만약에 부정(차)이 존재가 확실하다면 空性은 증명된다(śūnyatvaṃ nanu prasiddham idam). 왜냐하면 당신들은 사물의 자성이 공하다는 것을 否定하기 때문이다(pratiṣedhayate hi bhavān bhāvānāṃ niḥsvabhāvatvaṃ). (이상이 제1 게송이다). 만약에 당신이 空性을 부정하고 또한 그 空性이 존재하지 않는다면(pratiṣedhayase 'tha tvaṃ śūnyatvaṃ tac ca nāsti śūyatvam) 부정(차)이 일종의 존재라는 당신의 입장은 상실된다(pratiṣedhaḥ sata iti te nanv eṣa vihīyate vādaḥ). (이상은 제2 게송이다.) 나는 결코 어떤 사물을 부정(차)하지 않으며 또한 부정되는 어떤 사

---

22) 註 8) 참고.

23) 《회쟁론》;《대정장》 권32, pp. 21下～22上. 그 가운데 최후 一句의 「枉」은 원래 「抂」으로 표기되어 있으나 原註에서는 송, 원, 명 3本 및 궁내성도서료본(구송본)에서는 「抂」을 모두 「枉」으로 표기하고 있다. 따라서 본문에서는 「枉」으로 표기한다. 이밖에 같은 구의 맨 마지막 자도 원본에는 「成」으로 되어있으나 原註에서는 明本에서 我로 표기하고 있다고 한다. (이상 《대정장》 권32, p. 22, ①②). 또한 K. Bhattacharya의 영역본 《회쟁론》에서는 (me)「我」로 표현되어 있어 인용문에 我(나)라고 표기하였다〔K. Bhattacharya, *The Dialectical Method of Nāgārjuna*(*Vigrahavyāvartanī*), p. 41. 참고〕.

물도 존재하지 않는다(pratiṣedhayāmi nāhaṃ kiṃcit pratiṣedhyam asti na ca kiṃcit). 따라서 당신이 '당신은 부정하고 있다'고 말할 때 당신은 나를 중상하고 있다.[24)]

이 인용문을 살펴보면 용수는 우선 첫번째 게송에서 귀류논증법(응성법)을 채용하여 부정(차)이 진실로 실재하는 존재성이 아님을 증명하고 있다. 그는 만약에 진정으로 부정(차)이라는 존재가 있다면 내가 주장하는 「일체개공」은 증명되는데 왜냐하면 당신이 「일체개공」의 성립을 부정하기 때문이라고 말하고 있다. 앞에서 언급한 바와 같이 정리학파의 견해는 부정되는 사물(소차)은 반드시 존재하여 성립한다는 것이다. 여기서 「일체개공」(소차로 쓰임)이 정리학파에 의해 부정되면 「일체개공」은 이미 그 성립이 증명된다.

다음 용수는 두번째 게송에서 한편으로는 부정(차)의 불진실성을 증명하고 다른 한편으로는 「空性」(일체개공)의 진실성을 증명한 후에 이어서 세번째 게송에서는 우리가 어떤 사물을 부정할 수도 없고 또한 부정되는 어떤 사물도 존재하지 않는다고 결론내리고 있다. 말하자면 「일체개공」 또는 「空性」이라는 말은 단지 세계의 진상이 공이라는 것을 「우리에게 알려 주는」(jñāpayati)[25)] 데 있는 것이지 이 말의 작용이 결코 어떤 사물의 진실성을 부정하는데 있지 않다는 것이다.

---

24) K. Bhattacharya, *The dialectical Method of Nāgāruna*(*Vigrahavyāvartani*), pp. 40~41.

25) 「우리에게 알려 준다」(jñāpayati)는 말과 관련있는 《회쟁론》의 문구는 「法의 자체(자성)가 존재하지 않다고 하여 法의 자체가 없음을 알게 해주고 法의 자체가 존재한다고 하여 法에 자체가 있음을 알게 해 준다」(《대정장》 권32, p. 32上.)이다. 이 가운데 「알게 해 주다」(知)는 jñāpayati의 한역이다. K. Bhattacharya의 영역본 《회쟁론》은 이 양구를 다음과 같이 번역하고 있다. 「자체가 없기 때문에 (asati svabhāve) 그 언어(「一

결국 정리학파는 철저하게 실재론적 입장에서 다음과 같이 주장한다.

(1) 외재의 사물은 진실로 실재하여 공하지 않다.

(2) 외재의 사물을 인식하는 4종의 공구(4량)는 진실로 실재하여 공하지 않다.

(3) 인지되지 않는 사물은 부정될 수 없다.(즉 부정되는 사물(소차)은 반드시 실재하여 공하지 않다.)

한편 용수는 「일체개공」의 입장에서 외재사물과 4량 그리고 소차, 능차, 및 차의 진실성을 부정하고 있다. 따라서 그는 다음과 같이 말하고 있다.

> 若我取轉廻, 則須用現等；取轉廻有過, 不爾云何過？ 此偈明何義？ 我若如是少有法物, 則須現, 比, 阿含, 譬喩如是四量, 復有四量. 我若如是取轉廻者, 我則有過. 我旣不取少法轉廻, 若我如是不轉不廻, 汝若如是與我過者, 是義不然.[26]

인용문 가운데 앞의 4구는 게송이고 그 뒷부분은 주석이다. 문장 중의 이른바 「취전회」는 영역본에 따르면 「(나는) 사물을 인지하는데 있어 결코 그 존재를 긍정하지도 부정하지도 않는다」[27]라는 의미이다. 주석 부분의 문장이 상당히 난해하므로 영

切皆空」이라는 어구)는 사물에는 모두 자체가 없다는 것을(bhāva niḥsvabhāvā iti) 우리에게 알려 준다(jñāpayati)」(*The Dialectical Method of Nāgārjuna* (*Vigrahavyāvartanī*), p. 42 참고). 이에 따르면 이른바 「空」은 결코 원래 존재하는 사물의 「자체」(svabhāva, 「자성」이라 번역하기도 한다)를 부정하는 것이 아니고 그것의 작용은 단지 우리가 부존재하는 「자체」를 존재하는 것으로 잘못 판단하는 착오를 바로잡아 주는데 있다. 이는 《유마힐소설경》 권中, 「문수사리문질품」제5에서 말하는 「단지 그 병만 제거하는 것이지 法을 제거하는 것은 아니다」와 같은 의미가 아니겠는가.(《대정장》 권14, p. 545上)

26) 《회쟁론》；《대정장》 권32, p. 19上.

역본을 통해 좀더 분명히 알아보자.

> 만약에 내가 현량, 비량, 비유량, 아함량 등 4량이나 혹은 그 가운데 하나의 量을 통해 어떤 사물을 인지한다면 나는 확실히 (사물을) 긍정하거나 부정한 것이다. 〔그러나〕 나는 심지어 어떤 종류의 사물도 결코 인지하지 않기 때문에 (yathārtham evāhaṃ kaṃcin nopalabhe) 나는 긍정도 하지 않고 부정도 하지 않는다(tasmān na pravartayāmi na nivartayāmi). 이런 상황하에서는 '만약에 당신이 현량 등 4량 가운데 하나를 통해 사물을 인지한 후에 그 사물을 부정한다면 그러한 量은 존재하지 않으며 그것들(4량)에 의해 인지되는 사물도 결코 존재하지 않는다(taiś ca pramāṇair api gamyā arthāḥ)'는 당신의 비평(yobhavatopālambha uktaḥ)은 나와는 완전히 무관하다(sa me bhavaty evāupālambhaḥ).[28]

분명히 용수는 인지되는 외재사물과 인지하는 4종의 공구(4량)가 모두 공하여 실재하지 않는다고 한다. 따라서 그가「일체개공」임을「우리에게 알려 줄」(jñāpayate) 때 그는 결코 (「空性」의 존재를) 긍정하지도 않고 또한 (외재사물이나 4량의「자체」) 부정하지도 않는다. 그의 목적은 단지 우리에게 착오적인 인지작용을 제거하도록 도와서「실유」한다는 착오적인 인식으로부터「空性」을 正知하도록 전향하게 하는 것이다. 따라서 그는「나는

---

27) 인용문 가운데 제1구 게송은 K. Bhattacharya의 번역에 따르면 다음과 같다.「만약에 내가 현량 등의 量에 의해 어떤 사물을 인지한다면 나는 (사물을) 긍정하거나 부정하게 된다(pravartayeyaṃ nivartayeyaṃ vā). (그러나) 사물은 결코 존재하지 않기 때문에 나에게는 결코 허물(과오)이 없다(tadabhāvān me 'nupālambhaḥ).」〔*The dialectical Method of Nāgārjuna*(*Vigrahavyānartani*), p. 24 참고〕. 따라서 한역본의「取」는 어떤 사물을 인지함」(apprehended something)으로 번역하고 있다.「전회」는「긍정하거나 부정하다」(either affirm or deny)로 번역되고 있다.

28) K. Bhattacharya, *The Dialectical Method of Nāgārjuna*(*Vigrahavyāvartanī*), pp. 24～25.

어떤 주장도 하고 있지 않다」(nāsti ca mama pratijñā)[29]고 말하고 있다.

2) 제2 비판

이상은 용수의 「量」에 대한 첫번째 비판이며 가장 중요한 비판이다. 이 비판 가운데서 용수는 「量」의 진실한 존재성을 부정하고 있을 뿐만 아니라 (비록 그는 「나는 어떤 주장도 하고 있지 않다」고 강조하지만) 그의 일관된 주장인 「일체개공」을 제시하고 있다.

다음의 몇가지 비판 중에서 용수는 그의 유명한 귀류논증법(응성법)을 사용하여 「量」의 내재모순을 지적하여 그것들(量)의 신뢰성을 부정하고 있다. 우선 그는 《회쟁론》에서 다음과 같이 설하고 있다.

> 만약에 量이 法을 성립시킨다면 그 량은 다시 다른 量이 있어야 성립한다. 너는 어떤 곳의 量이 이 量을 성립시킨다는 것인가?」 이 게송은 어떤 의미를 밝히고 있는가? 만약에 네가 量이 物을 성립시킨다고 생각한다면 량, 소량이나 현량, 비량, 아함량, 비유량 등 4량은 다시 어떤 량에 의해 이 4량이 성립되는가? 만약에 이 4량이 다시 어떤 량 없이 성립한다면 량은 스스로 성립되지 못한다.[30]

인용문은 게송과 주석으로 구성되어 있다. 용수의 견해는 4량은 도대체 그 성립을 증명하는데 있어 기타의 량을 필요로 하는가 그렇지 않은가? (1) 만약에 4량이 기타의 량을 필요로 하여

29) 「我宗無物」(나는 어떤 주장도 하지 않는다)이란 문구는 한역 《회쟁론》, 《대정장》 권32, p. 19上에 나온다. 영역본인 K. Bhattacharya, *The Dialectical Method of Nāgārjuna*(*Vigrahavyāvartanī*), p. 23에서 살펴볼 수 있다. 그 중에 「종」(pratijñā)은 주장, 결론의 의미이다.

30) 《회쟁론》; 《대정장》 권32, p. 19上.

그 신뢰성을 증명할 수 있다면 소위 기타 량은 무엇을 가리키는가? 라고 질문할 수 있고, (2) 반대로 만약에 4량이 그 신뢰성을 증명하는데 있어서 기타 량을 필요로 하지 않는다면 당신들 정리학파의 주장인 '일체 사물은 모두 량을 통해 인지할 수 있다'는 것은 착오적인 견해라는 것이다. 분명히 용수는 궁거증법(proof by cases) 가운데 가장 간단한 형식인 딜렘마(dilemma)[31]를 사용하여 정리학파의 주장이 착오임을 증명하고 있다.

(1)과 (2)의 딜렘마 중에 정리학파의 학자들은 자연히 제(2)難에 빠져들 수 없다. 왜냐하면 제(2)難이 일체 사물은 반드시 량을 통해야 인지 할 수 있다는 그들의 주장에 위배되기 때문이다. 그렇다면 제(1)難은 어떠한가? 정리학파는 어떠한 반박을 하고 있는가?《회쟁론》에서는 다음과 같이 말하고 있다.

> 어떤 사람은 내가 설하는 量은 自, 他가 성립한다고 말한다. 그래서 偈에서 이르기를「등불이 밝은 까닭에 자기 스스로를 비추고 他를 비출 수 있는 것처럼 그 量도 이와 같이 自, 他 둘 다 성립한다」고 한다. 이 게는 어떤 의미를 밝히고 있는가? 등불이 자기 스스로를 비추고 또한 他를 비추듯이 量 역시 이처럼 스스로 성립하고 他를 성립시킨다.[32]

정리학파의 이 반박은 거의 한자도 틀리지 않게《정리경》가운데 출현하고 있다.[33]《정리경》II, I, 17－19에서는 다음과 같이 설하고 있다.

> 반대자(용수등 중관학파)는 계속해서「만약에 正知의 대상이 반드

31) 용수가 관용적으로 사용하고 있는 궁거증법과 관계있다.
32)《대정장》권32, p. 19中.
33) 이것은 무엇 때문에 많은 학자들이《정리경》의 제II편이 용수 이후에 성립했다고 주장하는가에 대한 근거이다.〔中村元주편,《인도사상》〕.

> 시 量을 통하여 그 진실성이 증명된다면 후자(量)도 반드시 기타量을 통해야 비로소 그 신뢰성을 증명할 수 있다」고 말한다.(이상 제17송)
> 그(반대자)는 계속해서 「혹자는 만약에 量이 기타量을 통하지 않고도 그 신뢰성을 증명할 수 있다면 正知의 대상 또한 量을 통할 필요없이 그 진실성이 증명될 수 있다는 것인가?」라고 말한다.(이상 제18송). 결코 이렇지 않다. 量은 마치 등불의 照明처럼 한결같이 그 신뢰성이 증명된다.[34]

분명히 정리학파는 등불의 조명(비춤)을 예로 삼아 量의 신뢰성을 설명하고 있다. 용수는 외재사물을 정확하게 인지하는 量과 외재사물(즉 인용문 가운데 「正知의 대상」)은 모두 동등한 범주(category)에 건립된다고 여긴다. 따라서 만약에 외재사물인 「正知의 대상」이 필수적으로 量을 사용해야 인지할 수 있다면 인지하는 量 자체도 반드시 기타量을 사용해야 그것을 증명할 수 있다. 이러하다면 무궁한 量이 존재하게 되어 분명히 오류가 있다. 반대로 만약에 4량이 기타量을 필요로 하지 않고도 자기의 성립을 증명할 수 있다면 무슨 까닭에 그것들(4량)과 동일한 범주인 외재사물은 量을 통해야만 인지할 수 있다는 것인가?《정리경》II, I 에서는 제18송을 주석할 때 중관학파가 이러한 문제를 제기하는 까닭을 분명하게 거듭 서술하고 있다.

> '만약에 당신이 量이나 正知의 대상을 증명하려 한다면 二者는 동일한 범주(category)에 속한다는 반대자(중관학파)의 견해에 의거해 살펴보면, 만약에 量이 스스로 확증된(self-established)것으로 간주된다면 正知의 대상도 반드시 스스로 확증된 것으로 본다. 이러한 상황하에서는 현량, 비량등도 따로 설명할 필요가 없다.[35]

---

34) M.S.C. Vidyābhuṣana, *The Nyāyā Sūtras of Gotama,* pp. 27～28.
35) Ibid, p. 28.

《정리경》Ⅰ, Ⅱ, 19와 그 주석에서는 중관학파의 이 문난에 대해 量과 正知의 대상이 같지 않음을 집중적으로 설명하고 있다. 주석에서는 量과, 그것이 인지하는 사물 즉 正知의 대상은 서로 비슷한 점이 있다 하더라도 동일한 범주에 속하지는 않는다고 말하고 있다.

> 일간의 등불은 항아리(瓶)를 조명하고(비추고) 우리들의 눈동자는 그 잔의 등불을 조명(바라봄)한다. 비록 어떤 때는 등불이 조명하고 어떤 때는 눈동자가 조명하지만 당신은 조명자(illuminator)라는 일종의 보편적인 관념(general notion)을 반드시 승인 해야 한다. 마찬가지로 당신은 量이 正知를 획득하는 방법이라는 일종의 보편적인 관념으로 正知대상과는 有別하다는 것을 승인해야 한다. 당연히 방법(means)과 대상(object)은 동일한 범주라고 볼 수 없다.[36)]

인용문을 살펴보면 정리학파는 4량이 「방법」(means)의 범주에 속하고 인지대상인 외재사물은 「대상」(object)의 범주에 속하기 때문에 둘은 본질적으로 차이가 있다고 생가한다. 따라서 외재사물은 4량을 사용해야만 인지할 수 있다고 한다면 4량도 반드시 기타 量을 사용해야 인지할 수 있다고 추론할 수 있지 않느냐는 중관학파의 반박과는 다르다.

사실상 위의《정리경》Ⅰ, Ⅱ, 19의 게송에는 바로 앞에 인용된 주석 이외에 또 다른 주석이 있다.

> 마치 등불이 자신과 기타 사물을 비추는 것처럼 量도 그들 자신과 正知대상의 진실성을 증명한다. 그러므로 현량은 그 자신과 감관대상의 진실성을 증명한다.[37)]

이《정리경》Ⅰ, Ⅱ, 19의 주석은 앞서 인용한《회쟁론》중의

36) Vidyābhuṣana, *The Nyāya Sūtras of Gotama*, pp. 27~28.
37) Ibid.

정리학파의 견해에 비교적 접근한다. 그러나 《회쟁론》에서 용수는 그러한 견해를 다음과 같이 반박하고 있다.

> 「당신의 말에는 과실이 있으니 등불은 스스로 비출 수 없기 때문이다. 그것이 상응하지 않음은 어둠속에서 항아리를 보는 것과 같다.」 이 게는 어떤 의미를 밝히고 있는가? 그 量은 등불과 마찬가지로 自, 他가 성립하기 어렵다. 서로 상응하지 않기 때문이다. 왜 그러한가? 등불이 스스로 비출 수 없기 때문이다. 처음에 등불은 어둠속에서 항아리 등을 비출 수 없어 볼 수가 없다. 등불이 이미 비춘 후에야 볼 수 있다. 이와 같이 만약에 등불이 스스로 비춘다면 처음 등불은 어둠이었다가 후에 밝아진다. 이와 같아야 등불이 스스로를 비춘다고 말할 수 있다. 만약에 처음에 등불이 밝게 비춘다면 등불이 스스로를 비춘다고 말할 수 없다. 이와 같이 등불이 스스로를 비추고 他를 비춘다고 분별하면 그 의미는 이치에 상응하지 않는다.[38]

용수의 반박은 분명히 정리학파가 거론한 등불의 비유가 합당하지 않다는 것이다. 왜냐하면 용수는 등불이 단지 다른 사물을 조명할 수 있으나 스스로 자신을 비출 수 없다고 여기기 때문이다. 그는 「(밝게)비추다」라는 어의의 분석을 통해 등불이 스스로를 비춘다(自照)는 결론을 부정하는데 이른다. 그는 분석을 통해 이른바 「비추다」는 반드시 본래 앞선 어둠으로부터 비춘 후의 광명으로 이르는 것으로 마치 등불이 어둠속의 항아리를 비추어 광명속의 항아리가 되는 것과 같다고 말한다. 그는 또한 만약에 등불이 자신을 비출 수 있다면 「비추다」라는 정의에 의거할 경우 그것은 반드시 원래는 어둠이었다가 후에 밝음으로 변한 것이다고 말한다. 그러나 사실은 그렇지 않고 등불이 점화될 때 곧장 환하다. 따라서 용수는 다음과 같이 말한다.

---

38) 《대정장》 권32, p. 19中.

「등불 중에 어둠이 없다면 어떤 곳에 自, 他가 주할 것인가? 저 어둠이 밝음을 없앤다면 등불에는 어떻게 밝음이 있겠는가?」이 偈는 어떤 의미를 밝히고 있는가? 등불 중에 어둠이 없고 등불이 있는 곳에 어둠은 없는데 어떻게 (등불의) 밝음이 어둠을 파할 수 있다고 말하는가? 만약에 그 등불 중에 이와 같이 어둠이 없으면 어떤 곳에 어둠이 있을 수 있으며 등불이 어떻게 어둠을 파할 수 있겠는가? 만약에 파멸시켜야 할 어둠이 없다면 어떻게 自, 他를 함께 비출 수 있다고 하겠는가?[39]

인용문에서 용수는 불속 또는 불이 있는 곳에는 결코 어둠이 존재하지 않으므로 등불은 결코 불속 또는 불이 있는 곳의 어둠을 비추어 밝음을 이룬 것이 아니며 따라서「비추다」라는 자의가 합당하지 않다고 언급하고 있다.

그러나 정리학파의 학자는 등불이 점화된 후에는 불속이나 불이 있는 곳에 어둠이 존재할 수 없으며 그런 후에 등불은 어둠을 비추어 밝음을 이룬다고 말할 것이다. 사실상 등불은 막 점화되는 시초에 그것은 자신을 비춘다」는 것이다.[40] 분명히 정리학파는「비추다」라는 말에 대한 용수의 정의를 결코 승인하지 않는다. 정리학파의 이러한 반박에 대해 용수는 다음과 같이 답변하고 있다.

「이와 같이 등불이 생할 때 즉 生할 때 비출 수 있다면 등불이 생하자마자 어둠에 이르게 되는데 이러한 의미는 이치에 합당하지 않

39)《회쟁론》,《대정장》권32, p. 19下.

40) 정리학파의 이러한 반박은《회쟁론》에서 다음과 같이 표현되고 있다.「만약에 이러하다면 등불속에는 어둠이 없고 등불이 있는 곳에는 어둠이 없다. 이와 같으면 등불은 스스로를 비추고 다른 것을 비춘다. 그 등불이 생할때 어둠을 파할 수 있어 이처럼 등불속에는 어둠이 없다. 이와 같이 등불이 처음 생할 때 스스로를 비추고 다른 것을 비출 수 있다」(《대정장》권32, p. 19下.)

다.」 이 게는 어떤 의미를 밝히고 있는가? 만약에 등불이 생할 때 스스로를 비추고 他를 비춘다면 이는 이치에 맞지 않는다. 어떻게 그것을 알 수 있는가? 이는 처음 등불이 어둠에 이를 수 없기 때문이다. 어떻게 그것을 알 수 있는가? 만약에 어둠에 아직 이르지 않았다면 어둠을 破할 수 없다. 만약에 어둠을 파할 수 없다면 밝음이 존재한다 할 수 없다.[41]

용수의 견해는 등불이 막 점화될 때 「어둠에 이른다」[到闇]할 수 없다는 것이다. 「어둠에 이른다」할 수 없다면 어둠을 파제하여 광명이 되게 할 수 없다. 문제는 「어둠에 이른다」란 무엇인가? 이다. K. Bhattacharya의 영역본 《회쟁론》에서는 「어둠에 이른다」라는 말을 「어둠과 접촉하다」(come in contact with darkness)라고 번역하고 있다.[42] 용수의 다른 작품인 《중론》 중에서도 비슷한 게송이 있다. 그 가운데서는 「어둠에 이른다」라는 말이 「及於闇」으로 번역되어 있다.[43] 사실상 그에 해당하는 범문은 prāpnoti tamo이다.[44] 그 중에 prāpnoti는 「到」의 원문으로 동사 pra-$\sqrt{\text{āp}}$가 변해서 된 것이다. pra-$\sqrt{\text{āp}}$는 이루다, 도착하다, 만나다 등의 의미가 있다.[45] 용수는 이러한 점에서 실재론의 입장에 입각한 정리학파가 등불과 어둠은 마치 귤과 바나나처럼 두 개의 실체적인 존재물이 피차 서로 접근하여 긴밀하게 하나로 접촉할 수 있다고 본다는 것이다. 이렇게 하나로 접촉하는 상태를 「到」

41) 《대정장》 권32, p. 19下.

42) K. Bhattacharya, *The Dialectical Method of Nāgārjuna*(*Vigrahavyāvartanī*), p. 29.

43) 《중론》 권2, 「관삼상품」제7의 제11송에서는 「어떻게 등불이 生할때 어둠을 파할 수 있는가? 이 등불이 처음 생할 때 이는 어둠에 미치지 못한다」라고 설하고 있다.

44) E.M. Johnston and A. Kunst, *The Vigrahavyāvartani of Nāgārjuna* ink. Bhattacharya, *The Dialectical Method of Nāgārjuna*(*Vigrahavyāvartanī*), p. 35 참고.

45) Sir Monier Monier-Williams, *A Sanskrit-English Dictionary*, p. 707 b.

라고 한다. 용수는 만약에 정리학파가 말하는 것처럼 불속 또는 불이 있는 곳에 근본적으로 어둠이라는 존재가 없고, 등불이 점화되는 시초에 자신을 비추어 반드시 어둠과 접촉한 이후가 아니더라도 어둠이 파제된다면 다음과 같은 곤란이 발생한다고 말한다.

「만약에 등불이 어둠에 이르지 않고도 어둠을 파한다면 등불이 이곳에 住하여도 일체의 어둠을 파할 수 있다.」이 게는 어떤 의미를 밝히고 있는가? 만약에 당신이 등불이 어둠에 이르지 않았는데도 어둠을 파할 수 있다고 생각한다면 등불은 이곳에 住해도 일체 세간 모든 곳의 어둠을 파할 수 있다. 왜냐하면 모든 곳에 다 이르지 않기 때문이다. 그러나 실제로 이러한 일은 있을 수 없다. 만약에 모든 곳에 다 이르지 않는데 어떻게 오직 이곳의 어둠만을 破하고 세간 일체처의 어둠은 파할 수 없는가? 만약에 당신이 등불이 어둠에 이르지 않았는데도 어둠을 파할 수 있다고 한다면 이는 이치에 상응하지 않는다.[46]

용수의 견해는 만약에 불속 또는 불이 있는 곳에 어둠이 존재하지 않아 등불이 어둠을 접촉할 필요없이 등불 자신을 비춘다면 이곳의 등불이 또한 다른 곳의 모든 어둠을 응당 파제하게 된다는 것이다. 왜냐하면 등불이 다른 곳의 어둠과 접촉함이 없고 또한 불속 또는 불이 있는 곳의 어둠과 접촉함이 없어서 모두 같다면 등불이 스스로를 비추는 이상 그것은 또한 응당 다른 곳의 모든 어둠도 비출 수 있다는 말이 되기 때문이다.

이상의 등불과 관계있는 논증에 의해 용수는 등불이 스스로를 비출 수 없다는 점을 보여 量이 자기의 성립을 증명할 수 없다는 것을 밝히고 있다. 분명하게 정리학파는 量의 방법(means)과 量

46)《회쟁론》;《대정장》권32, p. 19下.

의 대상(object)은 서로 다른 범주에 속하므로 본질적으로 차이가 있다고 한다. 그러나 용수는 그것들이 동일한 범주에 속한다고 생각하여 만약에 외재사물(正知의 대상)이 반드시 量을 통해야 인지된다면 量 또한 기타量에 의해 그 신뢰성을 증명해야 한다는 것이다. 용수의 견해는 量이 다른 量에 의해 증명되는 것은 불가능하다는 것이다.(왜냐하면 이러하다면 무한오류에 빠지기 때문이다.) 따라서 정리학파의 量에 관한 주장은 자연히 더욱 곤란에 처한다.

용수는 무엇 때문에 量과 所量(prameya)을 동일한 범주로 보고 있는 것일까? 그 까닭은 量과 所量이 相依相成한다는 「연기」(인연생, pratītyasamutpāda)사상에 기초하고 있기 때문이다. 말하자면 量은 所量을 상대하여 존재하고 所量 또한 量을 상대하여 존재한다는 것이다. 따라서 量이 없으면 所量도 없고 所量이 없으면 量도 없다. 이렇게 둘은 서로 의지하여 성립된다. 따라서 「각종의 인연이 생한 법 나는 이를 공〔무〕이라고 설한다」[47]라는 용수의 주장에 의하면 量과 所量은 모두 공하여 실재하지 않는다. 이점은 용수의 量에 대한 제3 비판과 관계있다.

3) 제3 비판

용수는 量과 所量을 서로 의지하는 「연기」법으로 보고 동일한 범주에 귀속시키고 있다. 《회쟁론》에서는 이에 관해 분명히 말하고 있다.

---

47) 《중론》 권4, 「관사제품」제24, 제18송 ; 《대정장》 권30, p. 33中. 이 가운데 「중인연생법」은 Pratītyasamutpādaḥ의 번역이고 「無」는 śūnyatāṃ의 번역이다. 기타의 경론에서는 「空」으로 번역하고 있다.(이상, 《대정장》 권30, p. 33 ⑤ 참고)

「만약에 量이 스스로 성립하고 所量을 의지하지 않아도 된다면 量은 스스로 성립되고 他를 의지하지 않고서도 성립된다.」「所量인 사물을 의지하지 않고도 당신들의 量이 성립한다면 어떤 사람도 量을 사용하여 제법을 준량(準量)할 수 없다.」「만약에 所量인 事物이 量을 의지하여 성립한다면 量은 所量을 성립시키니 量을 의지한 후에 성립한다.」「만약에 사물이 量 없이 성립한다면 量을 의지하지 않는 것인데 당신들은 어떻게 量을 사용하여 성립시킬 수 있으며 그 量은 어떤 곳에서 성립되겠는가?」[48]

이 4首의 게송 가운데 첫번째 게송의 주석에서는「만약에 당신들 정리학파가 量과 所量이 등불이 성립하는 것처럼 성립한다고 말한다면 量은 스스로 성립하는 것이지 所量을 의지하여 성립하는 것이 아니다」[49]고 말한다. 용수의 견해는 만약에 量이 등불이 스스로를 비추는 것처럼 자기의 성립을 스스로 증명할 수 있다고 말한다면 量은 所量(인지대상)을 의지하지 않아도 스스로 성립할 수 있다는 것이다. 말하자면 용수는「자기의 성립을 자기 스스로 증명하는」(自成, svataḥ siddhiḥ)[50]것은 다른 사물을 의지하지 않고서도 자기의 성립을 증명할 수 있다는 의미이고 반대로 다른 사물을 의지해야만 성립할 수 있는 사물은 모두「자기의 성립을 자기 스스로를 증명하는」사물이 아님을 가리킨다고 여기고 있다. 따라서 용수는「만약에 스스로 자기의 성립을

48)《대정장》권32, p. 20上.

49)《대정장》권32, p. 20上.

50) svataḥ siddhiḥ는 제1송의 원문이다. 예를 들면 제1구「만약에 량이 스스로 성립하면」의 원문은 yadi svataś ca pramāṇasiddhiḥ 이며 마지막 구「다른 것을 의지하여 (자기가) 성립하는 것이 아니다」는 na parapekṣā svataḥ siddhiḥ이다 (K. Bhattacharya, *The dialectical Method of Nāgārjuna*(*Vigrahavyāvartanī*), p. 30 참고.) 이른바 svataḥ siddhiḥ는 자기성취, 자기확립, 자기실증 등의 의미이다. 말하자면 다른 사물을 의지하여 증명할 필요없이 자기가 본질적으로 성립함을 말한다.

증명하는 사물은 다른 사물을 의지하지 않는다. 만약에 다른 사물을 의지한다면 스스로 자기의 성립을 증명하는 것이 아니기 때문이다」[51]고 말한다.

이러한 정의하에서는 정리학파의 4량이 「스스로 성립한다」면 所量인 대상을 의지하지 않아도 자기 존재의 실체를 증명할 수 있다. 그러나 용수는 이러한 독립자존하는 量은 존재할 수 없다고 여긴다. 따라서 두번째 게송에서 그는 「所量인 인식대상을 의지하지 않고도 만약에 당신들이 量이 성립한다고 말한다면 아무도 量을 사용하여 제법을 인식할 수 없다」고 말하고 있다. 용수의 견해는 만약에 量이 「스스로 성립하는」 실체라서 所量의 도움을 의지할 필요가 없다면 量과 所量의 상대관계는 존재하지 않는다는 것이다. 또한 이럴 경우에 우리는 量을 사용하여 所量의 존재를 인지할 수 없다. 두번째 게송에 대한 주석에서 용수는 그가 생각하고 있는 바를 다음과 같이 표현하고 있다.

> 만약에 당신들이 소량을 의지하지 않고도 량은 성립할 수 있다고 한다면 어떤 사람도 량을 사용하여 법을 인식할 수 없다. 따라서 이러한 허물이 존재한다. 즉 어떤 사람이 량만을 사용하고 소량을 의지하지 않아도 되는 그러한 량이 존재한다는 것과 같다.[52]

이 가운데 「어떤 사람도 量을 사용하여 법을 인식할 수 없다」는 영역본 《회쟁론》에 따르면 「그러한 量은 어떤 사물의 量도 아니다」(those pramāṇas are pramāṇas of nothing)[53]이다. 그 의미는 量은 대상인 量(즉 所量)없이도 성립한다는 것이다. 이밖에 인용문 마지막 부분인 「즉 어떤 사람이……존재하는 것과 같다」는

51) 《회쟁론》;《대정장》 권32, p. 20上.
52) 앞의 주와 같음.
53) K. Bhattacharya, *The Dialectial Method of Nāgāruna(Vigrahavyāvartanī)*, p. 30.

영역본에는 「그러나 만약에 量이 어떤 사물의 量이라면 (pramāṇas are pramāṇas of something) 그것들(量)은 인지대상으로부터 독립된 인지공구일 수 없다」[54]라고 되어 있다.

결국 앞서 인용된 《회쟁론》의 첫번째와 두번째의 게송에서 용수는 量이 所量과 따로 독립하여 스스로 성립할 수 없다고 여기고 있다. 왜냐하면 만약에 量이 스스로 성립한다면 所量(量의 대상)이 존재하지 않는다는 착오를 산생하기 때문이다. 이 비판은 분명히 svataḥ siddhiḥ(自成)이라는 말의 語意 분석상에 건립되어 있다.

사실상 위에 인용된 첫번째와 두번째의 게송은 단지 용수의 전체 딜렘마논증(dilemma)의 전반부(즉 量이 所量을 의존할 필요가 없을 때)이다. 다음에 논의할 세번째와 네번째의 게송은 이 딜렘마논증의 후반부(즉 量이 所量을 의존할 때)이다. 후반부에서 용수는 量이 설령 所量을 의존한다 하더라도 여전히 착오가 있다는 것을 지적하고 있다. 그렇다면 이에 대해 상세히 논해보자.

> 그러나 만약에 量이 所量(prameyas)을 의지하여 증명된다면 所量은 量을 의지하여 증명되지 않는다.(이상이 세번째 게송이다.) 또한 만약에 所量이 量에 독립하여 증명된다면 당신은 量을 입증하여 무엇을 얻는다는 것인가? 그것들(量)이 제공하고자 하는 취지는 〔이미〕 증명되었다(tāni yadarthaṃ prasiddhaṃ tat). (이상은 네번째 頌이다.)[55]

세번째 게송에서 용수는 만약에 量의 존재가 반드시 所量을 의지해야만 증명할 수 있다면 즉 量이 所量의 진실성을 증지(證知)할 수 있다면 量은 「능증지」(sādhana)요 所量은 「소증지」(sā

54) Ibid.

55) Ibid. p. 31.

dhya)라는 것이다. 「소증지」인 所量이 「능증지」인 量에 의해 증명된다면 「소증지」인 所量은 역으로 「능증지」인 量이 성립함을 증명할 수 없다는 것이다. 따라서 용수는 다음과 같이 말하고 있다.

…소증지(sādhya)인 대상은 능증지(sādhana)인 공구를 증명할 수 없다. 그러나 量은 확실히 所量을 증명하는 공구이다(sādhanāni ca kila prameyānāṃ pramaṇāni).[56)]

결국 첫번째 頌으로부터 네번째 송까지의 4수의 게송은 용수가 관용적으로 사용하는 딜렘마(dilemma)의 전체를 보여주고 있다. 이 딜렘마에서 용수가 증명하고자 했던 결론은 量은 스스로 성립하지 않는다는 것이다. 다음은 이 딜렘마의 논증을 간단히 정리한 것이다.

量은 所量에 의존하거나 量은 所量에 의존하지 않는다;
만약에 量이 所量에 의존한다면 量은 증명될 수 없다;
만약에 量이 所量에 의존하지 않는다면 量은 所量인 대상이 없다;
따라서 量은 증명될 수 없거나 量은 所量인 대상이 없다.

딜렘마 가운데 제2 전제는 세번째와 네번째의 게송을 간단하게 정리한 것이고[57)] 제3 전제는 첫번째와 두번째 게송의 대의이

56) Ibid.

57) 딜렘마의 제2난에 대하여 용수는 제3, 제4송으로 「量은 증명될 수 없다」는 곤란을 도출하고 있을 뿐만 아니라 또한 다음의 제5, 제6송으로 量과 所量이 「不相離」함을 증명하여 量과 所量 「2종이 모두 성립하지 않는다」고 지적하고 있다.
「만약에 당신들의 그 量이 성립할 때 所量을 의지하여 성립한다면 量과 所量은 이처럼 서로 떨어져 있지 않다. 만약에 量이 所量을 성립시키고 所量이 量을 성립시킨다면 이러한 경우에는 2종이 다 성립하지 않는다」(《대정장》 권32, p. 20中.). 이 가운데 이른바 「서로 떨어져 있지

다. 결론 중의 두가지 정형(情形), 즉 「量은 증명될 수 없다」와 「量은 所量인 대상이 없다」는 견해는 모두 정리학파가 받아들일 수 없는 것이다. 이렇게 용수는 정리학파를 비판하는 목적을 달성하고 있다. 이밖에 주의해야 할 것은 딜렘마 가운데 제2, 제3 전제는 용수가 귀류논증법인 「응성법」(prāsaṅgikaanumāna)을 의지하여 그 성립을 증명하고 있다는 것이다(상세한 내용은 주 8)을 참조하면 알 수 있다.)

이상의 세 가지 비판은 용수가 「量은 실재한다」는 정리학파의 주장에 대적하여 제기한 것이다. 제1 비판에서 용수는 자신의 주장인 「空」을 제시한 후에 量, 所量 및 所遮(能遮와 遮도 포함해서)의 진실한 존재성을 논박하고 있다. 이것은 「형이상학적인」(metaphysical) 비판이라 할 수 있다. 제2 비판에서 용수는 방법론(methodology)을 따라, 量과 所量이 동일한 범주에 속하는 개념이므로 量 또한 所量과 마찬가지로 반드시 기타量에 의해 증명되어야 한다고 말하고 이렇게 되면 무궁한 量이 존재하게 되는 허물이 있음을 지적하고 있다. 따라서 이는 「방법론상」의 비판

않다」는 영역본에는 interchange(호환)으로 되어 있는데 분명히 범어 vyatyaya(교환, 전도)의 번역이다. 〔K. Bhattacharya, *The Dialectical Method of Nāgārjuna(vigrahavyāvartanī)*, p. 31 참고〕.

용수의 견해는 만약에 量이 반드시 所量을 의존하여야 증명된다면 量은 所量에 의해 증명되고 所量은 量에 의해 그 성립이 증명된다는 것이다. 이러하다면 量은 곧 所量이고 所量은 곧 量이니 위치가 서로 바꾸어질 수 있다. 따라서 양자는 상대방의 정확성을 증명할 수 없다. 마치 父生子, 子生父처럼 부자지간의 관계(능생, 소생의 관계)가 뒤죽박죽이 된 것과 같다. 따라서 용수는 「어버이가 자식을 생한다는 것인가 자식이 어버이를 생한다는 것인가? 어떤 것이 능생이고 어떤 것이 소생인가? 누가 어버이고 누가 자식인가? 당신들이 만약에 이 2종을 말한다면 어버이와 자식 서로가 다 의심스럽다」(앞의 책 p. 20中~下)라고 설하고 있다.

이다. 제3 비판에서 용수는 딜렘마 논증을 건립하여 量과 所量 사이의 의존관계를 연구함으로써 量이 결코 「自成」이 아님을 증명하고 있다. 이는 「상관성적」(relativistic) 비판이라 할 수 있고 또한 「연기론적」(pratītyasamutpāda) 비판이라 할 수도 있다. 이 세가지 비판은 용수의 「量」에 대한 이론을 구성하고 있다. 그의 결론은 다음과 같다.

> 「量」은 스스로 성립하지도 않고 自·他에 의해 성립하는 것도 아니며 다른 기타의 量에 의해서도 성립되는 것도 아니고 어떤 인연이 없이 성립하는 것도 아니다.[58)]

3. 「량」과 「이제」의 관계

이상에서 살펴 본 바와 같이 용수가 《회쟁론》에서 정리학파가 주장하고 있는 4종의 인지공구인 量을 격렬히 비판하고 있다는 것은 의심할 여지가 없다. 그러나 인용문 중에서 우리가 언급한 바와 같이 용수는 그의 작품 속에서 논리적 추론인 「比量」을 대량으로 채용하고 있다. 이것은 특별히 궁거증법(예를 들면 「딜렘마」)과 후대의 중관학파에 의해 「응성법」이라 칭해졌던 귀류논증법이다.[59)] 실제로 《회쟁론》 중에서 용수는 분명하게 딜렘마와 응성법을 사용하고 있으며 앞의 제3 비판에서 인용한 4首의 게송이 그 실례이다.

---

58) 《회쟁론》; 《대정장》 권32, p. 20下. 용수의 결론은 量이 스스로 자기의 성립을 증명할 수 없고, 자기와 기타의 사물이 그 성립을 증명할 수 없으며, 기타의 量이 그 성립을 증명할 수도 없지만 그들이 성립하는 데에는 아무런 조건이 없는 것도 아니라는 것이다. 이는 《중론》 권1, 「관인연품」제1의 不自生, 不(自, 他)共生, 不他生, 不無因生의 의미에 상당한다(《대정장》 권30, p. 20中)

59) 註 8)참조.

더구나 용수의《중론》에서는 대량으로 궁거증법과 귀류논증법(응성법)을 응용하고 있고 또한 因名(Hetu-vidyā) 중의「三支作法」을 매우 많이 사용하고 있다.[60] 예를 들면《중론》권4 제27「관사견품」의 제22송에서는 다음과 같이 말하고 있다.

> 5음(五陰)이 항상 상속함은 가히 등의 불꽃과 같다. 이렇기 때문에 세간은 반드시 有邊도 無邊도 아니다.[61]

송문의 제1구에서는「因支」(즉 理由, hetu)를 볼 수 있고 제2구에서는「喩支」(즉 실제의 예, udāharaṇa)를 볼 수 있으며 제3·4구는 宗支(즉 주장 또는 결론, pratijñā)이다. 위 송문은 다음과 같이「三支作法」으로 고쳐쓸 수 있다.

> 宗 : 세간(즉 實有, pravartate)은 有邊 또는 無邊과 상응하지 않는다.
> 因 : 왜냐하면 (세간의) 5음이 상속유변하기 때문이다.
> 喩 : 무릇 상속유변하는 사물은 유변 또는 무변과 상응하지 않는다. 예를 들면 燈焰(등의 불꽃)처럼.

용수의 송문은 엄격한 의미의「三支作法」은 아니다. 왜냐하면 원문 가운데「因支」와「喩支」가 나뉘어 있지 않고 합해져 一句로

---

60) 인명(Hetu-vidyā)은 통상 인도의 고대불교, 특히 유가행파(Yogācāra)가 발전시킨 논리이다. 世親(Vasubandhu ; A.D. 320～400)이전의 인명은「고인명」이라 하고 진나(Dignāga ; A.D. 400～480)이후의 인명을「신인명」이라 한다. (심검영,《인명학연구》, p. 28참고). 고인명에서는 정리학파의 논리인 量의 이론을 원용하고 다섯 지분(즉 부분, avayavas)을 채용하여 하나의 논증(比量)이 필요로 하는 성분으로 삼고 있다. 통상 그것을 칭하여「오지작법」이라 한다. 다섯 지분은 宗(주장, prtijñā), 因(이유, hetu), 喩(實例, udāharaṇa), 合(응용, upanaya), 結(결론, nigamana)이다. 진나의 신인명은 고인명과는 많은 차이가 있다. 신인명에서는 五支 중에 뒤의 두 支를 생략하여 三支로 되어 있다. 따라서「삼지작법」이라 칭한다.(앞의 책, pp. 28～31. 참고)

되어있기 때문이다. 말하자면 송문의 제1, 제2구의 원문은 다음과 같다.

skandhānāmeṣa saṃtano yasmāddipārciṣāmiva/
pravartate tasmānnāntānantavattvaṃ ca yujyate/[62]

이 가운데 skandhānām은 「八轉聲」(aṣṭavibhaktayaḥ)[63]중의 「屬聲」(svāmivacane), 즉 문법 중의 「소유격」(속격, genitive case)이다. 따라서 「(많은) 5음의」로 번역된다. 마찬가지로 dīpārciṣām 또한 속성이므로 「(많은) 燈焰의」로 번역된다. 이 두 형용사는 모두 형용주어 eṣa saṃtānaḥ(이러한 상속)를 사용하고 있다. 따라서 앞의 반송은 「(많은) 5음의 (이러한) 상속으로 말미암는다. 마치(iva) (많은) 燈焰처럼」으로 번역된다. 더욱더 정확하게 번역하면 「마치(많은) 燈焰과 같은 (많은) 5음의 (이러한) 상속」이다. 명백히 이는 완정(完整)된 句가 아니며 단지 한 구의 주어(subject)일 뿐이다.[64] 뒤 반송의 pravartate(이 낱말의 의미는 그것(상

61) 《대정장》 권30, p. 38下.

62) Kenneth K. Inada, *Nāgārjuna, A Translation of his Mūlamadhyamakakārikā with an Introductory Essay,* Tokyo : The Hokuseido Press, 1970, p. 169 참고.

63) 팔전성은 범문 명사어미의 8종의 변화(declension)이다. 예를 들면 5음이라 할 때 음(陰)의 원어는 skandha이지만 이것이 단수(singular)이거나 주어(subject)일때는 skandhaḥ이고 복수(plural)주어일 때는 skandāḥ이며 단수소유격(genitive case)일 때는 skandhasya이다. 또한 복수소유격일 때는 skandhānām이다.

64) 완정된 구의 주어는 뒤 반송의 첫번째인 pravartate에 있다. 이것은 동사어근 pra－$\sqrt{\text{vṛt}}$ (진행, 운전)의 제3인칭 현재이다. 따라서 「그것(상속)이 진행되고 있다」는 의미로 번역된다. 이럴 경우에 완정된 구는 「(많은) 불꽃처럼 많은 5음의 상속이 진행되고 있기(때문에)」이다. 뒤의 반송은 「그러므로(tasmāt), 그것(상속, 유변(流變)하는 사물)은 有邊(anta)이나 無邊(an-anta)과 상응(서로 연관 또는 결합)하지 않는다」이다. 〔이 가운데 antānantavattvam은 anta-anantavattvam의 연결(sandhi)이며 vattva는 「相似性」의 의미이다〕.

속)이 진행되고 있음을 말한다)를 덧붙여야 완정된 句가 된다. 그래야만 「등의 불꽃처럼 5음의 상속으로 말미암아 진행되고 있다」는 1구가 된다.[65] 따라서 앞의 반송에는 결코 진정으로 독립된 「因支」와 「喩支」가 없음을 알 수 있다.[66] 그러므로 앞에 인용된 송문은 범문 원전에 의해 살펴보면 결코 진정한 의미의 「삼지작법」이 아니다. 실제적으로 「삼지작법」 이론은 5세기에 이르러서 진나(Dignāga : A. D. 400～480)에 의해 건립되었다.[67] 용수는 2～3세기 사람이므로 자연히 엄격한 의미의 「삼지작법」을 채용할 수 없었다. 이럼에도 불구하고 앞에서 인용한 바와 같이 《중론》의 이 게송은 이미 「삼지작법」의 형식에 대단히 접근하고 있으며 또한 그 자체는 분명히 논리상의 추리방식인 비량이다. 그러므로 용수의 작품에서 비량을 대량으로 사용하고 있다는 것은 의심할 여지가 없다.

용수가 그의 작품에서 대량으로 비량을 채용하고 있다면 무엇 때문에 그의 《회쟁론》에서는 정리학파가 제시하고 있는 4량을 애써 비판하고 있는가? 그리고 이러한 二者之間의 모순을 어떻게 해소하고 있는가? 필자는 이러한 문제에 답하려면 반드시 용수의 이제설을 언급해야 한다고 생각한다.

이제는 속제(세속제, saṃvyavahārasatya 또는 vyavahārasatya)와 진제(제일의제, paramārthasatya)이다. 전자는 일반의 세간상식을 가리키며 후자는 세간을 초월한(세간을 해탈한) 구경의 진리이다. 용수는 《회쟁론》에서 이렇게 두 개념을 사용하고 있다.

65) 註 64)참고.

66) 이른바 진정으로 독립된 因支와 喩支의 의미는 因支와 喩支(또는 최소한 因支)가 반드시 단독으로 완전한 어구를 이루어야지 그것들이 함께 연결되어 하나의 주어가 되어서는 안된다.

67) 註 60) 참고.

「……내가 世諦에 의지하기 때문에 이렇게 설한 것이다.」 이 게는 어떤 의미를 밝히고 있는가? ……또한 나는 世諦를 위배하지 않고 世諦를 버리지도 않는다. 세제에 의지하기 때문에 일체제법의 자체가 空이라고 말할 수 있다. 만약에 세제를 떠나면 法을 설할 수 없다. 따라서 부처님께서는 게송으로 말씀하시기를 「만약에 세제를 의거하지 않으면 진제를 증득할 수 없고 진제를 증득하지 못하면 열반을 증득할 수 없다」고 하셨다.[68]

인용문 가운데 마지막 게송은 《중론》 권4 「觀四諦品」 제24의 제10송과 거의 일치한다.[69]

이 인용문은 '만약에 일체가 모두 공하다면 「일체개공」이라는 말 자체도 공하며, 만약에 「일체개공」이라는 말이 공하면 이 말은 사물의 진실성을 부정할 수 없는데 왜냐하면 공이라는 것에는 부정하는 작용이 없기 때문이다'라는 정리학파의 문난에 대해 답변하고 있다. 용수의 답변은 '공이라는 것에는 결코 그것의 공능이나 작용이 없는 것이 아니며 또한 空이라는 것은 결코 언어를 사용하여 그것을 표현할 수 없는 것도 아니라는 것이다. 세간을 초월한 구경의 진리인 「진제」 중에서 「일체개공」은 공능과 작용이 없으며 또한 언어로 그것을 표현할 수도 없다. 그러나 일반 세간상식인 「속제」 중에서는 공능과 작용이 있을 수 있으며 또한 언어를 사용하여 묘사할 수도 있다'는 것이다. 이것이 정리학파의 문난에 대한 용수의 답변이다.[70] 이 답변에서 용수는 결코 「量」의 문제를 언급하고 있지 않다. 따라서 우리가 추궁할 수 있는 것은 '「진제」 중에서의 「일체개공」은 당연히 정리학파

68) 《대정장》 권32, p. 18下.

69) 《대정장》 권30, p. 33上. K.K Inada, Nāgārjuna, p. 146 ; E.H. Johnston and A. Kunst, *The Vigrahavyāvartanī of Nāgārjuna*, p. 29.

70) 정리학파의 이 문난과 용수의 답변은 이책의 〈「공」은 무엇을 否定하는가? ──용수 《회쟁론》을 위주로한 연구〉를 참고할 수 있다.

가 제시하고 있는 4량도 부정의 대상에 포함된다고 할 수 있으나 「속제」 중에서는 용수가 4량의 존재를 인정하고 있는가, 그리고 4량의 공능과 작용을 인정하고 있는가'의 여부이다. 답은 인정하고 있다는 것이다. 그 이유에는 두 가지가 있다. (1) 《회쟁론》에서는 속제의 공능을 언급하고 있고 (2) 《중론》에서는 空이 일체법을 건립한다고 언급하고 있기 때문이다.

먼저 (1)에 대해서 살펴보면 앞에 인용한 《회쟁론》의 論文에서 「만약에 세제를 떠나면 법을 설할 수 없다」라고 말하고 있는데 영역본에 따르면 「만약에 속제를 의지하지 않으면 절대적 진리(法, dharma)[71]에로 교도(教導)할 수 없다」라고 한다. 따라서 속제의 공능은 그것을 통하여 절대적인 진리(法, dharma)로 이끄는 것임을 알 수 있다. 이것은 절대적 진리를 분명하게 설명하려면 일반 세간에서 인가하고 있는 각종 상식을 아끼지 않고 이용해야 한다는 것을 말하는데 그 중에는 자연히 4량도 잠시적인 공구(수단)로서 포함된다. 필자가 생각하기로는 이것이 용수가 한편으로는 「일체개공」을 주장하여 4량도 공하다고 말하고 다른 한편으로는 대량으로 比量을 채용하여 그 주장을 증명하는 까닭이다. 용수에 의하면 「일체개공」(따라서 4량도 공하다)은 그가 일컫고 있는 절대진리(法)이며 속제 중의 비량은 이 절대진리라는 목표에 도달할 수 있는 일종의 공구(수단)이다.

그 다음, (2)에 관해 살펴보면 《중론》 권4 「관사제품」 제24에서는 처음부터 외인이 '용수의 「공」은 부처님이 말씀하신 사성제, 4果, 4向 및 삼보 등과 관련있는 「죄와 복」의 도리를 파괴한다'고 비평하고 있다. 용수는 반박하여 '이른바 「공」이란 「죄복」

71) K. Bhattacharya, *The Dialectical Method of Nāgārjuna(vigrahavyāvartanī)*, p. 22.

의 도리를 파괴하지 않을 뿐만 아니라 이와는 반대로 「죄복」의 도리를 건립하는 것이므로 「공」을 주장한다'고 말하고 있다.[72] 용수는 결론적으로 「空義가 있기 때문에 일체법은 성립할 수 있다. 만약에 공의가 없다면 일체법을 성립할 수 없다」[73]고 말한다. 이를 유추해보면 용수는 비록 「일체개공」의 입장에서 정리학파의 4량을 부정하고 있지만 실제로 그는 오히려 4량이 성립할 수 있는 이론적인 기초를 일체개공이 제공하고 있다고 여긴다. 용수의 「공」 철학은 「인연생」(연기, pratītyasamutpāda)의 이론에 바탕을 두고 있다. 그는 「각종의 인연이 생한 법을 나는 無(공, śūnyatā)라고 설한다」라고 말하고 「일찍이 어떤 一法도 인연으로부터 생하지 않은 법이 없다. 따라서 일체법은 공 아님이 없다」[74] 라고 말한다. 4량에 대해 말하자면 4량은 그 「所量」(prameya)을 의존하여 존재하며 「所量」이 없으면 4량도 성립할 수 없다. 인연생의 도리에 의해 용수는 4량이 공하다고 말한다. 이러한 의미의 「공」이 부정하는 것은 단지 4량의 독립성(自性)이다. 용수는 기타 조건(인연)을 의존할 필요가 없는 독립성을 「自性」(svabhāva)이라 칭한다. 따라서 4량이 공한 까닭은 「無自性」(niḥsvabhāva), 즉 「自性空」이기 때문이라는 것이다.

비록 4량의 「自性」이 공하지만 그것들은 여전히 각기 다른 공능과 작용이 존재할 수 있다. 용수는 《회쟁론》에서 「化人」(nirmitaka)과 「幻人」(māyāpuruṣa)의 예를 들어 「공」이라는 것에는 여전히 그것의 공능과 작용이 있음을 설명하고 있다. 그는 다음과 같이 말하고 있다.

---

72) 《대정장》 권30, pp. 32中~34下.
73) 앞의 책, p. 33上.
74) 앞의 책, p. 33中.

> 게송에 이르기를「化人이 화인에 대해 幻人이 환인에 대해 (저지하는) 작용을 하듯이 遮와 所遮는 그 의미가 이와 같다.」고 한다. 이게는 어떤 의미를 밝히고 있는가? 가령 化丈夫는 다른 화인이 왔다 갔다 하는 등의 갖가지 작위를 보고 그것을 막을(遮) 수 있다. 幻丈夫도 다른 환인이 왔다 갔다 하는 등의 갖가지 작위를 보고 그것을 막을 수 있다. 能遮인 化人 그는 공하다. 만약에 능차인 화인이 공하면 소차인 화인도 공하다. 만약에 소차가 공하면 遮人 역시 공하다. 능차인 환인 그는 공하다. 만약에 능차인 환인이 공하면 소차인 환인 역시 공하다. 만약에 소차가 공하면 遮人 역시 공하다. 이렇듯 나의 언어가 공함은 幻이나 化가 공한 것과 같다. 이렇듯 공이라는 말은 일체제법의 자체를 부정(遮)할 수 있다. 따라서 '당신의 언어가 공하기 때문에 일체제법의 자체를 부정할 수 없다'는 당신의 그 말은 이치에 상응하지 않는다.[75]

여기서 이른바「化人」(nirmitaka)은 영역본《회쟁론》에 따르면 인공적으로 만들어진 사람(artificially created person)[76]이다. 이는 중국의 옛날 고승이 말한「機關木人」(나무로 만든 꼭두각시인형)과 유사하다.「幻人」(māyāpuruṣa)은 마술사가 변조해 출현시킨 사람이다. 이 두 종류의 사람은 자연히 모두 진실로 실재하지 않으며「공」하다. 그러나 이 두 종류의「공」한 사람은 오히려 저지(遮, pratisedhayeta)하는 공능이 있다. 이외에도 이 두 종류의 공한 사람은 왔다 갔다 하는 등의 여러 일들을 할 수 있다. 말하자면 갑이라는 화인(주석 중의「화장부」)은 을이라는 화인이 어떤 일을 하는 것을 저지(遮)할 수 있으며, 갑이라는 환인(주석 중의「환장부」)도 을이라는 환인이 어떤 일을 하는 것을 저지(遮)

75)《회쟁론》;《대정장》권32, p. 18上~中.

76) artificially created person은 K. Bhattacharya의 번역이다(*The Dialectical Method of Nāgārjuna*, p. 18 참고). nirmitaka는 동사어근 nir-$\sqrt{mi}$(신통으로 제조하다)의 변화형이다.

할 수 있다.[77] 저지하는 갑이라는 화인과 갑이라는 환인(能遮)은 공하다. 저지되는 을이라는 화인과 을이라는 환인(所遮)도 공하다.

용수가 이 두 가지 예를 든 목적은「能遮」어구인「일체개공」과「소차」인 일체 사물(자연히 四量도 포함됨)이 비록 갑·을 환인, 갑·을 화인처럼 공하지만 그러나「遮」(저지)하는 작용은 여전히 존재한다는 것을 설명하기 위해서이다.

이렇게 보면 용수는 비록 정리학파가 제시한 4량을 부정하여 그것들이 모두 공하다고 말하고 있지만 이른바 4량이 공하다는 의미는 다만 4량에는 자성이 존재하지 않는다는 것 즉 단지 4량은「所量」이라는 사물 밖에 독립적으로 존재할 수 없다는 뜻이다. 용수는 결코 4량의 공능과 작용을 부정하지 않는다. 이것이 또한 그가 여전히 비량을 대량으로 채용하고 있는 근거일 것이다.

용수는 그의《중론》권4「관사제품」제24에서「인연생」의 의미는「無」(空, śūnyatā)이고「가명」(prajñāpti)이며 또한「중도」(madhyamāpratipad)라고 언급하고 있다.[78] 따라서 그가 4량은「空」

---

77) K. Bhattacharya의 영역본에는 을화인과 을환인의 분별은 갑화인과 갑환인이 자기의 환화능력에 의해 제조(svamāyayā sṛṣṭam)된다는 점이다. 이는 아주 흥미있는 내용이다(*The Dialectical Method of Nāgārjuna*, p. 18 참고).

78) 원 게송은「衆因緣生法, 我說卽是無, 亦爲是假名, 亦是中道義」(《대정장》권30, p. 33中)이다. 범문원전에 따르면「중인연생법」은 yaḥ pratītyasamutpādaḥ의 번역이다. 그 의미는 그러한(yaḥ) 각종 조건(인연, pratītya)에 의해 生起하는(sam-ut-pāda) 사물이다. 〔여기서 生起(samutpāda)는 동사어근 sam-ut-$\sqrt{\text{pad}}$가 변화한 것이다.〕「無」는「空」또는「空性」의 의미로 범어 śūnyatā의 번역이다. 그 의미는 부존재, 허무, 부진실이다.「中道」는 범문 madhyamā-pratipad의 번역이다. 그러나 송의 원문은 pratipad madhyamā이다.(madhyamā는 중간, 중용, 평균치의 의미이고 pratipad는 도달,

(無)이라고 말할 때 그의 견해는 4량은 기타 조건(예를 들면 「所量」)을 의존하여 존재하므로 「인연생」이라는 것이다. 또한 4량은 가명이다. 여기서 이른바 가명이란 자기가 이미 알고 있는 소식(도리)을 다른 사람에게 가르쳐 인도하거나 전해줌으로써 서로 동의·약정하는 표현방식을 말한다.[79] 예를 들어 4량은 그것들이 비록 모두 공하지만 불교의 진리인 「일체개공」을 다른 중생들에게 가르치기 위한 것이며 또한 이 세상 사람들이 공동으로 약정한 인지방법을 채용하여 「일체개공」이라는 목적에 도달하도록 교도하는 것이다. 이것이 바로 용수가 한편으로는 격렬하게 정리학파의 4량을 부정하면서 다른 한편으로는 대량으로 비량을 채용하고 있는 까닭이다.[80] 즉 용수는 한편으로는 사물(예를들면 4량)의 진실성을 부정하면서 다른 한편으로는 그 세속의 공능——소식(도리)을 가르치고 전해주는 공능——을 긍정하고 있으며 이를 불편부당한 중용의 도인 「중도」라고 칭하고 있다.

섭족(涉足), 행주(行走), 발현, 이해, 학습의 의미이다.) 이밖에 「가명」은 prajñāpti의 번역이다. prajñāpti의 원의는 교도, 교시, 소식, 약정, 동의 등의 의미이다.(Monier-Monier-Williams, *A sanskrit-English dictionary,* p. 659 a 참고). 그 의미는 타인에게 소식(도리)을 교도하거나 타인에게 소식을 전달하여 피차가 동의하고 약정하는 일종의 방식이다.

79) 註 78) 참고.

80) 중국에서는 「가명」이라는 말이 때때로 부진실인 「假有」로 이해되었다. 이것이 굳이 일종의 오해가 아니라면 이는 의미를 넓혀 사용된 것이지 그것의 본래의 의미는 아니다. 사실 한문의 「假」자에는 확실히 허환(虛幻)의 「假有」라는 의미가 있으며 또한 「假借」, 즉 잠시 차용한다는 의미도 있다. 후자가 「가명」이라는 말의 원의이다.

4. 결론

이상에서 언급한 바와 같이 용수의 철학에서는 「一切皆空」인 「진제」와 일체가 존재하는 「속제」 사이에 모순이 없을 뿐만 아니라 서로 의존적인 관계가 존재하고 있다. 따라서 진제 중에는 4량이 모두 공함에도 불구하고 속제 중에서는 중생을 인도할 목적으로 4량을 방편적인 도구, 즉 「가명」으로 삼고 있다.

용수의 철학을 살펴보면 한편으로는 부정적인 입장을 취하고 다른 한편으로는 많은 세속적 가치를 긍정하고 있음을 알 수 있다. 《회쟁론》과 《중론》에서 그는 「진제」와 「속제」 내지 「無」(공)와 「가명」 등의 양면적 개념으로 양자 간에 있을 수 있는 모순을 해소하고 있다. 또한 《대지도론》 중에서는 4실단(四悉檀)과 「二道」를 채용하여 진제와 속제 사이의 관계를 통괄하고 있다.

《대지도론》 권4에서는 불법을 4종의 「실단」(siddhānta)으로 구분하고 있다.[81] 즉 (1) 세계실단 (2) 각각위인실단 (3) 대치실단 (4) 제일의실단이다.[82] 이 가운데 앞의 셋은 세속적 상식(世界) 또는 특정한 대상을 위하여 설하는 도리(各各爲人) 내지 특수한 번뇌를 치료하기 위해 설정한 법문(對治)을 말한다. 마지막의 제일의실단은 세간을 초월한 구경의 진리를 가리킨다. 따라서 「如如法性」 또는 「實際」의 측면에서 말하자면 앞의 세 실단은

81) 범문 siddhānta는 일반적으로 「성취」로 한역되는데 최종목적, 결론, 확정적인 의견 또는 교리, 공리(axiom), 공인된 진리 등의 의미이다.(Monier Monier-Williams, *A Sanskrit-English Dictionary,* p. 1216a 참고). 이 4종의 실단(즉 도리)은 중생에게 이익을 얻게 하므로 「실단」(성취)이라고 칭한다.

82) 《대정장》 권25, p. 59中.

모두 단지 방편시설이다. 그러므로 모두 허망하고 실재하지 않는 도리이다. 반대로 제일의실단은 진실한 도리이다. 따라서《대지도론》권1에서는「여여법성, 실제의 측면에서는 세계실단은 존재하지 않지만 제일의실단은 존재한다. 각각위인 등도 이와 같다」[83]고 말하고 있다. 그러나 해탈 이전의 범부의 계위(階位)에서 살펴보면 세속의 일체(세계실단 등)가 모두 존재한다고 여기며 다만 제일의실단은 공하다고 여긴다. 따라서《대지도론》권1에서는 또한「세계실단 등은 존재하며 제일의실단은 존재하지 않는다」[84]고 말하고 있다. 여기서 제일의실단은《중론》과《회쟁론》에서는「진제」와「無」(空)이며 앞의 세 실단은「속제」와「가명」이다. 따라서 4량이 공하다는 것은 제일의실단에 의거하여 말한 것이고 4량을 대량으로 채용하는 것은 앞의 세실단에 의거한 방편수단이다.

용수는 또한 그의《대지도론》권71에서「두 가지는 반야와 방편이다. 반야바라밀은 여러 사견, 번뇌 및 희론을 제멸하여 마침내 필경공에 이른다. 방편은 필경공으로부터 나온다」[85]고 말하고 있다. 이는《마하반야바라밀경〔대품반야경〕》「비유품」제51을 주석하는 가운데 나오는 내용이다. 경에서는 5종의 비유를 사용하여 비록「믿음이 있고 인욕함이 있고 깨끗한 마음이 있고 깊은 마음이 있고 의욕이 있고 이치를 잘 이해하고 번뇌를 버리고 정진을 믿는」보살이 있더라도 만약에「반야의 방편」이 없다면 여전히「중도(中途)에서 쇠모(衰耗)하고 성문, 벽지불지에 떨어진다」고 언급하고 있다. 왜냐하면 믿음, 인욕 내지 정진에 대한 믿

83) 앞의 책, p. 59下.
84) 앞의 주와 동일.
85)《대정장》권25, p. 556中.

음 등은 모두 「세간의 공덕」이기 때문이다.[86] 용수는 이 경문을 주석할 때 처음부터 양종의 보살이 있다고 말하고 있다. 즉 첫째는 제법의 실상을 증득한 보살이고 둘째는 비록 아직 제법의 실상을 증득하지는 못했지만 佛道의 성취를 위해 수학하는 가운데 믿음이 있고, 인욕함이 있고 내지 정진을 믿는자이다.[87] 마침내 결론적으로 이 양종의 보살은 모두 반드시 반야와 (반야의) 방편을 구족해야 해탈도를 성취할 수 있다고 설한다.[88]

《반야경》에서 「반야」(prajñā)라는 말은 통상 「일체개공」이라는 초월적 지혜로 여겨진다.[89] 「방편」(upāya)의 범문자의 의미는 목적에 접근, 전진, 이르름, 도달하는 방법이나 적을 패주케하는 수단, 계모(計謀), 책략 등을 말한다.[90] 《대반야경》 권329 〈초분〉 「교방편품」 제50에는 「방편」과 관련된 경문이 있다.

> 一切法은 다 공하여 언설로 표현할 수 없다. 여래는 방편으로 무진(無盡)을 설한다. 혹은 無數를 설하고 혹은 無量을 설하고 혹은 無

---

86) 《대정장》 권25, pp. 555中~556中.

87) 앞의 책, p. 556上~中.

88) 주의해야 할 점은 위의 인용문에서 말하는 「二人者, 般若及方便」은 결코 이 양종의 보살을 분별하여 말하는 것이 아니다. 사실상 그것은 경문을 주석하는 가운데 거론된 마지막 비유 가운데 나오는 「兩健人」이다. 이 두 건장한 사람(般若와 方便을 비유함)은 마치 멀리 보살도를 향해 가고 있는 병약한 노인(보살을 비유함)을 부축하여 계속해서 남은 여정(업)을 완성시킨다(《대정장》 권25, p. 556上~中).

89) 예를 들면 《마하반야바라밀경》 권3, 「집산품」제9에서는 「어떤 것이 반야바라밀이며 무슨 까닭에 반야바라밀이라 합니까? ……만약에 法이 존재하는 바가 없어 얻을 수 없으면 반야바라밀이라 한다.……내공이기 때문이며, 외공, 내외공, 공공, 대공, 제일의공, 유위공, 무위공, 필경공, 무시공, 산공, 성공, 자상공, 제법공, 불가득공, 무법공, 유법공, 무법유법공이기 때문이다.……」(《대정장》 권8, p. 236中, 또한 《대지도론》 권43 ; 《대정장》 권25 pp. 369中~371中)라고 설하고 있다.

90) Monier Monier-Williams, *A Sanskrit-English Dictionary,* p. 215b.

邊을 설하고 혹은 공이라 설하고 혹은 無相이라 설하고 혹은 無願이라 설하고 혹은 無作이라 설하고 혹은 무생이라 설하고 혹은 무멸이라 설하고 혹은 離染을 설하고 혹은 적멸을 설하고 혹은 열반을 설하고 혹은 진여를 설하고 혹은 법계를 설하고 혹은 法性을 설하고 혹은 實際를 설한다. 이와 같은 의미들은 다 여래가 방편으로 연설하신 것이다.……여래는 심히 기묘하게 방편선교를 설하신다. 제법의 실상은 선설할 수 없으나 有情을 위하여 방편으로 현시하는 것이다.[91)]

이에 따르면 이른바「반야」란 일체개공이라는 절대진리의 지혜이다. 그것이 증득하는 진리는《회쟁론》과《중론》안의「진제」이며 불·보살이 이에 의지하여 선설하는 도리이며《대지도론》에서 말하는「제일의실단」이다. 그리고 이른바「방편」이란 보살도를 행하는 가운데 만날 수 있는 곤란(예를 들면 성문, 벽지불의 소승심으로 퇴전함)을 극복하는 것이며 또한「공」이라는 절대진리를 깨달은 후에 중생을 제도하기 위하여 잠시 채용하는 수단 또는 방법이다. 이는 곧《회쟁론》과《중론》에서 말하는 앞의 세 실단이다. 정리학파가 제시하고 있는 4량은「반야」도의 관점에서 보면 자연히 공하여 실재하지 않는다. 그러나「방편」도로 말하자면 보살 스스로 열반을 증득하거나 중생을 교화하는데 잠시적으로 채용하는 수단 또는 방법이다. 이것이 바로 용수가 애써 4량을 비판하면서도 한편으로는 그의 작품 중에서 대량으로 4량(특히 비량)을 채용하고 있는 까닭이다.

---

91)《대정장》권6, p. 687下. 인용문 가운데 마지막의「方便善巧」는 범문 upāya-kuśala 또는 upāya-kauśala의 번역이다. 이 가운데 kuśala는「선교」로 번역되는데 정확, 합당, 적당, 양호, 건강, 교묘 등의 의미가 있다. kauśala 역시「선교」로 번역되는데 이에는 행복, 행운, 성공, 교묘, 총명 등의 의미가 있다(Monier Monier-Williams, *A Sanskrit-English Dictionary*, p. 2976, p. 317c 참고). 따라서 이른바「방편선교」는 곤란을 극복하게 하여 성공, 행복하게 하는 방법 또는 기교를 말한다.

著者 : 楊惠南
1943년 대중현(臺中縣) 출생
현재 국립 대만대학 철학과 교수

주요저서 :《육조단경－불학(佛學)의 혁명》
《불교사상신론(佛教思想新論)》
《當代學人談佛教》
《吉藏》

譯者 : 김철수
전북 고창 출생
고려대학교 영문학과 졸업
동국대학교 대학원 불교학과 석사과정 졸업
논문으로 〈대품반야경의 인식체계 연구〉가 있으며
역서로는《유식학 강의》(불광출판부)가 있다.

중 관 철 학

지은이── 楊 惠 南
옮긴이── 김 철 수
펴낸이── 이 규 택

佛紀 2539年(1995) 12月 25日 初版 1刷 印刷
佛紀 2539年(1995) 12月 30日 初版 1刷 發行
佛紀 2545年(2001) 8월 20日 初版 2刷 發行
佛紀 2555年(2011) 3월 20日 初版 3刷 發行

펴낸곳 ── 경 서 원
주 소── 110－170
서울・鍾路區 堅志洞 55－2
登錄 1980. 7. 22. 제1－37호
☎ 편집(02) 733－3345
영업 733－3346
FAX(02) 722－7787

ISBN 978-89-85101-58-5 **값 25,000 원**